中华人民共和国法律释义丛书

全国人民代表大会常务委员会法制工作委员会　编

中华人民共和国
企业破产法释义

主　编：安　建（全国人大常委会法制工作委员会副主任）

副主编：黄建初（全国人大常委会法制工作委员会经济法室主任）

撰稿人：刘左军　杨合庆　赵　雷　王　翔　蔡人俊　曹兵兵　施春风

法律出版社

图书在版编目(CIP)数据

中华人民共和国企业破产法释义／全国人大常委会法工委编. -- 北京：法律出版社，2006.11(2018.11重印)
(中华人民共和国法律释义丛书)
ISBN 978-7-5036-6820-3

Ⅰ. ①中… Ⅱ. ①全… Ⅲ. ①企业破产法－法律解释－中国 Ⅳ. ①D922.291.925

中国版本图书馆CIP数据核字(2006)第132272号

中华人民共和国企业破产法释义
ZHONGHUA RENMIN GONGHEGUO QIYE POCHANFA SHIYI

全国人大常委会法工委 编

责任编辑 麦 锐
装帧设计 李 瞻

出版 法律出版社
总发行 中国法律图书有限公司
经销 新华书店
印刷 北京玺诚印务有限公司
责任印制 吕亚莉

编辑统筹 法规出版分社
开本 850毫米×1168毫米 1/32
印张 14
字数 315千
版本 2006年11月第1版
印次 2018年11月第3次印刷

法律出版社／北京市丰台区莲花池西里7号(100073)
网址／www.lawpress.com.cn
投稿邮箱／info@lawpress.com.cn
举报维权邮箱／jbwq@lawpress.com.cn
销售热线／010-83938336
咨询电话／010-63939796

中国法律图书有限公司／北京市丰台区莲花池西里7号(100073)
全国各地中法图分、子公司销售电话：
统一销售客服／400-660-6393
第一法律书店／010-83938334/8335 西安分公司／029-85330678 重庆分公司／023-67453036
上海分公司／021-62071639/1636 深圳分公司／0755-83072995

书号：ISBN 978-7-5036-6820-3 **定价**：58.00元
(如有缺页或倒装，中国法律图书有限公司负责退换)

总　　序

人类文明的历史上，还没有哪一个时代像中国的改革开放40年一样，在历史长河中掀起如此巨大的浪花——它不仅深刻改变了一个国家的面貌与精神气质、使数亿人摆脱贫困，还极大地改变了世界格局。

1978，在那一年的年底，中共中央一次全体会议——十一届三中全会扭转了中国的前进方向，开辟了一个时代。回首过去，我们发现，一些观念从那时开始在中国出现，一些声音从那时开始逐渐响起，一些人物开始登上历史舞台。从这一年开始，随着"加强社会主义民主，健全社会主义法制"历史性任务的提出，"法制"两个字进入了人们的视野；政法机关开始恢复重建；法律院系开始蓬勃发展。一部部法律从庙堂走进了人们的生活，一次次裁决推动着国家前进的脚步。从"有法可依、有法必依、执法必严、违法必究"到"科学立法、严格执法、公正司法、全民守法"；从"法制"到"法治"；从法治观念的形成到"依法治国，建设社会主义法治国家"写进宪法，再到"法治国家、法治政府、法治社会一体建设"，人们对法治的认识步步深入，中国的改革不断向前推进，结出丰硕的果实。在中国共产党的带领下，这个励精图治的古老国度，再一次创造了改革的奇迹。

40年发生了无数故事,40年产生了许多事物。为了纪念这难忘的40年,本社组织编辑出版了一批“纪念改革开放40周年”主题图书。这些图书,将40年来颁布的重要法律及其释义甄选汇集,将法学领域有代表性的学术论文萃取精编,把有关政法机关的重建、法律院系的重生与发展进行展现,将一批被时代改变命运的人物再次唤起。我们希望从法律与法律人的视角,重新审视过去的40年,认真体会这不平凡的40年。

如江河东下,逝者如斯。岁月总会过去,人事总有代谢,但一个不平凡的时代留下的深刻痕迹,永远不会磨灭。“不忘初心,牢记使命”,习近平总书记在党的十九大报告中向全党发出的号召,使我们有理由期待,下一个40年,中国将更加惊艳!

法律出版社编辑委员会

2018年10月

出版前言

《中华人民共和国法律释义丛书》是由全国人大常委会法制工作委员会组织编辑的一套系列丛书。

该套丛书由一系列法律释义组成。邀请有关专家、学者和部分参与立法的同志编著。该丛书坚持以准确地反映立法宗旨和法律条款内容为最基本要求，在每部法律释义中努力做到观点的权威性和内容解释的准确性。

我们相信，该套丛书的陆续出版，将会给广大读者进一步学好法律提供有益的帮助。

重 印 说 明

本次重印，是为改革开放40周年制作的特别纪念版，为了保持内容原貌，未对正文和附录作实质修改。个别法条内容有修订或修正的，以脚注形式作了标注。特此说明。

2018 年 10 月

前　言

十届全国人大常委会第二十三次会议通过了《中华人民共和国企业破产法》。企业破产法的颁布施行，对规范企业破产程序，公平清理债权债务，保护债权人和债务人的合法权益，维护社会主义市场经济秩序，有着重要意义。

为配合企业破产法的学习、宣传，帮助读者理解这部重要法律各条规定的内容，全国人大常委会法制工作委员会参与企业破产法立法工作的同志编写了本书，供学习参考。

目　录

第一部分　绪　论

第二部分　释　义

第三部分 附 录

第一部分　绪　　论

破产法律制度与我国企业破产法的制定

安　建

一、"破产"与破产法律制度

"破产"一词，从通常的语义上理解，是指财力耗尽或彻底失败的意思。法律意义上的"破产"，是指债务人处于法院依法定条件和程序所确认的已不能以现有财产清偿到期债务的状态。法院依法定程序宣告债务人破产后，将依法强制接管和清理债务人的财产，按特别程序清偿其债务。

在商品经济条件下的经济活动中，"欠债还钱"是天经地义的事。如果欠债可以任意不还，商品交易活动将无任何安全可言，社会经济秩序将会一片混乱。债务的清偿，在大多数情况下是通过债务人自觉主动地履行清偿义务来实现的。如果债务人对其依照合同约定或者法律规定所产生的债务不主动履行，债权人可以向有管辖权的法院提起诉讼或者依照仲裁协议向仲裁机构申请仲裁，要求判决或裁决债务人履行还债义务；债务人不执行法院的生效判决或者仲裁机构的仲裁裁决的，债权人可以申请法院强制执行，由法院依照民事诉讼法有关执行程序的规定，采取冻结、划拨债务人的存款，扣留、提取债务人的收入，查封、扣押、冻结、拍卖、变卖债务人的财产等执行措施，强制债务人履行还债义务，以保障债权人的合法权益，维护交易活动的安全与秩序。然而，当债务人因经营失败或其他原因导致其无力清偿到期债务，即处于破产状态时，应如何处理债务清偿问题，以公平保护债权人的利益呢？这就需要制定专门的法律，确立一整套专门的法律制度来加以解决。破产法就是解决债务人破产时的债务清偿问题的专门法律制度。

二、破产法律制度需解决的主要问题

作为处理破产还债问题的专门法律制度，破产法需要对下列基本问题作出明确规定：

（1）债务人在什么情况下，法院可以裁定许可其进行破产重整或宣告其破产清算，即债务人的破产（重整）原因或破产（重整）界限；

（2）对债务人拥有的哪些债权可以作为在破产程序中行使权利的债权，即破产债权的范围；

（3）债务人的哪些财产应当被用以清偿各项破产债权，即债务人财产的范围；

（4）在破产清算程序中，当破产财产不足以清偿全部破产债权时，各类破产债权的受偿顺序以及同一顺序债权的受偿原则；

（5）在以破产人的现有财产向各破产债权人分配完毕，破产程序终结后，未得到清偿的债权应如何处理。

上述这些问题，都属于破产法律制度中的实体问题。除此之外，破产法还需对破产案件的法院管辖，破产申请的提出和受理，破产宣告，债权的申报，债权人集体在破产程序中的地位、权利和行使权利的程序，破产清算人的选任和职权，破产财产的变价及分配办法，破产程序的中止和终结等破产程序问题作出规定。

三、破产制度的社会功能

由破产法所确立的破产清算和重整制度的社会功能，主要体现在以下三个方面：

（一）保证全体债权人公平受偿

在债务人已无力清偿全部到期债务的情况下，如果仍由债务人依自己的意志对债权人进行个别清偿，则可能出现对各债权人厚此薄彼的现象，从而有的债权人能够得到较多甚至足额的清偿，有些债权人则只能得到较少甚至完全得不到清偿。如果由各债权人按照民事诉讼法的规定分别对债务人的财产申请执行，则势必造成执行在先的债权人能得到较多的清偿，而执行在后的债权人可能因债务人的财产已执行完毕而得不到清偿。这些都不利于公平保护所有债权人的利益，不符合债权平等的原则，不利于经济秩序的稳定。而按照破产法的规定，在法院受理对债务人的破产申请后，对债务人财产的民事执行程序应当中止，债务人不得对部分债权人个别清偿，破产人的财产必须按照破产法规定的程序在全体破产债权人间进行公平分配，所有破产债权人都必须依破产程序公平受偿。从而使全体债权人的利益都能得到平等的保护。

（二）给破产人以经济上复苏的机会

在激烈的市场竞争中，有些经营者因决策失误或其他原因而经营失败，财务状况恶化，以至丧失清偿能力或者面临丧失清偿能力的现实危险。对这些经营失败的企业，如果都只有清算、消亡一条路，则不但会使债权人因其债权受偿率低下而受到很大损失，企业财产因破产清算而贬损造成社会财富减少，而且会因此造成职工失业增加，引起社会动荡。为此，我国借鉴其他一些国家的立法例，在企业破产法中规定了企业法人的重整程序。当作为债务人的企业法人丧失清偿能力或者有可能丧失清偿能力时，债务人或者债权人可以依法向人民法院申请对债务人进行重整。经人民法院裁定许可债务人重整的，由债务人或者管理人提出包括企业重整的经营方案、债权的调整和清偿方案以及其他有利于企业重整的方案在内的重整计划草案，经债权人会议按债权分类表决通过和重整企业的出资人表决通过、人民法院批准后，债务人即可按重整计划继续经营并清偿债务，从而可以避免企业进入破产清算程序，使经营失败的企业有可能通过重整而得到复苏、振兴的机会。这不仅对债务人和债权人双方都有利，而且可以避免因企业破产清算而引起的职工失业等社会震荡。当然，在激烈的市场竞争中，总会有一些企业会因竞争失败而进行破产清算进而消亡，这是市场经济中优胜劣汰的客观规律作用的必然结果。我们不可能也不应当通过重整制度与这一客观规律相抗衡，企图使所有经营失败的企业都避免破产清算，而只是尽可能使那些有挽救可能的企业通过重整的机会获得新生。

在对自然人实行破产制度的国家，其破产法通常规定对破产的自然人实行破产免责制度，即破产自然人的破产财产向各破产债权人分配完毕，破产程序终结后，依法定条件，对未得到清偿的部分债权，免除破产人的继续清偿责任。从而使那些“诚实而不幸”的债务人能够得以解脱，有机会谋求经济复苏、东山再起，避免因债台高筑而永难翻身。当然，这里讲的通过破产免责制度获得在经济上复苏机会的破产人，仅是对自然人破产而言。法人被宣告破产清算的，在破产程序终结后，其主体资格消灭，意味着该法人生命的终止，须依法向法人登记机关办理注销登记，不存在该法人被宣告破产清算后重新复苏的问题。

（三）促使债权债务关系的及时处理，维护社会经济秩序稳定

在债务人已无力清偿债务的情况下，通过依法对其实施重整或破产清算，按照重整或破产清算程序及时处理其债权债务关系，这一方面可防止造成债务清偿久拖不决的局面出现，同时也可防止因债务人继续负债而损害更多债权人的利益，避免造成连锁反

映,危及经济稳定。

四、我国破产立法的沿革

(一)《中华人民共和国企业破产法(试行)》前的情况

在西方资本主义国家,比较完善的破产制度的形成已有几百年的历史。我国清王朝曾于光绪32年(1906年)公布了《破产律》,这是我国历史上第一部破产法。1935年,国民党政府公布实施破产法,以后又作过多次修改。

新中国成立后,我们废除了旧中国全部六法。此后,为解决不能清偿到期债务的私营企业的破产还债问题,最高人民法院和司法部曾于1955年10月发出《关于私营企业破产还债程序中的两个问题的批复》,最高人民法院还于1957年1月发出了《关于破产清偿几个问题的复函》,以适应司法实务的需要。随着对工商业社会主义改造任务的完成,私营企业消失,破产制度在我国实际上已不复存在。

党的十一届三中全会后,我国进入以经济建设为中心的新的历史时期,法制建设也逐步得到加强。为依法解决实际经济生活中存在的债务人不能清偿债务的问题,1982年公布试行的《民事诉讼法(试行)》在"执行措施"一章中规定:"被执行人的财产,不足以满足所有申请人要求的,按下列顺序清偿:(一)工资、生活费;(二)国家税收;(三)国家银行和信用合作社贷款;(四)其他债务。""不足清偿同一顺序的申请人要求的,按比例分配。"以体现对债权人公平清偿的原则。

(二)《中华人民共和国企业破产法(试行)》的制定

随着经济体制改革的不断深入,面对相当一部分企业因产品不适应市场需要或因经营管理不善等原因,长期亏损,依靠财政补贴过日子,造成社会资源浪费,影响改革目标实现的现实情况,利用破产制度淘汰落后企业的问题开始受到人们的关注。在原国务院技术经济研究中心于 1983 年起草的一份《关于争取科技进步、促进经济发展若干问题的建议》中，将实行破产制度作为淘汰落后企业，促进企业技术进步的重要措施提出来，建议尽快研究制定破产法。在 1984 年 5 月召开的第六届全国人民代表大会第二次会议上，部分全国人大代表也提出了制定企业破产法的议案。1984 年 12 月，经国务院批准成立了由国务院经济法规研究中心和有关部门组成的企业破产法起草组，开始企业破产法草案的起草工作。1986 年 1 月 31 日，国务院常务会议讨论通过了《中华人民共和国企业破产法（草案）》，国务院于同年 3 月 9 日将草案提请全国人大常委会审议。在分别于 1986 年 6 月、9 月、11 月召开的六届全国人大常委会第十六、十七和十八次会议上，委员们对草案进行了认真的审议，就国有企业实施破产制度的时机和条件、企业破产界限（破产原因）、破产企业职工安置等问题展开了热烈的讨论，彭真委员长就制定企业破产法问题提出了重要意见。一些副委员长和常委委员还到地方和企业进行专题调研，整理出书面意见送交全国人大常委会，充分体现了全国人大常委会组成人员对立法工作认真严谨，对国家和人民利益高度负责的态度。全国人大常委会法制工作委员会根据全国人大常委会组成人员的审议意见和地方、部门、企业、专家的意见，研究借鉴国外破产立法的规定，结合我国实际情况，对草案规定的企业破产法的适用范围、破产界限、和解整顿、破产企业职工的善后措施、罚则等内容作了重大修改，经全国人大法律委员会审议后，提交全国人大常委会审议。1986 年 12 月 2 日，第六届全国人大常委会第十八次会议表决通过了《中华人民共和国企业破产法（试行）》，并决定这部法律自《中华人民共和国全民所有制工业企业法》实施满 3 个月之日起试行。由第七届全国人民代表大会第一次会议于 1988 年 4 月 13 日通过的《全民所有制工业企业法》从 1988 年 8 月 1 日起施行，《企业破产法（试行）》即从当年 11 月 1 日起试行。

《企业破产法(试行)》最重要的意义,是在我国国有企业中确立了破产制度。对此,全国人大常委会法制工作委员会负责人在就《企业破产法(试行)》的公布答记者问时指出:“我国社会主义全民所有制企业在社会主义现代化建设中发挥着主导作用,但也有些全民所有制企业经营不善,长期亏损,依靠国家的财政补贴,吃国家的大锅饭,成为国家的沉重负担,不利于社会主义经济的发展。在全民所有制企业中实行破产制度,是解决这种企业吃国家大锅饭的重要手段。更重要的,通过实行破产制度,可以促进企业落实经营管理自主权,贯彻执行厂长(经理)负责制和各项经济责任制,加强企业民主管理,增强企业活力”,同时也“有利于促进企业重视履行经济合同,及时处理债权债务”。全国人大常委会法工委的负责人还指出:“我们肯定破产法的积极作用,但在宣传上应当实事求是,恰如其分。它是一副好药,但只能在一定的范围发挥积极作用,并同其他改革措施互为条件,互相促进,而不能简单地把破产法说成是包治百病的万灵妙药,不宜过分夸大它的作用。”(见1986年12月7日《人民日报》)

1986年制定的《企业破产法(试行)》,以较短的篇幅,通俗简洁的语言,对包括破产财产、破产债权、破产费用以及取回权、别除权、抵销权、追回权等在内的破产制度的各项实体问题和基本程序问题,都作了与国际上通行的破产制度大体一致的规定,同时又没有完全照搬西方国家的破产法,而是在充分研究我国国有企业现状、改革与发展目标的基础上,对企业破产原因、和解整顿等问题,作出了更加符合当时我国国有企业实际情况的规定。这是一部具有鲜明时代特点和中国特色的法律。当然,在《企业破产法(试行)》制定的当时,人们关注的重点,是通过实行破产制度促进国有企业的改革,对破产法在本来意义上专门处理破产人债务清偿中的一些具体法律问题,还来不及作很深入细致的研究,加上我们缺乏实行破产制度的实践经验,对有些问题也只能作出比较原则的规定；这部法律的适用范围也比较窄，只适用于全民所有制企业。

1991 年修改《民事诉讼法（试行）》时，为解决国有企业以外的其他企业法人的破产还债问题，在新的《民事诉讼法》中，又专门规定了“企业法人破产还债程序”一章，适用于国有企业以外的企业法人。

为贯彻执行《企业破产法（试行）》，最高人民法院分别于 1991 年 11 月、2002 年 8 月发出了《关于贯彻执行〈中华人民共和国企业破产法（试行）〉若干问题的通知》《关于审理企业破产案件若干问题的规定》，国务院也依照《企业破产法（试行）》第四条关于“国家通过各种途径妥善安排破产企业职工重新就业，并保障他们重新就业前的基本生活需要，具体办法由国务院规定”和第四十三条关于企业破产法“试行的具体部署和步骤由国务院规定”的规定，分别于 1994 年 10 月和 1997 年 3 月发布了《关于在若干城市试行国有企业破产有关问题的通知》和《关于在若干城市试行国有企业兼并破产和职工再就业有关问题的补充通知》，着重就规定范围内的国有企业破产后的职工安置、土地使用权的处置以及银行因企业破产受到贷款损失的处理等问题作了规定，以规范处理部分国有企业破产的特殊事宜。

（三）新的《中华人民共和国企业破产法》的制定

《企业破产法（试行）》是一部试行法。全国人大常委会法工委负责人当时在答记者问时就指出：“我国实行企业破产制度，还缺乏实践经验。一切新的重大问题先经过试验，是我们长期以来行之有效的成功经验。”“这次全国人大常委会经过慎重考虑，决定通过试行企业破产法”，“待试行一个时期以后，根据实践经验再修订施行。”随着社会主义市场经济的深入发展和国有企业改革的不断深化，原来的企业破产法律已经不能适应企业破产的实际需要，亟须制定一部适用于所有企业、操作性强的企业破产法。

第八届全国人大常委会将制定新的破产法列入本届全国人大常委会立法规划，全国人大财经委员会于1994年初开始组织新的破产法的起草工作。第九届全国人大常委会期间新的破产法起草工作继续进行。

十届全国人大常委会继续将制定新的企业破产法列入本届全国人大常委会立法规划。全国人大财经委员会会同有关部门经过深入调查研究，广泛征求意见，认真总结经验，起草完成了《中华人民共和国企业破产法(草案)》。2004年6月，全国人大财经委员会将《企业破产法(草案)》提请全国人大常委会审议。当月召开的十届全国人大常委会第十次会议对草案进行了初次审议。会后，全国人大常委会法制工作委员会将草案印发各省、自治区、直辖市和中央有关部门、院校、研究机构等征求意见。在其后两年多的时间里，全国人大法律委员会、全国人大常委会法工委会同有关部门，分别召开了全国法院系统座谈会、中央有关部门座谈会、企业和企业工会负责人座谈会、专家座谈会等，进一步广泛征求意见，并就草案中的一些主要问题与有关部门反复交换意见，共同研究。全国人大法律委员会、法制工作委员会根据全国人大常委会组成人员的审议意见和各方面的意见，对草案进行了多次修改，形成了草案修改稿。2004年10月和2006年8月分别召开的十届全国人大常委会第十二次、第二十三次会议对草案进行了第二次、第三次审议，法律委员会根据会议的审议意见又作了必要修改。在2006年8月27日举行的十届全国人大常委会第二十三次会议的全体会议上，出席会议的161名全国人大常委会组成人员，以157票赞成，2票反对、2票弃权的表决结果，通过了新的《中华人民共和国企业破产法》。国家主席胡锦涛于同日发布主席令，公布了这部法律。新的企业破产法将从2007年6月1日起施行，原有的《中华人民共和国企业破产法(试行)》同时废止。

在通过新的企业破产法的全国人大常委会全体会议上，吴邦国委员长发表重要讲话指出:“社会主义市场经济是法制经济,优胜劣汰是市场法则。这次会议通过的企业破产法确立了企业有序退出的法律制度,规范了企业破产程序,对于公平清理债权债务,保护债权人和债务人的合法权益,维护社会主义市场经济秩序具有重要意义。”

第二部分　释　义

第一章　总　则

第一条　为规范企业破产程序，公平清理债权债务，保护债权人和债务人的合法权益，维护社会主义市场经济秩序，制定本法。

【释义】　本条是关于本法立法目的的规定。

本法的立法目的是：

（1）规范企业破产程序

企业破产制度，是企业在市场竞争中，因各种原因不能清偿到期债务，通过法定程序，使债务得以延缓或者公平清偿的法律制度。为了适应经济体制改革的需要，促进全民所有制企业自主经营，保护债权人、债务人的合法权益，早在 1986 年，第六届全国人大常委会第十八次会议通过了《中华人民共和国企业破产法（试行）》，该法只适用于全民所有制企业。《企业破产法（试行）》的制定和试行，填补了我国破产法律制度的空白，在中国体制转轨的时期，起到了重要的历史作用。1991 年 4 月第七届全国人民代表大会第四次会议通过的修订后的《民事诉讼法》，在第十九章规定了“企业法人破产还债程序”，这一程序适用于除全民所有制企业以外的所有企业法人。这两部法律及其他法律、行政法规的相关规定，对规范我国企业破产行为，审理企业破产案件发挥了重要作用。但是，随着社会主义市场经济体制的逐步确立和国有企业改革的深化,我国企业破产出现了一些新情况,现行的企业破产法律规定已不能完全适应目前企业法人破产的实际情况;现行企业破产的法律规定对破产程序的规定比较原则,也需要补充与完善。在《企业破产法(试行)》和《民事诉讼法》关于企业法人破产还债程序的规定实施以来,全国法院受理了近十万件企业破产案件,最高人民法院制定了十多件有关企业破产法的司法解释,也为破产法律制度的完善积累了比较丰富的实践经验。

(2)公平清理债权债务

破产程序是在法院的主持下对具有破产原因的债务人的财产进行清理分配,或者对其进行重整,或者由债务人与债权人就债权清偿达成和解,使全体债权人获得公平受偿的机会。破产以公平清偿债务为宗旨,债务人不能清偿到期债务时,通过破产程序可以合理地协调众多债权人之间就债务人的有限财产如何受偿的利益冲突。公平是破产应当实现的最为重要的目标,同时也是破产程序贯穿始终的基本原则。

(3)保护债权人和债务人的合法权益

债权人的合法权益是破产法所关注的重点。对债权人合法权益的保护,就是使债务人以其最大的偿还债务能力,最大限度地满足债权人的利益。在保护债权人合法权益的同时,也应注意保护债务人的合法权益。

(4)维护社会主义市场经济秩序

市场经济是竞争经济,维护正常的市场经济秩序,才能使社会资源的配置有序化。制定企业破产法,可以使优胜劣汰的市场机制得以发挥作用,让丧失经营能力的市场经济主体及时被淘汰,并有序地退出市场;使得欺诈破产、恶意逃废债务等行为能够受到法律的制裁,以维护公平竞争,保证市场主体间的交易安全;依法妥善处理破产财产,有助于减少对社会的消极影响。因此,维护社会主义市场经济秩序,也是本法的立法目的之一。

第二条 企业法人不能清偿到期债务，并且资产不足以清偿全部债务或者明显缺乏清偿能力的，依照本法规定清理债务。

企业法人有前款规定情形，或者有明显丧失清偿能力可能的，可以依照本法规定进行重整。

【释义】 本条是关于本法适用范围与破产原因的规定。

本条第一款规定，本法适用于企业法人，包括有限责任公司、股份有限公司和其他取得法人资格的各种类型的企业。破产法的适用范围涉及哪些市场主体具有破产能力，这一问题只能由法律作出明确规定。破产原因是提起破产程序的前提，是判断破产申请能否成立、能否受理以及能否作出破产宣告、重整、和解等裁定的法律依据。本条规定的破产原因，包括破产清算、和解与重整的原因。

本条第一款规定的破产原因，包括两种情况：

(1)企业法人不能清偿到期债务，并且资产不足以清偿全部债务。这里所讲的“企业法人不能清偿到期债务”，是指企业法人债务的清偿期限已经届至，债权人要求清偿，但作为债务人的企业法人无力清偿。“资产不足以清偿全部债务”，是指企业法人的资产总和小于其债务总和，即资不抵债，一般要根据企业的资产负债表确定。企业法人的债务清偿能力是由其财产、信用、产品市场前景等因素综合构成的。只有在用尽所有手段仍不能清偿债务时，才真正构成清偿能力的缺乏。企业在经营过程中，由于各种原因，有时会发生短期的资金周转困难，这种暂时的财务困难会随着企业的正常运营而逐渐化解。因此，暂时的、短期的不能清偿或者仅仅是资产负债表上的资不抵债都不能作为认定一个企业法人是否已经构成破产的标准。据此，本款将这两者同时规定为破产原因。

(2)企业法人不能清偿到期债务，并且明显缺乏清偿能力。这一破产原因的规定也是以不能清偿到期债务作为主要的依据，因为这是破产构成的一般原因；同时辅之以明显缺乏清偿能力。

企业法人不能清偿到期债务,如果属于暂时资金周转不灵,不宜宣告其破产,但如果实际上已经丧失清偿能力,即使其资产负债表上的资产可能还略大于负债,也可以启动破产程序清理债务,不一定要等其继续亏损到资不抵债时再宣告破产,这对债权人和债务人都更为有利。此外,从程序上说,如果债务人在债务到期后,经债权人催告并在相当的时期内停止向债权人清偿,即不能清偿到期债务处于连续状态的,可以推定该债务人明显缺乏清偿能力,债权人有理由提出破产申请,这就减轻了债权人提出破产申请的举证负担,有利于破产程序的有效运用。这一破产原因的规定与国际上破产立法的通例是相符的。

本条第一款从我国的实际出发,考虑到企业破产对社会经济生活影响较大,关系到债权人的利益,也关系到破产企业职工的权益和社会安定,对企业破产原因作了比较严格、同时又具有适用性的规定。一方面使法院可以据此从严掌握,以避免欺诈性破产和破产的恶意申请;另一方面也可以提高破产程序的实施效率。企业法人只要具备本款规定的破产原因,就可以依照本法规定的有关程序清理债务。

本条第二款是对重整原因的规定。重整是在企业无力清偿债务但又有复苏希望的情况下,经债务人或债权人申请,法院依法定条件许可,允许企业继续经营,实现债务调整和企业重组,使企业摆脱困境、走向复兴的一项法律制度。为了使面临困境但有挽救希望的企业避免破产清算,恢复生机,企业破产法借鉴国外经验,引入了这一新的制度。重整原因是启动重整程序的事由,也是法院裁定债务人进行重整的法定依据。依照本款规定,重整原因也包括两种情况:

(1)企业法人不能清偿到期债务,并且资产不足以清偿全部债务或者明显缺乏清偿能力的,可以依照本法规定进行重整。这就要求企业法人必须具备破产原因才能进行重整。

（2）企业法人有明显丧失清偿能力可能的，可以依照本法规定进行重整。由于建立重整制度的目的主要在于使企业法人能够避免破产、起死回生，因此，企业法人进行重整除了已经具备破产原因外，还包括虽然尚不具备破产原因，但存在丧失清偿能力可能，有可能导致破产的情况。当企业法人出现财务困难，有可能破产时，及时提出重整申请，有助于提高重整的成功率，更好地发挥重整程序的作用。

第三条　破产案件由债务人住所地人民法院管辖。

【释义】　本条是关于破产案件管辖的规定。

破产案件的管辖，是指各级人民法院以及同级人民法院之间受理破产案件的分工与权限。破产案件的管辖分为地域管辖、级别管辖、移送管辖和指定管辖。本法只对破产案件的地域管辖作了规定。

按照本条规定，破产案件由债务人住所地人民法院管辖。按照民法通则的规定，法人以它的主要办事机构所在地为住所地。企业法人的住所，应按经企业登记机关核准登记的住所地确定。

第四条　破产案件审理程序，本法没有规定的，适用民事诉讼法的有关规定。

【释义】　本条是关于破产案件审理程序的法律适用的规定。

在诉讼程序方面，本法与民事诉讼法都是规定法院、当事人和其他诉讼参加人在民事诉讼中的活动的法律。破产程序是民事诉讼程序的一个特别程序，民事诉讼法是基本法，它的一般规定适用于破产程序。本法规定的破产案件审理程序包括：破产案件的申请与受理程序、债权申报程序、重整程序、和解程序、破产清算程序等。

就破产案件的审理程序而言，本法有规定的，应当依照本法的规定执行；凡是本法未作规定的，均适用民事诉讼法的一般规定。比如，关于受理破产案件的法院的管辖权、裁定的生效时间、可以上诉的裁定的范围、裁定的送达等方面的规定。

第五条　依照本法开始的破产程序，对债务人在中华人民共和国领域外的财产发生效力。

对外国法院作出的发生法律效力的破产案件的判决、裁定，涉及债务人在中华人民共和国领域内的财产，申请或者请求人民法院承认和执行的，人民法院依照中华人民共和国缔结或者参加的国际条约，或者按照互惠原则进行审查，认为不违反中华人民共和国法律的基本原则，不损害国家主权、安全和社会公共利益，不损害中华人民共和国领域内债权人的合法权益的，裁定承认和执行。

【释义】　本条是关于我国破产程序域外效力的规定。

破产程序的地域效力，是指破产程序开始后，对债务人的财产、破产人在一定期间内所为的行为，以及其他利害关系人的有关行为，在多大的地域范围内发生效力。随着国际交往的发展，国家之间的经济贸易合作日益广泛，当事人的住所地位于国内但在国外拥有财产的现象增加，跨国企业的域外经营更加模糊了财产的国际界限，这就会产生国内法院的破产程序对破产人的约束是否可及于破产人在国外的财产以及在国外所为的行为的问题，需要立法予以解决。如果住所地或者主要营业地在中国的债务人破产时，清算组不能将其位于国外的财产并入破产财产，难以实现对全体债权人利益的充分保护，同时也给债务人隐匿或转移财产留下了可乘之机。同时，对于外国开始的破产程序在国内的效力问题，也需要予以明确。因此，本法规定，依本法开始的破产程序，效力及于债务人在国外的财产。在国外开始的破产程序，经人民法院裁定，对债务人在国内的财产发生效力。

按照本条第一款的规定，依照本法开始的破产程序，对债务人在中华人民共和国领域外的财产发生效力。包括以下几层含义：第一，破产财产的范围，不只限于债务人在国内的财产，也包括债务人在国外的财产。第二，人民法院受理破产案件后，债务人的债务人或者财产持有人，包括债务人在境外的债务人或者财产持有人应当向管理人清偿债务或者交付财产；第三，人民法院受理破产申请后，有关债务人财产在国外的保全措施也应当解除，执行程序应当中止；在国外已经开始而尚未终结的有关债务人的民事诉讼或者仲裁应当中止，在管理人接管债务人的财产后，诉讼或者仲裁继续进行；第四，人民法院受理破产申请后，债务人以其境外的财产对个别债权人实施的债务清偿无效。

按照本条第二款的规定，对外国法院作出的发生法律效力的破产案件的判决、裁定，涉及债务人在中华人民共和国领域内的财产，申请或者请求人民法院承认和执行的，经人民法院裁定，予以承认和执行。外国法院的判决除了应当符合民事诉讼法中规定的一般条件外，还应符合本法规定的特殊条件。经人民法院审查后，对于符合法律规定的条件的外国法院的判决、裁定，裁定承认其效力，允许外国的破产管理人提出申请，取得位于中国境内的债务人的财产，将其并入外国开始的破产程序中的破产财产，对所有债权人进行公平统一的分配。

按照本条第二款的规定，人民法院在对外国发生法律效力的判决、裁定进行审查时，应当依照中华人民共和国缔结或者参加的国际条约，或者按照互惠原则进行审查。经审查认为，该外国法院作出的发生法律效力的判决、裁定，不违反中华人民共和国法律的基本原则，不损害国家主权、安全、社会公共利益的，予以承认和执行，这是维护国家主权的需要。认为不损害中华人民共和国领域内债权人的合法权益的，即该判决和裁定对中华人民共和国领域内的债权人没有给予不公平待遇，没有歧视，则予以承认和执行。如果外国法院作出的判决和裁定不符合以上条件，则不予承认和执行。

第六条 人民法院审理破产案件，应当依法保障企业职工的合法权益，依法追究破产企业经营管理人员的法律责任。

【释义】 本条是关于人民法院在审理破产案件中应当依法保护企业职工合法权益，追究破产企业经营管理人员法律责任的规定。

保护破产企业职工的合法权益，是本法立法的一项重要指导思想。本法对在破产程序中保护职工合法权益的问题作了一系列重要规定。人民法院在审理破产案件时，应当依照本法规定，充分保障职工的合法权益。

依法追究破产企业经营管理人员的法律责任。这是人民法院在审理破产案件中应当履行的另一项职责。一些企业的经营管理人员违反忠实义务、勤勉尽责义务，造成企业破产，应当依法承担民事责任；对于构成犯罪的，应当依法追究其刑事责任。这里所讲的企业经营管理人员，指的是企业董事、经理、监事等主要负责人。

第二章 申请和受理

第一节 申 请

第七条 债务人有本法第二条规定的情形，可以向人民法院提出重整、和解或者破产清算申请。

债务人不能清偿到期债务，债权人可以向人民法院提出对债务人进行重整或者破产清算的申请。

企业法人已解散但未清算或者未清算完毕，资产不足以清偿债务的，依法负有清算责任的人应当向人民法院申请破产清算。

【释义】 本条是关于破产申请主体的规定。

破产申请，是指破产申请人依法向人民法院请求裁定债务人适用破产程序的行为。破产申请是启动破产程序的动因，是人民法院开始破产程序的要件。合法有效的破产申请，必须有合法有效的破产申请人。按照本条规定，破产申请人包括债务人、债权人以及依法负有清算责任的人。

按照本条第一款的规定，债务人有本法第二条规定的情形，可以向人民法院提出重整、和解或者破产清算申请。向法院申请破产，是债务人作为民事权利的主体处分其全部财产以及集中清理其债务的一项权利。破产申请的提出，还必须具备一定的条件。对于债务人来讲，提出破产申请，应当是其已不能清偿到期债务，并且资产不足以清偿全部债务或者明显缺乏清偿能力。当债务人具备上述条件时，可以向人民法院直接提出重整、和解或者破产清算申请。

按照本条第二款的规定,债务人不能清偿到期债务,债权人可以向人民法院提出对债务人进行重整或者破产清算的申请。法律赋予债权人破产申请权,是由于债权人是按照合同的约定或者依照法律的规定有权要求债务人履行义务的人,当债务人不履行义务时,债权人可以请求法院强制债务人履行义务。债权人向法院申请债务人破产,是债权人请求人民法院保护其实体权利的一种途径。债权人申请债务人破产应当具备的条件是,债务人不能清偿到期债务。在此没有要求债权人必须在债务人完全具备本法第二条规定的破产原因,即不能清偿到期债务,并且资产不足以清偿全部债务或者明显缺乏清偿能力的情况下,才可以申请债务人破产。这样规定是考虑到对于债权人申请债务人破产的条件不应过于苛刻,因为作为债权人只能知道现实的原因,即债务人对于已经到期的债务没有清偿;如果让债权人来证明债务人的资产状况,是否资不抵债,是否已明显缺乏清偿能力,则对于债权人来讲很难做到,对于债权人是很不公平的,不利于对债权人合法权益的保护。因此,只要债务人不能清偿到期债务,债权人便可以此作为破产申请原因,申请债务人破产。债权人可以根据情况向人民法院提出对债务人进行重整或者破产清算的申请。债权人不得向人民法院提出同债务人进行和解的申请,和解申请仅以债务人为限。

按照本条第三款的规定,企业法人已解散但未清算或者未清算完毕,资产不足以清偿债务的,依法负有清算责任的人应当向人民法院申请破产清算。企业法人解散,是指已经成立的企业法人因企业章程的规定、成员大会的决议、企业法人合并或者分立、依法被吊销营业执照、责令关闭或者被撤销等法定事由的出现而停止企业法人的经营活动,开始企业法人的清算,处理未了结的企业法人事务的法律行为。企业法人解散时,按照法律规定应当成立清算组,依法进行清算。按照《公司法》的规定,有限责任公司的清算组由股东组成,股份有限公司的清算组由董事或者股东大会确定的人员组成。清算组在进行清算时,应当对企业法人的债权、债务进行清理,编制资产负债表和财产清单,并应当制订清算方案。当发现企业法人的资产不足以清偿债务的,清算组就应当立即向人民法院申请企业法人破产,移交人民法院进行破产清算。因为企业法人资不抵债,又不能继续经营挽回损失,实际上已经不能清偿到期债务,已达破产界限。企业法人清算组的破产申请既是清算组的一项权利,也是一项义务。

第八条　向人民法院提出破产申请,应当提交破产申请书和有关证据。

破产申请书应当载明下列事项:

(一)申请人、被申请人的基本情况;

(二)申请目的;

(三)申请的事实和理由;

(四)人民法院认为应当载明的其他事项。

债务人提出申请的,还应当向人民法院提交财产状况说明、债务清册、债权清册、有关财务会计报告、职工安置预案以及职工工资的支付和社会保险费用的缴纳情况。

【释义】　本条是关于破产申请应当提交申请书及申请书内容等有关形式要件的规定。

按照本条的规定,破产申请必须采用书面形式。除了应提交破产申请书以外,还应提供其他证明,提供的内容依申请人的不同而有所不同。破产申请书和申请人所提供的相关证据,是人民法院判断是否受理破产申请的一个依据。

按照本条规定,破产申请书应当载明下列事项:

(1)申请人、被申请人的基本情况。如申请人和被申请人的名称(姓名)、地址(住址)、法定代表人的姓名等。

(2)申请目的。即所提出破产的申请,是请求人民法院裁定债务人重整,还是请求人民法院宣告债务人破产清算;如果是债务人申请,还包括提出和解申请。

(3)申请的事实和理由。债务人提出申请的,应当说明不能清偿到期债务,并且资产不足以清偿全部债务或者明显缺乏清偿能力的原因和事实。债权人提出申请的,应当说明债务人不能清偿到期债务的事实和理由。

(4)人民法院认为应当载明的其他事项。一般包括证据材料的名录、类别、份数,申请人签名以及申请日期等。对于债务人提出破产申请,按照最高人民法院的已有司法解释,债务人还应当提供企业的担保情况、企业已发生的诉讼情况等。

按照本条规定,向人民法院提出破产申请,还应当提交有关证据。如果申请人是债权人,其提交的证据应包括能够证明债权清偿期限已经届满,债权人已经提出过清偿要求,债务人明显缺乏清偿能力或者停止支付是连续状态的证据,如合同、借据等。

按照本条第二款的规定,债务人提出申请的,除应当提交破产申请书以外,还应当向人民法院提交财产状况说明、债务清册、债权清册、有关财务会计报告、职工安置预案以及职工工资的支付和社会保险费用的缴纳情况等材料。财产状况说明应当说明企业至破产申请日的资产状况明细表,包括企业有形资产的情况、无形资产的情况、企业投资情况、企业在金融机构开设账户的详细情况等。债务清册、债权清册应当分别写明债务人、债权人的单位名称或个人姓名、住所、开户银行,债务或债权的数额及发生时间、有无争议等。有关财务会计报告主要包括资产负债表、现金流量表等及其相应的年度报告。职工安置预案和职工工资的支付及社会保险费用的缴纳情况应当说明应支付给职工的工资、拖欠的工资等情况和社会保险费用的缴纳情况,包括拖欠的养老保险金及医疗保险金数额,以及对职工进行安置的方案等。要求债务人提交较为详细的资料，有利于人民法院决定是否受理和提高审理破产案件的效率。

第九条　人民法院受理破产申请前，申请人可以请求撤回申请。

【释义】　本条是关于破产申请撤回的规定。

依照本法的规定，法院收到破产申请后，破产程序并未开始，法院受理破产申请以后，破产程序才开始。因此，本条规定，在人民法院受理破产申请前，申请人可以请求撤回申请。

在人民法院受理破产案件后，申请人则不得请求撤回申请。按照民事诉讼法的规定，当事人可以撤诉。但是破产案件与一般的民事诉讼有所不同，法院一旦受理了破产申请，即是初步认定债务人已经具备了破产原因，无论是债务人提出破产申请，还是债权人提出破产申请，所涉及的利益关系便不限于申请人，已经超出了申请人的范围。在债务人有破产原因时，其他债权人的利益也依赖破产程序来保障，如果允许申请人在破产申请受理以后撤回申请，一是会损害债权人整体的利益；二是在法院受理破产申请的裁定作出以后，要发布公告，通知债权人等有关当事人，债权人对债权进行申报，人民法院要采取必要的财产保全措施，等等。一系列的法定程序已经开始进行。如果这时允许申请人撤回申请，会造成损失。

第二节　受　　理

第十条　债权人提出破产申请的，人民法院应当自收到申请之日起五日内通知债务人。债务人对申请有异议的，应当自收到人民法院的通知之日起七日内向人民法院提出。人民法院应当自异议期满之日起十日内裁定是否受理。

除前款规定的情形外,人民法院应当自收到破产申请之日起十五日内裁定是否受理。

有特殊情况需要延长前两款规定的裁定受理期限的,经上一级人民法院批准,可以延长十五日。

【释义】 本条是关于人民法院受理破产申请时限及债务人对破产申请行使异议权的规定。

破产申请的受理,是指人民法院在收到破产申请后,经审查认为破产申请符合法定条件而予以接受,并因此开始破产程序的司法行为。当事人向人民法院提出破产申请,破产程序并不当然开始,收到破产申请的人民法院应当在法定期限内,对破产申请予以审查。人民法院经过审查后,对是否受理破产申请应当作出裁定。

按照本条第一款的规定,债权人提出申请的,人民法院应当自收到申请之日起五日内通知债务人。债务人对申请有异议的,应当自收到人民法院的通知之日起七日内向人民法院提出。人民法院应当自异议期满之日起十日内裁定是否受理。本条的这一规定赋予债务人以异议权。作出这一规定主要是因为:债权人提出破产申请,通常的原因是由于债务人不能清偿到期债务。但债权人对债务人究竟是否具有清偿债务的能力,并不完全了解,需要人民法院依职权进行审查,同时还需要债务人提供相关材料,对债权人所提出的申请予以核实。此外,在实践中,也存在着债权人通过采取申请人民法院对债务人宣告破产的方式,诋毁债务人的商业信誉,意图达到不正当竞争的目的。人民法院受理申请的裁定一旦作出,就要发布公告,就会影响债务人商业信誉。所以本法规定,债权人提出申请的,人民法院应当在五日内通知债务人。债务人接到通知后,对于债权人提出的破产申请有异议的,即认为自己不具备破产原因或者对于提出破产申请的债权人的债权有异议时,应当及时向人民法院提出,提出的时限为自收到人民法院的通知之日起七日内。人民法院应当自异议期满之日起十日内作出是否受理的裁定。

按照本条第二款的规定，除前款规定的由债权人提出申请的情形外，人民法院应当自收到破产申请之日起十五日内裁定是否受理。人民法院在收到破产申请后，应当对破产申请进行审查。按照本条规定，作出裁定的期限为收到破产申请之日起十五日内。

按照本条第三款的规定，有特殊情况需要延长裁定受理期限的，经上一级人民法院批准，可以延长十五日。比如债权人人数众多、债权债务关系比较复杂等，为了保证裁定作出的准确性，保护相关当事人的合法权益，应当允许受理破产申请的人民法院适当延长作出是否受理破产申请裁定的时限，但是应当经上一级人民法院批准，最长可以延长十五日。

第十一条　人民法院受理破产申请的，应当自裁定作出之日起五日内送达申请人。

债权人提出申请的，人民法院应当自裁定作出之日起五日内送达债务人。债务人应当自裁定送达之日起十五日内，向人民法院提交财产状况说明、债务清册、债权清册、有关财务会计报告以及职工工资的支付和社会保险费用的缴纳情况。

【释义】　本条是关于人民法院受理破产申请裁定的送达，以及债权人提出破产申请时债务人应当提交有关材料的规定。

按照本条第一款的规定，人民法院受理破产申请的，应当自裁定作出之日起五日内送达申请人。人民法院收到破产申请后，经审查，认为符合本法规定决定受理破产申请的，应当作出裁定，并送达提出破产申请的申请人。破产申请人是破产程序的发起者，他应当有权知道法院对破产申请审查的结果。这里讲的送达，是指人民法院依照法定程序和方式，将受理破产申请的裁定书送交破产申请人的诉讼行为。送达的时间为裁定作出之日起五日内。

按照本条第二款的规定，债权人提出申请的，人民法院应当自裁定作出之日起五日内送达债务人。债务人应当自裁定送达之日起十五日内,向人民法院提交财产状况说明、债务清册、债权清册、有关财务会计报告以及职工工资的支付和社会保险费用的缴纳情况。因为破产程序对债务人利害关系重大,在债权人提出破产申请的情况下,人民法院应当及时将受理破产申请的裁定送达债务人,以保证债务人能够及时准备相关材料,积极应诉。送达的期间为裁定作出之日起五日内。债务人在收到法院受理破产申请的裁定以后,应当按照本条规定及时提交财产状况说明、债务清册、债权清册、有关财务会计报告、职工工资的支付和社会保险费用的缴纳情况。债务人提交上述材料的期限是自人民法院受理破产申请的裁定送达之日起十五日内。

第十二条　人民法院裁定不受理破产申请的,应当自裁定作出之日起五日内送达申请人并说明理由。申请人对裁定不服的,可以自裁定送达之日起十日内向上一级人民法院提起上诉。

人民法院受理破产申请后至破产宣告前,经审查发现债务人不符合本法第二条规定情形的,可以裁定驳回申请。申请人对裁定不服的,可以自裁定送达之日起十日内向上一级人民法院提起上诉。

【释义】　本条是关于破产申请不予受理以及驳回的规定。

人民法院收到破产申请后,在十五日内对破产申请进行审查,经审查发现破产申请不符合本法规定的条件时,人民法院应当决定对该破产申请不予受理。不予受理的决定应以裁定作出。对不符合本法规定条件的破产申请不予受理,有利于防止债务人借破产逃避债务,保护债权人的合法权益;也有利于防止债权人借恶意申请破产,损害债务人的合法权益。按照本条第一款的规定,人民法院裁定不受理破产申请的,应当自裁定作出之日起五日内送达申请人。人民法院决定不受理申请人的破产申请,应当将不受理的理由及时告知申请人，以便申请人及时行使自己的上诉权。申请人对不受理破产申请的裁定不服的，可以自裁定送达之日起十日内向上一级人民法院提起上诉。

按照本条第二款的规定，人民法院受理破产申请后至破产宣告前，经审查发现债务人不符合本法第二条规定情形的，可以裁定驳回申请。人民法院在收到破产申请以后，已经依照本法规定对破产申请进行了审查，但由于破产案件情况复杂，又受立案审查期限的限制，有时难以查清全部事实。因此，人民法院受理破产申请以后，仍然可以继续对破产申请依照本法规定的条件进行审查，发现债务人有不符合本法第二条规定情形，即债务人没有达到不能清偿到期债务，并且资产不足以清偿全部债务或者明显缺乏清偿能力的界限的，仍然可以裁定的方式对该破产申请予以驳回。驳回的期间为受理破产申请后至破产宣告前。由于驳回破产申请的裁定直接涉及申请人的权利，因此，如果申请人对这一裁定不服的，应当允许申请人向上一级人民法院提起上诉。上诉期限为自裁定送达之日起十日内。

第十三条　人民法院裁定受理破产申请的，应当同时指定管理人。

【释义】　本条是关于指定破产管理人的规定。

在破产程序开始以后，为了加强对债务人财产的管理，防止债务人随意处置财产，保护债权人的利益，有必要由专门机构具体实施对债务人财产的管理、处分、整理、变价、分配等工作。为此，许多国家都在破产法中建立了破产管理人制度。1986 年制定的《中华人民共和国企业破产法（试行）》确立了由法院组织以破产企业主管机关和其他行政机关的指派人员为主体的破产清算组制度。《民法通则》规定，企业法人被撤销、被宣告破产的，应当由主管机关或者人民法院组织有关机关和有关人员成立清算组织，进行清算。本法在借鉴国外破产管理人制度有益做法，结合我国实际情况的基础上，确立了我国的破产管理人制度。

按照本条规定，人民法院裁定受理破产申请的，应当同时指定管理人。人民法院一旦裁定受理破产申请，破产程序即为开始，债务人丧失对其财产的管理和处分权。为避免债务人财产因无人管理而造成损失，本法要求人民法院在作出受理破产申请裁定的同时就应指定管理人，以有效地对债务人财产进行管理，维护债权人和债务人双方的利益。

第十四条　人民法院应当自裁定受理破产申请之日起二十五日内通知已知债权人，并予以公告。

通知和公告应当载明下列事项：

（一）申请人、被申请人的名称或者姓名；

（二）人民法院受理破产申请的时间；

（三）申报债权的期限、地点和注意事项；

（四）管理人的名称或者姓名及其处理事务的地址；

（五）债务人的债务人或者财产持有人应当向管理人清偿债务或者交付财产的要求；

（六）第一次债权人会议召开的时间和地点；

（七）人民法院认为应当通知和公告的其他事项。

【释义】　本条是关于受理破产申请的通知及公告的规定。

按照本条规定，人民法院裁定受理破产申请后，应当及时通知已知的债权人，并发布公告。这里讲的通知和公告，是人民法院依照法定程序和方式，向已知债权人、未知债权人以及其他利害关系人送达破产案件文书的司法行为。通知的意义在于，人民法院以书面形式告知已知的债权人已开始破产程序的事实和有关事项；公告的意义在于，人民法院以公告的方式，向不特定的人公开告知已受理破产申请的有关事项，告知无法通知的债权人、未知的债权人以及其他利害关系人已开始破产程序的事实和有关事项，以维护其合法权益。公告的形式除了在受理破产案件的法院公告栏内张贴外，还应根据有关债权人的分布情况、破产财产所在的区域等具体情况，在全国或地方性的公共媒体上登载。按照本条规定，通知和公告应当在裁定受理破产申请之日起二十五日内作出。法院的公告一旦作出，则视为人民法院已经通知未知的债权人和无法通知的债权人。

按照本条规定，通知和公告应当载明下列事项：

(1)申请人、被申请人的名称或者姓名。

(2)人民法院受理破产申请的时间。

(3)申报债权的期限、地点和注意事项。债权申报期限，是允许债权人向人民法院申报其债权的固定期间。限定债权申报期间，对于破产程序及时、顺利进行是必要的，逾期未申报债权将承担相应的法律后果。

(4)管理人的名称或者姓名及其处理事务的地址。

(5)债务人的债务人或者财产持有人应当向管理人清偿债务或者交付财产的要求。在人民法院受理破产申请的裁定作出以后，人民法院已经同时指定了管理人，债务人已经丧失对其财产的管理与处分权，不再享有受偿债权或者收回财产的权力，而由管理人接管。所以，债务人的债务人或者财产持有人不能向管理人以外的人清偿债务或者交付财产，必须向管理人清偿债务或者交付财产。这里讲的“债务人的债务人”，是指破产申请受理前对债务人负有债务的任何人。这里讲的“债务人的财产持有人”，是指在破产申请受理时实际占有债务人所有的财产或者债务人经营管理的财产的任何人。

(6)第一次债权人会议召开的时间和地点。

(7)人民法院认为应当公告的其他事项，如债务人不得个别清偿债务等。

第十五条　自人民法院受理破产申请的裁定送达债务人之日起至破产程序终结之日，债务人的有关人员承担下列义务：

（一）妥善保管其占有和管理的财产、印章和账簿、文书等资料；

（二）根据人民法院、管理人的要求进行工作，并如实回答询问；

（三）列席债权人会议并如实回答债权人的询问；

（四）未经人民法院许可，不得离开住所地；

（五）不得新任其他企业的董事、监事、高级管理人员。

前款所称有关人员，是指企业的法定代表人；经人民法院决定，可以包括企业的财务管理人员和其他经营管理人员。

【释义】　本条是关于人民法院受理破产申请后债务人的有关人员承担义务的规定。

人民法院受理破产申请后，债务人受到破产程序的约束，债务人的有关人员应当依照本法规定承担相应的义务。按照本条规定，债务人的有关人员承担的义务仅限于破产程序之中，即自人民法院受理破产申请的裁定送达债务人之日起至破产程序终结之日止。

按照本条规定，债务人的有关人员承担下列义务：

（1）妥善保管其占有和管理的财产、印章和账簿、文书等资料。债务人的有关人员应依法履行法律规定的这一保管义务，使这些财产与资料保持完好、无损；不得非法处理企业的账簿、文书、资料和印章，不得隐匿、私分、无偿转让、非正常压价出售企业的财产。债务人的有关人员承担的对于财产、印章和账簿、文书等资料的保管义务，直到移交给管理人以后消灭。

（2）根据人民法院、管理人的要求进行工作，并如实回答询问。人民法院和管理人在破产程序开始以后，在处理破产企业的事务时，需要与破产企业的有关人员特别是债务人的法定代表人进行沟通，了解有关情况。债务人的有关人员应当积极予以配合，按照人民法院和管理人的要求出席有关会议，向管理人说明情况，回答管理人提出的有关问题，按照人民法院、管理人的要求协助进行有关工作。

(3)列席债权人会议并如实回答债权人的询问。如果需要债务人的有关人员列席债权人会议，债务人的有关人员应当出席，不得拒绝。债务人的有关人员在债权人会议上还有义务就债权人所提问题如实回答。

(4)未经人民法院许可，不得离开住所地。债务人的有关人员有特殊情况需要离开住所地的，应当经人民法院的许可；未经人民法院许可擅自离开住所地的，按照本法规定，人民法院可以予以训诫、拘留，可以并处罚款。

(5)不得新任其他企业的董事、监事、高级管理人员。这是对破产企业经营管理人员从业的限制。由于本企业正处于破产程序之中，破产问题尚未解决，这时债务人的有关人员，特别是债务人的法定代表人不得再担任其他企业的董事、监事、高级管理人员。

按照本条第二款的规定，前款所称的有关人员，是指企业的法定代表人；经人民法院决定，可以包括企业的财务管理人员和其他经营管理人员。法定代表人是依照法律或者组织章程代表法人行使职权的负责人。其他有关人员，由人民法院根据债务人的实际情况决定。按照本法规定可以包括企业的财务管理人员和其他经营管理人员。其他经营管理人员，可以包括经理、董事、监事等。

第十六条　人民法院受理破产申请后，债务人对个别债权人的债务清偿无效。

【释义】　本条是关于人民法院受理破产申请后债务人的个别清偿无效的规定。

人民法院受理破产申请，标志着破产程序的开始，所有债权都必须通过破产程序获得清偿。在清偿时，同一顺序的所有债权人地位平等，按债权数额的比例分配。如果人民法院在受理破产申请后，仍然允许债务人对个别债权人的债权进行清偿，就会造成个别债权人与其他债权人实际受偿的不平等，使得个别债权人能够全部或大部分得到清偿，而其他债权人的债权则较少得到清偿，甚至得不到清偿。为了保障在债务人被宣告破产后，所有的破产债权人都能够得到平等的清偿，有必要在受理破产申请后，禁止债务人对个别债权人的清偿，否认这种清偿的法律效力，防止债务人以个别清偿为名转移或转让企业的财产。

第十七条　人民法院受理破产申请后，债务人的债务人或者财产持有人应当向管理人清偿债务或者交付财产。

债务人的债务人或者财产持有人故意违反前款规定向债务人清偿债务或者交付财产，使债权人受到损失的，不免除其清偿债务或者交付财产的义务。

【释义】　本条是关于债务人的债务人或者财产持有人在破产申请受理后向管理人清偿债务或者交付财产的义务的规定。

人民法院受理破产申请后，应当同时指定管理人，由管理人负责接管债务人的财产。管理人由此成为债务人财产的实际控制者，依法管理和处分债务人的财产，债务人被依法剥夺了管理和处分财产的权利。这就必然要求在人民法院受理破产申请后，债务人的债务人或者财产持有人应当向管理人清偿债务或者交付财产。这样有利于管理人更好地实现对债务人财产的管理，防止有些债务人利用各种手段隐匿和转移财产，更好地保护全体债权人和有关各方的合法权益。

在本条第一款中，“债务人的债务人”是指对债务人负担债务的人，所负担的债务既可以是人民法院受理破产申请前成立的，也可以是人民法院受理破产申请后成立的。“债务人的财产持有人”是指一切持有债务人财产的人，其持有债务人财产，既可能是依据法律规定或者双方当事人的约定而合法持有，也可能是非法持有。

本条第二款规定了债务人的债务人或者财产持有人故意违反本条第一款规定的法律后果。依照这一款的规定，不免除行为人清偿债务或者交付财产的义务必须同时具备两个要件：一是行为人主观上具有故意。故意是与过失相对应的一种主观状态，是指行为人主观上认识到其行为的违法性。如果行为人主观上认识到，其应当向管理人清偿债务或者交付财产而实际上却向债务人清偿债务或者交付财产，则具备第一个要件。如果行为人向债务人清偿债务或者交付财产并非出于故意；例如，行为人能够证明自己并不知道人民法院已经受理破产申请，则无须再承担清偿债务或者交付财产的义务。二是行为人的行为使债权人受到损失。如果行为人违反本条第一款的规定向债务人清偿债务或者交付财产，但是债务人将其获得的清偿或者接受的财产转交给了管理人并纳入债务人财产，没有使债权人受到损失，则无须再承担清偿债务或者交付财产的义务。

第十八条　人民法院受理破产申请后，管理人对破产申请受理前成立而债务人和对方当事人均未履行完毕的合同有权决定解除或者继续履行，并通知对方当事人。管理人自破产申请受理之日起二个月内未通知对方当事人，或者自收到对方当事人催告之日起三十日内未答复的，视为解除合同。

管理人决定继续履行合同的，对方当事人应当履行；但是，对方当事人有权要求管理人提供担保。管理人不提供担保的，视为解除合同。

【释义】　本条是关于破产申请受理前成立而双方均未履行完毕的合同如何处理的规定。

在破产程序开始时，对债务人或者对方当事人一方已经履行完毕的合同，无须制订特别规则。如果未履行完毕的是债务人，对方当事人可以以相应的损害赔偿请求权作为可申报的债权;如果未履行完毕的是对方当事人,管理人应当要求其履行合同或者给予赔偿。但是,对于破产申请受理前成立而双方均未履行完毕的合同,必须作出处理,延续对债务人有利的合同,解除对债务人不利的合同,以使债务人财产最大化。

根据本条规定,只有对破产申请受理前成立而双方均未履行完毕的合同,管理人才有决定继续履行合同或者解除合同的权利。在国外的立法例中,对于此种合同有不同的表述,法国称为"有效合同",德国称为"未履行(或者未完全履行)的双务合同",美国称为"待履行合同"。此种合同要同时具备两个条件:一是合同成立的时间,必须是在破产申请受理前,即破产程序开始前;二是该合同的双方当事人均未履行完毕,包括双方当事人均未开始履行、双方均已开始履行但是均未履行完毕、一方已经开始履行但是未履行完毕同时另一方尚未开始履行这三种情形。

管理人对破产申请受理前成立而债务人和对方当事人均未履行完毕的合同,应当按照有利于使债务人财产最大化的原则,行使决定继续履行或者解除的选择权。如果管理人决定继续履行,双方当事人都应当履行合同。如果管理人决定解除合同,对方当事人仅得以合同不履行所产生的损害赔偿请求权申报债权。管理人行使选择权应当在人民法院裁定受理破产申请之日起二个月内通知对方当事人,或者自收到对方当事人催告之日起三十日内予以答复,否则视为解除合同。这一规定有利于督促管理人对此类合同及时采取行动,同时也可为对方当事人提供明确的预期,维护交易的稳定。

在管理人怠于行使选择权的情况下,对方当事人的权利处于不稳定状态,于交易安全不利,故法律还赋予对方当事人以催告权,以保护其利益。即对方当事人可以要求管理人作出履行或者解除合同的意思表示;如果管理人在收到对方当事人催告之日起三十日内未答复的，视为解除合同。

由于继续履行与债务人订立的合同会给对方当事人带来很大的风险，破产法应当考虑为对方当事人提供保护措施。因此，本条规定，对于重整程序开始前成立并已开始履行的双务合同，债务人或者管理人决定继续履行的，对方当事人应当履行；但是，对方当事人有权要求管理人提供担保。管理人不提供担保的，视为解除合同。

第十九条　人民法院受理破产申请后，有关债务人财产的保全措施应当解除，执行程序应当中止。

【释义】　本条是关于人民法院受理破产申请对有关债务人财产的保全措施和执行程序的效力的规定。

依据《民事诉讼法》的规定，保全措施是指人民法院根据当事人或者利害关系人的申请，或者依职权对当事人的财产采取保护措施，以保证将来生效的判决得以执行的制度。财产保全分为诉讼中的财产保全和诉前财产保全。诉讼中的财产保全是指在案件受理后，人民法院对于可能因当事人一方的行为或者其他原因，使判决不能执行或者难以执行的案件，根据对方当事人的申请或者认为必要时对当事人的财产采取的保全措施。诉前财产保全是指利害关系人在起诉前因情况紧急，不立即申请财产保全将会使其合法权益受到难以弥补的损害，而向人民法院申请采取的财产保全措施。财产保全可以采取查封、扣押、冻结等方式。

从《民事诉讼法》的有关规定来看，对债务人财产的保全措施，其目的在于保证判决的执行，即为了保证个别清偿的实现，这与破产法所要实现的概括式公平清偿目的不符。因此，在人民法院受理破产申请后，有关债务人财产的保全措施应当解除。解除保全措施，意味着在债务人财产上施加的查封、扣押、冻结等决定失去效力，该财产的法律属性恢复到保全措施实施以前的状态。

管理人有权接管该财产并将其纳入债务人财产的范围。本法规定的保全措施的解除是人民法院受理破产申请的当然效力之一，即一旦人民法院受理了破产申请，附加于债务人财产之上的保全措施自然解除，而不需要人民法院另行作出宣告保全措施失去效力的裁定。

依据《民事诉讼法》的有关规定，执行程序是指人民法院按照已经发生法律效力的判决、裁定或者仲裁机构的裁决等法律文书，运用国家司法权，依据法定程序迫使被执行人实现法律文书确定的内容的行为及其程序。与财产保全措施的目的相一致，执行程序的目的同样是为了实现个别清偿，与破产法所要实现的概括式公平清偿目的不符。因此，人民法院受理破产申请后，有关债务人财产的执行程序应当中止，即使人民法院已经接受了当事人的执行申请，也不应当将生效的判决、裁定、支付令等交付执行机构执行；人民法院正在实施的执行措施，如冻结、划拨存款、扣押、变卖财产等，也应当中止。

在通常情况下，有关债务人财产的执行程序在破产程序中一直处于中止状态，依据生效的法律文书而对债务人享有的债权可以向管理人申报，进而依据破产财产分配方案、重整计划或者和解协议的规定获得清偿。

第二十条　人民法院受理破产申请后，已经开始而尚未终结的有关债务人的民事诉讼或者仲裁应当中止；在管理人接管债务人的财产后，该诉讼或者仲裁继续进行。

【释义】　本条是关于破产申请受理后有关债务人的诉讼和仲裁如何处理的规定。

诉讼和仲裁是解决民事纠纷最主要的两种法律方式。诉讼作为一种司法活动，是指人民法院在双方当事人和其他诉讼参与人的参加下，依照法定程序审理和解决纠纷的活动。仲裁则是指双方当事人通过仲裁机构的裁决来解决纠纷的一种方式。在人民法院受理破产申请后，由于债务人被依法剥夺了管理和处分财产的权利，由其继续参与有关的民事诉讼和仲裁程序已经不可能，因此，在破产申请受理后，有关债务人的民事诉讼和仲裁程序应当中止。当管理人接管债务人财产并可以行使管理和处分权时，由管理人代表债务人参加诉讼或者仲裁程序才成为可能。因此，在管理人接管债务人的财产后，中止的诉讼或者仲裁继续进行。

第二十一条　人民法院受理破产申请后，有关债务人的民事诉讼，只能向受理破产申请的人民法院提起。

【释义】　本条是关于破产申请受理后有关债务人的民事诉讼案件管辖的规定。

依据我国《民事诉讼法》有关管辖问题的规定，对法人或者其他组织提起的民事诉讼，由被告住所地人民法院管辖。在特殊情况下，针对不同的案件，还可以由合同履行地、保险标的物所在地、票据支付地、侵权行为地等的人民法院管辖。此外，民事诉讼法还针对因不动产纠纷、港口作业纠纷、遗产继承纠纷提起的诉讼规定了专属管辖。由于破产程序是一种概括式的债权债务处理方式，有关债务人的所有债权债务均集中于受理破产申请的法院依破产程序进行清理，具有严格的时间要求。在破产程序进行中发生的有关债务人的民事诉讼，如果由不同的法院来审理，难以协调其与破产案件的审理进度，影响破产程序的顺利进行，故有必要将这些诉讼集中于审理破产案件的人民法院一并审理。因此，本条规定，人民法院受理破产申请后，有关债务人的民事诉讼，只能向受理破产申请的人民法院提起。

第三章 管 理 人

第二十二条 管理人由人民法院指定。

债权人会议认为管理人不能依法、公正执行职务或者有其他不能胜任职务情形的，可以申请人民法院予以更换。

指定管理人和确定管理人报酬的办法，由最高人民法院规定。

【释义】 本条是关于管理人的任命及解任的规定。

按照本条第一款的规定，管理人由人民法院指定。关于管理人的选任方式，从一些国家的规定来看，主要有三种：一是由法院决定；二是由债权人会议选任；三是由债权人会议选任和法定权力机关指定。考虑到破产程序是法院主导下清理债权债务的司法程序，为了保证管理人对法院负责，依法公正地履行职责，处理有关破产事务，本条根据我国的实际情况，规定了破产管理人由人民法院指定。

按照本条第二款的规定，债权人会议认为管理人不能依法、公正执行职务或者有其他不能胜任职务情形的，可以申请人民法院予以更换。破产程序是保护债权人利益的程序，选任管理人涉及债权人的利益，应当允许债权人表达意志，发挥作用。本条的规定体现了对债权人权利的尊重。但债权人会议行使异议权不能有随意性。按照本条规定，债权人会议要求更换管理人是有条件的：一是债权人会议认为管理人不能依法、公正执行职务。这主要是指管理人不能依照本法规定履行职责，或者怠于履行职责，没有做到公正履行职责的。二是债权人会议认为管理人有其他不能胜任职务的情形。包括管理人执行职务的行为没有达到选任时约定的要求;管理人不具备应有的专业知识或者能力;管理人有违法行为等。债权人会议如果认为管理人有本条规定的情形,可以向人民法院申请更换,另外指定管理人。

按照本条第三款的规定,指定管理人和确定管理人报酬的办法,由最高人民法院规定。管理人执行职务有权获取报酬。为了保证人民法院对管理人的指定以及管理人报酬的确定能够公平、公正,应由最高人民法院统一制定指定管理人和确定管理人报酬的办法。因此,本条授权最高人民法院来规定指定管理人和确定管理人报酬的办法。

第二十三条　管理人依照本法规定执行职务,向人民法院报告工作,并接受债权人会议和债权人委员会的监督。

管理人应当列席债权人会议,向债权人会议报告职务执行情况,并回答询问。

【释义】　本条是关于管理人执行职务义务的规定。

本条第一款的规定包含三层意思:

(1)管理人依照本法规定执行职务。在破产程序中,负责对债务人财产的管理、处分、整理、变价、分配等,是管理人的基本职责。本法第二十五条具体列举规定了管理人应当履行的各项职责。此外,本法还在其他有关条款中规定了管理人的职责,比如,第一百一十三条规定,管理人应当及时拟订破产财产变价方案,提交债权人会议讨论。管理人应当按照债权人会议通过的或者人民法院依照本法规定裁定的破产财产变价方案,适时对破产财产进行变价出售,等等。管理人应当按照本法规定勤勉尽责,忠实执行职务。管理人在实施本法第六十九条规定的对债务人财产有重大影响的行为时,还应当及时报告债权人委员会;未设立债权人委员会的,应当报告人民法院。二是遵守本法规定。

(2)向人民法院报告工作。破产程序是司法程序,由人民法院主导,人民法院指定的管理人必须接受人民法院的指导与监督,人民法院要听取管理人的工作汇报。

(3)接受债权人会议和债权人委员会的监督。在破产程序中,管理人掌握着管理和处分破产财产、处理破产事务的大权,本法规定了管理人的谨慎注意义务。而对管理人是否按照本法规定履行义务,还需要通过监督机制来保障。管理人除接受人民法院的监督以外,从利益方面讲,债权人最关心管理人是否依法履行职责。因此,本款规定管理人要接受债权人会议和债权人委员会的监督。

按照本条第二款的规定,管理人应当列席债权人会议,向债权人会议报告职务执行情况,并回答询问。本款规定是管理人接受监督的一个方面,列席债权人会议作为管理人的一项义务,管理人不能拒绝列席。

第二十四条　管理人可以由有关部门、机构的人员组成的清算组或者依法设立的律师事务所、会计师事务所、破产清算事务所等社会中介机构担任。

人民法院根据债务人的实际情况,可以在征询有关社会中介机构的意见后,指定该机构具备相关专业知识并取得执业资格的人员担任管理人。

有下列情形之一的,不得担任管理人:

(一)因故意犯罪受过刑事处罚;

(二)曾被吊销相关专业执业证书;

(三)与本案有利害关系;

(四)人民法院认为不宜担任管理人的其他情形。

个人担任管理人的,应当参加执业责任保险。

【释义】　本条是关于管理人的组成及任职资格的规定。

由于管理人在企业的重整、和解、破产清算程序中,要负责处理大量复杂事务，这主要应由本条第一款规定的有关机构担任。包括：

（1）由有关部门、机构的人员组成的清算组。清算组是由人民法院指定成立，对接管的破产企业财产进行清理、保管、估价，以及处理和分配的专门机构。清算组既不是债权人的代表，也不是债务人的代表。清算组以公平清理债务为目标，独立执行清算事务。在破产实践中，特别是国有企业的破产涉及国有资产处置、职工安置等复杂问题，需要由政府有关部门、机构的人员组成的清算组担任管理人。

（2）依法设立的社会中介机构。由于破产事务具有一定的专业性，要求管理人应具有一定的专业知识与业务能力。因此本条规定，管理人可以由依法设立的律师事务所、会计师事务所、破产清算事务所等社会中介机构担任。

按照本条第二款的规定，人民法院根据债务人的实际情况，可以在征询有关社会中介机构的意见后，指定该机构具备相关专业知识并取得执业资格的人员担任管理人。考虑到有些规模较小、债权债务关系又比较简单的债务人，也可以考虑由法院征求有关机构的意见后，指定符合条件的个人担任管理人。担任管理人要具备相关专业知识，并且要取得执业资格。如律师应取得律师执业证书，会计师应取得注册会计师资格等。

按照本条第三款的规定，有以下四个方面情形之一的，不得担任管理人：

（1）因故意犯罪受过刑事处罚。管理人仅具有专业资格是不够的，还必须具有良好的道德操守。从品德方面讲，应没有犯罪记录。本条强调的是因故意犯罪而受刑事处罚的。如果是因为某种过失犯罪，如过失的交通肇事犯罪等，不影响担任管理人。

（2）曾被吊销相关专业执业证书。对于管理人的任职资格要比一般从业资格更严，只要曾经被吊销过执业资格证书，就不能担任管理人。曾被吊销执业证书,说明有过违法行为的不良记录。如注册会计师违反注册会计师法有关规定,明知委托人的财务会计处理会直接损害报告使用人或者其他利害关系人的利益,而有予以隐瞒或者作不实的报告的等行为,情节严重的,可以由省级以上人民政府财政部门吊销注册会计师证书,虽然满五年以后可以再取得注册会计师证书,但是按照本条规定不得担任管理人。

(3)与本案有利害关系。这是破产管理人实行回避制度的体现,是为了保证破产程序能公正进行。这里讲的利害关系,包括一定范围的亲属关系和债权债务关系、雇佣关系、合伙关系等。

(4)人民法院认为不宜担任管理人的其他情形。除本条列举的法定情形以外,实践当中可能还有一些因素影响管理人执行职务。本条授权人民法院可以决定其他不适宜担任管理人的情形。比如管理人虽然没有犯罪记录,但是有道德品质不好、身体状况不允许等不适宜担任管理人的情形。

按照本条第四款的规定,个人担任管理人的,应当参加执业责任保险。由于管理人在破产程序中享有较大的权利,因此也有可能给债权人和债务人造成较大的损害。而个人担任管理人的,一旦造成损失可能无法完全弥补债权人或者债务人的损失,因而,本法规定个人担任管理人应当参加执业责任保险,以防范可能发生的风险。

第二十五条　管理人履行下列职责:

(一)接管债务人的财产、印章和账簿、文书等资料;

(二)调查债务人财产状况,制作财产状况报告;

(三)决定债务人的内部管理事务;

(四)决定债务人的日常开支和其他必要开支;

(五)在第一次债权人会议召开之前,决定继续或者停止债务人的营业;

（六）管理和处分债务人的财产；

（七）代表债务人参加诉讼、仲裁或者其他法律程序；

（八）提议召开债权人会议；

（九）人民法院认为管理人应当履行的其他职责。

本法对管理人的职责另有规定的，适用其规定。

【释义】 本条是关于管理人职责的规定。

人民法院指定管理人以后，管理人应当依照本法规定的职责执行职务。按照本条规定，管理人有下列职责：

（1）接管债务人的财产、印章和账簿、文书等资料。管理人上任后首要的职责就是接管债务人的财产等，将债务人的财产全面置于管理人的掌管之下，未经管理人同意，任何人不得管理和处分债务人的财产；其目的是防止债务人随意处置财产。接管债务人的财产，要求债务人的法定代表人要向管理人办理移交手续。债务人的财产包括有形资产和无形资产。债务人的印章包括企业的行政章、合同章、财务章等在内的全套印章。债务人的文书主要包括企业的合同、章程等；还有一些其他的资料，如企业的营业执照、房地产证、企业的人事档案、劳动合同档案等也要移交给管理人。

（2）调查债务人财产状况，制作财产状况报告。调查债务人财产状况是清理债务人财产的前提，通过制作财产状况报告，清理债务人的财产，明确债务人财产的归属，为变价破产财产和分配破产财产做好前期准备。

（3）决定债务人的内部管理事务。比如企业人员的留守；聘用必要的工作人员等；如果债权人会议决定债务人继续营业，则决定有关营业的一些事务。

（4）决定债务人的日常开支和其他必要开支。例如，债权人会议决定债务人继续营业的，生产经营中必然有一些支出和必要的开支，支出的范围与金额由管理人决定。

（5）在第一次债权人会议召开之前，决定继续或者停止债务人的营业。按照本法规定,继续或者停止债务人的营业,由债权人会议决定。但是在人民法院受理破产申请后,在债权人会议召开以前,是否继续债务人的营业,本条赋予管理人以决定权。

(6)管理和处分债务人的财产。管理人接收债务人的财产、账簿等资料后,要对债务人财产实施全面的管理,以保证财产的安全,防止破产财产遭受意外或人为的损失,使破产财产得到价值的最大化,最大限度地满足债权人的债权要求。管理人应当采取有效措施保护债务人的财产。处分债务人的财产,主要包括三个方面:一是决定债务人未履行的合同的解除或者继续履行;二是承认别除权、取回权、抵销权等;三是处理破产财产,即对破产财产中非货币性质的财产进行变现。

(7)代表债务人参加诉讼、仲裁或者其他法律程序。在人民法院受理破产申请以前,对债务人已经开始的诉讼、仲裁或其他法律程序,管理人上任以后,由管理人承担继续诉讼、仲裁或者其他法律程序的责任;破产申请受理以后,管理人为取回被他人占有的债务人财产,或者为行使债权,可以代表债务人向人民法院提起新的诉讼,或者为解决争议提起仲裁。

(8)提议召开债权人会议。管理人认为有必要时,可以提议召开债权人会议。

(9)人民法院认为管理人应当履行的其他职责。本法对于管理人的主要职责作了规定。由于破产程序当中有许多比较复杂的事务,涉及方方面面,所以在实际工作中还会遇到其他一些超出本法规定的职责之外的具体的工作。因此,本条授权人民法院可以根据情况规定管理人的其他职责。

本法对管理人职责另有规定的,适用其规定。本条对于管理人的职责作了概括性的列举式的规定,但是并未列举完全,在本法的其他相关条文中,还有对于管理人职责的一些具体规定,对于本法其他有关管理人职责的规定,管理人也应当执行。

第二十六条　在第一次债权人会议召开之前，管理人决定继续或者停止债务人的营业或者有本法第六十九条规定行为之一的，应当经人民法院许可。

【释义】　本条是关于在第一次债权人会议召开之前管理人行使本法规定的职权应当经人民法院许可的规定。

在第一次债权人会议召开以前，债务人的事务需要由管理人决定，但是对于其中一些重要的、涉及债务人财产的事务，管理人在行使职权时，应当经人民法院的许可。按照本条规定，管理人在行使下列职责时，需要经人民法院许可。一是决定继续或者停止债务人的营业。二是管理人实施涉及土地、房屋等不动产权益的转让；探矿权、采矿权、知识产权等财产权的转让；全部库存或者营业的转让；借款；设定财产担保；债权和有价证券的转让；履行债务人和对方当事人均未履行完毕的合同；放弃权利；担保物的收回；对债权人利益有重大影响的其他财产处分行为。由于在第一次债权人会议召开以前，债权人委员会尚未产生，而这些财产处分行为又对债权人的利益有重大影响，不能由管理人自行决定。因此，在第一次债权人会议召开以前，管理人如果要实施上述对债权人利益有重大影响的行为，应当取得人民法院的许可。

第二十七条　管理人应当勤勉尽责，忠实执行职务。

【释义】　本条是关于管理人在执行职务时应遵守的义务的规定。

本法赋予了管理人以较大的权利，管理人理应承担相应的义务。按照本条规定，管理人承担的义务是勤勉尽责，忠实执行职务。管理人应当按照本法规定的职责执行职务，以使债权人利益最大化为原则，这样才符合人民法院、债权人和债务人与管理人之间所存在的信任基础。基于这种信任，管理人在执行职务时，应当勤勉尽责，忠实执行职务。勤勉尽责就要求管理人要恪尽职责，以一个善良管理人的注意执行职务;忠实执行职务,就要求管理人执行职务要忠诚老实,不弄虚作假,不搞欺诈,不得利用自己的地位为债权人或者债务人一方牟取私利,也不得为自己牟取私利。如果管理人违反本条规定的义务,没有做到勤勉尽责,没有忠实执行职务,由此给债权人、债务人造成损失的,要承担赔偿责任。如果管理人因玩忽职守或者其他违法行为,造成债权人、债务人损失的,依法承担赔偿责任;因此而构成犯罪的,依法追究其刑事责任。

第二十八条　管理人经人民法院许可,可以聘用必要的工作人员。

管理人的报酬由人民法院确定。债权人会议对管理人的报酬有异议的,有权向人民法院提出。

【释义】 本条是关于管理人聘用工作人员和管理人报酬的规定。

按照本条第一款的规定,管理人经人民法院许可,可以聘用必要的工作人员。管理人管理债务人财产,处理破产事务,可能会涉及方方面面的问题,特别是担任规模较大的破产企业的管理人,仅靠管理人的力量是不够的。因此,本法赋予管理人聘用必要的工作人员的权利。管理人聘用的工作人员包括两部分人员:一是为继续债务人营业事务的需要,这部分工作人员主要由债务人的企业经营管理人员和部分一般工作人员组成;二是处理破产事务的专业人员,这部分人员主要是协助管理人处理一些专业的问题。由于管理人聘用的工作人员的费用是作为破产费用,按照本法规定,破产费用从债务人财产随时支付。因此,管理人是否可以聘用工作人员,所聘用的工作人员的人数、范围应当经人民法院许可。这也是为了保护债权人的利益,防止管理人随意聘用工作人员,加大破产费用的数量。

按照本条第二款的规定,管理人的报酬由人民法院确定。债权人会议对管理人的报酬有异议的，有权向人民法院提出。管理人管理破产财产，处理破产事务，承担法律规定的义务，应当有权获得报酬。由于管理人的报酬也属于破产费用，因而，报酬的确定涉及管理人和债权人的利益。关于管理人报酬的数额，不少国家的法律规定由法院决定，这也是为了公平地保护债权人、债务人以及破产程序中相关权利人的利益。本条借鉴国外的经验，规定由人民法院确定管理人报酬，并赋予债权人会议以异议权，即债权人会议对人民法院确定的管理人的报酬有异议的，有权向人民法院提出。

第二十九条　管理人没有正当理由不得辞去职务。管理人辞去职务应当经人民法院许可。

【释义】　本条是关于管理人辞去职务的限制性规定。

为了保证破产程序的连续性，保证管理人处理破产事务的统一性和稳定性，管理人一经人民法院指定后，没有正当理由不能辞去职务。许多国家的破产法均规定，管理人一经法院选定后，没有正当理由不得辞去职务。如果要辞去职务，要向法院报告。本条借鉴了这些国家的规定，规定管理人没有正当理由不得辞去职务，但对于何谓正当理由没有作出规定。在实践中可以考虑以下因素：一是由于身体健康原因不能继续管理人的工作。包括疾病、意外伤害等；二是管理人在接手破产事务后，由于案情复杂，认为自己能力欠缺，等等。按照本条规定，管理人如果有正当理由可以辞去职务，但是，要经过人民法院的许可。人民法院在接到管理人的辞职申请后，应当进行审查。如果辞职的理由正当，人民法院应当予以许可。

第四章 债务人财产

第三十条 破产申请受理时属于债务人的全部财产，以及破产申请受理后至破产程序终结前债务人取得的财产，为债务人财产。

【释义】 本条是关于债务人财产范围的规定。

债务人财产，在破产法理论中又称为破产财团或者财团财产。依据本法第一百零七条的规定，债务人财产在破产宣告后被称为“破产财产”。由此可见，本法对债务人的财产在破产宣告前后的不同阶段，赋予了不同的称谓。但是，就债务人财产与破产财产的范围来看，二者是一致的。债务人财产在破产程序中具有重要意义，破产程序中的各项实体性权利，包括抵销权、撤销权以及债权人的受偿权都是围绕着债务人财产而展开的；债务人财产的范围与数额决定了破产程序能否顺利进行以及债权人最终能够得到清偿的数额。

依据本条的规定，债务人财产由以下两部分构成：

(1)破产申请受理时属于债务人的财产。破产申请受理时属于债务人的财产，既包括属于债务人所有的厂房、机器、设备等有形财产，也包括属于债务人所有的债权、股权、知识产权等无形的财产权利；既包括未设定担保权的财产，也包括设定担保权的财产；既包括债务人位于境内的财产，也包括债务人位于境外的财产。我国《企业破产法(试行)》第二十八条以及《民事诉讼法》第二百零三条规定，已作为担保物的财产仅以其超过担保债务数额的财产部分作为破产财产。本法将破产申请受理时属于债务人的全部财产，包括已作为担保物的财产，统一纳入债务人财产的范围，这样规定有利于债务人财产的妥善保管以及破产程序的顺利进行。因为在破产申请受理时，有财产担保的债权人的债权以及担保物能够变现的价值有可能并不确定，担保物超过担保的债权数额的财产部分也难以确定。将设定有担保权的财产统一纳入债务人财产的范围，能够使管理人在破产申请受理后顺利接管属于债务人的所有财产，避免有财产担保的债权人滥用担保权利。从一些国家破产法的规定来看，大多也将作为担保物的财产纳入破产财产的范围。例如，日本破产法规定，破产人在破产程序开始时具有的一切财产以及破产人基于破产程序开始前发生的事由具有的、并且可以在将来行使的请求权，属于破产财团。

(2)破产申请受理后至破产程序终结前债务人取得的财产。本法将破产申请受理后至破产程序终结前债务人取得的财产纳入债务人财产的范围，这在理论上被称之为破产财产"膨胀主义"立法例。从一些国家破产法的规定来看，如何界定破产财产的范围有采取所谓的"固定主义"立法例与"膨胀主义"立法例之分。"固定主义"立法例将财产的范围仅限于破产宣告(或者受理)时债务人所有的财产。"膨胀主义"立法例不仅将破产宣告(或者受理)时属于债务人的财产，并且将债务人在破产宣告(或者受理)后至破产程序终结前债务人取得的财产(如在债务人继续营业的情况下取得营业收益)一并纳入破产财产的范围。采取"膨胀主义"立法例有利于最大限度地增加债务人财产，并最终增加债权人的受偿额，更好地维护债权人的利益。

第三十一条　人民法院受理破产申请前一年内，涉及债务人财产的下列行为，管理人有权请求人民法院予以撤销：

(一)无偿转让财产的；

(二)以明显不合理的价格进行交易的；

（三）对没有财产担保的债务提供财产担保的；

（四）对未到期的债务提前清偿的；

（五）放弃债权的。

【释义】 本条是关于破产申请受理前一年内可撤销行为的规定。

可撤销的行为是指对债务人在破产申请受理前一定期限内所为的有害于破产债权人整体利益的行为予以撤销，使其失去效力的行为。管理人行使撤销权带来两个法律后果：一是债务人所实施的行为失去效力；二是因债务人的行为而被转让的财产可以依法追回，纳入债务人财产的范围。之所以赋予管理人撤销权，是因为债务人在该期限内有可能已经或者将要具备破产原因，其所从事的不符合商业惯例的行为将导致债务人财产减少，损害债权人利益。一般说来，债务人的行为构成可撤销的行为应当具备以下条件：

（1）必须是在人民法院受理破产申请前一定期限内所实施的行为。这一期限不宜过长，否则会影响善意第三人的利益和交易安全。因此，本条将可撤销的行为限定为人民法院受理破产申请前一年内实施的行为。此外，可撤销的行为必须是已生效的行为，如果债务人实施的行为在破产申请受理时尚未生效，则不能成为撤销权的对象。

（2）必须是有害于债权人利益的行为。可撤销的行为必须是减少债务人的财产，从而损害全体债权人合法权益的行为。如果债务人的行为是企业正常的生产经营所必需，没有损害债权人利益的，则不能撤销。

依据本条的规定，人民法院在受理破产申请前一年内可撤销的行为包括：

（1）无偿转让财产。无偿转让财产，是以无对价的方式将债务人财产让渡给他人的行为。例如，直接将债务人财产赠与他人。

(2)以明显不合理的价格进行交易。以明显不合理的价格进行交易包括高价买入和低价卖出两种行为。高价买入是指没有正当理由以明显高于市场的价格向对方当事人购进产品或者服务；低价卖出则正好相反，是指没有正当理由以明显低于市场的价格向对方当事人卖出产品或者提供服务。所谓“明显不合理的价格”是指严重偏离该产品或者服务的市场价格的价格。

(3)对没有财产担保的债务提供财产担保。在破产程序中，有财产担保的债权较之普通债权优先受偿，债务人在人民法院受理破产申请前一定期限内对没有财产担保的债务提供财产担保，意味着本应用于集体清偿的财产变成了有财产担保的债权人优先受偿的标的，从而使普通债权人通过破产程序所能够获得的清偿数额减少，这显然是不符合通过破产程序实现公平清偿的目标。

(4)对未到期的债务提前清偿。一般来说，债务人提前清偿债务是法律所允许的行为。但是，对于破产企业来说，在人民法院受理破产申请前一定期限内的提前清偿行为则受到限制。理由在于，在破产申请受理前一年内，债务人知道自己已经或者将要具备破产原因，其实施的提前清偿行为实际上是给予部分债权以优先于其他债权的地位，势必会影响其他债权人的合法权益。

(5)放弃债权。一般说来，债权可以放弃，债权因债权人的放弃而消灭，法律不能强迫债权人行使自己不愿行使的权利。但是，在破产申请受理前一年内，债务人知道自己已经或者将要具备破产原因，放弃自己的债权，实质上放弃的是自己的债权人受清偿的利益。无论其动机如何，这种行为都将损害债权人利益，应当认定为可撤销的行为。

第三十二条　人民法院受理破产申请前六个月内，债务人有本法第二条第一款规定的情形，仍对个别债权人进行清偿的，管理人有权请求人民法院予以撤销。但是，个别清偿使债务人财产受

益的除外。

【释义】 本条是关于破产申请受理前六个月内个别清偿行为的撤销的规定。

依据本法第三十一条第四项的规定，人民法院受理破产申请前一年内，债务人对未到期的债务提前清偿的，管理人有权请求人民法院予以撤销。本条与第三十一条第四项所规范的行为都属于在人民法院受理破产申请前一定期限内债务人向债权人清偿债务的行为，两者的区别在于：第一，本条所规范的是清偿到期债务的行为，而第三十一条第四项所规范的是清偿未到期债务的行为；第二，本条所规范的行为发生在人民法院受理破产申请前六个月内，而第三十一条第四项所规范的行为发生在人民法院受理破产申请前一年内；第三，对本条所规定的行为必须是在债务人具备破产清算原因的情形下才能撤销，而撤销第三十条第四项规定的行为则没有这样的要求。

依据本条的规定，债务人的个别清偿行为成为可撤销的行为必须具备以下两个条件：

（1）清偿行为发生在人民法院受理破产申请前六个月内。如果债务人在人民法院受理破产申请之日六个月前向债权人清偿债务，无论该债务是否到期，均不适用本条规定；如果该债务未到期，并且清偿行为发生在人民法院受理破产申请前一年内，则属于本法第三十一条第四项规定的可撤销的行为。

（2）债务人必须具有本法第二条第一款规定的情形，即债务人不能清偿到期债务，并且资产不足以清偿债务或者明显缺乏清偿能力。

在某些情况下，债务人针对个别债权人的清偿尽管从表面上看损害了其他债权人的利益，但是，个别清偿对于整个债务人财产来说是有利的，有利于保护全体债权人的权利。在这种情况下，个别清偿不得撤销。因此，本条对个别清偿使债务人财产受益的情形作了例外规定。

第三十三条　涉及债务人财产的下列行为无效：

（一）为逃避债务而隐匿、转移财产的；

（二）虚构债务或者承认不真实的债务的。

【释义】　本条是关于涉及债务人财产的无效行为的规定。

破产法上的无效行为，是指债务人实施的有害于债权人整体利益的行为在法律上被认定为不发生法律效力。与本法第三十一条、第三十二条规定的可撤销行为相比较，涉及债务人财产的无效行为具有以下几方面的特征：

（1）无效行为是严重损害债权人利益的行为，与可撤销行为相比较，债务人实施无效行为的主观恶意更大，对债权人权益的损害一般来说也更大；

（2）无效行为的发生期限没有限制，它既可能发生在破产程序中，也可能发生在人民法院受理破产申请前六个月或者一年内，甚至更长的时间；

（3）无效行为的发生与债务人是否出现破产原因没有必然的联系，无论是在债务人出现破产原因后还是在经营状况良好的情况下，债务人恶意损害债权人利益的行为都有可能构成无效行为；

（4）无效行为是法律上确定不发生效力的行为，当事人之间不因此而存在权利义务关系，并且无效行为自始无效，不因当事人的承认、除斥期间、诉讼时效的经过或者无效原因的消灭而成为有效。

由于无效行为的上述特点，人民法院宣告债务人的行为无效涉及面广，对债务人在破产前的交易安全也有很大影响，因此必须慎重。只有在债务人以逃避债务为目的，实施本条规定的两项行为，并且严重损害债权人利益的情况下，才能宣告该行为无效。

依据本条的规定，涉及债务人财产的无效行为包括：

（1）为逃避债务而隐匿、转移财产。隐匿、转移财产是指债务人通过隐瞒债务人财产的信息、将财产置于隐蔽场所或者改变财产的物理位置的方式，从而使管理人不能有效控制、接管债务人的财产的行为。隐匿、转移财产的行为要成为无效行为，必须以逃避债务为目的。也就是说，债务人在主观上表现为故意，如果债务人的行为是正常的生产经营活动所必需，而不是为了逃避债务，则不属于本条所规范的无效行为。

（2）虚构债务或者承认不真实的债务。在民事活动中，债的发生必须要有依据。这些依据主要有合同、侵权行为、无因管理和不当得利四种。与上述四种债的发生依据相对应的，是双方之间的权利义务关系。一般说来，民事活动中各方之间的权利义务具有对等性和一致性，这是维护交易公平的基本保障和重要体现。在实践中，一些债务人为了转移财产、逃避债务，往往通过虚构债务或者承认不真实的债务的方式来达到目的。虚构债务与承认不真实的债务主要表现为订立虚假的合同、虚构应付账款、在财务账册上多列支出等。

第三十四条　因本法第三十一条、第三十二条或者第三十三条规定的行为而取得的债务人的财产，管理人有权追回。

【释义】　本条是关于管理人追回财产的规定。

本法第三十一条是有关人民法院受理破产申请前一年内可撤销的行为的规定；第三十二条是有关人民法院受理破产申请前六个月内可撤销的行为的规定；第三十三条是涉及债务人财产的无效行为的规定。无论是可撤销行为还是无效行为，其被撤销后或者被宣告无效后的法律效果是一样的，那就是该行为的法律效力归于消灭，当事人之间的权利义务关系应当恢复至行为发生之前的状态。例如，第三人无偿取得债务人财产的，应当将财产返还债务人；债务人对于未到期的债务提前清偿的，接受清偿的一方应当将所获得的清偿返还债务人;债务人为逃避债务而转移财产的,接受财产的人应当返还该财产。

依本法第三十一条、第三十二条或者第三十三条规定对涉及债务人财产的有关行为予以撤销或者宣告无效后,第三人因上述行为而取得的财产应当返还给债务人。但是在进入破产程序后,债务人财产的管理、处分权归于管理人,因此,赋予管理人追回被非法转移或者处分的债务人的财产的权利,有利于充分、有效地保护债务人财产,保证破产程序的顺利进行,维护全体债权人的合法权益。需要指出的是,这里的“有权”意味着当管理人认为追回他人非法取得的债务人财产成本过高,不能使债务人财产增加时,可以放弃追回。

第三十五条 人民法院受理破产申请后,债务人的出资人尚未完全履行出资义务的,管理人应当要求该出资人缴纳所认缴的出资,而不受出资期限的限制。

【释义】 本条是关于破产申请受理后债务人的出资人应当履行出资义务的规定。

依据《公司法》的有关规定,有限责任公司的股东可以用货币出资,也可以用实物、知识产权、土地使用权等可以用货币估价并可以依法转让的非货币财产作价出资;股东应当按期足额缴纳公司章程中规定的各自所认缴的出资额。股东以货币出资的,应当将货币出资足额存入有限责任公司在银行开设的账户;以非货币财产出资的,应当依法办理其财产权的转移手续。股份有限公司的设立,可以采取发起设立或者募集设立,采取发起设立方式设立的,注册资本为在公司登记机关登记的全体发起人认购的股本总额。公司全体发起人的首次出资额不得低于注册资本的百分之二十,其余部分由发起人自公司成立之日起两年内缴足;其中,投资公司可以在五年内缴足。采取募集设立方式设立的,注册资本为在公司登记机关登记的实收股本总额。以发起方式设立股份有限公司的,发起人应当书面认足公司章程规定其认购的股份;一次缴纳的,应即缴纳全部出资;分期缴纳的,应即缴纳首期出资。以非货币财产出资的,应当依法办理其财产权的转移手续。以募集设立方式设立股份有限公司的,发起人认购的股份不得少于公司股份总数的百分之三十五,其余股份应当向社会公开募集。依据《公司法》的上述规定,设立公司,股东必须履行出资义务。除了公司以外,对于其他企业法人,有关法律、行政法规也都明确规定其在设立时,出资人应当履行相应的出资义务。

依据本条的规定,在人民法院受理破产申请后,债务人的出资人尚未履行出资义务的,管理人应当要求该出资人缴纳所认缴的出资,而不受出资期限的限制。之所以作这样的规定,是因为:依据我国有关法律的规定,企业法人以其法人财产对企业债务承担责任。企业法人在破产时,同样应当以其全部财产对其债务承担责任,而出资人的出资是构成法人财产的重要部分。倘若在人民法院受理破产申请时,债务人的出资人尚未完全履行出资义务,势必会削弱债务人的清偿能力,使债权人的权益得不到充分的保护。因此,本条要求债务人的出资人在人民法院受理破产申请时,必须缴纳全部出资额。

本条所规定的"尚未完全履行出资义务"既包括完全未履行出资义务的情形,也包括已经部分履行出资义务的情形。同时,依据本条的规定,管理人要求债务人的出资人履行出资义务不受出资期限的限制。也就是说,即使依据有关法律或者公司章程的规定,债务人的出资人可以在一定期限内一次性或者分期缴纳其认缴的出资额,而在人民法院受理破产申请时,一次性缴纳或者分期缴纳的期限尚未届满,管理人也有权要求债务人的出资人立即缴纳其所认缴的全部出资。

第三十六条 债务人的董事、监事和高级管理人员利用职权从企业获取的非正常收入和侵占的企业财产，管理人应当追回。

【释义】 本条是关于追回董事、监事和高管人员从企业中非法取得的收入和财产的规定。

管理人在人民法院受理破产申请后应当接管债务人的所有财产，并在破产程序进行期间负责管理和处分债务人的财产。债务人的董事、经理和高级管理人员利用职权从企业获取的非正常收入和侵占的企业财产，不应当属于其个人所有而仍然应当属于企业的财产，在该财产被债务人的董事、经理或者高管人员占有后，管理人有权利并且也有义务去追回并将其纳入债务人财产的范围。

管理人应当追回的财产包括行为人利用职权从企业获取的非正常收入和侵占的企业财产，认定一项收入或者财产是否属于"非正常收入"和"侵占的财产"应当依据有关法律规定来判断。例如，债务人企业的董事、经理和高管人员依据劳动合同的规定从企业获取的正当的工资、奖金、津贴等，属于合法收入而不是本条所称的"非正常收入"，但是，董事、经理或者高管人员利用职权获取的商业回扣等，则不属于其合法的收入而构成本条所称的"非正常收入"。

本条所规定的"董事"、"经理"和"高级管理人员"可以依据《公司法》等有关法律规定来界定。其中，"高级管理人员"是指公司的经理、副经理、财务负责人，上市公司董事会秘书和公司章程规定的其他人员。

第三十七条 人民法院受理破产申请后，管理人可以通过清偿债务或者提供为债权人接受的担保，取回质物、留置物。

前款规定的债务清偿或者替代担保，在质物或者留置物的价值低于被担保的债权额时，以该质物或者留置物当时的市场价值

为限。

【释义】 本条是关于管理人通过清偿债务或者提供替代担保收回质物或者留置物的规定。

质权和留置权属于担保权。《担保法》第六十三条规定:“本法所称动产质押,是指债务人或者第三人将其动产移交债权人占有,将该动产作为债权的担保。债务人不履行债务时,债权人有权依照本法规定以该动产折价或者以拍卖、变卖该动产的价款优先受偿。”《担保法》第八十二条规定:留置是指享有留置权的债权人“按照合同约定占有债务人的财产,债务人不按照合同约定的期限履行债务的,债权人有权依照本法规定留置该财产,以该财产折价或者以拍卖、变卖该财产的价款优先受偿。”按上述规定,质权和留置权都是转移标的物占有的担保物权。因此,在破产程序中,质物和留置物虽然属于债务人财产,但并不在管理人的占有和控制之下,而是在质权人或者留置权人的占有之下。为了保证破产程序的顺利进行,需要由管理人占有质物或者留置物时,就要依据本条规定由管理人向质权人或者留置权人索要取回。

根据本条第一款的规定,管理人收回质物或者留置物,应通过两种方式进行:第一,清偿债务。质物或者留置物作为质权和留置权的标的物,主要目的就在于担保权利人的债权获得清偿。如果管理人向质权人或者留置权人清偿了债务,该权利人占有质物或者留置物的基础就不复存在,管理人此时就可以收回质物或者留置物。第二,管理人为质权人或者留置权人提供了其可以接受的替代担保。质权或者留置权实际上就是债权人通过占有质物或者留置物的方式,来担保其债权得以实现。而实践中,担保的方式有很多种,如抵押、保证,或者提供其他的质物等。如果管理人为质权人或者留置权人提供了其他方式的担保,该担保同样能够达到保证其债权得以实现,并且为质权人或者留置权人所接受,就可以使原来担保的方式发生变化,以前的质押或者留置状态消失,管理人收回质物或者留置物。

管理人为了收回质物或者留置物而进行的债务清偿或者替代担保,在质物或者留置物的价值低于被担保的债权额时,应以其在当时的市场价值为限。无论是质权还是留置权,都是以其标的物即质物或者留置物的价值为限,负担担保作用的。管理人为了收回质物或者留置物而进行债务清偿或者替代担保,所付出的代价也不应当高于质物或者留置物的价值。否则就属于给予质权人或者留置权人额外利益,从而损害其他债权人的利益。当质物或者留置物的价值高于被担保的债权额时,管理人只需清偿质物或者留置物所担保的债权,或者提供与质物或者留置物所担保的债权额相当并为债权人所接受的替代担保,就可以收回质物或者留置物。当质物或者留置物的价值低于被担保的债权额时,管理人并不需清偿全部被担保的债权,而只需清偿与质物或者留置物的市场价值相等的债权,或者提供与质物或者留置物的市场价值相当并为债权人所接受的替代担保,就可以依据本条规定收回质物或者留置物。

第三十八条　人民法院受理破产申请后,债务人占有的不属于债务人的财产,该财产的权利人可以通过管理人取回。但是,本法另有规定的除外。

【释义】　本条是关于取回权的一般规定。

取回权,是指在破产程序中,对于不属于债务人的财产,其所有权人或者其他权利人不依照破产程序,通过管理人将该财产予以取回的权利。进入破产程序以后,为了对债务人的财产予以保全,按照本法的规定,要由管理人接管债务人占有或者控制的所有财产。这些财产中可能有大部分都是属于债务人所有,但也可能有些财产并不属于债务人所有。对不属于债务人的财产,其所有权人或者其他物权人可以依照本条的规定通过管理人予以取回。

取回权是民法上物的返还请求权在破产程序中的一种表现形式。在民法理论中，物的返还请求权是指权利人基于其所有或者占有物的事实以及法律上的原因，请求无权占有人返还其所有物或者占有物，以恢复权利人所有或者占有状态的权利。因此，在破产程序中，权利人依据本条规定行使权利的基础，为民法上的所有权和其他财产权利。所有权人将债务人占有的财产中属于自己的物，通过行使取回权予以取回，是取回权行使的最常见的形态。但是，取回权的权利基础，并不仅限于所有权，还包括其他财产权利，如占有返回请求权、用益物权等，以及依据法律规定的其他权利。例如，信托财产的取回权，虽然名义上信托财产属于受托人所有，但当受托人破产时，信托人有权依照《信托法》的规定将信托财产予以取回。取回权，属于民法上物的请求权的一种表现形式，其所针对的是特定的财产。如果在权利人行使取回权之前，取回权标的物毁损或者灭失，此时取回权的基础消失，权利人只能将由物的请求权转换成债的损害赔偿请求权向破产管理人申报债权。也就是说，在取回权标的物灭失或者毁损的情况下，取回权人只能追究债务人的违约或者侵权责任，并以违约或者侵权债权人的身份申报债权。

按照本条的规定，权利人行使取回权应当向管理人主张。如果管理人对此予以拒绝，权利人可以向法院提出取回权确认之诉，对于法院予以确认的取回权，管理人不得拒绝权利人的取回请求。

财产权利人行使取回权，不受约定条件的限制。即使债务人依据合同约定仍有权占有该财产，但在对债务人的破产申请被人民法院受理后，财产权利人就可以行使取回权，取回该财产。但是，本法第七十六条规定，债务人合法占有的他人财产，该财产的权利人在重整期间要求取回的，应当符合事先约定的条件。按照这一规定，财产权利人在重整期间行使取回权的，应当按照其与债务人事先约定的条件办理。例如出租人行使取回权的，如果是在重整期间，就得等到租赁合同到期后方可行使。

第三十九条　人民法院受理破产申请时，出卖人已将买卖标的物向作为买受人的债务人发送，债务人尚未收到且未付清全部价款的，出卖人可以取回在运途中的标的物。但是，管理人可以支付全部价款，请求出卖人交付标的物。

【释义】　本条是关于出卖人取回权的特别规定。

出卖人取回权，是破产法中规定的一项特殊的取回权。一般是指尚未收到全部价款的动产出卖人，将买卖标的物发送后，如果买受人在尚未收到标的物前破产的，出卖人可以向标的物的承运人或者实际占有人请求取回标的物的权利。出卖人取回权，是源于英美货物买卖法的中途停运权而由破产法规定的一项特殊权利。中途停运权是《英美货物买卖法》为了担保出卖人获得货物价金而赋予其的权利。出卖人在尚未收到全部买卖价金前，发现买方有违约的可能时，可以通过行使中途停运权恢复对在运途中买卖标的物的实际控制。破产法依据中途停运权制度，创设了出卖人取回权制度。

根据本条的规定和中途停运权的性质，出卖人行使取回权一般应该具备下列条件：

(1)出卖人必须已经将买卖标的物发运，并且尚未收到全部买卖价款。建立出卖人取回权制度，主要目的是担保已经脱离了对标的物控制权的出卖人获得买卖价款的权利。因此，只有出卖人发送了买卖标的物并且未收到全部价款的情况下，才有行使取回权的前提。

(2)买受人被裁定进入破产程序时，买卖标的物尚处于在运途中。如果买受人被裁定进入破产程序时，买卖标的物已经被其收取，按照动产买卖的规定，此时，交付已经完成。即使买受人尚未向出卖人支付全部买卖价款，出卖人也只能以价款的给付请求权向破产管理人申报债权,而不能行使出卖人取回权。这里讲的“在运途中”,实际上是对买卖标的物脱离出卖人和买受人占有、控制之外的状态的客观描述,应作宽泛的理解,并不仅限于买卖标的物处于运输过程中这一种情况。即使买卖标的物已经运输到买受人所在地,存放在港口或者车站的仓库中,但买受人尚未领取,该标的物仍然没有被买受人实际占有和控制,这时仍然应认为该标的物处于“在运途中”。

出卖人取回权的主要作用是保证出卖人的价款可以全额得到支付,因此,如果破产管理人向出卖人全额支付了价款,出卖人行使取回权已经没有必要。所以,本条明确规定,管理人可以全额支付价款,请求出卖人交付标的物。

第四十条　债权人在破产申请受理前对债务人负有债务的,可以向管理人主张抵销。但是,有下列情形之一的,不得抵销:

(一)债务人的债务人在破产申请受理后取得他人对债务人的债权的;

(二)债权人已知债务人有不能清偿到期债务或者破产申请的事实,对债务人负担债务的;但是,债权人因为法律规定或者有破产申请一年前所发生的原因而负担债务的除外;

(三)债务人的债务人已知债务人有不能清偿到期债务或者破产申请的事实,对债务人取得债权的;但是,债务人的债务人因为法律规定或者有破产申请一年前所发生的原因而取得债权的除外。

【释义】　本条是关于破产抵销权和对抵销权限制的规定。

破产抵销权,是指债权人在破产案件受理前对债务人负有债务的,无论其债权与所负债务种类是否相同,也不论该债权债务是否负有期限或者负有条件,均可以用该债权抵销其对债务人所负债务的权利。在破产程序中,依据本法第三十条的规定,任何人对债务人负有的债务,均为债务人财产的一部分。债权人行使破产抵销权的结果,实际上用债务人财产直接全额清偿了其债权,从而使债权人避免了因接受破产财产分配的比例清偿而受到的损失,使得享有抵销权的债权人获得了优先于其他债权人的地位。从表面上看,这似乎违反了破产程序平等处理债权债务的原则。但是,各国破产法之所以都对破产抵销权进行规定,是因为有其存在的价值。总的来说,规定破产抵销权主要基于以下原因:第一,破产抵销权可以减轻破产管理人追索债务的工作,节省破产程序的开支,有助于尽快结束破产程序。在破产程序中,债权人对破产人所负的债务属于破产财产,管理人有义务向其追索,然后再按照破产财产分配方案分配给债权人。而通过行使破产抵销权,可以同时免除破产管理人对该项抵销中的债务和债权的追索、分配,大大减轻工作量,也可以节省破产费用,最终有利于其他破产债权人。第二,如果不允许债权人行使抵销权,那就会产生这样的结果:破产管理人有权要求债权人全额履行债务,而债权人只能接受破产财产的比例清偿。这样的结果对于债权人来说是不公平的。因此,破产法规定破产抵销权,不但有利于保护对破产人负有债务的债权人,也有利于破产程序的尽快进行。

破产抵销权源于民法上的抵销权,但又不同于民法上的抵销权。民法上的抵销权是债的消灭原因之一,是指二人互负同种类的债务,并且债务均已届清偿期时,对双方相互间所负同等金额的债务实施抵销,从而使双方债务同归消灭。民法上的抵销权的行使,必须具备两个条件:第一,抵销双方债的标的种类相同,一般以金钱和种类物居多。如果双方互负债务的标的种类不同,双方各有其经济目的,如果允许抵销,则不免使一方或者双方当事人的目的难以实现;第二,抵销双方的债务均已届清偿期,附期限和附解除条件的债务不得抵销。这是因为,抵销具有相互清偿的作用,自然要求双方债务均已届清偿期,才能抵销。但是,破产抵销权的行使，并不受上述民法抵销权两个条件的限制，即使是种类不同的债权或者附期限和附条件的债权也可以抵销。这是因为：(1)破产程序是一种概括的执行程序，破产财产分配以货币分配为主，在破产程序中所有的债权债务关系都通过债权申报转化为可以用金钱代表的债权债务。因此，破产抵销权的行使，并不要求双方债权债务的标的种类相同，不同种类的债权债务也可以进行抵销。(2)本法第四十六条、第四十七条明确规定，在破产程序中，未到期的债权视为到期，并允许附条件和附期限的债权进行申报。这就表明，在破产程序中附条件和附期限的债权是作为清偿期已经届满的债权对待的。因此，附条件和附期限的债权在破产程序中也是可以抵销的。但是对于附条件的债权，由于其能否实现存在不确定性，国外立法一般都会作出一定的限制。对于附生效条件的债权，由于条件能否成就尚属不定，所以一般将抵销额进行提存。若生效条件成就，就将提存的抵销额分配给债权人；若生效条件未成就，则将已经提存的抵销额重新归入破产财产重新分配。对于附解除条件的债权，虽然是已经生效的债权，但随时可能因为解除条件的成就而失去效力，所以一般会在抵销时，要求提供相当的担保。本法对这一问题没有进行详细规定，但在实际执行时，可以参考上述做法。

依照本条规定，债权人行使抵销权，应通过管理人进行。

在破产程序中，对债务人负有债务的债权人通过行使破产抵销权，使其债权与其对债务人所负债务同归消灭，导致实际上债权获得全额清偿的结果，从而避免和其他债权人一样接受破产财产分配只获得比例清偿的损失，这使得享有破产抵销权的债权人在破产程序中拥有不同于其他债权人的优先地位。从另外一个角度，对债务人负有债务的人如果通过某种方式以较小的对价获得对债务人的债权，并在破产程序中进行抵销，也能减轻自己的债务履行负担。为防止在破产案件中，债权人通过各种手段竞相对债务人负担债务,或者债务人的债务人通过各种手段低价收购对债务人的债权,以供抵销,影响全体破产债权人的公平受偿;法律必须对破产抵销权的行使作出一定的限制,以防止过多的抵销而损害其他债权人的利益,维护债权人之间的公平。本条从三个方面对破产抵销权的行使进行了限制:

(1)债务人的债务人在破产案件受理后取得他人对债务人的债权的,不得抵销。债务人的债务人在破产程序中应当向管理人完全履行其所负债务,这种履行所产生的利益应当归入债务人财产。而债务人的债务人如果在破产案件受理后通过转让取得他人的对债务人的债权,并以此与其债务抵销,则会消灭或者部分消灭其所负担的债务,减少债务人财产的价值;并且会诱发债务人的债务人在破产案件受理后低价收买他人对债务人的债权的道德风险。本条第一项规定,债务人的债务人在破产案件受理后取得他人对债务的债权,不管是基于什么原因取得的,均不得主张抵销,正是为了避免上述情况的发生。

(2)债权人恶意对债务人负担债务的,不得抵销。在破产案件受理前对债务人负有债权的人,在得知债务人有不能清偿到期债务或者已经提出破产申请的情况下,仍然对债务人负担债务的,法律上就推定其是为了在债务人被裁定进入破产程序后行使破产抵销权做准备,并对这种恶意抵销的情况予以禁止,这就是本条第二项规定的目的。但是,债权人的这种恶意毕竟是法律上的推定,因此又规定了例外情况,即债权人因为法律规定或者有破产申请前一年前所发生的原因而负担债务的除外。也就是说,当出现这些情形时,即使债权人已经知道债务人有不能清偿到期债务或者提出破产申请的情形而对债务人负担债务,法律也不认为该债权人存在恶意,并允许其以债权和所负担的债务进行抵销。

(3)债务人的债务人恶意取得对债务人的债权的,不得抵销。破产程序中债权的清偿是比例清偿,也就是说债权人在破产程序中通常是要或多或少受到损失的。从正常的商业判断,一般来说没有人愿意拥有破产债权。因此,债务人的债务人在得知债务人有不能清偿到期债务或者破产申请的事实,对债务人的债权有很大的可能转化为破产债权的情况下,仍然对债务人取得债权,法律必然推定其有行使破产抵销权的恶意。本条第三项就是对这种恶意取得对债务人债权而主张抵销的行为的禁止性规定。同时,本项规定也有例外情况,即如果债务人因为法律规定或者有破产申请时一年所发生的原因而取得债权的除外;在这种情况下,债务人的债务人仍然可以在破产程序中行使破产抵销权。

第五章　破产费用和共益债务

第四十一条　人民法院受理破产申请后发生的下列费用，为破产费用：

（一）破产案件的诉讼费用；

（二）管理、变价和分配债务人财产的费用；

（三）管理人执行职务的费用、报酬和聘用工作人员的费用。

【释义】　本条是关于破产费用范围的规定。

破产费用，是指在破产程序中为全体债权人的共同利益而支出的旨在保障破产程序顺利进行所必需的程序上的费用。在一般情况下，破产程序作为概括性的公平清偿程序，较之于个别清偿更有效率，但是破产程序本身也是需要耗费成本的，这种成本体现为破产费用形式。

构成破产费用应当具备以下条件：

（1）破产费用必须是为全体债权人的共同利益而支出。这是构成破产费用的实质条件。作为概括性的公平清偿程序，破产程序的目的在于使得所有债权人依据其债权清偿的先后顺序以及债权的数额公平地获得清偿；对于破产程序中所支出的费用，也应当公平分担。只有为全体债权人的利益而支出的费用才能作为破产费用，个别债权人参加破产程序的费用不应作为破产费用由全体债权人来负担。

（2）破产费用必须是为保障破产程序的顺利进行而支付的费用。如启动破产程序、审理破产案件的诉讼费用，为清理债权债务而在管理、变卖、分配债务人财产等各个环节支付的费用等。在破产程序中为债务人的继续营业而负担的债务不属于破产费用。

依据本条规定,破产费用包括:

(1)破产案件的诉讼费用。诉讼费用包括案件受理费和其他诉讼费用。《民事诉讼法》规定,当事人进行民事诉讼,应当按照规定交纳案件受理费。最高人民法院颁布的有关诉讼收费办法具体规定了各类案件的收费标准。其中,财产案件的案件受理费按争议的价额或金额交纳,不满一千元的,每件交五十元;超过一千元的部分,按百分之四至百分之零点五等一定比例交纳;破产案件,按照破产企业财产总值依照财产案件收费标准计算,减半交纳,但最高不超过十万元。破产案件受理费实行先向申请人预收,进入破产程序后从债务人财产中支付的办法。

(2)管理、变价和分配债务人财产的费用。这些费用具体包括:①财产保管费用。如雇用看管人员的劳动报酬、租用存放场地的租金、仓储保管费用等。②财产保养、维修费用。如为保证机械设备、机动车辆适用性和变现价值而必须支出的保养、维修费用。③财产保险费。为避免盗窃、火灾等情况造成债务人财产毁损,根据实际情况需要支出的财产保险费用。④财产评估费用。债务人财产中价值较高的财产出售时应当事先经过中介机构的评估,为此必须支出必要的评估费用。⑤财产的拍卖费用。包括变价拍卖过程中所支出的公告费、佣金等费用。⑥财产变更权属过程应当支付的费用。如在变卖房地产过程中可能需要补交土地出让金、补交配套费、变更登记手续费等费用。⑦管理、变价和分配债务人财产的其他费用。

(3)管理人执行职务的费用、报酬和聘用工作人员的费用。这些费用具体包括:①管理人执行职务的费用。管理人的职责包括接管财产、调查债务人财产状况等。履行这些职责必然需要支出一定的费用。管理人执行职务的费用与本条第二项规定的债务人财产的管理、变价和分配所需费用不易区分。但是,前者是指债务人财产保管、评估、拍卖、变卖、分配等所需的费用；后者是指管理人在执行职务过程中所支出的差旅费、通讯费、调查费，等等。②管理人执行职务的报酬。审理破产案件的法院应当根据最高人民法院制定的具体办法来确定管理人的报酬。③管理人聘用工作人员的费用。管理人经人民法院许可，可以聘用必要的工作人员。因此，只有经人民法院许可聘用的工作人员，其费用才能纳入破产费用的范围。

第四十二条　人民法院受理破产申请后发生的下列债务，为共益债务：

（一）因管理人或者债务人请求对方当事人履行双方均未履行完毕的合同所产生的债务；

（二）债务人财产受无因管理所产生的债务；

（三）因债务人不当得利所产生的债务；

（四）为债务人继续营业而应支付的劳动报酬和社会保险费用以及由此产生的其他债务；

（五）管理人或相关人员执行职务致人损害所产生的债务；

（六）债务人财产致人损害所产生的债务。

【释义】　本条是关于共益债务范围的规定。

共益债务，是指破产程序开始后为了全体债权人的共同利益而负担的非程序性债务。其与破产费用既有联系又有区别。二者的共性在于：都是在破产程序中产生，不同于破产程序开始前产生的破产债权；清偿破产费用和共益债务，有利于保障全体债权人的权益。二者的区别在于：破产费用是在破产程序中所支出的程序性费用，这种费用的支出具有必然性，一般的破产案件都需要支出破产费用；而共益债务则是非程序性债务，具有或然性，不同的案件产生的共益债务往往不尽相同。

从国外的规定来看，一些国家的破产法将破产费用和共益债务统称为财团债务，如《日本破产法》规定，因下列请求权而产生的债务为财团债务：(1)为破产债权人的共同利益而支出的裁判上的费用的请求权；(2)依国税征收法及国税征收条例可以征收的请求权；(3)破产财团的管理、变价及分配的费用的请求权；(4)因破产管理人就破产财团的行为而产生的请求权；(5)因无因管理、不当得利而对破产财团产生的请求权；(6)于委任终止或者代理权消灭后，因急迫的必要行为而对破产财团产生的请求权；(7)因破产宣告而有双务契约的解约申告时，至其终止间所产生的请求权；(8)破产人及其所扶养的人的补助费的请求权。《德国破产法》将破产费用和共益债务统称为财团债务，其中将破产费用称为破产程序费用，将共益债务称为其他财团债务。前者包括破产程序的诉讼费用以及管理人和债权人委员会成员的报酬以及垫款；后者包括：因管理人的行为或者因管理、变价及分配破产财团而产生的费用；因破产程序开始后而产生的双务合同产生的债务；由财团不当得利所产生的债务。

依照本条规定，共益债务具体包括：

(1)因管理人或者债务人请求对方当事人履行双方均未履行完毕的合同所产生的债务。人民法院受理破产申请后，对破产申请受理前成立而债务人和对方当事人均未履行完毕的合同，管理人有权决定解除或者继续履行。管理人决定继续履行的，对方当事人应当履行。管理人在请求对方当事人履行合同的同时，自己也需要履行合同义务，由此产生的债务为共益债务。

(2)债务人财产受无因管理所产生的债务。无因管理是指没有法定或者约定的义务，为避免他人利益受损失，而自愿为他人进行管理或者服务的行为。无因管理是债的发生原因之一，无因管理人有权要求受益人偿付其因管理或者服务而支出的必要费用。

(3)因债务人不当得利所产生的债务。没有合法根据，取得不当利益，造成他人损失的，应当将取得的不当利益返还受损失的人。

(4)为债务人的继续营业而应支付的劳动报酬和社会保险费用以及由此产生的其他债务。劳动报酬是指为债务人的继续营业而支付的工资、津贴、奖金等;社会保险费用是指依据有关法律、行政法规的规定应当向社会保障机构缴纳的社会保险费用。“由此产生的其他债务”包含的范围广泛,包括为债务人的继续营业而支付的水电费用,与他人签订新的合同所产生的债务等。

(5)管理人或者相关人员执行职务致人损害所产生的债务。由人民法院指定管理人,管理人依照本法聘用必要的工作人员是破产程序所必需的,其执行职务的行为致人损害所产生的债务,应当作为共益债务。

(6)债务人财产致人损害所产生的债务。债务人财产致人损害包括导致他人的人身伤害和财产损失。无论是人身伤害还是财产损失,债务人都应当承担相应的赔偿责任。

第四十三条　破产费用和共益债务由债务人财产随时清偿。

债务人财产不足以清偿所有破产费用和共益债务的,先行清偿破产费用。

债务人财产不足以清偿所有破产费用或者共益债务的,按照比例清偿。

债务人财产不足以清偿破产费用的,管理人应当提请人民法院终结破产程序。人民法院应当自收到请求之日起十五日内裁定终结破产程序,并予以公告。

【释义】　本条是关于破产费用和共益债务清偿的规定。

清偿破产费用和共益债务是保证破产程序顺利进行的重要条件。在破产程序中,破产费用和共益债务是随时发生的,为了保证破产程序的顺利进行,当破产费用或者共益债务发生时,应当由债务人财产随时予以清偿。实践中,有的在破产费用或者共益债务发生后随时予以支付,有的则是在破产财产分配时预先予以扣除。

与共益债务相比较,破产费用是破产程序本身所必需的费用,如果债务人财产不能够支付破产费用,例如,不能支付破产案件诉讼费用、债务人财产的管理费用或者管理人的报酬,将直接导致破产程序无法进行下去。因此,在债务人财产不足以同时清偿破产费用和共益债务的情况下,应当优先清偿破产费用。所谓优先清偿是指在破产费用和共益债务两者都未受清偿时何者优先的问题。

本条第三款规定的是债务人财产不足以清偿破产费用或者共益债务二者之一时的清偿规则。依照本款规定,债务人的财产不足以清偿破产费用的,按照可分配财产的金额占未清偿费用总额的比例对各项破产费用予以清偿。当债务人的财产足以清偿破产费用,但是不足以清偿共益债务的,同样,按照可分配财产的金额占未清偿共益债务总额的比例对各项共益债务予以清偿。

出现债务人财产不足以支付破产费用的情形,一般来说破产程序将无法继续进行,或者即使继续进行也没有实质意义。因此,人民法院应当依管理人的申请依法终结破产程序。但是,如果债务人只是出现暂时不能支付破产费用的困难,待困难消失后能够支付的,破产程序应当继续进行。如果债务人财产足以支付破产费用,但是不足以清偿共益债务的,管理人应当在变卖债务人财产后依法清偿共益债务,同样也不存在破产程序的终结问题。

此外,本款还对提请终结破产程序的主体和人民法院裁定终结破产程序的期间作了规定,有权提请终结破产程序的主体限于管理人,人民法院应当自收到请求之日起十五日内裁定终结破产程序,并予以公告。

第六章　债权申报

第四十四条　人民法院受理破产申请时对债务人享有债权的债权人，依照本法规定的程序行使权利。

【释义】　本条是关于可以依照本法规定行使权利的债权人的规定。

在人民法院受理破产申请时对债务人享有债权的债权人，有权依照本法规定的程序行使权利。在通常情况下，人民法院受理破产申请后对债务人享有债权的债权人不得依本法规定的程序行使权利，但是本法有特别规定的除外，如本法第五十四条、第五十五条规定的情形。破产申请受理时对债务人享有债权的债权人享有的权利包括依法申报债权，参加债权人会议，表决提交债权人会议讨论的事项以及依照破产财产分配方案、重整计划或者和解协议规定的清偿比例或者条件获得清偿。

债权人行使权利必须遵守本法的规定。本法规定的程序可以分为清算程序、和解程序和重整程序。在各个程序中，有些是共同的，例如债权申报程序，有关破产程序中的可撤销行为和无效行为的撤销或者宣告程序，有关债权人会议的召开和决议程序等。但是，也有一些是某一程序所特有的，例如，在清算程序中有关破产财产分配顺序的规定，而在和解程序和重整程序中的规定则有所不同；有关管理人制度的规定在清算程序和重整程序中的规定也不尽相同。无论是何种程序中的债权人，都必须依据本法规定的相应的程序来行使权利，而不允许个别债权人通过破产程序以外的民事执行程序或者其他程序来行使其权利。

第四十五条　人民法院受理破产申请后，应当确定债权人申报债权的期限。债权申报期限自人民法院发布受理破产申请公告之日起计算，最短不得少于三十日，最长不得超过三个月。

【释义】　本条是关于债权申报期限的规定。

债权申报是指债权人在人民法院受理破产申请后依照法定程序主张并证明其债权存在，以便参加破产程序的法律行为。债权申报具有以下特征：

(1)债权申报是债权人的单方意思表示。根据私法中的意思自治原则，债权人可以申报债权从而进一步参加破产程序，也可以不申报，放弃参加破产程序。

(2)债权申报以主张并证明债权为主要内容。申报人在申报债权时不能够提出其债权存在的证据的，管理人不予受理其申报。

(3)债权申报是债权人参加破产程序的必要条件。未申报债权的债权人，不得依本法规定行使权利。

(4)申报债权，必须符合法定的期限要求，未在法律规定的期限内申报债权的，只能进行补充申报，其权利的行使受到很大的限制。

人民法院受理破产申请后，应当确定债权人申报债权的期限。这是对人民法院的要求。债权申报是破产程序中的一个重要环节，只有通过债权申报，才能确定可以依照本法规定行使权利的人员范围。因此，人民法院受理破产申请后，应当及时确定债权申报的期限，并在受理裁定的通知和公告中载明申报债权的期限。

债权申报期限自人民法院发布受理破产申请公告之日起计算，最短不得少于三十日，最长不得超过三个月。这一规定包含两方面的内容：一是债权申报期限的起算点，是人民法院发布受理破产申请公告之日；二是债权申报的期限最短不得少于三十日，最长不得超过三个月。

第四十六条　未到期的债权，在破产申请受理时视为到期。附利息的债权自破产申请受理时起停止计息。

【释义】　本条是关于未到期债权和附利息债权如何处理的规定。

在民事活动中，一般来说，债权只有在其清偿期限届满时才须予以清偿。但是由于破产程序是一种概括式集体清偿程序，程序终结后有关债务人的债权债务关系全部归于消灭，如果未到期的债权不作为到期债权一并纳入破产程序予以申报和清偿，破产程序终结后，该债权人的债权将完全得不到清偿。这明显不合理，也无法实现破产程序概括式集体清偿的目标。因此，未到期的债权，在破产申请受理时视为到期。

在民事活动中，附利息的债权到期后，债务人不仅应当清偿本金，还应当清偿利息，利息的计算期限自债务发生之日起至债务履行之日止。但是在破产程序中，债权人可以依照本法规定申报的债权为破产申请受理时对债务人享有的债权，即破产债权。破产申请受理后发生的利息不属于破产债权。因此，附利息的债权自破产申请受理时起停止计息。

第四十七条　附条件、附期限的债权和诉讼、仲裁未决的债权，债权人可以申报。

【释义】　本条是关于附条件、附期限和诉讼、仲裁未决债权申报的规定。

（1）附条件、附期限债权的申报。附条件的债权，是指其发生或者消灭基于将来不确定的事实的债权。条件包括生效条件与解除条件。附生效条件的债权是指条件成就时才发生效力，条件不成就时不发生效力的债权；附解除条件的债权是指条件成就时消灭，条件不成就时继续存在的债权。附期限的债权，是指其发生或者消灭，需经过一定的期限的债权。期限包括开始期限与终止期限。附开始期限的债权是指期限届满后才发生的债权;附终止期限的债权是指期限届满后消灭的债权。附条件和附期限的债权,无论条件是否成就,期限是否届满,只要债权本身存在,债权人都可以向管理人申报。

(2)诉讼、仲裁未决债权的申报。诉讼、仲裁未决的债权,是指当事人之间有关该债权的争议尚未得到法院的判决或者仲裁机构的裁决,债权的真实性和数额还处于不明确状态的债权。在这种情况下,债权人可以依据其向法院或者仲裁机构主张的债权数额来申报债权。

(3)上述债权可以申报并不意味着债权人必然可以参加债权人会议或者参与破产财产的分配,债权尚未确定的债权人,除人民法院能够为其行使表决权而临时确定债权额的外,不得行使表决权。在破产财产分配时,对于诉讼或者仲裁未决的债权,管理人应当将其分配额提存。在破产程序终结之日起满两年仍不能受领分配的,人民法院应当将其提存额分配给其他债权人。

之所以规定附条件、附期限和诉讼、仲裁未决的债权可以申报,其理由与本法第四十六条规定的未到期的债权可以申报一致,同样是为了实现破产程序概括式集体清偿的目标。

第四十八条　债权人应当在人民法院确定的债权申报期限内向管理人申报债权。

债务人所欠职工的工资和医疗、伤残补助、抚恤费用,所欠的应当划入职工个人账户的基本养老保险、基本医疗保险费用,以及法律、行政法规规定应当支付给职工的补偿金,不必申报,由管理人调查后列出清单并予以公示。职工对清单记载有异议的,可以要求管理人更正;管理人不予更正的,职工可以向人民法院提起诉讼。

【释义】　本条是关于债权申报的受理主体以及职工工资等

债权申报的规定。

(1)债权申报的受理。依据本条第一款的规定,债权申报应当向管理人提出。破产程序中的管理人既是债务人财产的管理者,也是受理债权申报的主体。依据本法第十四条的规定,人民法院受理破产申请的公告应当载明管理人的名称或者姓名及其处理事务的地址。这一项规定的作用之一,就在于便于债权人申报债权。

债权申报应当在人民法院确定的债权申报期限内提出。债权申报期限自人民法院发布受理申请公告之日起计算,最短不得少于三十天,最长不得超过三个月。

(2)职工工资等债权的申报。本条第二款规定,与债务人的职工有关的特定债权无需申报,由管理人调查后列出清单并予以公示。这一类特定的债权包括债务人所欠职工的工资和医疗、伤残补助、抚恤等费用,所欠的应当划入职工个人账户的基本养老保险、基本医疗保险费用,以及法律、行政法规规定应当支付给职工的补偿金。之所以规定职工的工资等债权不必申报,主要是考虑到一些企业(尤其是国有大中型企业)职工的人数较多,企业所欠职工的债务相对明确,性质同一,可以直接依据破产企业的财务账册来确定。

职工对管理人经调查后列出的清单记载的内容有异议的,可以要求管理人更正;管理人不予更正的,职工可以向人民法院提起诉讼,要求人民法院依法确认其所享有的债权的数额。

第四十九条　债权人申报债权时,应当书面说明债权的数额和有无财产担保,并提交有关证据。申报的债权是连带债权的,应当说明。

【释义】　本条是关于债权申报要求的规定。

依据本条规定,债权人在申报债权时应当符合以下要求:

（1）应当说明债权的数额和有无财产担保。债权的数额是指申报人所主张的数额，而并不一定是债权人所享有的债权的实际数额。依据本章规定，即使是诉讼、仲裁未决的债权，债权人同样可以以其在诉讼或者仲裁过程中主张的债权向管理人申报。在破产程序中，有财产担保的债权与普通债权在清算程序中的清偿顺序是不同的；在债权人会议的表决程序中，对有些事项，有财产担保的债权人不能行使表决权而只有普通债权人才能行使表决权。因此，申报人在申报债权时，除了说明债权人的数额外，必须说明其债权有无财产担保。

此外，有财产担保的债权人在申报债权时，还必须同时说明担保的额度，因为担保物的价值有可能高于或者低于其所担保的债权的数额。债权额超过担保物价值的部分，只能作为普通债权在破产程序中行使权利。

（2）债权人申报债权必须以书面形式提出。破产程序是司法程序，与民事诉讼、刑事诉讼等司法程序一样，必须严谨对待。债权人向管理人申报债权只能以书面形式而不能以口头形式提出，以维护司法程序的严谨性，保证在发生争议时有据可查。一般来说，债权申报书应当包括以下内容：债权人的姓名或者名称；债权发生的时间、地点和数额；债权有无财产担保，能否相互抵销；债权清偿期限和其他有关事项。

（3）债权人申报债权应当提交有关证据。民事诉讼举证责任制度的一项基本原则是“谁主张，谁举证”，这项原则在债权申报程序中同样适用。债权人申报债权必须提供能够证明其债权存在和债权数额的有关证据。有关证据指的是能够证明债权存在和债权数额的各种事实，例如法院有关债权债务纠纷的判决、裁定或者支付令，仲裁机构的裁决，债权人与债务人之间约定债权债务关系的合同等。

（4）申报的债权是连带债权的，应当说明。连带债权人是指债务人的数个债权人之间具有连带关系，各个连带债权人都有权就该债权向债务人主张权利，债务人向连带债权人之一清偿债务的，即为完全履行了其义务。考虑到连带债权的这种性质，本条要求连带债权人在申报债权时向管理人说明债权的连带关系，以防止多个连带债权人向债务人申报债权而就同一债权获得重复清偿。

第五十条　连带债权人可以由其中一人代表全体连带债权人申报债权，也可以共同申报债权。

【释义】　本条是关于连带债权人申报债权的规定。

我国《民法通则》规定，债权人一方人数为二人以上的，依照法律规定或者当事人约定，享有连带权利的每一个债权人，都有权要求债务人履行义务。依据这一规定，在破产程序中，全体连带债权人可以指派一人作为全体连带债权人的代表向管理人申报债权，也可以作为一个整体共同向管理人申报债权。但是，各连带债权人不能就债权全额分别向管理人申报债权。无论是由一人代表全体连带债权人申报债权还是共同申报债权，其申报的债权数额应当是相同的。因为债权之间的连带关系只是表明每一个连带债权人都可以向债务人主张其债权，而并不表明债务人需要向每一个连带债权人分别承担债务。

之所以要针对连带债权的申报作出上述规定，是为了防止连带债权人分别向债务人主张债权全额，导致连带债权人通过破产程序获得重复清偿。

第五十一条　债务人的保证人或者其他连带债务人已经代替债务人清偿债务的，以其对债务人的求偿权申报债权。

债务人的保证人或者其他连带债务人尚未代替债务人清偿债务的，以其对债务人的将来求偿权申报债权。但是，债权人已经向

管理人申报全部债权的除外。

【释义】 本条是关于债务人的连带债务人申报债权的规定。

依据《民法通则》的有关规定，负有连带责任的每一个债务人，都负有清偿全部债务的义务，已经履行了义务的人，则有权要求其他负有连带责任的人偿付他应当承担的份额。因此，当连带债务人中一人或者数人进入破产程序后，债务人的其他连带债务人有权以其现时求偿权或者将来求偿权申报债权。这有利于保护已经承担债务清偿义务或者将要承担债务清偿义务的连带债务人的权益，维护当事人之间的公平。

我国《担保法》对债务人及其保证人之间的债务清偿作了规定。保证分为一般保证和连带保证，当事人在保证合同中约定，债务人不能履行债务时，由保证人承担责任的，为一般保证。一般保证的保证人在主合同纠纷未经审判或者仲裁，并就债务人财产依法强制执行仍不能履行债务前，可以拒绝承担保证责任。但是，人民法院受理债务人破产案件后，保证人不得拒绝承担保证责任。连带责任保证的债务人在主合同规定的债务履行期届满没有履行债务的，债权人可以要求债务人履行债务，也可以要求保证人在其保证范围内承担保证责任。无论是一般保证还是连带责任保证，保证人在承担保证责任后，都有权向债务人追偿。依据《担保法》的上述规定，在债务人进入破产程序后，债务人的保证人依据《担保法》所享有的追偿权就要通过债权申报以参与破产财产的分配。

如果债务人的保证人或者其他连带债务人已经代替债务人清偿债务的，其针对债务人所享有的求偿权的数额是确定的，为保证人已经代替债务人清偿债务的数额。因此，本条第一款规定，债务人的保证人或者其他连带债务人以其对债务人的求偿权申报债权。

如果债务人的保证人或者其他连带债务人尚未代替债务人清

偿债务，其清偿义务也是可预期的。一旦债权人提出要求，债务人的保证人或者其他连带债务人就得承担连带责任。因此，尽管债务人的保证人或者其他连带债务人尚未代替债务人清偿债务，也有权申报债权，依照破产程序行使权利，以弥补将来的损失。本条第二款规定，在这种情况下，债务人的保证人或者其他连带债务人以其对债务人的将来求偿权申报债权。本条的这一规定也与《担保法》相衔接，《担保法》第三十二条规定，人民法院受理债务人破产案件后，债权人未申报债权的，保证人可以参加破产财产分配，预先行使追偿权。

如果债权人已经向管理人全额申报债权的情况下，如果允许债务人的保证人或者其他连带债务人同时向管理人申报债权，则同一项债权在破产程序中将获得重复清偿，这对其他债权人来说显然是不公平的。因此，本条第二款对债权人已经向管理人申报全部债权的情形作了除外规定。

第五十二条　连带债务人数人被裁定适用本法规定的程序的，其债权人有权就全部债权分别在各破产案件中申报债权。

【释义】　本条是关于连带债务人的债权人申报债权的规定。

依据我国《民法通则》的有关规定，连带债务人的债权人实质上是每一个连带债务人的债权人。因此，当多个连带债务人分别被裁定适用破产程序时，其债权人有权在各个破产案件中申报债权。例如，甲企业是乙企业的连带责任保证人，当甲、乙分别被申请适用破产程序时，作为甲企业债权人的丙，既可以在甲案件中申报债权，也可以在乙案件中申报债权。

依据本条规定，连带债务人的债权人分别在各个连带债务人的破产案件中申报债权时，其所申报的债权数额可以是其享有的债权的总额。例如，在上述案例中，假设债权人丙对甲企业享有一百万元的债权，当甲企业及其连带责任保证人乙企业同时被申请适用破产程序时。债权人丙既可以在甲案件中申报一百万元的债权,也可以在乙案件中申报一百万元的债权。

一般说来,债权人就其全部债权分别在各个连带债务人的破产案件中申报债权,并不会导致债权人最终获得的清偿额大于其实际的债权额。如果债权人最终获得的清偿数额超过其债权总额,超过部分,应当按照不当得利予以返还。

第五十三条　管理人或者债务人依照本法规定解除合同的,对方当事人以因合同解除所产生的损害赔偿请求权申报债权。

【释义】 本条是关于因解除合同而产生的损害赔偿请求权进行债权申报的规定。

对于破产案件受理前已经成立而债务人和对方当事人均未履行完毕的合同,根据本法第十八条的规定,管理人有权决定解除或者继续履行。同时,按照本法第七十三条的规定,在重整期间,债务人经人民法院批准自行管理财产和经营事务的,上述合同解除或者继续履行的权利由债务人行使。管理人或者债务人决定继续履行合同的,其所产生的债务,按照本法第四十二条的规定,作为共益债务由债务人财产随时清偿。而管理人或者债务人决定解除合同的,所产生的债务应当如何处理,就要依据本条的规定执行。

依据合同法的一般原理,解除合同将使合同双方恢复到未订立合同前的状态,即恢复原状;同时,如果一方当事人因可归责于自己的原因解除合同,造成对方损失的,应当承担赔偿责任。破产管理人或者债务人依照本法的规定行使合同的解除权,也属于"因可归责于自己的原因"。因此,如果对方当事人因为合同的解除而受到了损害,应当可以向管理人或者债务人请求损害赔偿。但是,应该注意到,这种损害赔偿请求权作为一种债权,产生于破产案件受理以后,不符合本法第四十四条关于可申报债权的定义;而作为破产案件受理后产生的债权,这种损害赔偿请求权不属于本法第四十二条所规定的共益债务的范畴。对于这种损害赔偿请求权应该如何处理,应该由法律作出明确规定。从国外的立法例看,一般都将这种债权视为可申报债权。我国原《企业破产法(试行)》也有类似规定,该法第二十六条规定,清算组决定解除合同的,另一方当事人因合同解除受到的损害作为破产债权。本法沿袭了《企业破产法(试行)》的规定,在本条明确规定,管理人或者债务人依照本法规定解除合同的,合同对方当事人以因合同解除所产生的损害赔偿请求权进行债权申报。

第五十四条　债务人是委托合同的委托人,被裁定适用本法规定的程序,受托人不知该事实,继续处理委托事务的,受托人以由此产生的请求权申报债权。

【释义】　本条是关于破产程序中委托合同的受托人申报债权的特别规定。

委托合同是我国《合同法》规定的有名合同的一种。我国《合同法》第三百九十六条规定,委托合同是委托人和受托人约定,由受托人处理委托人委托事务的合同。委托合同带有一定的人身依附的性质,即合同的成立、履行都直接依附于合同的双方当事人。因此,当合同的一方当事人因某种原因丧失了履行合同的能力,将直接导致委托合同的终止。我国《合同法》第四百一十一条就明确规定,委托人或者受托人死亡、丧失民事行为能力或者破产的,委托合同终止。

按照委托合同的性质,委托合同终止以后,双方当事人履行完合同所约定的义务,相互之间就不存在任何权利义务关系。委托人不能再要求受托人处理事务;受托人也不能再以受委托人委托的名义,按照委托合同的约定处理事务。如果受托人继续处理委托事务,其所产生的法律后果由受托人自己承担,并且不能就处理委托事务这一行为向委托人主张报酬请求权或者其他权利。但是，因破产程序开始而导致委托合同终止的情况比较特殊，受托人可能未接到委托人破产案件受理的通知，并且不知道委托人进入破产程序的事实，仍然以为委托合同继续有效，仍然按照委托合同的约定，为了委托人的利益处理委托事务。对于这种善意的受托人，如果一概不承认其行为对委托人的效力，所产生的债权不能进行债权申报，从道理上讲是不公平的。因此，不少国家的破产法均规定，善意受托人在委托人破产宣告后处理委托事务所产生的债权，作为破产债权。本条从保护善意受托人的角度出发，对受托人在委托合同因破产程序开始而终止后处理委托事务的行为的效力问题，作了与其他国家大致类似的规定。根据本条规定，受托人不知委托人进入破产程序的事实而继续处理委托事务的，因此所产生的债权虽然产生在破产案件受理以后，仍然可以进行债权申报。

第五十五条　债务人是票据的出票人，被裁定适用本法规定的程序，该票据的付款人继续付款或者承兑的，付款人以由此产生的请求权申报债权。

【释义】　本条是关于破产程序中因票据关系而产生的债权的规定。

票据是发票人依据票据法发行的、无条件支付一定金额或者委托他人无条件支付一定金额给收款人或者持票人的一种有价证券。按照我国《票据法》的规定，我国的票据共分为三类：(1)汇票，即发票人委托他人于到期日无条件支付一定金额给受款人的票据；(2)本票，即发票人自己于到期日无条件支付一定金额给受款人的票据；(3)支票，即发票人委托银行或者其他法定金融机构于见票时无条件支付一定金额给受款人的票据。票据关系中的承兑，是指汇票付款人明确表示愿意支付汇票金额，并以文字记载于票据上的一种附属的票据行为。承兑只存在于汇票关系中，在本票中发票人同时又是付款人，一经发票，权利义务关系就已经确立，无须承兑；在支票中，付款人是银行或者其他法定金融机构，并且是见票即付，也无须承兑。

在票据活动中，主要是在以汇票为标的的活动中，当付款人向受款人承兑或者付款以后，有权依照合同约定向出票人行使追索权，请求出票人偿还所支付的价款。在出票人破产的情况下，如果承兑或者付款行为发生在破产案件受理之前，这种债权依照本法第四十四条的规定，作为可申报债权；如果承兑或者付款行为发生在破产案件之后，按照本法第四十四条的规定，不能作为可申报债权。但是，票据是流通性很强的有价证券，票据的收款人是不特定的，票据的承兑和付款也会随时发生。如果不允许在破产案件受理后进行承兑或者付款的权利人向破产的出票人主张权利，不能以其权利作为可申报债权来行使，对于这些承兑人和付款人是不公平的，也不利于保护票据的流通性。因此，本条专门作出规定：票据出票人进入破产程序，而付款人付款或者承兑，因此所产生的债权为可申报债权，付款人为债权人。这也是我国现行破产法司法实践中的一贯做法。1991 年最高人民法院《关于贯彻执行〈中华人民共和国企业破产法（试行）〉若干问题的意见》第六十二条就明确规定，票据（汇票、本票、支票）发票人或背书人被宣告破产，而付款人或者承兑人不知其事实而付款或者承兑，因此所产生的债权为破产债权，付款人或者承兑人为债权人。

值得注意的是，同最高人民法院的司法解释相比，本条没有付款人“不知其事实（发票人受破产宣告的事实）”的限定条件。这主要是因为，按照我国《票据法》的规定，出票人进入破产程序并不是付款人拒绝承兑或者付款的法定抗辩理由。也就是说，即使付款人知道了发票人进入破产程序的事实，也没有法定权利拒绝承兑或者付款（如支票为见票即付，付款人无权以发票人破产作为拒绝付款的理由）。因此，既然付款人从法律上来说必须付款或者承兑，就没有理由以其知道出票人进入破产程序作为限制权利的理由。从另外一个角度来说,如果要求付款人在承兑或者付款之前都有查明发票人是否进入破产程序的义务,将增加交易成本,降低交易安全,不利于票据的流转。所以,本条对破产案件受理后发生的承兑或者付款行为所产生的债权作为可申报债权,没有规定任何限制条件。即使付款人在承兑或者付款时知道发票人进入破产程序的事实,也不影响其对本条的适用。

第五十六条　在人民法院确定的债权申报期限内,债权人未申报债权的,可以在破产财产最后分配前补充申报;但是,此前已进行的分配,不再对其补充分配。为审查和确认补充申报债权的费用,由补充申报人承担。

债权人未依照本法规定申报债权的,不得依照本法规定的程序行使权利。

【释义】　本条是关于补充申报债权的规定。

在破产程序中,债权人应当在人民法院确定的债权申报期限内申报债权。这一期限从发布受理破产申请公告之日起算,最短不得少于三十天,最长不得超过三个月。如果一些债权人由于各种原因,在人民法院确定的债权申报期限内未能申报债权,本条赋予这些债权人补充申报的权利,以更好地保护债权人的合法权益。因为破产程序作为一种概括性的集体清偿程序,在破产程序终结后,未受清偿的债权不再清偿。倘若由于客观原因导致一些债权人在人民法院确定的债权申报期限内未能申报债权,从而不能够参与破产程序,对于这些债权人来说显然是不公平的。因此,应当给予债权人补充申报的权利。

债权人补充申报的权利并非是在任何时间都可以行使,而是必须在破产财产最后分配前提出。如果在破产财产最后分配后提出,由于破产程序一般来说具有不可逆的特征,债权人补充申报债权已经没有实际意义,因为补充申报最终不可能分得破产财产。

债权人补充申报的债权在经过确认程序后，只能参加尚未分配的财产的分配，如果补充申报提出时，破产财产已经进行了部分分配，则已经分配的部分，不能对其进行补充分配。这一方面是破产程序不可逆的特征所决定的；另一方面，也是为了督促债权人在债权申报期限内申报债权。

在人民法院确定的债权申报期限内申报债权的，审查和确认债权所需的费用属于破产费用，由破产财产优先予以支付。但是，为审查和确认补充申报的债权所需费用，由补充申报人承担。作这样的规定，主要原因在于破产费用是保障破产程序的顺利进行和全体债权人的利益而支出的费用。为确认和审查补充申报的债权的费用是为了该个别或者部分债权人的利益而支出的，不应作为破产费用的范围。

破产程序的目的是对债务人的债权债务进行清理。债权人依法申报债权是其参加破产程序的基本条件。参加债权人会议，制定重整计划、和解协议、破产财产分配方案，都是以已申报的债权作为重要前提。债权人未依本法规定申报债权，表明其放弃在破产程序中的权利，不得参加债权人会议并行使表决权，不得参加破产财产分配，并不得行使本法规定的其他权利。

需要指出的是，在破产清算程序中，如果程序已经终结，则债务人已无财产可供分配，债务人已注销，债权人未申报的债权，不可能再得到清偿。但是，依据本法的有关规定，在重整程序中，其权利在重整计划执行期间不得行使，在重整计划执行完毕后，可以按照重整计划规定的同类债权的清偿条件行使。在和解程序中，其权利在和解协议执行期间不得行使，在和解协议执行完毕后，可以按照和解协议规定的清偿条件行使。

第五十七条　管理人收到债权申报材料后，应当登记造册，对申报的债权进行审查，并编制债权表。

债权表和债权申报材料由管理人保存，供利害关系人查阅。

【释义】 本条是关于管理人审查债权和编制债权表的规定。

接受债权申报、审查债权申报的真实性以及编制债权表，是管理人的重要职责之一，也是破产程序顺利进行的重要环节。管理人收到债权申报材料后，应当登记造册，对申报的债权进行审查，并编制债权表。这里所规定的“对申报的债权进行审查”，主要是指对债权申报的真实性进行初步的审查，即初步审查债权证明材料的真实性，以判断申报的债权是否存在，数额是否与实际数额相符。虽然申报的债权还需债权人会议核查，债务人、债权人均无异议才由人民法院确认，但管理人在审查债权时应当尽最大注意义务，切实维护债权人、债务人的利益。管理人对申报的债权进行审查后，应对债权进行汇总，编制债权表，载明债权人的情况，债权的种类和数额，以提交第一次债权人会议核查。对管理人或者债权人有异议的债权，也应当在债权表中载明。

本条第二款规定了管理人保管债权表和债权申报材料的义务以及利害关系人有查阅的权利。管理人应当妥善保管债权表和债权申报材料，并应利害关系人的要求提供其查阅。

第五十八条　依照本法第五十七条规定编制的债权表，应当提交第一次债权人会议核查。

债务人、债权人对债权表记载的债权无异议的，由人民法院裁定确认。

债务人、债权人对债权表记载的债权有异议的，可以向受理破产申请的人民法院提起诉讼。

【释义】 本条是关于债权核查、确认和异议程序的规定。

管理人收到债权申报材料后，应当对申报的债权进行审查。管理人对债权申报的真实性的审查只是一种初步的审查。如前所述，虽然管理人应当勤勉尽责，审查债权证明材料的真实性，但是经管理人审查的债权仍须在第一次债权人会议上对其真实性进行核查。在第一次债权人会议上，债务人对于债权人申报的债权的真实性，债权人相互之间对于所申报的债权的真实性，可以相互质询和辩驳，以确定所申报的债权的真实性。

经第一次债权人会议核查的债权，其效力仍未最终确定。只有在债务人、债权人对债权表记载的债权无异议时，才由人民法院裁定确认。债务人、债权人无异议是人民法院确认债权的先决条件，债务人或者债权人对于某一项债权有异议，应当依照本条第三款的规定，向人民法院提起诉讼，由人民法院裁决。

实践中，债务人或者债权人对于债权表记载的债权的异议可以表现为很多方面。债务人可能对债权人申报的债权有异议；由于债权人的债权对其他债权人在破产程序中的利益有影响，因此，债权人对于他人的债权也可能有异议。依据本条第三款的规定，债务人、债权人对债权表记载的债权有异议的，可以向人民法院提起诉讼，由人民法院最终裁决。这些诉讼可以分别由异议人对债权人或者债务人提起。

对债权异议的诉讼应由受理破产申请的人民法院管辖，以方便诉讼的审理和保证破产程序顺利进行。

第七章 债权人会议

第一节 一般规定

第五十九条 依法申报债权的债权人为债权人会议的成员，有权参加债权人会议，享有表决权。

债权尚未确定的债权人，除人民法院能够为其行使表决权而临时确定债权额的外，不得行使表决权。

对债务人的特定财产享有担保权的债权人，未放弃优先受偿权利的，对于本法第六十一条第一款第七项、第十项规定的事项不享有表决权。

债权人可以委托代理人出席债权人会议，行使表决权。代理人出席债权人会议，应当向人民法院或者债权人会议主席提交债权人的授权委托书。

债权人会议应当有债务人的职工和工会的代表参加，对有关事项发表意见。

【释义】 本条是关于债权人会议成员及表决权的规定。

债权人会议是协调和形成全体债权人的共同意思，通过对破产程序的参与和监督来体现全体债权人共同利益的自治性机构。依照本条第一款的规定，所有依照本法第六章规定申报债权的债权人，包括无财产担保的债权人、有财产担保的债权人和代替债务人清偿债务后享有求偿权的人，均为债权人会议成员。不依破产程序申报债权的债权人，不能取得破产程序当事人地位，不具有参加债权人会议的权利。

依照本条第二款的规定，债权尚未确定的债权人，原则上不得行使表决权；但是，人民法院能够为其行使表决权而临时确定债权额的，则不受此限制。“债权尚未确定”大体包括两种情况：一是债权是否存在尚未确定，二是债权数额不能确定。这些债权人一般不能享有表决权。但如果法院能够临时确定其债权数额的，则可享有表决权。

依照本条第三款规定，对债权人的特定财产享有担保权的债权人，未放弃优先受偿权利的，对于本法第六十一条第一款第七项、第十项规定的决议不享有表决权。这里讲的有担保权的债权人，是指对债务人的特定财产享有的抵押权、质押权或者留置权的债权人。由于对债务人的特定财产享有担保权的债权人，可以依照本法第九十六条第二款的规定不依和解程序行使权利，即其实体权利不受和解程序的影响。因此，本条规定，对债务人的特定财产享有担保权的债权人，未放弃优先受偿权利的，对本法第六十一条第七项规定的债权人会议通过和解协议的事项不享有表决权。同时，对债务人的特定财产享有担保权的债权人，在一般情况下对债务人的特定财产享有法定的优先受偿权利，不受破产财产分配影响。因此，本条规定，对本法第六十一条第十项规定的债权人会议通过破产财产分配方案的事项，对债务人的特定财产享有担保权的债权人，未放弃优先受偿权利的，不享有表决权。

依照本条第四款的规定，债权人既可以亲自出席债权人会议，也可以委托代理人出席债权人会议。债权人委托代理人代为出席的，应向法院或债权人会议主席提交由委托人签名盖章的授权委托书。授权委托书必须载明委托事项和权限。此外，根据《民事诉讼法》第二百四十二条的规定，境外债权人委托代理人的，其授权委托书必须经该国公证机关证明并由中华人民共和国驻该国的使领馆认证，或者履行中华人民共和国与该所在国订立的有关条约中规定的证明手续后,才具有效力。涉及港澳台债权人委托中国律师代理破产程序的,按照我国有关部门的规定执行。

本条第四款从维护职工利益的角度出发,明确规定债权人会议应当有债务人企业的职工和工会的代表参加,对涉及职工利益的事项和其他有关事项发表意见。

第六十条　债权人会议设主席一人,由人民法院从有表决权的债权人中指定。

债权人会议主席主持债权人会议。

【释义】 本条是关于债权人会议主席的规定。

债权人会议主席是指负责主持和召集债权人会议的人。债权人会议主席的职责是:召集债权人会议;作为债权人会议的主持人掌握会议进程、维护会场纪律、主持会议讨论事项、完成债权人会议内容。债权人会议主席由人民法院从有表决权的债权人中指定。

第六十一条　债权人会议行使下列职权:

(一)核查债权;

(二)申请人民法院更换管理人,审查管理人的费用和报酬;

(三)监督管理人;

(四)选任和更换债权人委员会成员;

(五)决定继续或者停止债务人的营业;

(六)通过重整计划;

(七)通过和解协议;

(八)通过债务人财产的管理方案;

(九)通过破产财产的变价方案;

(十)通过破产财产的分配方案;

(十一)人民法院认为应当由债权人会议行使的其他职权。

债权人会议应当对所议事项的决议作成会议记录。

【释义】 本条是关于债权人会议职权的规定。

债权人会议在法定议事范围内讨论决定事务的权限,是债权人会议的职权。破产法对债权人会议的职权作出明确规定,既可保障破产程序的顺利进行,维护债权人的共同利益,也可避免债权人自治因无章可循而权利被滥用。本条规定了债权人会议行使的十一项职权:

(1)核查债权。即在债权人会议上,让每个债权人对已经申报的债权进行核查,并可以提出异议。如果在债权人会议上无人对已经申报的债权的数额或者性质提出异议,法院就可以根据现有的证明材料确定债权。债权人如对债权表记载的债权有异议的,可以向受理破产申请的人民法院提起诉讼。

(2)申请人民法院更换管理人,审查管理人的费用和报酬。依照本法第二十二条的规定,债权人会议认为管理人不能依法、公正履行职务或者有其他不能胜任职务情形的,可以申请人民法院予以更换。依照本法第四十一条的规定,管理人执行职务的费用、报酬和聘用工作人员的费用属于破产费用,而破产费用和共益债务要由债务人财产随时清偿。法律赋予债权人会议对管理人的费用和报酬的审查权,是维护债权人合法权益的需要。

(3)监督管理人。依照本法第二十三条的规定,管理人依照本法规定执行职务,向人民法院报告工作,并接受债权人会议和债权人委员会的监督。

(4)选任和更换债权人委员会成员。依照本法第六十七条规定,债权人会议可以决定设立债权人委员会。债权人委员会由债权人会议选任的债权人代表和一名破产企业的职工代表或者工会代表组成。债权人委员会成员应当经人民法院书面决定认可。债权人委员会人数不得超过九人。债权人会议是债权人全体的共同意思表示机关,债权人委员会则是债权人会议的代表机构。因此,对债权人委员会的成员，债权人会议有权选任和更换。

（5）决定继续或者停止债务人的营业。破产程序开始后，债务人是否继续营业，决定权应当由债权人会议行使。如果债权人会议认为债务人继续营业可以增加可供分配的破产财产，就可以决定债务人继续营业；反之，则可以决定停止债务人的营业。

（6）通过重整计划。重整计划的通过是指将重整计划草案交由债权人会议讨论并同意的过程。这是债权人自治的体现，是重整程序的核心阶段。这个过程主要是对重整计划草案表决的过程。

（7）通过和解协议。债权人会议对债务人提交的和解协议草案，有权进行讨论和作出是否予以接受的决议。和解通常是在债权人作出让步的基础达成的。债权人让步属于权利处分行为，如免除利息、免除部分本金、延长偿还期限、将债权转换为股权等，这些必须由权利人自主决定。由于破产程序是集体清偿程序，故债权人的权利处分也必须通过集体行为来实施。因此，和解协议只有经债权人会议议决并经法院认可方能生效。

（8）通过债务人财产的管理方案。破产程序开始后，债务人全部财产为债权人利益分配的物质基础，与每个债权人的利益相关。因此对债务人财产的管理方案应由债权人会议决定，由管理人具体执行和落实。

（9）通过破产财产的变价方案。破产财产的变价是否得当，直接关系到债权人的切身利益，其变价的方案应当由债权人会议作出决定。破产管理人应当就变价处理的财产的范围、变价方法、预先估价、变价时间、变价地点等相关事项，拟出方案，提交债权人会议讨论，由债权人会议表决通过。

（10）通过破产财产的分配方案。与通过破产财产的变价方案一样，在进行破产分配前，破产管理人应当向债权人会议提交破产财产分配方案，由债权人会议对应分配的财产范围、应受分配的债权和债权额、分配方法、分配的顺序、分配的比例、时间和地点等事项,进行表决,确定是否通过破产财产分配方案。

(11)人民法院认为应当由债权人会议行使的其他职权。债权人会议除行使上述十项职权外,如果人民法院认为还有其他应当由债权人会议行使的职权,可以赋予债权人会议行使。这一项属于兜底性规定。人民法院可以根据不同情况来决定具体事项的内容。

依照本条第二款的规定,债权人会议应对所讨论议决的事项作成会议记录,以备查询。

第六十二条　第一次债权人会议由人民法院召集,自债权申报期限届满之日起十五日内召开。

以后的债权人会议,在人民法院认为必要时,或者管理人、债权人委员会、占债权总额四分之一以上的债权人向债权人会议主席提议时召开。

【释义】　本条是关于召开债权人会议的规定。

第一次债权人会议是指破产程序开始后法定期限内,必须由法院召集的债权人会议。依照本条规定,第一次债权人会议由人民法院召集,自债权申报期限届满之日起十五日内召开。多数国家的破产法对此也有规定。例如,日本破产法规定,法院应于破产宣告同时,确定第一次债权人会议日期。但其日期应在破产宣告日起一个月内。德国破产法规定,第一次债权人会议召开的日期自破产宣告之日起不应少于六个星期,但不得超过三个月。

第一次债权人会议不可能一次性解决所有程序和实体问题,对剩余的问题和产生的新问题,在以后各次债权人会议上解决。至于会议召开的总次数,各国破产法都没有设定上限,但在一些程序上则提出相应要求。依照本条第二款的规定,以后的债权人会议,在人民法院认为必要时召开,或者管理人、债权人委员会、占债权总额四分之一以上的债权人向债权人会议主席提议时召开。

第六十三条　召开债权人会议，管理人应当提前十五日通知已知的债权人。

【释义】　本条是关于召开债权人会议应提前通知的规定。

召开债权人会议，是有事项需要讨论和议决，应当给各债权人必要的准备时间。依照本条规定，管理人应当提前十五日通知已知的债权人。

第六十四条　债权人会议的决议，由出席会议的有表决权的债权人过半数通过，并且其所代表的债权额占无财产担保债权总额的二分之一以上。但是，本法另有规定的除外。

债权人认为债权人会议的决议违反法律规定，损害其利益的，可以自债权人会议作出决议之日起十五日内，请求人民法院裁定撤销该决议，责令债权人会议依法重新作出决议。

债权人会议的决议，对于全体债权人均有约束力。

【释义】　本条是关于债权人会议的决议规则及决议的效力的规定。

债权人会议的决议，是指在债权人会议的职权范围内，对会议议题进行讨论，由出席会议的有表决权的债权人通过表决，所形成的代表债权人共同意思的决定。债权人会议形成决议的内容要以债权人会议的职权范围为限，债权人会议超出职权范围表决通过的决议不具有法律效力。另外，决议应当经出席会议有表决权的债权人进行表决，未经表决或者表决程序不合法，不得形成决议。依债权人会议议决的不同事项，法律区别了一般决议的表决和特殊决议的表决。本条第一款规定的是一般决议的表决，即债权人会议的决议，由出席会议有表决权的债权人的过半数通过，并且其所代表的债权额占无财产担保债权总额的二分之一以上。本法这样规定是为了平衡有财产担保债权人和无财产担保债权人的利益，防止决议拖延不决，难以通过，从而提高债权人会议的效率。“本法另有规定的除外”，主要是指本法第九十七条规定的特殊决议，即债权人会议通过和解协议的决议，除了由出席会议的有表决权的债权人过半数同意，并且其所代表的债权额要占无财产担保债权总额的三分之二以上。和解协议在相当程度上取决于债权人的让步，债权可能被延期或者减免，直接影响所有债权人的利益，使债权人承担更大的风险。因此，法律对通过和解协议的表决权规定了更加严格的要求。此外，按照本法规定，在重整程序中，债权人会议对重整计划草案实行分类分组表决，也不适用本条规定的程序。

债权人会议的决议，是债权人团体一致表示的意思，对全体债权人均有约束力，除法律特别规定债权人会议决议须经法院许可外，决议一经作出就对全体债权人产生约束力，无须法院的特别许可。因此，债权人认为债权人会议的决议违反法律规定，损害其利益的，可以在法定期限内，请求人民法院裁定撤销该决议，责令债权人会议重新表决。债权人会议的决议违反法律规定，包括决议内容违法、会议的召开程序违法、表决程序违法，或者决议超出了债权人会议的职权范围，以及决议有其他违反法律之处。人民法院查实债权人会议的决议违反法律的，应当撤销该决议，责令依法重新作出决议。

依照本条第三款的规定，债权人会议的决议对全体债权人均有约束力，因为债权人会议的决议是债权人团体进行共同意思表示的结果。不论债权人是否出席会议，不论债权人是否享有表决权，或者放弃表决、或者表决时保留意见，也不论债权人是赞成决议还是反对决议，均受债权人会议决议的约束。

第六十五条　本法第六十一条第一款第八项、第九项所列事项，经债权人会议经表决未通过的，由人民法院裁定。

本法第六十一条第一款第十项所列事项，经债权人会议二次表决仍未通过的，由人民法院裁定。

对于前两款规定的裁定，人民法院可以在债权人会议上宣布或者另行通知债权人。

【释义】　本条是关于人民法院对债权人会议不能议决的事项的裁定权的规定。

依照本法第六十一条的规定，第八项是通过债务人财产的管理方案，其管理方案可能是一揽子的，例如不动产物权的让与、矿业权等特许权的出卖、营业转让、变卖商品、出借财产、债权和有价证券的转让、相关合同的履行等；也可能会有单项的财产管理方案。有的管理方案还可能比较急迫。第九项是通过破产财产的变价方案。破产财产的变价是否得当与合法，直接关系到债权人的切身利益。这两项规定的方案在债权人会议上表决通过与否，关系到破产程序能否顺利进行，因此本条第一款赋予人民法院的司法裁定权，即债权人会议经表决不能通过这两项规定的方案的，由人民法院裁定。本条第二款从保证程序的顺利进行、保障债权人利益、既保证公平又兼顾提高破产程序效率的角度出发，明确规定对破产财产的分配方案，债权人会议经两次表决仍不能通过的，由人民法院裁定。对于上述裁定，人民法院既可以在债权人会议上宣布，也可以另行通知债权人。

第六十六条　债权人对人民法院依照本法第六十五条第一款作出的裁定不服的，债权额占无财产担保债权总额二分之一以上的债权人对人民法院依照本法第六十五条第二款作出的裁定不服的，可以自裁定宣布之日或者收到通知之日起十五日内向该人民法院申请复议。复议期间不停止裁定的执行。

【释义】 本条是关于债务人对人民法院作出的有关裁定的复议权的规定。

依照本法第六十五条第一款的规定，债权人会议表决不能通过债务人财产的管理方案和变价方案的，由人民法院裁定。依照本条规定，债权人对裁定不服的，可以自裁定宣布之日或者收到通知之日起十五日内向该人民法院申请复议。如果裁定在债权人会议上宣布，则时间从裁定宣布之日起算；如果裁定是另行通知债权人的，则从债权人收到通知之日起算。复议期间不停止裁定的执行。

依照本法第六十五条第二款的规定，债权人会议经两次表决未能够通过破产财产的分配方案的，由人民法院裁定。依照本条规定，债权额占无财产担保债权总额半数以上的债权人对裁定不服的，同样可以自裁定宣布之日或者收到通知之日起十五日内向该人民法院申请复议。这里规定有权提出复议申请的主体是债权额占无财产担保债权总额半数以上的债权人。

第二节　债权人委员会

第六十七条　债权人会议可以决定设立债权人委员会。债权人委员会由债权人会议选任的债权人代表和一名债务人的职工代表或者工会代表组成。债权人委员会成员不得超过九人。

债权人委员会成员应当经人民法院书面决定认可。

【释义】 本条是关于债权人委员会组成的规定。

基于破产程序的特殊性，不少国家的破产法都确立了便于债权公正清偿的特殊机构，即债权人会议、破产管理人以及破产监督人。此三种特殊机构既互相独立，又互相配合，共同维系着破产程序的公正进行。其中破产监督人在国外立法例中多是代表债权人会议，以表达债权人的共同意志、议决破产程序中的有关重要事项,并对破产程序进行监督的常设机构。本条规定的债权人委员会就是破产监督人。为什么要设立破产监督人?从破产法的整体框架中可以看出,在破产程序的进行当中,法院居于主导地位,对破产程序的实施进行司法上的监督。但是,债权人会议作为债权人团体的利益维护和意思表示机关,在破产程序中取得相对独立的自治地位,但很难对破产程序进行日常监督,尤其是在债权人会议闭会期间,仅仅由法院监督债务人或者破产管理人的活动,尚不足以保护债权人团体利益。因此,破产法有必要设立破产监督人,即本法规定的债权人委员会制度,由其行使相关的监督职能,以实现债权人监督破产程序进行的自治需求。

依照本条规定,是否设立债权人委员会,债权人可以根据需要以决议确定。例如,要考虑债权人人数的多少,破产财产的实际价值大小,对破产财产的清理、估价、变卖的复杂程度等。对于简单的破产案件,不必设置债权人委员会。人民法院受理破产申请后,应当自债权申报期限届满之日起十五内召开债权人会议。在第一次债权人会议上,可以通过决议确定是否设立债权人委员会。债权人会议决议设立债权人委员会,应当尽快选出债权人委员会成员履行职责。

对于债权人委员会的成员,本条规定包括两类:一是债权人代表;二是一名破产企业的职工代表或者工会代表。后者是体现对职工利益的维护的需要。债权人委员会的成员人数限定为九人以下,并应经人民法院书面决定认可。

第六十八条　债权人委员会行使下列职权:

(一)监督债务人财产的管理和处分;

(二)监督破产财产分配;

(三)提议召开债权人会议;

(四)债权人会议委托的其他职权。

债权人委员会执行职务时，有权要求管理人、债务人的有关人员对其职权范围内的事务作出说明或者提供有关文件。

管理人、债务人的有关人员违反本法规定拒绝接受监督的，债权人委员会有权就监督事项请求人民法院作出决定；人民法院应当在五日内作出决定。

【释义】　本条是关于债权人委员会行使职权的规定。

依照本条第一款的规定，债权人委员会有下列四项职权：

（1）监督债务人财产的管理和处分。这是债权人委员会的基本职责之一。例如，债权人委员会有权要求管理人向其报告债务人财产的状况，监督管理人对债务人财产的管理、处分的情况，还可以查阅有关财产的账簿和文件，询问债务人、管理人等。

（2）监督破产财产分配。破产财产的分配是破产程序的关键环节，涉及每个债权人的利益，应当赋予债权人委员会监督破产财产分配的职责。

（3）提议召开债权人会议。在破产程序进行中，出现有必要召开债权人会议决定的重大事项，债权人委员会可以申请人民法院召开债权人会议议决。

（4）债权人会议委托的其他职权。除以上几种职权外，债权人会议也可以根据具体情况授权其实施相关职权。

债权人委员会是债权人会议选任的，其执行职务应当对债权人的共同利益尽到注意义务，其重要职责在于监督破产管理人、债务人清理、保管、处分和分配债务人的财产。因此本条第二款规定，债权人委员会执行职务时，有权要求管理人、债务人的有关人员对其职权范围内的事务作出说明或者提供有关文件。依照本条第三款的规定，管理人、债务人的有关人员违反本法规定拒绝接受监督的，债权人委员会有权就监督事项请求人民法院作出决定。对于债权人委员会的请求，人民法院应当在五日内作出决定，以保证程序的顺利进行。

第六十九条　管理人实施下列行为，应当及时报告债权人委员会：

（一）涉及土地、房屋等不动产权益的转让；

（二）探矿权、采矿权、知识产权等财产权的转让；

（三）全部库存或者营业的转让；

（四）借款；

（五）设定财产担保；

（六）债权和有价证券的转让；

（七）履行债务人和对方当事人均未履行完毕的合同；

（八）放弃权利；

（九）担保物的取回；

（十）对债权人利益有重大影响的其他财产处分行为。

未设立债权人委员会的，管理人实施前款规定的行为应当及时报告人民法院。

【释义】　本条是关于管理人实施有关行为应及时报告债权人委员会的规定。

依照本条第一款的规定，管理人实施下列行为，应当及时报告债权人委员会：

（1）涉及土地、房屋等不动产权益的转让。不动产是指性质上不能移动其位置，或者非经破坏、变更则不能移动其位置的物，一般指土地及其定着物（主要是指房屋）。不动产权益的转让对债务人财产的变化通常有较大的影响，债权人委员会有必要知晓，以依法实施监督。

（2）探矿权、采矿权、知识产权等财产权的转让。探矿权是指按照法定的程序，取得勘察许可证，在批准的区域勘察矿产资源的权利。依法取得勘察许可证的单位或者个人为探矿权人。采矿权是指按照法定的程序，取得采矿许可证，在批准的区域（开采范围）和期限内开采被许可的矿产的权利。依法取得采矿许可证的单位或者个人称为采矿权人。知识产权是指人们对智力创造成果和工商业标记依法享有的权利,具体包括著作权、专利权和商标权。探矿权、采矿权、知识产权等权利的转让也会直接影响债务人的财产状况。

(3)全部库存或者营业的转让。这种转让会涉及债务人财产状况的重大变化,管理人也应当履行报告义务。

(4)借款。借款会使债务人支配的流动资金在一定期限内受到限制,并存在一定的风险。对此行为,管理人应当报告债权人委员会。

(5)设定财产担保。财产担保属于物的担保。这里讲的是以债务人的特定财产作为担保物,在债务人不履行其债务时,债权人可以依法处理该财产,并从中优先受偿。以债务人的财产向有些债权人提供担保,会影响其他债权人的利益,债权人委员会有了解的必要。

(6)债权和有价证券的转让。债权转让,是指不改变债的关系的内容,债权人将其债权移转于第三人享有的法律事实。有价证券是指设定并证明持券人有权取得一定财产权利的书面凭证,有价证券所代表的一定权利与记载该权利的书面凭证合二为一,权利人行使权利,原则上不得离开证券进行。有价证券包括票据、债券、股票和提单等。

(7)履行债务人和对方当事人均未履行完毕的合同。这包括三种情况:一是履行债务人和对方当事人均未履行的合同;二是履行债务人和对方当事人都已部分履行,但均未履行结束的合同;三是债务人或者对方当事人有一方没有履行,而另一方已经履行但未履行完毕的合同。管理人履行上述合同,会影响到债务人财产的增减变化,应当报告债权人委员会。

(8)放弃权利。这里讲的"放弃权利",主要是指管理人决定放弃有关债务人财产利益的权利。管理人放弃有关债务人财产利益的权利,可能造成用于清偿破产债权的财产减少,关系破产债权人的切身利益,因此,管理人须向债权人委员会报告。

(9)担保物的收回。管理人不论是以债务人的现有财产清偿受担保的债权的办法,还是以债务人的财产提供替代担保的办法收回担保物,都会使债务人的财产发生变化,与债权人的利益直接有关,应当向债权人委员会报告。

(10)对债权人利益有重大影响的其他财产处分行为。

依照本条第二款的规定,对于未设立债权人委员会的,管理人实施上述行为应当及时报告人民法院,便于人民法院依法进行监督。

第八章　重　　整

第一节　重整申请和重整期间

第七十条　债务人或者债权人可以依照本法规定，直接向人民法院申请对债务人进行重整。

债权人申请对债务人进行破产清算的，在人民法院受理破产申请后、宣告债务人破产前，债务人或者出资额占债务人注册资本十分之一以上的出资人，可以向人民法院申请重整。

【释义】　本条是关于重整申请的规定。

重整是指经利害关系人申请，对可能或已经具备破产原因但又有希望挽救的债务人，通过各方利害关系人的协商，并借助法律强制性地调整他们的利益，对债务人进行生产经营上的整顿和债权债务关系上的清理，以使其摆脱困境、恢复生机的法律制度。重整制度在兼顾债权人利益的同时，更注重对债务人企业的挽救和复苏，以避免因对债务人实施破产清算而导致大量职工失业和社会财富的损失。

重整的申请主体。重整程序的申请主体是指有权向法院申请启动重整程序的法律主体。根据本条规定，债务人、债权人和出资额占债务人注册资本十分之一以上的出资人可以作为重整申请人。具体如下：

(1)债务人作为重整申请人。债务人可以在两种情况下申请重整：一是，当债务人不能清偿到期债务并且资产不足以清偿全部债务或者明显缺乏清偿能力，或者有明显丧失清偿能力可能时，直接向人民法院申请重整；二是，在债权人申请对债务人进行破产清算的情况下，在人民法院受理破产申请后、宣告债务人破产前，债务人为了避免破产倒闭，可以向人民法院申请重整。

（2）债权人作为重整申请人。当债务人不能清偿到期债务时，债权人可以向人民法院提出对债务人进行重整的申请。

（3）债务人的出资人。债务人的出资人申请对债务人进行重整，要符合两个条件：一是必须是在债权人申请对债务人进行破产清算的情况下，人民法院受理破产申请后、宣告债务人破产前提出申请；二是该出资人的出资额必须是占债务人注册资本十分之一以上。由于债务人提出重整申请需经股东大会通过，债务人的少数出资人对债务人进行重整的意愿可能因此得不到满足。为此，本条规定，只要债务人的出资人的出资额占到债务人注册资本达到十分之一以上，就允许其申请对债务人进行重整。对申请重整的出资人的出资比例作适当的限制，也可以防止少数出资人滥用申请权。这里所说的“出资人”，包括公司股东和其他形式的企业法人的出资人。这里所说的“注册资本”，是指在登记机关登记的出资额或者股本总额。

第七十一条　人民法院经审查认为重整申请符合本法规定的，应当裁定债务人重整，并予以公告。

【释义】　本条是关于人民法院审查重整申请和裁定债务人重整的规定。

重整申请的审查。人民法院在收到重整申请后，应当对重整申请进行审查，决定是否许可债务人重整。对重整申请的审查主要包括：（1）债务人有无重整能力，即是否是企业法人；（2）债务人是否具备本法第二条规定的重整原因，即是否不能清偿到期债务，并且资产不足以清偿全部债务或者明显缺乏清偿能力，或者有明显丧失清偿能力的可能;(3)申请人是否有重整申请权;(4)提交的申请文件和有关证据是否符合本法第八条的规定。

裁定债务人重整并公告。根据本条规定,人民法院经审查认为重整申请符合本法规定的,应当裁定债务人重整。裁定债务人重整应当公告。自人民法院裁定债务人重整之日起,债务人进入重整期间,重整程序的特殊效力就要及于所有利害关系人。公告的意义在于,由人民法院以向社会不特定的人公开告知已受理重整申请的有关事项,告知无法通知的债权人、未知的债权人以及其他利害关系人已开始破产程序的事实和有关事项,以维护其合法权益。

第七十二条　自人民法院裁定债务人重整之日起至重整程序终止,为重整期间。

【释义】　本条是关于重整期间的规定。

重整期间在一些国家称为重整保护期,其目的主要在于防止债权人在重整期间对债务人及其财产采取诉讼或者其他措施,保护债务人财产不受个别清偿;同时也对债务人的股东、董事和高级管理人员的行为加以限制,以增加重整成功的可能性。

按照法律规定,重整期间的起止时间是:

(1)重整期间的开始时间,即重整期间的起算点。各国对此有受理开始和重整开始两种做法。前者是指重整申请一经法院受理,即对债务人财产发生保护效力,后者是指重整保护的效力只有在法院裁定重整后才产生。本条虽然规定重整期间自人民法院裁定重整之日起开始,但本法已对破产申请受理的效力作了规定,因此,本法规定的重整保护期应以重整申请受理时开始。

(2)重整期间的结束时间,即重整程序终止的时间。根据本法规定,重整程序终止的情况主要有以下几种:①在重整期间,债务人的经营状况和财产状况继续恶化、缺乏挽救的可能性或者债务人有欺诈、恶意减少企业财产、无理拖延或者其他显著不利于债权人的行为或者由于债务人的行为致使管理人无法执行职务的；②债务人或者管理人未按期提出重整计划草案的；③人民法院裁定批准重整计划草案的；④重整计划草案未获得通过且没有得到人民法院批准的；⑤已通过的重整计划草案未获得人民法院批准的。

重整期间的期限，即重整期间的时间长短。国外的重整立法中，对重整期间的期限规定有两种模式：一是明确规定最长的时间，如丹麦法律规定的是一年；二是个案确定机制，如法国司法重整与清算法规定，司法重整的判决一旦作出即进入观察期，观察期的最长期限在征求最高行政法院意见后通过制定法令来确定，该期限可应司法管理人、债务人以及检察官的要求或者依职权由法庭以说明理由的裁定形式裁定续展一次。考虑重整制度在我国还是一个新生的制度，缺乏实践经验，因此本法没有明确规定重整期间的具体时限。

第七十三条　在重整期间，经债务人申请，人民法院批准，债务人可以在管理人的监督下自行管理财产和营业事务。

有前款规定情形的，依照本法规定已接管债务人财产和营业事务的管理人应当向债务人移交财产和营业事务，本法规定的管理人的职权由债务人行使。

【释义】　本条是关于债务人自行管理财产和营业事务的规定。

依照本法规定，破产申请受理后，管理人接管债务人财产，负责管理债务人财产和营业事务。在重整期间，管理人可以继续执行这一职务。但在重整过程中，考虑到债务人更熟悉其业务和财产状况，由债务人来管理财产和营业事务可以使重整成功的可能性更大。为了发挥债务人经营管理人员了解企业真实情况的优势，鼓励债务人通过法定程序尽早走出经营困境，本法规定，经债务人申请，人民法院可以许可债务人自行管理财产和营业事务。如果债务人不提出申请或者人民法院驳回其申请的，仍然由管理人来管理债务人财产和营业事务。

根据本法规定，人民法院受理破产申请的同时应指定管理人。因此，在重整期间管理人必然已经开始管理债务人的财产和营业事务。为此，本条规定，债务人自行管理财产和营业事务的，已接管债务人财产和营业事务的管理人应当向债务人移交财产和营业事务；本法规定的管理人的职权由债务人行使。

第七十四条　管理人负责管理财产和营业事务的，可以聘任债务人的经营管理人员负责营业事务。

【释义】 本条是关于管理人聘任债务人的经营管理人员负责营业事务的规定。

由于管理人未必精通企业的营业事务，需要有相应的经营管理人员协助管理人做好重整工作。而债务人的经营管理人员恰恰是对债务人最了解的人，如果能够调动他们的积极性，对于债务人重整成功大有裨益。因此，本法除允许债务人自行管理营业事务外，在管理人负责管理债务人财产和营业事务的情况下，还允许管理人可以聘任债务人的经营管理人员负责营业事务。由于管理人和这些经营管理人员之间是聘任关系，自然其经营管理活动要对管理人负责，受管理人监督。聘用这些经营管理人的费用应作为破产费用。

第七十五条　在重整期间，对债务人的特定财产享有的担保权暂停行使。但是，担保物有损坏或者价值明显减少的可能，足以危害担保权人权利的，担保权人可以向人民法院请求恢复行使担保权。

在重整期间，债务人或者管理人为继续营业而借款的，可以为该借款设定担保。

【释义】 本条是关于在重整期间对债务人的特定财产享有的担保权暂停行使和为继续营业而借款的规定。

在重整制度的安排上，既要考虑尊重担保债权人的权益，也要考虑有利于实现重整的目标。如果允许有财产担保的债权人不受限制地行使其权利，可能不利于实现重整的目标，尤其是在对债务人经营所必需的机器设备、设施等设定担保的情况下。因此，为了企业的复兴和债权人的共同利益，本条规定，在重整期间，应暂停担保权行使。同时，为了给对债务人的特定财产享有的担保权以必要的保护，本条规定，在担保物有损坏或者价值明显减少的可能，足以危害担保权人的权利的情况下，担保权人可以向人民法院请求恢复行使担保权。

在重整期间，为保证继续营业所需的资金，债务人或者管理人可能需要向他人借款。然而，重整企业处于濒临破产的状态，缺乏充分的信用基础，难以获得借款。解决这个问题的有效办法，就是强化对新债权的保障——赋予其优先清偿的地位或者提供财产担保。根据本法第四十二条的规定，为债务人继续营业而负担的债务为共益债务，因此在重整期间，为债务人的继续营业而借款的，得作为共益债务得到优先清偿。此外，出借人还可以根据本条规定，要求债务人或者管理人为该债权设定担保，为债权人提供更有力的保障。

第七十六条　债务人合法占有的他人财产，该财产的权利人在重整期间要求取回的，应当符合事先约定的条件。

【释义】 本条是关于重整期间的取回权的规定。

取回权是指由管理人（重整中也可能是债务人）占有的不属于破产财产的他人财产，该财产的权利人可以不依破产程序直接向管理人主张取回财产的权利。这里所说的“债务人合法占有的他人财产”，主要是指债务人基于仓储、保管、来料加工、承揽、委托交易、代销、租赁、信托等合同而占有的不属于债务人财产的他人财产。人民法院受理破产申请后，对于不属于债务人的财产，该财产的权利人本应可以通过管理人取回。但考虑到在重整程序中，很可能这些财产正是债务人继续经营所必需的，它对债务人重整的成功与否起着重要的作用。因此本条规定，该财产的权利人在重整期间要求取回的，应当符合事先约定的条件，即利用债务人占有他人财产的合法基础——当事人的事先约定来限制权利人对取回权的行使。这样规定并不会损害取回权人的利益。因为如果重整成功，双方当事人事先约定的条件成就时，权利人自然可以取回该财产；如果重整不成功从而进入破产清算程序，权利人可以根据本法规定行使取回权。

第七十七条　在重整期间，债务人的出资人不得请求投资收益分配。

在重整期间，债务人的董事、监事、高级管理人员不得向第三人转让其持有的债务人的股权。但是，经人民法院同意的除外。

【释义】　本条是关于重整期间对债务人的出资人的有关行为的限制规定。

人民法院裁定债务人重整，即表明债务人已经具备破产原因或者已经濒临破产，通常应无利润可供分配。即使在重整期间，债务人获得利润，也应当用于弥补以前亏损，或者用于重整程序的债务清偿，保障重整成功。因此，债务人的出资人也不得请求投资受益分配。

在重整期间，债务人的董事、监事、高级管理人员不得向第三人转让其持有的债务人的股权，但经人民法院同意的除外。这里的“高级管理人员”，对公司制企业来说，按照公司法的规定，是指公司的经理、副经理、财务负责人、董事会秘书和公司章程规定的其他人员。此项规定意味着对债务人的董事、监事、高级管理人员向第三人转让其对债务人持有的股权的行为,采取原则禁止、例外允许的态度。债务人出现重整原因,通常债务人的董事、监事、经理和其他高级管理人员难辞其咎。在重整期间,债务人的董事、监事、高级管理人员应当与企业共渡难关,同时也有利于调动债务人的董事、监事、高级管理人员的积极性,增加重整成功的可能性。因此,本条规定,在重整期间,债务人的董事、监事、高级管理人员不得向第三人转让其持有的债务人的股权。但是,如果其转让股权的行为不会对重整程序产生影响,也不会因此从中获取不正当利益的,经人民法院同意,可以向第三人转让。

第七十八条　在重整期间,有下列情形之一的,经管理人或者利害关系人请求,人民法院应当裁定终止重整程序,并宣告债务人破产:

(一)债务人的经营状况和财产状况继续恶化,缺乏挽救的可能性;

(二)债务人有欺诈、恶意减少债务人财产或者其他显著不利于债权人的行为;

(三)由于债务人的行为致使管理人无法执行职务。

【释义】　本条是关于在重整期间因债务人无挽救的可能或者有不当行为导致重整程序终止的规定。

在重整期间,有下列情形之一的,管理人或者利害关系人可以申请人民法院裁定终止重整程序:

(1)债务人的经营状况和财产状况继续恶化,缺乏挽救的可能性。对债务人进行重整,应是建立在债务人尚有挽救可能性的基础上。本法虽然没有把“具有挽救的可能性”作为裁定债务人重整的要件,但是在重整期间,债务人的经营状况和财产状况继续恶化,缺乏挽救可能性的,如果不立即裁定终止重整程序进行破产清算,那么债权人只能眼睁睁地看着可分配的财产继续减少,而没有救济途径,这显然是不公平的。因此在这种情况下,人民法院应当裁定终止重整程序并宣告债务人破产。

(2)债务人有欺诈、恶意减少债务人财产或者其他显著不利于债权人的行为。重整程序的目的不只是复兴企业,还要使债权人得到比破产清算更多的清偿。因此,保护债权人的利益仍然是重要的原则。债务人的欺诈、恶意减少债务人财产或者其他不利于债权人的行为,是和重整的目的相违背的。债务人有这类行为的,人民法院应当裁定终止重整程序并宣告债务人破产。

(3)由于债务人的行为,致使管理人无法执行职务。在重整期间,由管理人负责管理债务人财产和营业事务,制定重整计划的,需要债务人的配合,债务人也有义务予以配合,以利于重整的成功。由于债务人是企业法人,其行为是通过债务人的法定代表人、董事、监事、高级管理人员的行为体现出来的。如果债务人的有关人员不履行本法规定的义务或者有其他阻碍管理人行使职权的行为,导致管理人不能执行职务时,债务人财产就会处于失控状态,营业事务会受到不利影响,重整计划有可能难以制定出来,这对于保护债权人的利益来说是不可接受的,因此,应当终止重整程序。

出现本条规定的情形,经管理人或者利害关系人申请,人民法院在裁定终止重整程序的同时应宣告债务人破产。这样规定是因为:债务人进入重整程序,本来就具备了破产清算的条件或者已经濒临破产的边缘,人民法院裁定其重整,是给予其复苏更生的机会,在重整期间因债务人的不当行为或者经营状况和财产状况继续恶化导致最终缺乏挽救的可能性的,如果人民法院不在裁定终止重整程序的同时宣告债务人破产,要么债务人财产状况继续恶化,给债权人造成更大的损害,要么债权人再次申请债务人破产清算,将增加程序成本,同时也有利于防止债务人滥用重整程序。

第二节 重整计划的制定和批准

第七十九条 债务人或者管理人应当自人民法院裁定债务人重整之日起六个月内,同时向人民法院和债权人会议提交重整计划草案。

前款规定的期限届满,经债务人或者管理人请求,有正当理由的,人民法院可以裁定延期三个月。

债务人或者管理人未按期提出重整计划草案的,人民法院应当裁定终止重整程序,并宣告债务人破产。

【释义】 本条是关于重整计划草案提出期限的规定。

重整计划是指由债务人或者管理人制定的,以维持债务人继续营业、谋求债务人复兴为目的,以清理债权债务关系为主要内容的多方协议。通过重整,从而为债权人的受偿提供一个比债务人破产清算更好的结果,同时也使债务人企业避免破产清算,得以存续。由于参与重整过程的各方利益不同,各方都可能对实现这些目标的最佳方法持有不同的看法。因此,需要重整计划制定人和有关当事人进行磋商和谈判,这样才能制定出各方都能接受并可行的重整计划。

与有关当事人的协调磋商以及重整计划草案论证都需要一定的时间。因此,本条规定,重整计划草案提出的期限一般是自人民法院裁定债务人重整之日起六个月;如果有正当理由,经过人民法院许可,可以延长到九个月。请求延长的当事人必须向法院证明延长时限有正当理由。

一般而言,重整计划草案的制定者即为重整计划草案的提交者。本法规定重整计划草案的制定者为自行管理财产和营业事务的债务人或者管理人,因此本条规定重整计划草案由债务人或者管理人提交。

债权人受重整计划影响甚大,因为重整计划往往会削减债权人的债权或者改变债权的偿还期限或者方式。所以,重整计划草案在制定完成后必须提交给债权人会议,由债权人会议讨论和表决。债权人可以提出意见并与债务人或者管理人协商,修改重整计划草案,以利于重整计划的通过。同时,考虑到重整程序是人民法院主导下的司法程序,人民法院还要对重整计划草案加以审查,符合本法规定的重整计划草案才会得到人民法院的批准。所以本条要求债务人或者管理人应当将重整计划草案同时提交给人民法院。

如果经过最长九个月的时间,债务人或者管理人尚不能提出重整计划草案,可认为债务人已失去重整成功的希望。为避免程序的久拖不决,在这种情况下,法院应裁定终止重整程序并宣告债务人破产。

第八十条　债务人自行管理财产和营业事务的,由债务人制作重整计划草案。

管理人负责管理财产和营业事务的,由管理人制作重整计划草案。

【释义】　本条是关于重整计划草案制定人的规定。

人民法院裁定由债务人自行管理财产和营业事务的,理应由债务人制作重整计划草案。

在管理人负责管理财产和营业事务的情形下,债务人的财产和营业事务为管理人所控制,当然应由管理人负责制作重整计划草案。

第八十一条　重整计划草案应当包括下列内容:

(一)债务人的经营方案;

（二）债权分类；

（三）债权调整方案；

（四）债权受偿方案；

（五）重整计划的执行期限；

（六）重整计划执行的监督期限；

（七）有利于债务人重整的其他方案。

【释义】 本条是关于重整计划草案的内容的规定。

根据本条规定，重整计划草案应当包括下列内容：

（1）债务人的经营方案。债务人的经营方案是指为恢复债务人的正常营业，改变亏损状态而对债务人采取的营业改善措施。债务人的情况不同，重整经营方案也会有很大的区别。通常对债务人的经营所采取的重整措施主要包括：亏损业务和资产的处理，企业负责人的调整、职工裁员措施，借款、经营方针和市场战略的调整等。

（2）债权分类。根据本法规定，债权人会议要分组对重整计划草案进行表决，这就需要对所有的债权进行分类，以便对不同性质的债权制定不同的调整方案和受偿方案，以利于重整计划草案的表决通过。根据本法规定，债权分类如下：①对债务人的特定财产享有担保权的债权；②债务人所欠职工的工资和医疗、伤残补助、抚恤费用，所欠的应当划入职工个人账户的基本养老保险、基本医疗保险费用，以及法律、行政法规规定应当支付给职工的补偿金；③前项规定之外的社会保险费用；④债务人所欠税款；⑤普通债权，必要时可单列小额普通债权。

（3）债权调整方案。债权调整方案是指每类债权的具体调整计划，包括债权的减少、免除、延期、债权性质的转换（例如，有无担保债权之间的转换）等。

（4）债权受偿方案。债权受偿方案是指对调整后的债权的具体清偿方案，包括清偿债权的时间、地点、方式等。

(5)重整计划的执行期限。为重整计划的执行确定一个明确合理的期限。这有利于督促债务人切实执行重整计划,维护债权人利益。因此,重整计划草案应当载明重整计划执行期限。本法没有对重整计划的执行期限作具体规定,重整计划草案制定人可以通过与有关利益方协商确定。

(6)重整计划执行的监督期限。根据本法规定,重整计划经人民法院批准后,由债务人负责执行,由管理人对债务人执行重整计划的情况进行监督。管理人监督重整计划执行情况应有一个明确、合理的期限。本法对重整计划执行的监督期限未作具体规定,通常这一期限与重整计划的执行期限一致,这样既可以使重整计划的执行受到全程监督,也不会因期限过长增加不必要的重整成本。重整计划草案制定人可以根据实际情况与有关利益方协商确定这一期限。

(7)有利于企业重整的其他方案。企业重整的方法很多,本法不可能全部予以列举。重整计划制定人可以根据债务人的实际情况,提出各种有利于债务人重整的方案,包括债务人分立、与其他企业合并、增减资本、发行新股等。

第八十二条 下列各类债权的债权人参加讨论重整计划草案的债权人会议,依照下列债权分类,分组对重整计划草案进行表决:

(一)对债务人的特定财产享有担保权的债权;

(二)债务人所欠职工的工资和医疗、伤残补助、抚恤费用,所欠的应当划入职工个人账户的基本养老保险、基本医疗保险费用,以及法律、行政法规规定应当支付给职工的补偿金;

(三)债务人所欠税款;

(四)普通债权。

人民法院在必要时可以决定在普通债权组中设小额债权组对

重整计划草案进行表决。

【释义】 本条是关于重整计划草案表决的分组的规定。

由于债务人重整涉及各利害关系人的利益,不同的重整措施对不同性质的债权和对债务人享有的其他权利的影响也不同。因此,不少国家和地区的重整立法一般都要求对重整计划草案进行分组表决。有的国家和地区将利害关系人分组讨论、表决重整计划草案的会议称为“关系人会议”。根据本条第一款规定,债权人会议对重整计划草案表决时作如下分类:

(1)对债务人的特定财产享有担保权的债权。根据我国《民法通则》和《担保法》的规定,对债务人的特定财产享有的担保权,包括抵押权、质权和留置权。抵押权是指债务人或者第三人不转移担保财产的占有,而将该财产作为债权的担保,当债务人不履行债务时,债权人可以依照法律的规定将该财产折价或者以拍卖、变卖该财产的价款优先受偿的权利。质权是指债务人或者第三人将其动产移交债权人占有,将该动产作为债权的担保,债务人不履行债务时,债权人有权依照法律的规定,以该动产折价或者以拍卖、变卖该动产的价款优先受偿的权利。留置权是指债权人按照合同约定占有债务人的动产,债务人不按照合同约定的期限履行债务的,债权人有权依照法律规定留置该财产,以该动产折价或者以拍卖、变卖该动产的价款优先受偿的权利。

(2)债务人所欠职工的工资和医疗、伤残补助、抚恤费用,所欠的应当划入职工个人账户的基本养老保险、基本医疗保险费用,以及法律、行政法规规定应当支付给职工的补偿金。主要有以下几类:①应当划入职工个人账户的基本养老保险。依据国务院的有关规定,基本养老保险个人账户按照职工工资百分之十一的数额标准建立,职工个人按工资百分之八的标准缴纳的基本养老费全部计入个人账户,其余部分从企业缴费中存入。2001 年以后企业缴费部分不再划入个人账户,全部纳入社会统筹基金。②应当划入职工个人账户的基本医疗保险。依据国务院的有关规定,用人单位缴纳的基本医疗保险费率应控制在职工工资总额的百分之六左右,职工个人的缴费率一般为本人工资收入的百分之二。职工个人缴纳的基本医疗保险费,全部计入个人账户。用人单位缴纳的基本医疗保险费的百分之三十左右划入职工个人账户。③法律、行政法规规定应当支付给职工的补偿金。目前主要有因解除劳动合同,因克扣、拖欠工资以及因合同终止而应支付的补偿金。

(3)债务人所欠税款。债务人所欠税款是一种特殊的债权,其与一般债权的不同主要表现在:第一,它体现的不是平等主体之间的交易关系,而是管理者与被管理者之间的关系;第二,权利主体具有特殊性,债务人所欠税款的债权人是国家;第三,税收为国家行使管理职能所必需,具有公益性;第四,债务人所欠税款在破产清算中优先于普通债权受偿。因此,本条规定将债务人所欠税款单独列为一类债权。

(4)普通债权。普通债权是指对债务人的特定财产不享有担保权和法律规定的优先权的债权。

在实践中,大债权人往往人数少但是债权额很大,而小债权人往往人数很多但是债权额却较小。如果把所有普通债权作为一组进行表决,按照同一比例清偿,重整计划草案很难取得出席会议的债权人过半数同意。如果对小额债权人提高清偿比例以取得他们的同意,对大额债权人的权益影响也很小。因此,本条第二款规定,人民法院在必要时可以决定在普通债权组中设立小额债权组对重整计划草案进行表决。

第八十三条　重整计划不得规定减免债务人欠缴的本法第八十二条第一款第二项规定以外的社会保险费用;该项费用的债权人不参加重整计划草案的表决。

【释义】　本条是关于对债务人所欠缴的本法第八十二条第

一款第二项规定以外的社会保险费用予以保障的规定。

我国现行的社会保险主要包括五种,即基本养老保险、基本医疗保险、失业保险、工伤保险以及生育保险。本条规定的“本法第八十二条第一款第二项规定以外的社会保险费用”是指除划入职工个人账户的基本养老保险、基本医疗保险费用以外的社会保险费用,这包括:

(1)未划入职工个人账户的基本养老保险费用和未划入职工个人账户的基本医疗保险费用。

(2)失业保险费用。依据《失业保险条例》的规定,城镇企业事业单位按照本单位工资总额的百分之二缴纳失业保险费;城镇企业事业单位职工按照本人工资的百分之一缴纳失业保险费。

(3)工伤保险费用。根据《工伤保险条例》的规定,国家根据不同行业的工伤风险程度确定行业的差别费率并确定若干费率档次;社保经办机构根据用人单位工伤保险费使用、工伤发生率等情况,适用所属行业内相应的费率档次确定单位缴费率。

(4)生育保险费用。按照《生育保险试行办法》的规定,生育保险费由用人单位按照本单位职工工资总额的一定比例缴纳,职工个人不缴纳。生育保险费的费率由当地人民政府根据计划内生育人数和生育津贴、生育医疗费等各项费用确定,最高不得超过工资总额的百分之一。

用人单位和个人缴纳的各类社会保险费用建立的基本养老保险基金、基本医疗保险基金、失业保险基金、工伤保险基金以及生育保险基金,涉及全社会职工的利益。上述各种保险基金的管理机构,无权决定减免应予缴纳的社会保险费用。因此,本条规定,重整计划不得规定减免债务人所欠缴的上述社会保险费用。由于重整计划草案不得减免该项债权,该项债权不受重整程序的影响,所以该项费用的债权人不需参加重整计划草案的表决。

第八十四条　人民法院应当自收到重整计划草案之日起三十日内召开债权人会议，对重整计划草案进行表决。

出席会议的同一表决组的债权人过半数同意重整计划草案，并且其所代表的债权额占该组债权总额的三分之二以上的，即为该组通过重整计划草案。

债务人或者管理人应当向债权人会议就重整计划草案作出说明，并回答询问。

【释义】　本条是关于重整计划草案的表决的规定。

重整计划草案一旦提交给人民法院，人民法院就应当及时召开债权人会议对重整计划草案进行表决，时间拖得太长将增加重整成本，并可能对重整计划的表决通过产生不利影响。因此，本条规定，人民法院应当自收到重整计划草案之日起三十日内召开债权人会议，对其进行表决。

由于重整计划草案对债权人利益影响重大，重整计划草案的表决应当反映大多数债权人的意愿。因此，本条规定，出席会议的同一表决组的债权人过半数同意重整计划草案，并且其所代表的债权额占该组债权总额的三分之二以上的，为该组通过重整计划草案。对通过重整计划草案规定人数和债权额的双重多数标准，有利于平衡和兼顾大小债权人的利益。要求出席会议的表示同意的债权人所代表的债权额占该组债权总额的三分之二以上，而不是占债权总额的二分之一以上，比通过债权人会议一般表决事项的要求要高，体现了维护绝大多数债权人利益的原则。

在对计划草案进行讨论和表决时，重整计划制作人应当向债权人会议说明重整计划草案的内容以及重整计划草案对债务人、债权人和利益相关人的影响，以证明重整计划的可行性、合法性和公平性，使重整计划草案得到债权人会议的认可。一般来说，管理人或者债务人的说明应包括债务人财产和财务状况、重整计划草案的内容及其对债权人的影响、债务人能够重整成功，恢复正常经营的依据等。此外,债务人或者管理人还应当在债权人会议上回答债权人的询问,以消除债权人对重整计划草案的疑虑,增强其对债务人重整的信心,增大重整计划草案通过的可能性。

第八十五条　债务人的出资人代表可以列席讨论重整计划草案的债权人会议。

重整计划草案涉及出资人权益调整事项的,应当设出资人组,对该事项进行表决。

【释义】　本条是关于出资人代表列席讨论重整计划草案的债权人会议和出资人组表决重整计划草案的规定。

虽然经人民法院裁定重整的债务人已经具备破产原因或者已濒临破产,但是,其出资人仍对该企业享有最终的所有权。重整计划规定的债务人经营方案、债权调整和清偿方案以及其他重整措施,关系到债务人能否重整成功,对债务人及其出资人的利益仍有重大影响。因此,依照本条第一款规定,即使重整计划草案没有涉及债务人的出资人的权益调整事项,债务人的出资人代表也可以列席讨论重整计划草案的债权人会议。

除债务人经营方案、债权调整和清偿方案外,为了保证重整成功,重整计划草案可能还会对债务人的出资人的权益调整事项作出规定,比如为清偿债务、改善企业财务状况而增加资本、发行新股,从而改变原有出资人持股比例等。为了维护债务人的出资人的利益,保证出资人权益调整方案公平、公正,本条要求在重整计划涉及出资人权益调整事项时,设立出资人组,对该事项进行表决。设出资人组对出资人权益调整事项进行表决,是很多国家的通行做法。由于出资人权益调整事项涉及全体出资人的利益,因此,全体出资人都应当是出资人组的成员。出资人组的表决方法原则上适用有关股东会和股东大会对公司重大事项的表决方法。

第八十六条　各表决组均通过重整计划草案时，重整计划即为通过。

自重整计划通过之日起十日内，债务人或者管理人应当向人民法院提出批准重整计划的申请。人民法院经审查认为符合本法规定的，应当自收到申请之日起三十日内裁定批准，终止重整程序，并予以公告。

【释义】　本条是关于重整计划的通过和批准的规定。

重整计划的通过是指将重整计划草案提交各表决组讨论并表决，所有的表决组均表决通过的过程。重整计划是各重整利害关系人达成的一个协议，重整计划草案可以看作是债务人发出的要约，其余各方利害关系人通过分组表决的形式决定是否承诺。因此，如果有一个表决组没有表决通过，那么重整计划草案就不能算是通过。只有各表决组均表决通过重整计划草案，重整计划才为通过。

重整计划的批准是指人民法院经审查认为已经表决通过的重整计划符合本法规定的条件时，用裁定的方式予以批准，赋予重整计划执行力的过程。根据本条规定，人民法院批准重整计划的具体程序是：

（1）债务人或者管理人提出申请。债权人和利害关系人分组表决通过重整计划后，重整计划草案的制定人，即管理人或者债务人应当及时向人民法院申请批准重整计划，以尽早确认重整计划的效力。本条规定，自重整计划通过之日起十日内，债务人或者管理人应当向人民法院申请批准重整计划。

（2）对经各表决组表决通过的重整计划草案进行审查。为了保证重整计划内容的合法性、公平性和可行性，本条规定，对已经获得债权人会议通过的重整计划还应当由人民法院进行审查。人民法院经审查认为符合本法规定的，应当自收到申请之日起三十日内裁定批准。

(3)人民法院在裁定批准重整计划的同时,应当裁定终止重整程序,并予以公告。重整计划经人民法院批准后,重整期间结束,债务人就应当按照重整计划的规定清偿债务,债务人的各项权利也恢复正常,因此,人民法院有必要在批准重整计划的同时裁定终止重整程序。此外,为使各利害关系人和社会公众了解重整计划的内容并知晓破产程序的进程,人民法院裁定批准重整计划和终止重整程序的,还应当予以公告。

第八十七条　部分表决组未通过重整计划草案的,债务人或者管理人可以同未通过重整计划草案的表决组协商。该表决组可以在协商后再表决一次。双方协商的结果不得损害其他表决组的利益。

未通过重整计划草案的表决组拒绝再次表决或者再次表决仍未通过重整计划草案,但重整计划草案符合下列条件的,债务人或者管理人可以申请人民法院批准重整计划草案:

(一)按照重整计划草案,本法第八十二条第一款第一项所列债权就该特定财产将获得全额清偿,其因延期清偿所受的损失将得到公平补偿,并且其担保权未受到实质性损害,或者该表决组已经通过重整计划草案;

(二)按照重整计划草案,本法第八十二条第一款第二项、第三项所列债权将获得全额清偿,或者相应表决组已经通过重整计划草案;

(三)按照重整计划草案,普通债权所获得的清偿比例,不低于其在重整计划草案被提请批准时依照破产清算程序所能获得的清偿比例,或者该表决组已经通过重整计划草案;

(四)重整计划草案对出资人权益的调整公平、公正,或者出资人组已经通过重整计划草案;

(五)重整计划草案公平对待同一表决组的成员,并且所规定

的债权清偿顺序不违反本法第一百一十三条的规定；

（六）债务人的经营方案具有可行性。

人民法院经审查认为重整计划草案符合前款规定的，应当自收到申请之日起三十日内裁定批准，终止重整程序，并予以公告。

【释义】 本条是关于重整计划草案的再次协商与表决和人民法院强制批准重整计划的规定。

重整计划草案是重整计划制定人根据债权人、债务人以及其他利害关系人之间就重整事宜的协商结果制定的。因此，在部分表决组未通过重整计划草案的情况下，债务人或者管理人可以与未通过重整计划草案的表决组就未能达成共识的问题再次进行协商。该表决组可以在协商后再行表决一次，如果表决通过，债务人或者管理人应提请人民法院批准。如果再行表决仍未通过，则可依本条规定提请人民法院强制批准重整计划草案。但是，根据双方协商的结果对重整计划草案作出的修改，不得损害其他表决组的利益，因为其他表决组不需对再次协商的结果表决。值得注意的是，适用本条规定的前提是至少有一个表决组通过了重整计划草案，如果所有的表决组都没有通过重整计划，则应由人民法院裁定终止重整程序并宣告债务人破产。

重整计划草案的强制批准，是指对于部分表决组表决未通过的重整计划草案，人民法院在企业有重整希望，重整计划草案又符合一定条件时，裁定批准重整计划草案的制度。实践中虽然债务人仍有恢复生机的可能，并且重整计划草案为债权人和其他利害关系人的权益作了公平、合理的安排，但还是可能出现重整计划草案不能获得通过的情况。为了给债务人更多的挽救机会，避免因破产清算造成债务人职工失业和社会财富的损失，本条规定，重整计划草案虽未获通过，但是符合下列条件的，债务人或者管理人可以申请人民法院批准重整计划草案：

（1）按照重整计划草案，本法第八十二条第一款第一项所列债权，即对债务人的特定财产享有担保权的债权不受草案的实质性影响，包括：①就该特定财产将获得全额清偿，即能够在担保物价值的范围内获得清偿；②其因延期清偿所受的损失将得到公平补偿；③其担保权未受到实质性的损害，即该债权的清偿安排与其优先权性质相适应。当然，如果该表决组已经通过重整计划草案，则不必考虑上述规定。

（2）按照重整计划草案，本法第八十二条第一款第二项、第三项所列债权将获得全额清偿，或者相应表决组已经通过重整计划草案。本法第八十二条第一款第二项、第三项分别规定的是债务人所欠职工的工资和医疗、伤残补助、抚恤费用，所欠的应当划入职工个人账户的基本养老保险、基本医疗保险费用，以及法律、行政法规规定应当支付给职工的补偿金和债务人所欠税款。这两类债权在破产清算程序中处于优先地位，在这两类债权人组未通过重整计划草案，人民法院强制批准时，按照该重整计划草案，这两类债权应当获得全额清偿，不应减免。

（3）按照重整计划草案，普通债权所获得的清偿比例，不低于其在重整计划草案被提请批准时依照破产清算程序所能获得的清偿比例，或者该表决组已经通过重整计划草案。普通债权在本法规定的破产清算程序中，排在债权清偿顺序的最后。因此，在普通债权组未表决通过重整计划草案需要人民法院强制批准时，要求普通债权依照重整计划草案所获得的清偿比例，不低于其在重整计划草案被提请批准时依照破产清算程序所能获得的清偿比例，已经对普通债权人给予充分保护。

（4）重整计划草案对出资人权益的调整公平、公正，或者出资人组已经通过重整计划草案。重整要想成功，可能需要对债务人的出资人的权益进行调整。在出资人组没有通过重整计划草案时，如果草案对出资人权益的调整公平、公正，人民法院可以强制批准。

(5)重整计划草案公平对待同一类表决组的成员，并且所规定的债权清偿顺序不违反本法第一百一十三条的规定。对于同一表决组的成员而言，其债权或者权利的性质是相同的，重整计划草案规定的调整方案、受偿比例应当相同，以公平对待同一类表决组的成员。当然，如果该表决组的部分成员同意作出更大的让步使重整计划草案对同一表决组的成员的权利作出了不同的安排，并不违反这一原则。同时，对不同表决组的成员而言，其债权的性质是不同的，在破产清算程序中的清偿顺序有先后，重整计划草案规定的债权清偿顺序应当与破产清算程序中的清偿顺序相符方为合理，除非优先顺位的债权人同意。

(6)债务人的经营方案具有可行性。重整企业的经营方案是否具有可行性决定了重整是否能够获得成功，人民法院在强制批准重整计划时应当对此进行审查。

人民法院对重整计划草案进行审查后认为符合上述强制批准的条件的，应当自收到申请之日起三十日内裁定批准，终止重整程序，并予以公告。

第八十八条　重整计划草案未获得通过且未依照本法第八十七条的规定获得批准，或者已通过的重整计划未获得批准的，人民法院应当裁定终止重整程序，并宣告债务人破产。

【释义】　本条是关于重整计划未获批准的法律后果的规定。

重整计划获得通过的条件是各表决组均通过重整计划草案，因此，只要有一组未能表决通过，即为重整计划未获通过。依照本条规定，重整计划草案未获通过时，人民法院应当采取下列两种方式处理：一是全部表决组均未通过重整计划草案的，人民法院应当裁定终止重整程序，并宣告债务人破产；二是部分表决组未通过重整计划草案，并且重整计划草案未能依前条规定获得人民法院的强制批准的，人民法院也应当裁定终止重整程序并宣告债务人破产。

依照本法规定,即使重整计划草案已经为各表决组同意,获得通过,仍需得到人民法院的审查批准,才能付诸执行。人民法院在审查时如果发现重整计划不符合本法规定,如重整计划表决通过的程序违法、重整计划的内容违反本法第八十三条的规定、重整计划不具有可行性等,人民法院应当裁定终止重整程序,并宣告债务人破产。

第三节　重整计划的执行

第八十九条　重整计划由债务人负责执行。

人民法院裁定批准重整计划后,已接管财产和营业事务的管理人应当向债务人移交财产和营业事务。

【释义】　本条是关于由债务人负责执行重整计划的规定。

重整计划经人民法院批准后,应由重整计划执行人执行,以达到重整目的。重整计划执行人的行为直接影响重整计划的顺利实施,决定重整目的是否能够实现。债务人对本企业情况熟悉,重整成功对债务人利益关系重大,由债务人担任重整计划的执行人,发挥其积极性,比委任其他人担任执行人执行重整计划更为有利。因此,本条规定重整计划由债务人负责执行。

本法第七十三条规定,在重整期间,经债务人申请,人民法院批准,债务人可以在管理人的监督下自行管理财产和营业事务。依照本法规定已接管债务人财产和营业事务的管理人应当向债务人移交财产和营业事务,管理人的职权由债务人行使。如果债务人申请并经人民法院批准,自行管理财产和营业事务的,管理人则已经向债务人移交了财产和营业事务,自然不会出现本条第二款规定的情况。如果是管理人在重整期间管理债务人的财产和营业事务的,就应当在人民法院裁定批准重整计划后,向债务人移交财产和营业事务，以便于债务人执行重整计划。

第九十条 自人民法院裁定批准重整计划之日起，在重整计划规定的监督期内，由管理人监督重整计划的执行。

在监督期内，债务人应当向管理人报告重整计划执行情况和债务人财务状况。

【释义】 本条是关于管理人监督重整计划执行的规定。

重整计划的执行是一项复杂工程，涉及债权人、股东、职工等各方面的关系，因而其程序的设置必须科学、合理，运作有效，防止成为债务人借此谋取不法利益，拖延、逃避债务的工具。因此，设置重整计划执行监督人制度，对重整计划的执行实施必要的监督，是保护债权人利益、实现重整目的的需要。由人民法院裁定受理破产申请时即指定的管理人，对债务人的财产、营业情况和重整计划制定情况比较了解，是监督重整计划执行的合适人选。因此本条规定，自人民法院裁定批准重整计划之日起，在重整计划规定的监督期内，由管理人监督重整计划的执行。

重整计划的执行受管理人的监督，债务人必须向管理人报告重整计划执行情况和债务人财务状况。债务人是否认真执行重整计划确定的经营方案，是否按照重整计划确定的清偿办法清偿债务，是否对出资人权益调整事项予以正确实施，重整计划的执行是否使债务人的财产状况得到改善，都应在重整计划执行监督人的掌握之中。因此，在监督期内，执行重整计划的债务人应当主动或者根据管理人的要求向管理人报告重整计划的执行情况和债务人的财务状况。

第九十一条 监督期届满时，管理人应当向人民法院提交监督报告。自监督报告提交之日起，管理人的监督职责终止。

管理人向人民法院提交的监督报告，重整计划的利害关系人

有权查阅。

经管理人申请，人民法院可以裁定延长重整计划执行的监督期限。

【释义】 本条是关于管理人监督职责的终止和重整计划执行监督期限延长的规定。

依照本法规定，重整计划由债务人负责执行，管理人负责监督。当重整计划规定的监督期届满时，管理人应当及时向人民法院提交监督报告，记载监督期内重整计划执行的情况。重整计划执行的监督期届满，管理人在重整程序中的任务完成，自监督报告提交之日起，管理人的监督职责终止。

重整计划的执行，直接关系到重整的成败，直接影响债权人、债务人及其出资人等重整计划利害关系人的利益。管理人向人民法院提交的监督报告，是对债务人执行重整计划情况和管理人履行监督职责情况的记载，利害关系人自然有权查阅，以维护自身权益。

在通常情况下，重整计划规定的监督期限届满，管理人的监督职责终止。但是，如果在监督期内重整计划未执行完毕，仍有重大重整措施在实施中，或者债务人的行为可能会对重整计划的执行产生不利影响，或者有其他延长监督期限必要的，管理人可以申请人民法院裁定延长重整计划的监督期限，以继续监督债务人执行重整计划。人民法院经审查认为有必要时，可以裁定适当延长重整计划执行的监督期限。

第九十二条　经人民法院裁定批准的重整计划，对债务人和全体债权人均有约束力。

债权人未依照本法规定申报债权的，在重整计划执行期间不得行使权利；在重整计划执行完毕后，可以按照重整计划规定的同类债权的清偿条件行使权利。

债权人对债务人的保证人和其他连带债务人所享有的权利，不受重整计划的影响。

【释义】 本条是关于经人民法院裁定批准的重整计划的效力的规定。

重整计划经人民法院裁定批准，即对债务人和全体债权人具有约束力，债务人必须按重整计划的规定清偿债务；债权人无论在表决重整计划时是赞成，是反对，还是未参加对重整计划的表决，均受经人民法院批准生效的重整计划的约束。

债权申报是债权人参加破产程序、在破产程序中行使权利的必备条件。债权人未在人民法院确定的债权申报期限内按照本法规定的要求申报其债权，被视为放弃或怠于行使其权利。本条规定，债权人未依照本法规定申报债权的，在重整计划执行期间不得行使权利，但该债权并不消灭，在重整计划执行完毕后，可以按照重整计划规定的同类债权的清偿条件行使权利。

债权人要求债务人为其债权提供保证担保的目的，就是在债务人无力清偿债务，尤其是在债务人破产时，由债务人的保证人承担清偿责任，使其债权得到保障。在债权人对多个连带债务人享有债权的情况下，债权人本来就可以向各连带债务人要求清偿债权，从而获得比普通债权人更大的保障。因此，本条规定，债权人对债务人的保证人和其他连带债务人所享有的权利，不受重整计划的影响。债权人当然可以就其在重整计划中未受清偿的债权向债务人的保证人和其他连带债务人要求清偿。

第九十三条　债务人不能执行或者不执行重整计划的，人民法院经管理人或者利害关系人请求，应当裁定终止重整计划的执行，并宣告债务人破产。

人民法院裁定终止重整计划执行的，债权人在重整计划中作出的债权调整的承诺失去效力。债权人因执行重整计划所受的清

偿仍然有效，债权未受清偿的部分作为破产债权。

前款规定的债权人，只有在其他同顺位债权人同自己所受的清偿达到同一比例时，才能继续接受分配。

有本条第一款规定情形的，为重整计划的执行提供的担保继续有效。

【释义】 本条是关于人民法院裁定终止重整计划执行的效力的规定。

重整计划经人民法院裁定批准后，债权人和债务人均受其约束。债务人在重整期间，应当严格执行重整计划，保障债权人的利益不受损害。当债务人不能执行或者不执行重整计划时，应当及时终止重整计划的执行。

债务人不能执行重整计划是指因重整计划缺乏可行性或者实际情况发生了变化等客观原因，导致债务人不能按照重整计划执行。债务人不执行重整计划是指债务人具备执行重整计划的能力，但其主观上没有执行的诚意而对重整计划不予执行。

债务人不能执行或者不执行重整计划，表明债务人无能力或者无诚意按照重整计划清偿债务。此时，人民法院应尽快宣告债务人破产，对破产财产进行变价和分配，保障债务人的财产不受进一步损失，减少债权人的受偿损失。因此，本条规定，人民法院应当在裁定终止重整计划执行的同时，宣告债务人破产。

人民法院裁定终止重整计划执行并宣告债务人破产的，重整计划即失去效力。债权人依重整计划向债务人所作的各种债权调整的承诺，如免除部分债务、延期偿还等，当然失去效力。债权人可以按照原来的债权额，扣除实施重整计划已受的清偿额，以未受清偿的部分作为破产债权，按照破产清算程序行使权利，依破产财产分配方案参加分配。债权人因执行重整计划所受的清偿即使超过了破产分配应受的清偿，也同样是有效的，不必返还。

由于债权人在重整计划中所作的债权调整的承诺，是以债务人能够完全执行重整计划为前提的。债务人不能执行或者不执行重整计划时，其承诺失去效力，恢复到重整计划制定前的状态。债务人因重整计划执行的终止而被宣告破产后，如果债权人能够获得的破产分配数额高于执行重整计划已受清偿的数额，则债权人只有在其他同顺位债权人与自己已受清偿达到同一比例后，才能继续接受破产分配。

当债务人不能执行或者不执行重整计划，人民法院依申请裁定终止重整计划的执行，并宣告债务人破产的，不影响为重整计划的执行提供的担保的效力，该担保继续有效。

第九十四条　按照重整计划减免的债务，自重整计划执行完毕时起，债务人不再承担清偿责任。

【释义】　本条是关于免除债务人对依重整计划减免的债务的清偿责任的规定。

以协商方式通过并经人民法院批准，或者人民法院依申请强制批准的重整计划，对债务人和全体债权人均有约束力，这也就表明重整计划对债权的减免是具有法律强制力的。当债务人对重整计划执行完毕，债权人按照重整计划调整后的债权已获清偿，债务人对依重整计划减免的债务，不再承担清偿责任。

第九章　和　　解

第九十五条　债务人可以依照本法规定，直接向人民法院申请和解；也可以在人民法院受理破产申请后、宣告债务人破产前，向人民法院申请和解。

债务人申请和解，应当提出和解协议草案。

【释义】　本条是关于和解申请的规定。

破产法上的和解制度，也是一项债务清理制度。债务人不能清偿债务时，为避免破产清算，经与债权人会议磋商谈判，达成相互间的谅解，解决债务危机，以争取复苏。从广义上讲，和解包括两种：一种情况是破产法外的和解，也就是私人间的和解；另一种情况是破产法上的和解。而私人间的和解，是由债务人和部分债权人或者全部债权人达成有关清偿债务的协议，以避免债权人对债务人催讨债务或者向法院申请债务人破产，影响债务人的正常经营活动。如果这种和解是由债务人与部分债权人达成的，仍然无法避免其他债权人对债务人催债或者申请破产。为此，债务人必须力求与全体债权人达成和解。但是，由于债权人众多，难免会有一些债权人反对和解，所以私人间的和解往往不易达成，况且私人间的和解也难以防止债务人对某些债权人进行额外清偿。为了防止出现这些问题，法院就需要介入。只要有一定比例的债权人同意就可以达成和解的协议，并且赋予和解协议以拘束所有债权人的效力，防止债务人破产清算，这就是破产法上的和解。

和解程序与破产清算程序相比，制度成本低，能够给债务人带来再生的希望。如果经营状况改善，债权人也会得到更多的清偿，从而也避免了众多员工失业,有利于社会经济秩序的稳定。但也应当看到,和解程序对于债务人的挽救是有限度的,其直接目的并不是为了债务人的再生,这与重整制度有很大差异。

和解申请,是债务人向法院请求同债权人会议进行和解的意思表示。依照本条第一款的规定,只有债务人才可以向人民法院提出和解申请。如果债务人没有进行和解的愿望和信心,不积极采取改善生产经营情况的措施,和解不可能获得成功。因此,和解程序只能由债务人申请启动,在法院的适当干预下,由债权人来表决是否接受和解提议。

依照本条第一款的规定,债务人既可以直接向人民法院申请和解,也可以在人民法院受理破产申请后、宣告债务人破产清算前,向人民法院申请和解。

依照本条第二款的规定,债务人申请和解,应当提出和解协议草案。和解协议草案,是债务人向法院提交的具体和解办法,以供债权人会议讨论采纳。和解协议草案一般包括以下内容:

(1)债务人财产状况说明。债务人在和解协议草案中,应当简明真实地陈述自己的财产状况,包括财产的总额、财产类别、财产分布,以及其他可资利用的财产,改善财产状况的措施等。

(2)债务情况。债务人在和解协议草案中,应当列明其所负担的债务总额、性质、清偿期限等必要事项。但对于有争议的债务,债务人应当单独列明争议数额、争议的性质、原因等事项。

(3)债务清偿的方式和期限。债务人在和解协议草案中,应当拟出清偿债务的具体办法,如延期偿付债务、分期偿付债务、金钱清偿债务、实物抵偿债务等,并明确保证各债权人能够获得清偿的债务比例。债务人在和解协议草案中,应当规定清偿债务的期限。进行一次性清偿的,应当有明确的清偿日;进行分期清偿的,应当分别确定每次清偿的期日。全部和解债权的清偿期和个别和解债权的清偿期不一致的,应当分别加以说明。

(4)确保执行和解协议的措施。债务人在和解协议草案中,应当列明其已经采取的确保和解协议执行的措施,或者其在和解协议达成后将采取的措施。如债务人在和解过程中,已取得他人担保作为和解条件的,应当将担保的性质、范围、担保的实施等事项,或者取得银行贷款允诺的,应当将贷款的数量、贷款条件、贷款使用目的等事项,在和解协议草案中载明。债务人同意债权人委派代表参与经营活动,以监督其改善财务状况确保和解协议执行的,可将其作为和解条件列于和解协议草案中。

第九十六条　人民法院经审查认为和解申请符合本法规定的,应当裁定和解,予以公告,并召集债权人会议讨论和解协议草案。

对债务人的特定财产享有担保权的权利人,自人民法院裁定和解之日起可以行使权利。

【释义】 本条是关于法院裁定许可和解和有关担保权人行使权利的规定。

人民法院对和解申请进行审查,认为申请人适格,即申请人是具备本法规定的破产原因的债务人,并且所提出的和解申请符合本法规定的条件。依照本法规定提出了和解协议草案的,应当作出许可进行和解的裁定,予以公告,并召集债权人会议讨论和解协议草案。

依照本条第二款规定,对债务人的特定财产享有担保权的权利人,自人民法院裁定和解之日起即可行使权利,不受和解程序的约束。

第九十七条　债权人会议通过和解协议的决议,由出席会议的有表决权的债权人过半数同意,并且其所代表的债权额占无财产担保债权总额的三分之二以上。

【释义】 本条是关于债权人会议通过和解协议的规定。

债务人提出和解申请后,除经法院审查而驳回和解申请的情况外,应将和解协议草案提交债权人会议讨论,由债权人会议作出是否接受和解条件的决议。这是和解程序的实质性阶段。债权人会议接受和解条件,即为达成和解协议;债权人会议否决和解协议,和解程序即告终结。

债权人会议讨论和解协议草案时,所有依法申报债权的债权人均可出席,对和解协议草案的内容有发表意见的权利。至于表决权,依照本法第五十九条的规定,对债务人的特定财产享有担保权的债权人,未放弃优先受偿权利的,对通过和解协议的决议不享有表决权。债务人的有关人员应当列席债权人会议听取债权人的意见,及时、准确、真实地回答债权人的提问。债权人和债务人除对债务人原来提议的和解条件进行具体磋商外,债权人还可以提出新的条件供债务人和其他债权人考虑。

在各自利益不同的众多债权人参加的债权人会议上,通常不太可能达成各债权人对和解协议草案的一致同意。为了使合理的和解协议顺利通过,以达到设定和解制度的目的,本条明确规定,债权人会议通过和解协议的决议,由出席会议的有表决权的债权人过半数同意,并且其所代表的债权额占无财产担保债权总额的三分之二以上。

第九十八条 债权人会议通过和解协议的,由人民法院裁定认可,终止和解程序,并予以公告。管理人应当向债务人移交财产和营业事务,并向人民法院提交执行职务的报告。

【释义】 本条是关于人民法院对和解协议的认可及其效力的规定。

债权人会议通过的和解协议并不当然具有法律效力,它还须经过法院的认可。和解协议生效与否,取决于法院是否裁定认可。

从实务上讲,债权人会议表决通过和解协议草案,应当立即将通过和解协议草案的决议、和解协议文本报请法院裁定认可。法院应当审查和解协议的必要条款是否具备、和解协议草案的议决程序是否合法、和解协议所定和解条件是否公平合理和切实可行、和解协议的内容有没有违法现象等。人民法院经审查认为,和解协议符合法律规定,则应裁定认可和解协议。人民法院裁定认可和解协议的,应当发布公告。人民法院裁定认可和解协议时,应当一并裁定终止和解程序。

和解协议经法院裁定认可后,债务人即应按照和解协议规定条件清偿债务,管理人应当向债务人移交财产和营业事务,并向人民法院提交执行职务的报告。

第九十九条　和解协议草案经债权人会议表决未获得通过,或者已经债权人会议通过的和解协议未获得人民法院认可的,人民法院应当裁定终止和解程序,并宣告债务人破产。

【释义】　本条是关于和解协议的否决及其后果的规定。

依照本法第九十七条的规定,债权人会议通过和解协议的决议,由出席会议的有表决权的债权人过半数同意,并且其所代表的债权额应当占无财产担保的债权总额的三分之二以上。依照本法第九十八条的规定,债权人会议通过和解协议的,还要由人民法院裁定认可。债权人会议没有通过和解协议草案,或者人民法院对已经债权人会议通过的和解协议未予认可,其法律后果表现为由人民法院裁定终止和解程序,并宣告债务人破产,债务人进入破产清算程序。

第一百条　经人民法院裁定认可的和解协议,对债务人和全体和解债权人均有约束力。

和解债权人是指在人民法院受理破产申请时对债务人享有无

财产担保债权的人。

和解债权人未依照本法规定申报债权的，在和解协议执行期间不得行使权利；在和解协议执行完毕后，可以按照和解协议规定的清偿条件行使权利。

【释义】 本条是关于和解协议约束力的规定。

依照本条第一款的规定，经人民法院裁定认可的和解协议，对债务人和全体和解债权人均有约束力：

(1)协议对债务人的效力，具体有以下几方面：一是债务人应当无条件地执行和解协议；二是债务人不得违反和解协议规定的条件给予个别和解债权人以额外的利益而损害其他债权人的利益；三是债务人依和解协议相对免责。和解协议免除了债务人即时清偿所有债务的责任，债务人如何清偿债务不以先前债务的清偿期为准，而以和解协议规定的清偿期为限。债务人依和解协议免于清偿的债权，不再负清偿责任。

(2)和解协议对和解债权人的效力。依照本条第二款的规定，和解债权人，是指在人民法院受理破产申请时对债务人享有无财产担保债权的人。也就是说，在人民法院受理破产申请时对债务人享有无财产担保债权的人，不论其是否申报债权，不论其是否出席讨论议决和解协议的债权人会议，也不论其对和解协议草案是否表示赞成，均为和解债权人，受和解协议约束。对于没有依照本法规定申报的和解债权，这类债权人不是债权人会议的成员，不是和解协议讨论和议决的参与者。依照本条第三款的规定，在和解协议执行期间不得行使其权利，在和解执行完毕后，可以按照和解协议规定的清偿条件行使权利。这样既保证了和解协议的稳定性，也实现了相对人的利益平衡。

和解协议只约束和解债权人，对和解债权人以外的债权人行使权利，不发生影响。对于有财产担保的债权人来讲，其行使权利不受和解协议的约束，除非该债权人放弃优先受偿的权利。本法

第九十六条明确规定，对债务人的特定财产享有担保权的权利人，自人民法院裁定和解之日起可以行使权利。

第一百零一条　和解债权人对债务人的保证人和其他连带债务人所享有的权利，不受和解协议的影响。

【释义】　本条是关于和解协议不影响和解债权人对于债务人的保证人和其他连带债务人所享有的权利的规定。

和解协议从本质上说是债务人与债权人之间就重新处理双方债权债务关系而达成的协议，因此应当只对债务人和和解债权人产生效力，而不应当约束双方以外的其他主体，包括债务人的保证人和其他连带债务人。和解债权人不因为和解协议的存在失去向债务人的保证人和其他连带债务人求偿的权利。

第一百零二条　债务人应当按照和解协议规定的条件清偿债务。

【释义】　本条是关于和解协议履行的规定。

和解协议生效后，债务人必须诚实、公正地执行和解协议，如有不能执行和解协议或者不执行和解协议的情况发生，则构成违反和解协议。人民法院经和解债权人请求，应当裁定终止和解协议的执行，并宣告债务人破产。

第一百零三条　因债务人的欺诈或者其他违法行为而成立的和解协议，人民法院应当裁定无效，并宣告债务人破产。

有前款规定情形的，和解债权人因执行和解协议所受的清偿，在其他债权人所受清偿同等比例的范围内，不予返还。

【释义】　本条是关于裁定和解协议无效及其法律后果的规定。

依照本法规定，对于债务人的和解申请，人民法院经审查认为符合法律规定的，应当裁定许可进行和解。如果和解协议是因为债务人的欺诈和其他不法行为而成立的，就需要引入和解无效制度。和解无效，是指法院对因债务人的欺诈或者其他不法行为而成立的和解协议裁定其无效的制度。对因债务人的欺诈或者其他不法行为而成立的和解协议，不管是债权人事后发现，还是法院依职权发现，人民法院都应当裁定无效，宣告债务人破产。

对经人民法院裁定无效的和解协议，在此之前已经执行的部分应如何处理？本条第二款规定了处理措施，即和解债权人因和解协议所受的清偿，在同等比例的范围内，不予返还。例如，和解债权人共有三人，其债权分别获得百分之二十、百分之三十、百分之十的清偿，则三个债权人在其获得清偿的债权百分之十的范围内不予返还，前两个债权人所获得的多于百分之十的债权清偿部分应当返还。

第一百零四条　债务人不能执行或者不执行和解协议的，人民法院经和解债权人请求，应当裁定终止和解协议的执行，并宣告债务人破产。

人民法院裁定终止和解协议执行的，和解债权人在和解协议中作出的债权调整的承诺失去效力。和解债权人因执行和解协议所受的清偿仍然有效。和解债权未受清偿的部分作为破产债权。

前款规定的债权人，只有在其他债权人同自己所受的清偿达到同一比例时，才能继续接受分配。

有本条第一款规定情形的，为和解协议的执行提供的担保继续有效。

【释义】　本条是关于债务人不按或者不能按和解协议规定的条件清偿债务的法律后果的规定。

在和解程序中，所有的和解债权人有要求债务人执行和解协议的权利，并监督债务人公正合理地执行和解协议。对于债务人不按或者不能按和解协议规定的条件清偿债务的,和解债权人可以请求人民法院宣告债务人破产。债务人不执行和解协议,是指债务人客观上能够履行和解协议的清偿义务,但其主观上无履行和解协议的诚意,客观上不按协议清偿债务的情形。债务人不能执行和解协议,是指债务人没有不履行和解协议的故意,但其清偿能力出现问题,因而客观上不能按和解协议执行的情况。债务人不能执行或者不执行和解协议,都会造成债权人的损失,影响债权人的利益。这两种情况的出现,表明债务人无诚意或者无能力按照和解协议清偿债务,此时,应当尽快进入破产清算程序,对债务人财产进行管理、清算和公平分配,才能保障债务人的财产不流失,使债权人的受偿损失降到最低。

和解成立后,债务人不执行或者不能执行和解协议,而受破产宣告进入破产清算程序的,债权人依和解协议已受的清偿仍然有效。因为债务人和债权人会议达成的和解协议,经人民法院裁定认可后生效,债权人依照和解协议所受的清偿应当受到法律的保护,即和解清偿的效力均应维持。当然,债权人在和解协议中作出的让步是以债务人能够完全执行和解协议为前提的,如果债务人不执行或者不能执行和解协议,人民法院废止和解协议的,债权人于和解协议中所作出债权调整的承诺失去效力,应当恢复到和解协议生效以前的状态。这样,人民法院废止和解协议的,和解债权人可以其原债权全额扣除其依和解协议已受清偿的债权额作为破产债权加入破产分配。和解债权人在其后的破产清算程序中,只有在其他债权人所受的分配同自己已受的清偿达到同一比例时,才能继续接受分配。例如,三位和解债权人所受的清偿比例分别达到百分之二十、百分之十五、百分之十,所受清偿达到百分之二十的债权人,只有等后两位和解债权人受偿也达到百分之二十时,才可以同其他债权人一起再接受新的分配。

依照本条第四款的规定,债务人不能执行或者不执行和解协议，被人民法院宣告破产的，为和解协议执行所提供的担保继续有效，以保护债权人的利益，减少其因债务人不执行和解协议所遭受的损失。

第一百零五条　人民法院受理破产申请后，债务人与全体债权人就债权债务的处理自行达成协议的，可以请求人民法院裁定认可，并终结破产程序。

【释义】　本条是关于债务人与全体债权人就债权债务的处理自行达成协议的法律后果的规定。

除本章规定的人民法院主导下的和解程序外，在人民法院受理破产申请后，债务人还可以与债权人对债权债务的处理自愿进行协商，达成自行和解。通过协商债务人与全体债权人就债权债务的处理自行达成协议的，依照本条规定，人民法院可以应当事人的请求裁定认可，并终结破产程序，以体现尊重当事人的意思自治。

第一百零六条　按照和解协议减免的债务，自和解协议执行完毕时起，债务人不再承担清偿责任。

【释义】　本条是关于债务人依和解协议相对免责的规定。

和解协议对债务人的效力，一方面表现为债务人应当无条件地执行和解协议，另一方面也表现为债务人依和解协议相对免责。债务人依和解协议免于清偿的债权，在债务人执行完和解协议后，不再负清偿责任。

第十章 破产清算

第一节 破产宣告

第一百零七条 人民法院依照本法规定宣告债务人破产的，应当自裁定作出之日起五日内送达债务人和管理人，自裁定作出之日起十日内通知已知债权人，并予以公告。

债务人被宣告破产后，债务人称为破产人，债务人财产称为破产财产，人民法院受理破产申请时对债务人享有的债权称为破产债权。

【释义】 本条是关于破产宣告的规定。

破产宣告是指人民法院对于具备破产原因的债务人的破产事实予以判定，并使债务人进入破产清算程序的一种司法裁定行为。本法关于破产程序，采取的是受理开始主义。人民法院受理破产案件后，破产程序就开始。但是这时人民法院并不一定马上就宣告债务人破产，进入破产清算程序，还有可能通过破产和解、破产重整程序，使债务人与债权人就债务清偿达成协议，避免债务人被宣告破产。因此，本法规定的破产宣告，既可能发生在破产申请受理的同时，即人民法院受理破产申请时就宣告债务人破产，直接开始破产清算程序；也可能发生在破产程序的进行过程中，即破产申请受理以后，在破产程序进行过程中，人民法院依照本法规定宣告债务人破产。

人民法院宣告债务人破产，应当依据本法的有关规定作出。

根据本法规定,宣告债务人破产的情形包括以下几种:

(1)债务人被申请破产,而且债务人具备本法规定的破产原因,即债务人是企业法人,债务人不能清偿到期债务,并且资产不足以清偿全部债务或者明显缺乏清偿能力。

(2)债务人进入了破产重整程序,但在重整期间出现了法定事由,而由人民法院宣告债务人破产。这些法定事由包括:①债务人的经营状况和财产状况继续恶化,缺乏挽救的可能性;②债务人有欺诈、恶意减少企业财产或者其他显著不利于债权人的行为;③由于债务人的行为致使管理人无法执行职务;④债务人或者管理人未能在法定期限内提出重整计划草案,人民法院应当裁定终止重整程序,并宣告债务人破产;⑤重整计划未获通过,并且人民法院没有强制批准重整计划,人民法院就应当宣告债务人破产;⑥债务人不能执行或者不执行重整计划,人民法院经利害关系人申请,裁定终止重整计划的执行,并宣告债务人破产。

(3)债务人申请和解的,和解协议草案经债权人会议表决没有通过或者债权人会议通过的和解协议未获得法院认可的,人民法院宣告债务人破产。和解协议是因为债务人的欺诈或者其他不法行为而成立的,该协议无效,人民法院应当宣告债务人破产。债务人不按或者不能按和解协议规定的条件清偿债务,人民法院根据和解债权人的申请宣告债务人破产。

人民法院应当以裁定的形式作出破产宣告。裁定一般是人民法院对司法程序中的程序性事项作出的裁决和判定。破产宣告的裁定一般应包括债务人的基本情况、宣告债务人破产的理由和事实根据以及破产宣告的日期等内容。根据本法规定,人民法院应当在破产宣告的裁定作出之日起五日内将裁定送达债务人和管理人。

破产宣告,标志着通过对债务人进行破产清算从而最终导致债务人消亡程序的开始。因此,破产宣告不但对债权人而且对其他利害关系人都有着重要影响。因此,破产宣告应当让债权人和有关人员都能知悉,以促使债权人及时申报债权并依照破产法行使权利,促使其他利害关系人依照破产法的规定行使权利(如行使取回权)或者履行义务(如债务人的债务人向管理人清偿债务),并使其他人员在市场交易中对这一事实予以注意。按照本条第一款的规定,人民法院将破产宣告的事实公告于众,是通过两种方式进行的:

(1)对人民法院已经知道的债权人,应当直接通知。

(2)对于人民法院不知道的债权人、其他利害关系人等,通知以公告的形式进行。按照现在人民法院实践中的做法,宣告破产清算的公告除了在人民法院的公告栏张贴外,一般还在破产人的住所张贴,并在有关报刊上登载。为了达到尽可能让所有的利害关系人都知悉的目的,人民法院在登载破产宣告的公告时,应根据破产案件的具体情况,对登载的报刊有所选择。对于债权人、债务人较多,涉及面较广的破产案件,应选择在影响面较大的全国性或者地方性报刊上登载。

无论是通知还是公告,在内容上均应包括破产宣告裁定的主要内容,如破产案件的受理法院、破产人、破产宣告的理由和适用的法律、破产宣告的时间等。同时,破产宣告的通知和公告应当在法定的时间内作出。按照本条的规定,这一法定时间是人民法院作出破产宣告裁定之日起十日内。

债务人被宣告破产后,称为破产人。本条的这一规定并不仅仅是称呼上的变化,还直接关系对债务人的有关人员的权利限制的问题。现代破产法虽然不以惩罚经营不善的债务人为原则,但对于被宣告破产的债务人的有关人员在公法和私法上的权利一般也要进行限制,如《公司法》第一百四十七条规定,担任破产清算的公司、企业的董事或者厂长、经理,对该公司、企业的破产负有个人责任的,自该公司、企业破产清算完结之日起三年内不得担任有限责任公司或者股份有限公司的董事、监事、高级管理人员。其他法律也有类似的限制。这些限制性的规定，一般即是针对破产人即被宣告破产清算的债务人而言的；进入破产程序但未被宣告破产的债务人，如通过和解、重整程序避免被破产宣告的，一般不受这些限制性规定的约束。因此，破产宣告后将债务人称为破产人，直接标志着债务人及其有关人员在公法和私法上的权利将受到限制。

债务人被宣告破产后，债务人财产称为破产财产。破产财产是破产程序进行的物质基础，按照本法规定，当破产财产不足以支付破产费用的，人民法院应当裁定终结破产案件。同时，破产财产是债权人通过破产清算程序接受债务清偿的保证，破产清算程序就是将破产财产分配给债权人的过程。按照本条的规定，破产财产的范围是破产宣告后的债务人财产；而按照本法规定，破产案件受理时属于债务人的全部财产，以及破产案件受理后至破产程序终结前债务人取得的财产，为债务人财产。

债务人被宣告破产后，人民法院受理破产申请时对债务人享有的债权称为破产债权。破产债权是指可以通过破产程序获得清偿的债权。在破产清算程序中，只有对破产人享有破产债权的债权人才可以参加破产财产的分配，获得债权清偿。因此，界定破产债权的概念和范围，是破产清算程序得以进行的重要前提。依照本条第二款的规定，在人民法院受理破产案件时对债务人享有的债权，都属于破产债权。对于这一规定，可以从以下几个方面进行理解：

（1）破产案件受理前成立的对债务人的所有债权，不管其是基于合同、侵权行为、无因管理、不当得利或者其他法律上的原因而产生的债的请求权，不管该项债权请求权是否享有担保，都属于破产债权。当然，有财产担保的债权人可以依照本法第一百零九条的规定，通过行使优先受偿权获得优先清偿，而不是依照破产清算程序、按照破产财产分配方案获得清偿,但其也要参加破产程序,申报债权。同时,按照本法第一百一十条的规定,有财产担保的债权人行使优先受偿权未完全受偿的,就其未受偿债权部分,也依照破产清算程序行使权利。

(2)破产债权应当是在法院受理破产案件时对债务人享有的债权。法院受理破产案件的时间,是决定某一债权是否属于破产债权的时间界限。破产案件受理后成立的债权,除非法律有特别规定,不能作为破产债权,不得通过破产清算程序获得清偿。此外,本条只是要求破产债权必须在破产案件受理前有效成立,而不管该债权在破产案件受理时是否已经到期或者生效。因此,只要债权发生的原因存在于破产案件受理前,不论债权是否附有期限、是否附有条件以及是否生效,都属于破产债权。

(3)破产债权应当是具有金钱价值或者可以用金钱价值估算的债权,不能用金钱价值估算的债权,不能作为破产债权。破产清算程序是将破产人的财产按照一定程序分配给债权人的过程,破产债权人行使权利、获得清偿,当然应当以该项权利可以用金钱估算为前提。

(4)破产债权必须是具有法律强制执行力的债权。破产清算程序,属于法院主持下的概括的强制执行程序,因此能够通过这一程序获得清偿的债权,必须是受法律保护并具有强制执行力的债权。基于非法原因产生的债权、无效的债权以及超过诉讼时效的债权等不能通过法律保护强制执行的债权,不属于破产债权。

(5)破产债权必须是进行了债权申报的债权。民法意义上的债权转化为破产法意义上的破产债权,必须以参加破产程序、进行债权申报为前提。因此,本法第五十六条第二款明确规定,债权人未按照本法规定申报债权的,不得依照本法规定的程序行使权利。

第一百零八条　破产宣告前，有下列情形之一的，人民法院应当裁定终结破产程序，并予以公告：

（一）第三人为债务人提供足额担保或者为债务人清偿全部到期债务的；

（二）债务人已清偿全部到期债务的。

【释义】　本条是关于破产宣告障碍的规定。

所谓破产宣告障碍，是指阻止人民法院宣告债务人进行破产清算的法定事由。债务人因为具有法定破产原因而进入破产程序，但是在进入破产程序以后，因为某些法定情形的出现而使破产原因消失，此时法院就不应再宣告债务人破产，而应裁定终结破产程序。按照本法的规定，法定的破产原因是"企业法人不能清偿到期债务，并且资产不足以清偿全部债务"或者"企业法人不能清偿到期债务，并且明显缺乏清偿能力"。无论债务人出现了上述两种原因的哪一种，最终导致的结果就是债务人没有能力对债权人进行清偿。如果，此时由于某种情形的出现，而使得债权清偿得以实现，债务人的破产原因自然就会消失，这个时候，破产程序的进行就丧失了前提，自然就应当终结。

本条规定的破产宣告障碍包括两种情况：

(1)来源于外部的破产宣告障碍。即由于外部的原因而导致破产原因消失，其中又包括两类：一是在进入破产程序后，债务人以外的第三人为债务人履行全部债务提供了担保，保证帮助其清偿所有债务。第三人的担保必须是足额的，仅为债务人的部分债务履行提供担保不能构成法定的破产宣告障碍。担保的形式可以是多种多样的，可以采取物的担保形式，如提供抵押、质押等；对于资金充足、资信良好的第三人，也可以采取人的担保的形式，即采取担保法中规定的保证形式。二是第三人帮助债务人清偿了全部债务。这种情形要求第三人必须实际履行清偿义务，即只有当第三人答应清偿债务人所欠的全部债务并实际全部履行了清偿义务,才构成破产宣告障碍。

(2)来源于内部的破产宣告障碍。即债务人自己清偿了全部到期债务。破产程序因为债务人不能清偿债务而开始,如果在破产宣告前债务人将全部债务予以清偿,破产程序自然没有必要进行下去。

关于破产宣告障碍,有一个问题值得注意:只有在破产宣告前出现本条规定的情形,才构成破产宣告障碍,并使破产程序终结。这是因为,破产清算程序的进行具有不可逆性,一旦进行,不可回复。在债务人被宣告破产清算以后,破产财产的变价、分配等程序会紧跟着进行。如果终结破产案件,重新回复原状,善后问题会十分复杂,而且没有必要。因此在破产宣告以后,即使出现了本条规定的情形,人民法院也不能裁定终结破产案件,而是应该让破产清算程序继续进行下去。

按照本条的规定,人民法院在因为破产宣告障碍而裁定终结破产案件后,应当予以公告。

第一百零九条　对破产人的特定财产享有担保权的权利人,对该特定财产享有优先受偿的权利。

【释义】 本条是关于担保权人优先受偿的规定。

担保权人优先受偿的权利,在破产法中一般称为别除权,是指在破产程序中,对于破产人的特定财产享有担保物权的权利人,可以不依照破产程序而对该特定财产优先受偿。在债务人被宣告破产以后,债务人的所有财产都成为破产财产,由管理人占有和管理,并由管理人按照债权人会议通过的破产财产分配方案,将其分配给破产债权人。但是,对于破产财产中的特定财产享有担保物权的权利人,可以不受破产程序的约束。在破产程序开始以后,直接向破产管理人请求就该特定财产行使优先受偿权,并在无担保的破产债权人按照破产财产分配方案受偿之前随时进行清偿。在破产程序中保证担保物权人优先受偿的权利,是各国破产法普遍接受的一项原则。

按照本条的规定,可以在破产程序中行使别除权的权利人包括:对破产人的特定财产享有抵押权、质权、留置权的权利人,即按照我国《担保法》的规定,对破产人的特定财产享有担保物权的人。值得注意的是,作为别除权的基础性权利,无论是抵押权还是质权、留置权,其标的物必须为特定物,非特定物不能成为别除权的标的物。有些国家的民法中规定了浮动抵押制度,即债务人以其在一定时期内的所有财产设定抵押,包括库存商品等处于变化状态的财产。也就是说浮动抵押的标的物的数量和价值处于不断变化的状态,是非特定的,这种浮动抵押的权利人就不应成为别除权人。别除权的行使也应以该特定物为限,如果该特定物损毁或者灭失,别除权即不存在。

第一百一十条　享有本法第一百零九条规定权利的债权人行使优先受偿权利未能完全受偿的,其未受偿的债权作为普通债权;放弃优先受偿权利的,其债权作为普通债权。

【释义】 本条是关于享有别除权的债权人在特定情况下依照破产清算程序行使其权利的规定。

本法第一百零九条明确规定,对破产人的特定财产享有抵押权、质权、留置权等担保物权的权利人,对该特定财产享有优先受偿的权利。依据这一规定,对破产人享有债权的别除权权利人在债务人进行破产清算的时候,可以就破产财产中作为别除权标的物的特定财产优先受偿,不必依照破产清算程序按照破产财产分配方案的规定接受清偿。但是,在某些情况下,别除权权利人通过行使别除权无法获得完全清偿或者放弃了别除权,此时未获清偿的债权和放弃了优先受偿权利的债权,应该如何处理,就成为法律需要解决的问题。本条就是对这一问题的规定。

根据本条规定,别除权权利人依照破产清算程序行使其权利的情况包括两种:

(1)别除权权利人行使别除权未能完全受偿。别除权的行使是以别除权标的物的价值为基础的,别除权权利人只对破产财产中作为别除权标的物的特定财产享有优先受偿的权利。当别除权权利人的债权额超过了别除权标的物的价值时,其通过行使别除权就无法使其债权获得完全清偿。此时,按照本条的规定,别除权权利人就其行使别除权未能受偿的部分作为破产债权,以普通债权人的身份参加破产清算程序,申报债权,依照债权人会议通过的破产财产分配方案的规定接受清偿。

(2)别除权权利人放弃了优先受偿的权利。别除权是破产法规定的一项特殊的民事权利,别除权权利人可以自由处置,可以行使这一权利,当然也可以放弃这一权利。当别除权权利人放弃了别除权时,也就丧失了就别除权标的物获得优先受偿的机会。这时依照本条的规定,别除权权利人放弃优先受偿权利的债权,就成为普通破产债权;别除权权利人将作为普通的破产债权人,参加破产清算程序,同其他普通破产债权人一起,就破产财产接受比例清偿。

依据本条规定行使别除权的权利人必须对破产人享有破产债权。因为别除权的基础权利为担保物权,而担保物权并不仅限于破产债权人享有;如果破产人以特定财产对第三人的债务提供担保,该第三人的债权人虽然不是破产人"有担保的债权人",也属于别除权人。这类别除权权利人对破产人不享有债权,不属于本条规定的可以依照破产清算程序行使其权利的权利人;这类别除权权利人通过行使别除权无法获得完全清偿或者放弃了别除权的,其未受偿部分不能通过破产清算程序解决。

第二节　变价和分配

第一百一十一条　管理人应当及时拟订破产财产变价方案，提交债权人会议讨论。

管理人应当按照债权人会议通过的或者人民法院依照本法第六十五条第一款规定裁定的破产财产变价方案，适时变价出售破产财产。

【释义】　本条是关于破产财产变价方案的规定。

破产财产的分配应当以货币分配方式进行。因此，破产管理人在进行最后的破产分配前，必须对非金钱状态的破产财产实施变价。变价结果直接决定着可供分配的破产财产的金钱额，从保护债权人和破产人的利益出发，都要求在破产财产变价时必须防止其贬值。按照本条的规定，破产财产的变价，必须按照破产财产变价方案执行。破产财产变价方案应当由破产管理人准备、拟订，并提交债权人会议讨论通过或者由人民法院裁定。这主要是因为，进入破产清算程序以后，破产财产基本上难于清偿所有的破产债权，这个时候的破产财产虽然仍为破产人所有，实际上却应该是全体债权人的共同财产。由债权人会议按照法定程序表决通过的破产财产变价方案，代表了大多数债权人的意愿，维护了大多数债权人的利益，可以保证破产财产变价的公平、合理地进行。

破产财产变价方案由破产管理人及时拟订。破产管理人应当将待变价的破产财产的总量、财产的类别、财产的估价和所在地点、变价财产的原则和方式、变价地点和时间、变价费用等与破产财产变价有关的内容写入破产财产变价方案。按照本条第一款的规定，破产管理人在准备破产财产变价方案时，应当从使破产财产价值最大化的角度出发，根据破产程序的进行程度，按照破产财产的性质和市场变化，及时、合理地准备破产财产变价方案，以最大限度防止破产财产的价值贬损。同时,破产财产的变价方案,一般应当以原则性的规定为主,不必对每一项破产财产的具体变价方式、变价地点和变价时间作出详细规定。因为,在市场经济条件下,进入市场交易的商品价格是不断变化的,如果变价方案过于具体,会影响破产财产变价的顺利进行,有时候甚至会导致某些破产财产无法及时实现变价或不能变价,从而造成破产财产的贬损,损害债权人的利益。因此,破产财产变价方案应当只是对变价行为的原则性的规定,由破产管理人按照变价方案规定的原则,根据具体情形灵活地实现破产财产的变价。法律对破产财产变价方案应当包括什么内容,并没有作出具体规定,而是交由债权人会议自己选择。

债权人会议通过破产财产变价方案,应当按照本法第六十四条的规定,由出席会议有表决权的债权人的过半数通过,并且其所代表的债权额应当占无财产担保的债权额的二分之一以上。如果债权人会议未能表决通过破产管理人提交的破产财产变价方案,按照本法第六十五条第一款的规定,由人民法院作出裁定。对于由债权人会议通过的或者由人民法院依照本法规定裁定的破产财产变价方案,由破产管理人来执行;破产管理人应当按照破产财产变价方案的规定,根据具体情形适时地对破产财产实施变价。

第一百一十二条　变价出售破产财产应当通过拍卖进行。但是,债权人会议另有决议的除外。

破产企业可以全部或者部分变价出售。企业变价出售时,可以将其中的无形资产和其他财产单独变价出售。

按照国家规定不能拍卖或者限制转让的财产,应当按照国家规定的方式处理。

【释义】　本条是关于破产财产变价方式的规定。

破产财产的变价原则上应当通过拍卖的方式进行。拍卖是指以公开竞价的方式出售财产的买卖行为。以拍卖的方式对破产财产实施变价，可以实现破产财产的价值最大化，维护破产债权人的利益。而且这种变价方式以公开竞价的方式进行，由出价最高者获得所拍卖标的物，可以保证破产财产变价的公平、公开。因此，本条规定，破产财产的变价应当以拍卖的方式进行。但破产财产的变价毕竟直接关系的是全体债权人的利益，在变价方式上也要尊重债权人的意愿。因此，本条第一款的但书规定，债权人会议另有决议的除外。如果大多数债权人认为，对部分待变价的破产财产或者全部待变价的破产财产，以拍卖以外的方式进行变价。如直接作价变卖，可以更好地实现破产财产的价值，并将这一决定写入债权人会议通过的破产财产变价方案，对破产财产的变价就可以不采取拍卖的方式，而按照债权人会议决议的规定对破产财产实施变价。

破产企业可以全部或者部分变卖。即在变卖破产财产的时候，可以将破产企业的整体或者部分作为一个独立的财产进行变卖。破产企业的整体或者部分变卖，是包括各种生产力要素在内的变卖，不仅包括破产企业的生产设备、厂房、知识产权，还可以包括破产企业的营销网络等无形资产。将破产企业或破产企业的某一特定营业项目进行整体或者部分变卖，不但可以提高破产财产变卖的价格，还可以维持破产企业的整体经营或者某一可以独立经营的营业项目，减少因破产企业解体对财富的贬损，在一定程度上还可以保证就业。对于破产企业中的无形财产和其他财产，如果将其单独变卖可以提高破产财产的整体变卖价格，按照本条第二款的规定，也可以单独变卖。

按照国家规定不能拍卖或者限制转让的财产，应当按照国家规定的方式处理。从我国的国家性质以及维护社会公共利益出发，法律对一些物品的流通进行特别的限制。如规定枪支弹药等对公共安全关系重大的物品，禁止任意流通；黄金、白银等对稳定国家金融秩序有关的物品，由国家专门部门进行统一管理和经营；历史文物的转让必须出售给国家指定的文物收购单位，等等。如果破产财产中有属于国家实行特别管制或者限制流通的物品，按照国家规定不能拍卖或者限制转让，就应当按照国家关于该物品的流通管理规定，依照法定的方式予以处理。

第一百一十三条　破产财产在优先清偿破产费用和共益债务后，依照下列顺序清偿：

（一）破产人所欠职工的工资和医疗、伤残补助、抚恤费用，所欠的应当划入职工个人账户的基本养老保险、基本医疗保险费用，以及法律、行政法规规定应当支付给职工的补偿金；

（二）破产人欠缴的除前项规定以外的社会保险费用和破产人所欠税款；

（三）普通破产债权。

破产财产不足以清偿同一顺序的清偿要求的，按照比例分配。

破产企业的董事、监事和高级管理人员的工资按照该企业职工的平均工资计算。

【释义】　本条是关于破产财产清偿顺序的规定。

破产人进入破产清算程序以后，由于其财产通常已经不足以支付全部破产债权，在破产清偿顺序中的位置前后，将直接决定着债权人债权的满足程度。因此，如何确定破产清偿顺序，在破产清算程序中如何维护全体债权人的整体利益并保护特定债权人的债权优先获得清偿，是破产法一项重要的制度安排。在确定破产清偿顺序时，要从本国的实际出发，维护社会和经济秩序的稳定，同时也要参考国际上的通行做法。本条立足国情，并借鉴国际惯例，对破产清偿顺序作了如下规定：

（1）破产财产优先清偿破产费用和共益债务。破产费用是为了保证破产程序的进行而支付的各种费用，包括破产案件的受理费用、债务人财产的管理变价和分配所需费用以及管理人执行职务的费用等。共益债务是破产管理人为债权人的共同利益、在破产案件受理后管理破产财产所负担的债务。破产费用和共益债务均为破产程序能够开始和顺利进行的物质基础，应当从破产财产中随时支付，否则破产程序就无法进行。

（2）破产财产在优先清偿破产费用和共益债务后，首先用来清偿破产人所欠职工的工资和医疗、伤残补助、抚恤费用，所欠的应当划入职工个人账户的基本养老保险、基本医疗保险费用，以及法律、行政法规规定应当支付给职工的补偿金。破产人所欠职工工资和社会保险费用的偿付，关系着劳动者的切身利益。我国作为社会主义国家，应当优先保护劳动者的合法权益。国际劳工组织制定的雇主破产情况下保护工人债权公约也明确要求，在雇主破产情况下，应以优先权保护工人因其就业而产生的债权，以使工人能在非优先债权人获得其份额之前，从破产雇主的资产中获得偿付。根据本条第一款第一项的规定，列入第一清偿顺序的包括破产人拖欠的工资和医疗、伤残补助、抚恤费用，拖欠的社会保险费用中应当纳入职工个人账户的部分以及拖欠的应当支付给职工的补偿金。其中拖欠的工资和医疗、伤残补助、抚恤费用的含义很清楚。以下着重介绍有关社会保险费用和补偿金的范围。

按照有关规定，我国现行的社会保险主要共包括五种：①基本养老保险。依据 1997 年 7 月 16 日国务院颁布的《关于建立统一的企业职工基本养老保险制度的决定》和 1999 年国务院颁布的《社会保险费征缴暂行条例》的规定，基本养老保险费的征缴范围是：国有企业、城镇集体企业、外商投资企业、城镇私营企业和其他城镇企业及其职工，实行企业化管理的事业单位及其职工。用人单位和职工个人均需向社保机构缴纳基本养老保险费。企业缴纳基本养老保险费的比例，一般不得超过企业工资总额的 20%，具体比例由省级人民政府确定。职工个人缴纳的基本养老保险费的比例,1997 年不得低于本人缴费工资的 4%,1998 年起每两年提高一个百分点,最终达到本人缴费工资的 8%。职工个人缴纳的基本养老费全部计入个人账户,其余部分从企业缴费中存入。个人账户的储存额只用于职工养老,不得提前支取。②基本医疗保险。依据 1998 年国务院颁布的《关于建立城镇职工基本医疗保险制度的决定》和《社会保险费征缴暂行条例》的规定,基本医疗保险费的征缴范围是:国有企业、城镇集体企业、外商投资企业、城镇私营企业和其他城镇企业及其职工,国家机关及其工作人员,事业单位及其职工,民办非企业单位及其职工,社会团体及其专职人员。用人单位缴纳的基本医疗保险费率应控制在职工工资总额的 6% 左右。职工个人的缴费率一般为本人工资收入的 2%。基本医疗保险基金由统筹基金和个人账户构成。职工个人缴纳的基本医疗保险费,全部计入个人账户。用人单位缴纳的基本医疗保险费的 30% 左右划入职工个人账户,其余部分用于建立统筹基金。③失业保险。依据 1999 年 1 月 22 日国务院颁布实施的《失业保险条例》的规定,失业保险费的征缴范围是:国有企业、城镇集体企业、外商投资企业、城镇私营企业和其他城镇企业及其职工,事业单位及其职工。城镇企业事业单位按照本单位工资总额的 2% 缴纳失业保险费;城镇企业事业单位职工按照本人工资的 1% 缴纳失业保险费。④工伤保险。依据 2003 年 4 月国务院颁布实施的《工伤保险条例》的规定,工伤保险费的征缴范围是中华人民共和国境内的各类企业和有雇工的个体工商户。工伤保险费由用人单位缴纳,职工本人不缴纳。工伤保险费的数额为用人单位职工工资总额乘以单位缴费率,由国家根据不同行业的工伤风险程度确定行业的差别费率并确定若干费率档次。⑤生育保险。依据 1994 年劳动部颁布的《企业职工生育保险试行办法》的规定,生育保险费的征缴范围是城镇企业。生育保险费由用人单位按照本单位职工工资总额的一定比例缴纳,职工个人不缴纳。生育保险费的费率由当地人民政府根据计划内生育人数和生育津贴、生育医疗费等各项费用确定,最高不得超过工资总额的1%。按照本条第一款第一项的规定,在现行的社会保险中,只有破产人所欠职工的应当纳入职工个人账户的基本养老保险和基本医疗保险费用,是作为第一顺序清偿的。

我国有关法律、行政法规对应当支付给职工的补偿金作了规定。例如《劳动法》规定,用人单位因下列事项与职工解除劳动合同的,应当"依照国家有关规定给予经济补偿":劳动合同当事人协商一致解除合同的;劳动者患病或者非因工负伤,医疗期满后,不能从事原工作也不能从事由用人单位另行安排的工作的;劳动者不能胜任工作,经过培训或者调整工作岗位,仍不能胜任工作的;劳动合同订立时所依据的客观情况发生重大变化,致使原劳动合同无法履行,经当事人协商不能就变更劳动合同达成协议的;用人单位濒临破产进行法定整顿期间或者生产经营状况发生严重困难,确需裁减人员的。对于法律、行政法规规定的应当支付给职工的补偿金,破产人拖欠未支付的,依照本条第一款第一项的规定,也作为第一清偿顺序的债权,应当优先支付。

(3)破产人欠缴的本条第一款第一项规定以外的社会保险费用以及税款,作为第二清偿顺序清偿。即破产人欠缴的基本养老保险和基本医疗保险应当纳入统筹基金的部分以及失业保险、工伤保险、生育保险的保险费,以及破产人应缴纳的各项税款,在第一顺序债权清偿完毕后,优先于其他普通破产债权清偿。税收是国家财政的重要来源,在破产清算程序中,保证其优先受偿,有利于维护社会公共利益。

(4)其他普通债权在上述两个顺位的债权完毕后,作为第三顺序的债权清偿。

破产财产不足以清偿同一顺序的清偿要求的,按照比例清偿。破产财产对同一顺序的债权清偿都不能全部满足,就要根据各个债权人的债权占该顺序总债权的比例，从破产财产中接受清偿。例如，某一顺序的总债权为100万元，共有四个债权人，其债权各为25万元，而可供分配的破产财产为10万元。那么，此时每个债权人可接受的清偿就均为2.5万元。

破产企业的董事、监事和高级管理人员，对于企业的破产，负有一定的责任。同时，这部分高级管理人员的工资相对于企业的普通劳动者来说，是较高的。如果将其工资与普通劳动者的工资均作为第一清偿顺序进行清偿，是不公平的。因此，本条第三款对破产人高级管理人员的工资清偿进行一定的限制。按照该款规定，破产人的董事、监事和高级管理人员的工资虽然可以作为第一顺序清偿，但其数额只能按照企业职工的平均工资计算。

第一百一十四条　破产财产的分配应当以货币分配方式进行。但是，债权人会议另有决议的除外。

【释义】 本条是关于破产财产分配方式的规定。

破产财产的分配，在实践中，主要有货币分配、实物分配和债权分配三种。即将破产财产分别以货币、实物或者债权的形式分配给债权人。其中，以货币分配为主，因为这种方式最容易在债权人之间达到公平。后两种方式主要是在破产财产不容易变价或者不能变价转化为货币，或者是根据债权人会议的决定，不将破产财产中的实物或者债权变价，而是按照破产财产分配方案的规定直接将其分配给债权人。以实物和债权的形式进行破产财产分配，均存在着一定的弊端。特别是债权分配，由于债权的实现存在着不确定性，会对债权人的利益产生损害。有的时候，即使债权是确定可以实现的，要得以实现，也需要付出一定的成本，也会减少破产债权人所受清偿，并会给破产债权人带来不必要的麻烦。同时，在实践中也存在着部分债权人或者破产人利用实物分配和债权分配的弊端，将没有实际价值的实物和债权分给外地债权人或者小债权人,损害其利益的情况。因此,对于破产财产的分配方式,必须要进行一定的限制,以保护全体破产债权人的利益。

本条规定,破产财产分配必须以货币分配为主,属于原则性规定。如果债权人会议有特别规定,也可以采取规定的方式进行分配。例如对于破产财产中债权较多,债权关系复杂,破产管理人收回债权的难度较大,又难以通过竞价交易实现债权的情况,债权人中有愿意接受实物或者债权分配,并且债权人会议特别规定将某一实物或者债权直接分配的,也是可以的。

第一百一十五条 管理人应当及时拟订破产财产分配方案,提交债权人会议讨论。

破产财产分配方案应当载明下列事项:

(一)参加破产财产分配的债权人名称或者姓名、住所;

(二)参加破产财产分配的债权额;

(三)可供分配的破产财产数额;

(四)破产财产分配的顺序、比例及数额;

(五)实施破产财产分配的方法。

债权人会议通过破产财产分配方案后,由管理人将该方案提请人民法院裁定认可。

【释义】 本条是关于破产财产分配方案的规定。

虽然法律已经对破产财产的清偿顺序作了规定,但如何依据法律规定将破产财产分配给每一个破产债权人,以保证破产财产分配的公平、合法、有序,就需要一个具体指导破产财产分配的文件。这一文件,有的国家的破产法称为破产财产分配表,我国称为破产财产分配方案。破产财产分配方案是记载破产财产如何分配给破产债权人的书面文件,是执行破产分配的依据。在破产清算中,由破产管理人负责管理和支配破产财产,因此破产财产分配方案应当由管理人负责拟订。管理人在对破产财产进行清理、评估、变价后,应当迅速准备破产财产分配方案,并提交债权人会议讨论。

按照本条第二款的规定,破产财产分配方案应当包括以下内容:

(1)参加破产财产分配的债权人姓名(名称)、住所。所有在破产案件受理前对破产人享有的债权,都可以进行申报,成为破产债权。但并不是所有的破产债权人都会参加破产财产的分配,有担保的破产债权人通过行使本法规定的别除权,可以直接用别除权标的物满足自己的债权,不必参加破产财产分配;有的破产债权人通过依法行使抵销权,使自己的破产债权与对破产人所负的债务同归消灭,也不必参加破产财产的分配。对于需要通过参加破产财产分配来获得清偿的破产债权人,管理人应当将其姓名、住所详细、准确地记载于破产财产分配方案,以便于对其进行破产财产分配。

(2)参加破产财产分配的债权额。为了方便债权人会议审议破产财产分配方案,在方案里除了记载每一个接受分配的债权的具体数额,还要记载参加破产财产分配的债权的总额。

(3)可供分配的破产财产数额。破产管理人在记载这一事项时,应当说明如下内容:第一,破产财产的总体情况;第二,作为别除权标的物的破产财产的情况;第三,破产人占有的被行使取回权的财产情况;第四,破产财产变价的情况;第五,破产费用、共益债务的情况;第六,破产财产在扣除上述应当优先支付的事项后,所余的可供分配的财产数额。只有第六项是破产财产分配方案可以决定如何分配的破产财产。

(4)破产财产分配的顺序、比例及数额。即按照本法规定的顺序,对每一具体破产债权应当接受的分配顺序,其债权依法可以获得的清偿比例以及具体可获得的清偿数额,由破产管理人详细记载于破产财产分配方案中。这是破产财产分配方案最重要的内容，也是债权人最关心的内容。

(5)实施破产财产分配的方法。包括破产财产是实行一次分配还是多次分配，是实行货币分配还是实行非货币分配，以及破产财产分配的时间、地点等。

管理人准备好破产财产分配方案后，应当提交债权人会议讨论。按照本法第六十四条的规定，应当由出席债权人会议的有表决权的债权人的过半数通过，并且其所代表的债权额占无担保的债权额的二分之一以上，方可以通过破产财产分配方案。债权人会议在通过破产财产分配方案以后，应当依据本条第二款的规定，由管理人提交人民法院裁定，人民法院对破产财产分配方案的真实性、准确性和合法性进行审查，对符合法定条件的裁定认可。对于债权人会议没有通过的破产财产分配方案，按照本法第六十五条的规定，债权人会议两次表决均没有通过的，人民法院可以直接对破产财产分配方案作出裁定，该裁定一经作出就具有执行力。

第一百一十六条 破产财产分配方案经人民法院裁定认可后，由管理人执行。

管理人按照破产财产分配方案实施多次分配的，应当公告本次分配的财产额和债权额。管理人实施最后分配的，应当在公告中指明，并载明本法第一百一十七条第二款规定的事项。

【释义】 本条是关于破产财产分配方案执行的规定。

本条第一款规定，具有执行力的破产财产分配方案由破产管理人负责执行。管理人应当在破产财产分配方案生效后，及时通知参加破产财产分配的债权人接受分配，并按照破产财产分配方案规定的顺序、方式、地点和时间，将可供分配的破产财产分配给债权人。

破产财产的分配可以采取一次分配或者多次分配的方式。一次分配就是将破产财产在特定集中的时间内一次性地分配给债权人;多次分配就是将破产财产根据变现的情况,在两个或者两个以上特定集中的时间内分配给债权人。根据我国的司法实践,破产财产实行一次分配还是多次分配,主要取决于破产财产的变现状况。如果破产财产相对集中于一次性变价,或者变价比较顺利,在相对集中的时间内变现完毕,则应进行一次分配的方式。如果破产财产构成相对复杂,范围较广,不容易一次性或者在相对集中的时间内变价,则应实行多次分配,变价一部分分配一部分,至于分配多少次,则根据破产财产变现的具体情况而定。

破产管理人在对破产财产进行分配时,应当对分配的情况进行公告。管理人实施多次破产财产分配的,在每一次分配的时候都应当将本次分配破产财产的数额和破产债权的债权额进行公告,以达到使债权人知悉的目的。破产管理人在多次分配的情况下进行最后一次分配的时候,按照本条第二款的规定,除了要公告破产财产的数额和债权额以外,还要公告附条件的债权的分配规定,即:在最后分配公告之日,生效条件未成就或者解除条件成就的,附条件的债权应当接受的清偿应当分配给其他债权人;在最后分配公告之日,生效条件成就或者解除条件未成就的,应当对附条件的债权人进行清偿。

第一百一十七条　对于附生效条件或者解除条件的债权,管理人应当将其分配额提存。

管理人依照前款提存的分配额,在最后分配公告日,生效条件未成就或者解除条件成就的,应当分配给其他债权人;在最后分配公告日,生效条件成就或者解除条件未成就的,应当交付给债权人。

【释义】　本条是关于对附条件的债权的破产分配的规定。

按照本法的规定,附条件的债权也可以进行债权申报,并作为破产债权参加破产财产的分配。但是,附条件的债权毕竟不同于一般的破产债权，具有不确定性，将随着条件的成就或者不成就，而使债权的存在与否发生变化。因此，对于附条件的债权实施的破产分配，不同于一般破产债权的分配，国外一般采取让债权人提供担保或者对其待分配债权进行提存的办法对这一问题进行处理。

本条采取了提存的办法对附条件的债权的破产分配问题进行处理。根据本条第一款的规定，对于附条件的债权，管理人应当将其分配额进行提存。提存是民法上债务消灭的原因之一，是指由于债权人的原因而无法向其交付债的标的物时，债务人将该标的物提交给提存机关而消灭债务的一项制度。提存发生后，债务消灭，债权人不能再向债务人主张权利，提存标的物的灭失、毁损风险也转移给债权人，同时，提存费用也从提存标的物中支付。在破产分配时，管理人将附条件的债权的分配额提存以后，即视为已经向附条件债权的债权人履行了清偿义务，债权人只能按照法律的规定向提存机关主张领回其提存标的物，而不能再向破产人要求破产清偿。

本条第二款是关于提存的附条件债权分配额的处理规定。根据该款规定，提存以后，根据所附条件的不同而有不同的处理：(1)对于附解除条件的债权，在破产管理人实施最后一次破产分配并进行公告的时候，解除条件尚未成就的，此时的债权为有效成立的债权，应当将提存的分配额交付给债权人；如果在最后分配公告之日，解除条件已经成就，此时债权债务关系解除，附解除条件债权的债权人不再是破产债权人，提存的分配额应当分配给其他债权人。(2)对于附生效条件的债权，在破产管理人实施最后一次破产分配并进行公告的时候，生效条件尚未成就的，此时债权债务关系尚未有效成立，提存的分配额应当分配给其他债权人；如果在最后分配公告之日，生效条件成就，此时的债权为有效确定的债权，提存的分配额应当交付给债权人。

第一百一十八条　债权人未受领的破产财产分配额，管理人应当提存。债权人自最后分配公告之日起满二个月仍不领取的，视为放弃受领分配的权利，管理人或者人民法院应当将提存的分配额分配给其他债权人。

【释义】　本条是关于债权人未受领的破产财产分配额的处理规定。

破产管理人在依据破产财产分配方案的规定，实施破产财产分配时，会进行公告，将本次分配的时间、地点以及分配的财产数额和债权额通知破产债权人。破产债权人应当按照公告和破产财产分配方案规定的时间，到指定的地点接受破产财产的分配。如果破产债权人在指定的期限内不去领取其破产分配额，就意味着破产管理人必须继续保存并管理该分配额，这必然会增加破产管理人的负担，增加破产费用，甚至会导致破产程序的久拖不决，损害全体债权人的利益。因此，法律必须对债权人迟延受领破产财产分配进行限制。根据本条规定，债权人未按照规定时间受领破产财产分配的，管理人应当将其分配额进行提存。管理人将分配额提存后，应当通知债权人及时领取。如果债权人在最后分配公告之日起满两个月仍不领取的，按照本条的规定，视为债权人放弃受领分配的权利，管理人或者人民法院应当将提存的债权分配额分配给其他债权人。

如果债权人在最后分配公告之日起两个月内没有领取提存的分配额，但在这一除斥期间后，能否以破产债权人的身份参加提存财产的追加分配。我国的司法实践对此采取肯定态度。主要理由在于：债权人在除斥期间不领取提存财产，丧失的只是以受领分配债权人的身份受领该提存财产的权利，但是当提存财产变为可供再次分配的财产时，未受领提存财产的债权人作为破产债权人仍然享有参与分配的权利。破产管理人或者人民法院在以提存的分配额进行破产财产的追加分配时，也应当通知未领取提存财产的破产债权人参加分配。

第一百一十九条　破产财产分配时，对于诉讼或者仲裁未决的债权，管理人应当将其分配额提存。自破产程序终结之日起满二年仍不能受领分配的，人民法院应当将提存的分配额分配给其他债权人。

【释义】　本条是关于诉讼或者仲裁未决的债权的破产分配的规定。

根据本法规定，诉讼或者仲裁未决的债权也可以进行申报，并且在破产程序进行过程中，债权人、债务人对债权表记载的债权有异议的，也可以向受理破产案件的人民法院提起确认债权的诉讼。但是，这些诉讼和仲裁的进行并不影响债权人在破产程序中权利的行使，其可以人民法院为其确定的债权额参加债权人会议的表决，并参加破产财产的分配。但是，诉讼或者仲裁未决的债权，毕竟不是确定的债权，诉讼或者仲裁的结果可能会使债权人丧失其破产债权人的身份，使某一债权成为不存在的债权。因此，在对诉讼或者仲裁未决的债权进行破产分配时，也应和对一般破产债权的分配有所不同。

根据本条规定，在进行破产财产分配时，对于诉讼或者仲裁未决的债权，也是采取提存的方法，由管理人将其分配额提存。在诉讼或者仲裁结果出来后，根据结果的不同将提存的分配额分配给作为诉讼或者仲裁一方的债权人或者将其归入破产财产分配给其他债权人。

本条对债权人受领提存分配额的时间进行了一定的限定。根据本条规定，在破产程序终结之日起满二年，债权人仍不能受领分配的，不管其不能受领是因为诉讼或者仲裁的结果没有出来还是其他什么原因，人民法院都应当将提存的分配额重新归入破产财产，实施追加分配，分配给其他破产债权人。

第三节 破产程序的终结

第一百二十条 破产人无财产可供分配的，管理人应当请求人民法院裁定终结破产程序。

管理人在最后分配完结后，应当及时向人民法院提交破产财产分配报告，并提请人民法院裁定终结破产程序。

人民法院应当自收到管理人终结破产程序的请求之日起十五日内作出是否终结破产程序的裁定。裁定终结的，应当予以公告。

【释义】 本条是关于终结破产程序的规定。

破产程序的终结，是指破产程序的目的已经达到或者不能达到，导致继续进行破产程序已无必要，而由人民法院裁定结束破产程序。破产程序进行的目的，在于公平分配债务人的破产财产，以清偿债权人的债权。在破产程序进行中，如果发生债务人已无财产可供分配、破产分配完成、债权人已经获得清偿等情况，或者由于其他原因的出现，继续进行破产程序已无必要，人民法院应当依申请或者依职权，裁定终结已经开始的破产程序。

本法前面的条款已经规定了破产程序终结的三种情形：

(1)因债务人财产不足以支付破产费用而终结。本法第四十三条第四款规定，债务人财产不足以清偿破产费用的，管理人应当提请人民法院终结破产程序。人民法院应当自收到请求之日起十五日内裁定终结破产程序。

(2)因自行达成和解协议而终结。本法第一百零五条规定，人民法院受理破产申请后，债务人与全体债权人就债权债务的处理自行达成协议的，可以请求人民法院裁定认可，并终结破产程序。

(3)因债权得到全部清偿而终结。本法第一百零八条规定，破产宣告前，第三人为债务人提供足额担保或者为债务人清偿全部到期债务或者债务人已清偿全部到期债务的，人民法院应当裁定终结破产程序。

本条规定了破产人无财产可供分配和最后分配完毕而终结破产程序的两种情形：

本条第一款规定了破产人无财产可供分配而终结破产程序的情形。债务人无财产可供分配的原因各种各样，比如供分配的破产财产毁损、灭失、丧失价值或者被第三人取回等。如果债务人没有财产可供分配，破产程序已没有继续进行下去的必要，管理人应当请求人民法院裁定终结破产程序。

本条第二款规定了最后分配完结而终结破产程序的情形。通过破产分配清偿债务是破产程序进行的主要目的，如果破产财产已分配完毕，则破产程序的目的已达到，任务已完成，管理人应当在最后分配完结后，向人民法院提交破产财产分配报告，申请终结破产程序。

人民法院应当自收到管理人终结破产程序的请求之日起十五日内作出是否终结破产程序的裁定。裁定终结的，应当予以公告。

第一百二十一条　管理人应当自破产程序终结之日起十日内，持人民法院终结破产程序的裁定，向破产人的原登记机关办理注销登记。

【释义】　本条是关于管理人办理破产人注销登记的规定。

企业法人是依登记成立的，企业法人破产也应当办理注销登记。注销登记是企业法人消亡的法定程序，是终止企业法人的权利能力和行为能力，即取消企业的民事主体的资格的法律形式。《民法通则》第四十六条规定：“企业法人终止，应当向登记机关办理注销登记并公告。”《企业法人登记管理条例》第二十条规定：“企业法人歇业、被撤销、宣告破产或者因其他原因终止营业，应当向登记主管机关办理注销登记。”《公司登记管理条例》第三十六条也规定,公司被依法宣告破产、营业期限届满、因合并、分立、解散、被依法责令关闭的,公司清算组织应当自公司清算结束之日起三十日内向原公司登记机关申请注销登记。因此,破产企业的注销登记,是将企业法人资格消灭的事实,提交有关企业登记主管部门进行法律上的确认。

破产人的注销登记是人民法院作出破产程序终结裁定以后,管理人的一项法定工作,也是法定义务。只有这项工作完成,管理人的工作才告结束。管理人应当自破产程序终结之日起十日内,持人民法院终结破产程序的裁定,向破产人的原登记机关办理注销登记。在我国,受理企业注销登记的法定机关是国家和地方各级工商行政管理部门。由哪一级别、哪一地区的工商行政管理部门颁发的营业执照,最后仍应向该部门办理注销登记。

根据《企业法人登记管理条例》和《公司登记管理条例》的有关规定,管理人办理破产人的注销登记应向工商行政管理部门提交以下的文件:

(1)注销登记申请书。申请书应当由管理人出具并载明企业的名称、企业类别、营业执照号码以及有效期限、注销的原因等。

(2)破产人的企业法人营业执照和副本。企业法人营业执照既是企业作为民事主体的一种许可和确认,又是法律赋予其行为能力的一种证件。当破产程序终结后,管理人在办理企业注销登记的同时,应当将营业执照和副本交回。

(3)人民法院终结破产程序的裁定书。提交终结破产程序的裁定书,用以证明破产人的债权债务已清理完毕,办理注销登记的实质条件已经具备。

(4)法律、法规规定应当提交的其他文件。

在注销登记办理完毕后,工商行政管理部门将发布公告。破产人注销登记办理完结后,管理人应当及时向人民法院报告办理注销登记的情况。

第一百二十二条　管理人于办理注销登记完毕的次日终止执行职务。但是,存在诉讼或者仲裁未决情况的除外。

【释义】　本条是关于管理人终止执行职务的规定。

管理人的工作是以对破产财产的接收、保管、处分、变价和分配为中心展开的,当人民法院裁定破产程序终结,管理人办理完破产人的注销登记,表明管理人已完成了全部法定工作,其职务应当终止。

管理人终止执行职务,表明管理人不再在其参与的已终结的破产程序承担义务和责任,如果以后发生有关原破产程序的事务,如发现应当追回的财产等,均应由人民法院直接处理。

管理人于办理注销登记完毕的次日终止执行职务。但是,如果存在诉讼或者仲裁未决情况的,管理人应当继续履行职务。

代表债务人参加诉讼或者仲裁,是管理人的职责之一。这些诉讼和仲裁包括人民法院受理破产申请后,已经开始而尚未终结的有关债务人财产的民事诉讼或者仲裁,以及在破产程序进行中,因债务人财产发生争议而提起的诉讼。在破产程序终结后,如果没有人代表债务人参加未决的诉讼或者仲裁,会给破产财产的善后管理和诉讼、仲裁活动带来诸多不便。因此,在人民法院终结破产程序后,如果仍存在未决的诉讼或者仲裁,即使破产人的注销登记手续已办理完毕,作为代表债务人参加诉讼或者仲裁的管理人的职务并不终止,而应当继续执行其职务。

第一百二十三条　自破产程序依照本法第四十三条第四款或者第一百二十条的规定终结之日起二年内,有下列情形之一的,债权人可以请求人民法院按照破产财产分配方案进行追加分配:

(一)发现有依照本法第三十一条、第三十二条、第三十三条、第三十六条规定应当追回的财产的;

(二)发现破产人有应当供分配的其他财产的。

有前款规定情形，但财产数量不足以支付分配费用的，不再进行追加分配，由人民法院将其上交国库。

【释义】 本条是关于破产财产追加分配的规定。

追加分配，是在破产程序终结以后，对于新发现的属于破产人的可用于破产分配的财产，由人民法院按照破产分配方案对尚未获得完全清偿的债权人所进行的补充分配。一般情况下，破产财产最后分配结束后，破产程序终结，表明债务人已无财产可供分配。但在某些情况下，破产人可供分配的财产在破产程序终结后才被发现，同时，在先前的分配中破产债权人并未获得完全清偿，这时就应当采取补救措施，将可供分配的破产财产再进行分配，以保护债权人的利益。

依据本条的规定，破产程序终结后应当追加分配财产的范围包括：

（1）依照本法第三十一条、第三十二条、第三十三条、第三十六条规定应当追回的财产。因上述各条规定的行为而取得债务人财产的，应当在破产程序进行期间由管理人追回，作为破产财产，对债权人进行分配。如果这些财产在人民法院裁定破产程序终结后才追回的，应当补充分配给债权人。

（2）破产人有应当供分配的其他财产，主要包括：

①因纠正破产程序中错误支出而收回的款项。这是指对债务人不应支出而支出或者虽应支出但多支出的错误支出予以纠正，在破产程序终结后收回的款项。

②因权利被承认追回的财产，如破产程序终结前与相对人存在争议，在破产程序终结后被确认属于债务人的财产；在破产财产分配时，对于诉讼或者仲裁未决的债权，管理人将其分配额提存，在破产程序终结后由于债权人败诉或者部分败诉而应分配给其他债权人的财产。

③债权人放弃的财产。这是指获得财产分配的债权人明确表

示放弃的财产，以及根据本法第一百一十九条规定，自破产程序终结之日起满二年仍不能受领分配的财产。

④破产程序终结后获得的可供分配的其他财产。

根据本条规定，在破产程序终结后，实施追加分配不是无限期的，只有在破产程序终结后二年内发现可供分配的财产的，才实施追加分配。

破产程序终结后，除存在诉讼或者仲裁未决的情况外，管理人已经终止执行职务，因此，追加分配由人民法院实施。债权人发现破产人还有可供分配的财产时，可以请求人民法院进行追加分配，人民法院应当依债权人的请求追回财产并进行分配。人民法院也可以依职权进行追加分配。

根据本法规定，分配破产财产应当优先清偿破产费用和共益债务。有本条第一款规定的应当追回的财产，但财产数量不足以支付实施追加分配所需费用的，没有必要再进行追加分配，由人民法院将其上交国库。

第一百二十四条　破产人的保证人和其他连带债务人，在破产程序终结后，对债权人依照破产清算程序未受清偿的债权，依法继续承担清偿责任。

【释义】　本条是关于破产程序终结后破产人的连带债务人继续承担清偿责任的规定。

企业法人因破产程序终结而终止，对未清偿的债务已无法再清偿。但债务人破产并非债权消灭的原因，债权人依照破产程序未得到全部清偿的债权，并不因债务人破产而消灭，只是不能从已破产的债务人处得到清偿，但并不排除从第三人处得到清偿。根据《民法通则》第八十七条的规定，负有连带义务的每个债务人，都负有清偿全部债务的义务；第八十九条规定，保证人向债权人保证债务人履行债务，债务人不履行债务的，按照约定由保证人履行或者承担连带责任。因此,债务人的保证人和其他连带债务人并不因债务人破产而免除其连带责任。破产程序终结后,债权人可以以其未受清偿的债权,向破产人的保证人和其他连带债务人要求清偿。

第十一章 法律责任

第一百二十五条 企业董事、监事或者高级管理人员违反忠实义务、勤勉义务,致使所在企业破产的,依法承担民事责任。

有前款规定情形的人员,自破产程序终结之日起三年内不得担任任何企业的董事、监事、高级管理人员。

【释义】 本条是关于董事、监事或者高级管理人员致使企业破产的法律责任的规定。

企业董事、监事和高级管理人员执行职务的行为直接关系到公司利益和股东的利益,影响到企业的存续和发展。因此,企业董事、监事和高级管理人员应对企业承担忠实义务、勤勉义务。企业董事、监事或者高级管理人员违反忠实、勤勉义务,致使所在企业破产的,对因违反忠实、勤勉义务给企业造成的损失,依法承担民事责任。

对违反忠实义务、勤勉义务,致使所在企业破产的企业董事、监事、高级管理人员,应予以一定的惩戒,对其实施任职限制。《公司法》第一百四十七条规定,担任破产清算的公司、企业的董事或者厂长、经理,对该公司、企业的破产负有个人责任的,自该公司、企业破产清算完结之日起三年内,不得担任公司的董事、监事、高级管理人员。本条与公司法的规定是一致的,企业董事、监事或者高级管理人员违反忠实、勤勉义务,致使所在企业破产的,自破产程序终结之日起三年内不得担任任何企业的董事、监事、高级管理人员。

第一百二十六条　有义务列席债权人会议的债务人的有关人员，经人民法院传唤，无正当理由拒不列席债权人会议的，人民法院可以拘传，并依法处以罚款。债务人的有关人员违反本法规定，拒不陈述、回答，或者作虚假陈述、回答的，人民法院可以依法处以罚款。

【释义】　本条是关于债务人的有关人员拒不列席债权人会议或者违反说明义务所应承担的法律责任的规定。

本法第十五条规定，自人民法院受理破产申请的裁定送达债务人之日起至破产程序终结之日，债务人的有关人员有列席债权人会议并如实回答债权人的询问的义务。债务人的有关人员，是指债务人的法定代表人；经人民法院决定，还可以包括债务人的财务管理人员和其他经营管理人员。列席债权人会议并如实回答债权人的询问，是债务人的法定代表人和其他有关人员的法定义务。债务人的有关人员经人民法院传唤，无正当理由拒不列席债权人会议，或者拒不陈述、回答，或者作虚假陈述、回答的，是扰乱和妨碍作为司法程序的破产程序正常进行的行为。债务人的有关人员经人民法院传唤，无正当理由拒不列席债权人会议的，人民法院可以依照民事诉讼法的有关规定，对其采取拘传的强制措施，并给予罚款处罚。债务人的有关人员对债权人会议提出的问题拒不陈述、回答，或者作虚假陈述、回答的，人民法院可以依照《民事诉讼法》的有关规定对其给予罚款处罚。

依照《民事诉讼法》第一百零四条的规定，对个人的罚款金额，为人民币一千元以下。

第一百二十七条　债务人违反本法规定，拒不向人民法院提交或者提交不真实的财产状况说明、债务清册、债权清册、有关财务会计报告以及职工工资的支付情况和社会保险费用的缴纳情况的，人民法院可以对直接责任人员依法处以罚款。

债务人违反本法规定，拒不向管理人移交财产、印章和账簿、文书等资料的，或者伪造、销毁有关财产证据材料而使财产状况不明的，人民法院可以对直接责任人员依法处以罚款。

【释义】 本条是关于债务人拒不向人民法院提交或者提交不真实的有关文件，以及拒不向管理人移交或者伪造、销毁有关材料所应承担的法律责任的规定。

本法第十一条规定，债务人应当自收到人民法院受理破产申请的裁定送达之日起十五日内，向人民法院提交财产状况说明、债务清册、债权清册、有关财务会计报告以及职工工资的支付和社会保险费用的缴纳情况。本法第十五条规定，自人民法院受理破产申请的裁定送达债务人之日起至破产程序终结之日，债务人的有关人员承担妥善保管其占有和管理的财产、印章和账簿、文书等资料的义务。在人民法院指定管理人后，应当将财产、印章和账簿、文书等资料移交给管理人。违反上述规定的债务人的直接责任人员应当承担本条规定的法律责任。

本条规定的债务人行为已构成对破产程序的妨害，人民法院可以按照民事诉讼法的规定，对债务人的直接责任人员处一千元以下罚款。

此外，人民法院还可以依照民事诉讼法的规定，对其中的以下两种行为的直接责任人员予以拘留：1. 伪造、毁灭重要证据，妨碍人民法院审理案件的；2. 隐藏、转移、变卖、毁损已被查封、扣押的财产，或者已被清点并责令其保管的财产，转移已被冻结的财产的。如果直接责任人员构成犯罪的，还应当依法追究刑事责任。

第一百二十八条　债务人有本法第三十一条、第三十二条、第三十三条规定的行为，损害债权人利益的，债务人的法定代表人和其他直接责任人员依法承担赔偿责任。

【释义】 本条是关于债务人有本法规定损害债权人利益的

行为所应承担的法律责任的规定。

根据本条规定，债务人有下列行为，损害债权人利益的，债务人的法定代表人和其他直接责任人员应当依法承担法律责任：

（1）本法第三十一条规定，人民法院受理破产申请前一年内，债务人有下列应当予以撤销的行为：无偿转让财产的；以明显不合理的低价转让财产的；对没有财产担保的债务提供财产担保的；对未到期的债务提前清偿的；放弃债权的。

（2）本法第三十二条规定，人民法院受理破产申请前六个月内，债务人不能清偿到期债务，并且资产不足以清偿全部债务或者明显缺乏清偿能力，仍对个别债权人进行清偿的行为。但个别清偿使债务人财产受益的除外。

（3）本法第三十三条规定，债务人有下列无效行为的：为逃避债务隐匿、转移财产的；虚构债务或者承认不真实的债务的。

债务人有上述行为，损害债权人利益的，债务人的法定代表人和其他直接责任人员应当承担赔偿责任。承担本条规定的赔偿责任，应当具备以下条件：一是债务人主观上的过错；二是债务人实施了损害债权人利益的违法行为；三是债权人利益受到了实际损失；四是债务人的违法行为与债权人利益受到的损失之间有因果关系。如果债务人的上述行为构成犯罪，还要依法承担刑事责任。

第一百二十九条　债务人的有关人员违反本法规定，擅自离开住所地的，人民法院可以予以训诫、拘留，可以依法并处罚款。

【释义】　本条是关于债务人的有关人员擅自离开住所地所应承担的法律责任的规定。

本法第十五条第一款规定，自人民法院受理破产申请的裁定送达债务人之日起至破产程序终结之日，债务人的有关人员未经人民法院许可，不得离开住所地。债务人的有关人员应当坚守岗位，随时听候人民法院的传唤，回答询问，不得擅离职守。如果债务人的有关人员有特殊情况需要离开住所地，必须经过人民法院的许可，未经许可不得离开。如果债务人的有关人员违反这一规定，擅自离开住所地的，按照本条规定，人民法院可以予以训诫、拘留，可以并处罚款。

训诫是人民法院对妨害民事诉讼秩序行为较轻的人，以口头方式予以严肃地批评教育，并指出其行为的违法性和危害性，令其以后不得再犯的措施。

拘留是人民法院对实施妨害民事诉讼行为情节严重的人，将其留置在特定的场所，在一定期限内限制其人身自由的强制措施。被拘留的人，由人民法院交公安机关看管。依照《民事诉讼法》的规定，拘留的期限，为十五日以下。

是否处以罚款以及罚款的具体数额视违法行为的情节轻重由人民法院决定。依照《民事诉讼法》的规定，对个人的罚款数额为人民币一千元以下。

第一百三十条 管理人未依照本法规定勤勉尽责，忠实执行职务的，人民法院可以依法处以罚款；给债权人、债务人或者第三人造成损失的，依法承担赔偿责任。

【释义】 本条是关于管理人未勤勉尽责、忠实执行职务所应承担的法律责任的规定。

本法第二十五条规定了管理人应当履行的职责。第二十七条规定管理人应当勤勉尽责，忠实执行职务。如果管理人没有做到勤勉尽责，没有忠实执行职务，应承担本条规定的法律责任。

本法赋予了管理人以很大的权利，管理人应承担勤勉尽责，忠实执行职务的义务。勤勉尽责就是要求管理人要恪尽职责，以一个善良管理人的注意履行职务；忠实执行职务，就要求管理人履行职责要忠诚老实，不弄虚作假，不得利用自己的职权为个别债权人或者债务人谋取不法利益，也不得为自己牟取私利。管理人未依照本法规定勤勉尽责，忠实执行职务的，人民法院可以依法处以罚款。由于管理人违背职责的行为表现形式多样，危害后果轻重不一，本法未对罚款的具体数额作出规定。《民事诉讼法》对妨碍诉讼行为的强制措施的规定，也不涵盖管理人违背职责的行为。人民法院可以依照本条规定，对罚款处罚予以具体化。

管理人违背职责的行为给债权人、债务人或者第三人造成损失的，依法承担赔偿责任。承担本条规定的赔偿责任，应当具备以下条件：一是管理人实施了损害债权人、债务人或者第三人利益的违法行为；二是债权人、债务人或者第三人利益受到了实际损失；三是管理人具有主观上的过错，且其违法行为与债权人、债务人或者第三人利益受到的损失之间有因果关系。

第一百三十一条　违反本法规定，构成犯罪的，依法追究刑事责任。

【释义】　本条是关于违反本法规定的行为的刑事责任的规定。

刑事责任是指具有刑事责任能力的人实施了刑法所规定的犯罪行为所必须承担的法律后果。刑事责任是最严厉的法律责任。本法规定的违法行为，如果其行为符合我国刑法规定的犯罪构成要件，就要依据刑法有关条款的规定承担相应的刑事责任，但不影响承担本法规定的其他法律责任。根据《刑法》的规定，违反本法规定的行为，可能构成的犯罪主要有：

（1）企业董事、监事或者高级管理人员违反忠实义务、勤勉义务，致使所在企业破产的，可能构成以下犯罪：根据犯罪主体和职务的性质不同，国有企业董事、监事或者高级管理人员可能犯国有公司、企业人员失职罪，国有公司、企业人员滥用职权罪，徇私舞弊低价折股、出售国有资产罪，贪污罪，挪用公款罪，私分国有资产罪，受贿罪，单位受贿罪等；非国有企业董事、监事或者高级管理人员构成职务侵占罪,挪用资金罪,公司企业人员受贿罪等。

（2）债务人的有关人员伪造、销毁有关财产证据材料而使财产状况不明的,可能构成隐匿、故意销毁会计凭证、会计账簿、财务会计报告罪。

（3）债务人的有关人员通过隐匿财产、承担虚构的债务或者以其他方法转移、处分财产,严重损害债权人或者其他人利益的,可能构成破产欺诈罪。

（4）其他犯罪。我国有关刑事责任的规定是由《刑法》统一规定的,违反本法规定的行为,除可能构成上述犯罪外,依照《刑法》规定构成其他犯罪的,也应当依照其规定追究行为人的刑事责任。

第十二章 附 则

第一百三十二条 本法施行后，破产人在本法公布之日前所欠职工的工资和医疗、伤残补助、抚恤费用，所欠的应当划入职工个人账户的基本养老保险、基本医疗保险费用，以及法律、行政法规规定应当支付给职工的补偿金，依照本法第一百一十三条的规定清偿后不足以清偿的部分，以本法第一百零九条规定的特定财产优先于对该特定财产享有担保权的权利人受偿。

【释义】 本条是关于职工债权保护的特别规定。

在破产程序中如何协调职工的债权与担保权的关系，是企业破产立法的重点也是难点问题。《企业破产法》为了保护职工利益，将职工债权放在破产清偿顺序中的第一顺位，按照本法第一百一十三条的规定，破产财产在支付破产费用和共益债务后，首先就要用于清偿职工债权。但是，本法第一百零九条对担保权人也规定了优先受偿权，即对破产人的特定财产享有担保权的权利人，对该特定财产享有优先受偿的权利。担保权人的这一权利在破产法中一般称为别除权，可以不依照破产程序行使，享有绝对优先的地位。也就是说，在破产清算程序中，只有在担保权人就特定财产行使了优先受偿权以后，剩余的财产才用来清偿包括职工债权在内的破产债权；职工债权只是在该剩余财产中享有优先受偿的权利。实践中，破产企业破产财产中的大部分都设定了担保。在担保权人行使了优先受偿权以后，破产财产所剩无几。职工债权虽然享有优先地位，但实际上仍然难以得到清偿。但如果法律规定职工债权可以优先于担保权人受偿，又会损害有担保的债权人的优先受偿权利,影响交易安全。

经过慎重研究,《企业破产法》在本条专门作出规定,职工债权可以在有担保的特定财产中优先于担保权人受偿,但对这一优先权有一定的限制,即破产人在本法公布之日前所欠职工的工资和医疗、伤残补助、抚恤费用,所欠的应当划入职工个人账户的基本养老保险、基本医疗保险费用,以及法律、行政法规规定应当支付给职工的补偿金,依照本法第一百一十三条的规定清偿后不足以清偿的部分,以本法第一百零九条规定的特定财产优先于对该特定财产享有担保权的权利人受偿。发生在本法公布后的职工债权不得在担保权人之前受偿。之所以作出这样的规定,主要基于以下考虑:对破产法公布前企业拖欠的职工工资等费用,作为历史遗留问题,采取一些特殊措施较为彻底地解决,是必要的。由于这部分历史欠账已经是一个定量,其优先于有担保的债权受偿可能带来的风险基本上是可预期、可控制的。对破产法公布后新形成拖欠的问题,应当积极研究治本之策,通过进一步完善有关劳动和社会保障制度,加大执法力度加以解决,不宜在破产法中规定这部分拖欠也在有担保的债权前优先受偿。

规定职工债权优先于担保权,在国外破产法中也有先例。如《法国破产法(司法清算与司法重整法)》规定,破产企业职工在司法清算程序开始之前六十天的工资、津贴和带薪假期的补偿金享有特别优先权,优先于其他所有有担保的债权和无担保的债权就破产财产获得清偿;《西班牙破产法》规定,破产企业职工在破产程序开始前三十天的工资享有绝对的优先权,优先于有抵押权的破产债权获得清偿。《阿根廷破产法》规定,破产企业所欠职工的工资、工伤赔偿金和失业保险费优先于有担保的债权就破产财产获得清偿,但是,享有上述优先权的职工工资应为破产程序开始之前不超过六个月的职工工资。我国作为社会主义国家,更应充分保护职工的合法权益,在破产清算时,规定职工债权适当优先于有担保的债权受偿是必要的。

根据本条规定,本法实施后,本法公布前发生的职工债权在企业破产时优先于担保权人受偿,实际上使本法实施前的担保权人的实体权利因本法的实施而受到了限制,使本法部分具有了溯及力。因此,有人认为这一规定违反了法律不溯及既往的基本原则。这一认识并不完全准确:首先,法律不溯及既往只是一般原则,按照《立法法》的规定,是允许有例外的。《立法法》第八十四条规定,法律、行政法规、地方性法规、自治条例和单行条例、规章不溯及既往,但为了更好地保护公民、法人和其他组织的权利和利益而作的特别规定除外。《企业破产法》为了更好地保护职工权益,对本法公布前担保权人的权利进行限制,是实际需要,并不违反立法法的规定。其次,破产法虽然是一部程序法,但也涉及实体权利的调整,而某些规定实际上也具有溯及力。例如,本法第三十二条规定,人民法院受理破产申请前六个月内,债务人有本法规定的破产原因的仍对个别债权人进行清偿的,管理人有权请求人民法院予以撤销。在本法施行后,如果当事人有该条规定的行为,即使发生在本法生效前,也是可以撤销或者宣告无效的。实际上这条规定也是有溯及力的。该条规定的撤销权,许多国家破产法都有规定。《德国破产法》规定针对故意侵害债权人利益的行为的撤销权,甚至可追溯到破产申请前十年。在破产法中作出一些对实体权利有溯及力的规定,主要目的在于保证破产程序的顺利进行,更好地维护债权人、债务人及其他当事人的利益。

第一百三十三条　在本法施行前国务院规定的期限和范围内的国有企业实施破产的特殊事宜,按照国务院有关规定办理。

【释义】　本条是关于在国务院规定的期限和范围内的国有企业实施破产的特殊事宜,按照国务院有关规定办理的规定。

国有企业在我国经济发展和改革开放中发挥了重要作用,承担了巨大的改革成本。由于体制、机制和结构调整等方面的原因，部分国有企业出现经营困难，需要实施关闭破产。因历史原因，这类企业实施关闭破产的难度较大，主要难在职工安置上。为解决这一问题，国家对部分实施破产的国有企业，制定了一系列相关政策，包括职工安置方案、破产财产处置、破产预案制定、清算组、银行呆坏账核销，等等。这些措施在实践中发挥了重要作用。目前全国还有1800多户国有大中型困难企业需要通过政策性破产退出市场。最近国务院批准了全国国有企业关闭破产四年工作计划，下一步要抓紧组织实施，逐步解决国有大中型困难企业关闭破产退出市场问题。在四年工作计划期限届满后，所有国有企业的破产都应当依照本法执行。由于上述政策措施只适用于特定的国有企业，其范围在国务院文件中已经明确，加之这些政策具有过渡性质。因此本条规定，在本法施行前国务院规定的期限和范围内的国有企业实施破产的特殊事宜，按照国务院有关规定办理。本法授权国务院根据具体情况确定特殊政策的实施期限，期限届满后，所有国有企业的破产应完全依照本法执行。

第一百三十四条　商业银行、证券公司、保险公司等金融机构有本法第二条规定情形的，国务院金融监督管理机构可以向人民法院提出对该金融机构进行重整或者破产清算的申请。国务院金融监督管理机构依法对出现重大经营风险的金融机构采取接管、托管等措施的，可以向人民法院申请中止以该金融机构为被告或者被执行人的民事诉讼程序或者执行程序。

金融机构实施破产的，国务院可以依据本法和其他有关法律的规定制定实施办法。

【释义】　本条是关于金融机构实施破产特殊事宜的规定。

商业银行、证券公司、保险公司等金融机构是依法设立的企业法人，但商业银行、证券公司、保险公司等金融机构经营的业务有其特殊性,它们的债务关系通常比一般的公司企业要复杂和广泛,如果破产给社会带来的震荡也比一般企业更大。金融机构破产与一般企业破产相比,有其特殊性。本条第一款从两个方面对涉及金融机构破产的特殊事宜作了规定。

一是根据本法规定,破产申请只能由债务人或者债权人提出。从金融机构的特点看,对那些发生重大经营风险、出现破产原因,应当及时依法进行重整或者破产清算的金融机构,在该金融机构或者其债权人都不主动提出破产申请的情况下,为了避免风险进一步扩大,由金融监管机构向法院提出破产申请,是必要的。因此本条规定,商业银行、证券公司、保险公司等金融机构有本法第二条规定情形的,国务院金融监督管理机构可以向人民法院提出对该金融机构进行重整或者破产清算的申请。

二是由于金融机构破产涉及的债权人众多,债权债务关系复杂,关系金融安全和社会稳定,需要慎重处理。在实践中,对出现重大经营风险的金融机构,通常是先由金融监管机构依照有关金融法律的规定实施接管、托管等措施,对不能恢复正常运行的,再进入破产程序。如《商业银行法》第六十四条规定,商业银行已经或者可能发生信用危机,严重影响存款人的利益时,国务院银行业监督管理机构可以对该银行实行接管。《证券法》第一百五十三条规定,证券公司违法经营或者出现重大风险,严重危害证券市场秩序、损害投资者利益的,国务院证券监督管理机构可以对该证券公司采取责令停业整顿、指定其他机构托管、接管或者撤销等监管措施。为了防止对金融机构实施接管、托管等措施期间,一些债权人通过向当地法院提起诉讼和要求强制执行,抢先取得金融机构的财产,造成金融监管机构采取的接管、托管等措施无法正常进行,有必要暂时中止涉及该金融机构的民事诉讼和执行程序。因此本条规定,国务院金融监督管理机构依法对出现重大经营风险的金融机构采取接管、托管等措施的,可以向人民法院申请中止以该金融机构为被告或者被执行人的民事诉讼程序或者执行程序。

总体上说，商业银行、证券公司、保险公司等金融机构的破产应当适用本法规定的程序。但是，商业银行、证券公司、保险公司等金融机构的破产存在特殊性，除本条第一款的特殊规定外，有关金融法律还对金融机构破产作了一些特殊规定，比如《商业银行法》《证券法》《保险法》规定，金融机构破产应经金融监督管理机构同意或者批准；《商业银行法》规定，商业银行破产清算时，在支付清算费用、所欠职工工资和劳动保险费用后，应当优先支付个人储蓄存款的本金和利息。《保险法》规定，保险公司依法破产的，破产财产在支付其破产费用、所欠职工工资和劳动保险费用后，赔偿或者给付保险金。为便于本法和有关金融法律对金融机构破产的特殊规定的具体实施，本法规定：商业银行、保险公司、证券公司等金融机构实施破产的，国务院可以依据本法和其他有关法律的规定制定实施办法。

第一百三十五条　其他法律规定企业法人以外的组织的清算，属于破产清算的，参照适用本法规定的程序。

【释义】　本条是关于企业法人以外的组织的破产清算对本法适用的规定。

在经济生活中，除了一部分取得企业法人资格的企业外还存在其他形式的非法人类经济组织，也有一些非企业的法人机构从事某些经济活动，如合伙企业、民办学校以及农民专业合作社等。它们依照法定规则进入市场，参与竞争，也需要依照法定的规则退出市场。

根据有关法律的规定，企业法人以外的组织解散或者终止，应当依法进行清算。其中，有的清算属于人民法院主导下的破产清算。例如，《合伙企业法》规定，合伙企业不能清偿到期债务的，债权人可以依法向人民法院提出破产清算申请；《民办教育促进法》

规定,因资不抵债无法继续办学而被终止的,由人民法院组织清算。但是,有关法律未对这些组织的破产清算程序作具体规定。为了解决这些组织破产清算的程序适用问题,本条规定,其他法律规定企业法人以外的组织的清算,属于破产清算的,参照适用本法规定的程序。

第一百三十六条　本法自 2007 年 6 月 1 日起施行,《中华人民共和国企业破产法(试行)》同时废止。

【释义】 本条是关于本法生效日期的规定。

法律的生效日期,是指一部法律从何时开始正式实施,也就是从何时开始具有法律效力。本条明确规定本法自 2007 年 6 月 1 日起施行,即本法自 2007 年 6 月 1 日起产生法律效力。本法于 2006 年 8 月 27 日由第十届全国人民代表大会常务委员会第二十三次会议通过,其施行日期为 2007 年 6 月 1 日,其间相隔八个月时间。主要考虑是:本法涉及各方面的利益关系,专业性强,与原《企业破产法(试行)》相比增加了一些新的制度,为了使各有关方面能够充分熟悉、理解、掌握本法的内容,也便于有关方面有必要的时间来依照本法制定相关的配套规定,对本法施行前的准备时间规定得较长一些是必要的。

本法的生效施行已取代了 1986 年制定的《企业破产法(试行)》,因此,本条规定,自本法施行之日起,《中华人民共和国企业破产法(试行)》同时废止。同时,本法的规定也已取代了《民事诉讼法》第十九章"企业法人破产还债程序"的规定。自本法施行之日起,所有的企业法人破产,除本法另有特别规定外,都应适用本法的规定。

第三部分　附　　录

附录一：企业破产法及相关法律、规范性文件

中华人民共和国企业破产法

（2006 年 8 月 27 日第十届全国人民代表大会
常务委员会第二十三次会议通过）

目　　录

第一章 总 则

第一条 为规范企业破产程序,公平清理债权债务,保护债权人和债务人的合法权益,维护社会主义市场经济秩序,制定本法。

第二条 企业法人不能清偿到期债务,并且资产不足以清偿全部债务或者明显缺乏清偿能力的,依照本法规定清理债务。

企业法人有前款规定情形,或者有明显丧失清偿能力可能的,可以依照本法规定进行重整。

第三条 破产案件由债务人住所地人民法院管辖。

第四条 破产案件审理程序,本法没有规定的,适用民事诉讼法的有关规定。

第五条 依照本法开始的破产程序,对债务人在中华人民共和国领域外的财产发生效力。

对外国法院作出的发生法律效力的破产案件的判决、裁定,涉及债务人在中华人民共和国领域内的财产,申请或者请求人民法院承认和执行的,人民法院依照中华人民共和国缔结或者参加的国际条约，或者按照互惠原则进行审查，认为不违反中华人民共和国法律的基本原则，不损害国家主权、安全和社会公共利益，不损害中华人民共和国领域内债权人的合法权益的，裁定承认和执行。

第六条　人民法院审理破产案件，应当依法保障企业职工的合法权益，依法追究破产企业经营管理人员的法律责任。

第二章　申请和受理

第一节　申　　请

第七条　债务人有本法第二条规定的情形，可以向人民法院提出重整、和解或者破产清算申请。

债务人不能清偿到期债务，债权人可以向人民法院提出对债务人进行重整或者破产清算的申请。

企业法人已解散但未清算或者未清算完毕，资产不足以清偿债务的，依法负有清算责任的人应当向人民法院申请破产清算。

第八条　向人民法院提出破产申请，应当提交破产申请书和有关证据。

破产申请书应当载明下列事项：

（一）申请人、被申请人的基本情况；

（二）申请目的；

（三）申请的事实和理由；

（四）人民法院认为应当载明的其他事项。

债务人提出申请的，还应当向人民法院提交财产状况说明、债务清册、债权清册、有关财务会计报告、职工安置预案以及职工工资的支付和社会保险费用的缴纳情况。

第九条　人民法院受理破产申请前，申请人可以请求撤回申请。

第二节　受　　理

第十条　债权人提出破产申请的，人民法院应当自收到申请之日起五日内通知债务人。债务人对申请有异议的，应当自收到人民法院的通知之日起七日内向人民法院提出。人民法院应当自异议期满之日起十日内裁定是否受理。

除前款规定的情形外，人民法院应当自收到破产申请之日起十五日内裁定是否受理。

有特殊情况需要延长前两款规定的裁定受理期限的，经上一级人民法院批准，可以延长十五日。

第十一条 人民法院受理破产申请的，应当自裁定作出之日起五日内送达申请人。

债权人提出申请的，人民法院应当自裁定作出之日起五日内送达债务人。债务人应当自裁定送达之日起十五日内，向人民法院提交财产状况说明、债务清册、债权清册、有关财务会计报告以及职工工资的支付和社会保险费用的缴纳情况。

第十二条 人民法院裁定不受理破产申请的，应当自裁定作出之日起五日内送达申请人并说明理由。申请人对裁定不服的，可以自裁定送达之日起十日内向上一级人民法院提起上诉。

人民法院受理破产申请后至破产宣告前，经审查发现债务人不符合本法第二条规定情形的，可以裁定驳回申请。申请人对裁定不服的，可以自裁定送达之日起十日内向上一级人民法院提起上诉。

第十三条 人民法院裁定受理破产申请的，应当同时指定管理人。

第十四条 人民法院应当自裁定受理破产申请之日起二十五日内通知已知债权人，并予以公告。

通知和公告应当载明下列事项：

（一）申请人、被申请人的名称或者姓名；

（二）人民法院受理破产申请的时间；

（三）申报债权的期限、地点和注意事项；

（四）管理人的名称或者姓名及其处理事务的地址；

（五）债务人的债务人或者财产持有人应当向管理人清偿债务或

者交付财产的要求；

（六）第一次债权人会议召开的时间和地点；

（七）人民法院认为应当通知和公告的其他事项。

第十五条　自人民法院受理破产申请的裁定送达债务人之日起至破产程序终结之日，债务人的有关人员承担下列义务：

（一）妥善保管其占有和管理的财产、印章和账簿、文书等资料；

（二）根据人民法院、管理人的要求进行工作，并如实回答询问；

（三）列席债权人会议并如实回答债权人的询问；

（四）未经人民法院许可，不得离开住所地；

（五）不得新任其他企业的董事、监事、高级管理人员。

前款所称有关人员，是指企业的法定代表人；经人民法院决定，可以包括企业的财务管理人员和其他经营管理人员。

第十六条　人民法院受理破产申请后，债务人对个别债权人的债务清偿无效。

第十七条　人民法院受理破产申请后，债务人的债务人或者财产持有人应当向管理人清偿债务或者交付财产。

债务人的债务人或者财产持有人故意违反前款规定向债务人清偿债务或者交付财产，使债权人受到损失的，不免除其清偿债务或者交付财产的义务。

第十八条　人民法院受理破产申请后，管理人对破产申请受理前成立而债务人和对方当事人均未履行完毕的合同有权决定解除或者继续履行，并通知对方当事人。管理人自破产申请受理之日起二个月内未通知对方当事人，或者自收到对方当事人催告之日起三十日内未答复的，视为解除合同。

管理人决定继续履行合同的，对方当事人应当履行；但是，对方当事人有权要求管理人提供担保。管理人不提供担保的，视为解除合同。

第十九条　人民法院受理破产申请后，有关债务人财产的保全措施应当解除，执行程序应当中止。

第二十条 人民法院受理破产申请后，已经开始而尚未终结的有关债务人的民事诉讼或者仲裁应当中止；在管理人接管债务人的财产后，该诉讼或者仲裁继续进行。

第二十一条 人民法院受理破产申请后，有关债务人的民事诉讼，只能向受理破产申请的人民法院提起。

第三章 管 理 人

第二十二条 管理人由人民法院指定。

债权人会议认为管理人不能依法、公正执行职务或者有其他不能胜任职务情形的，可以申请人民法院予以更换。

指定管理人和确定管理人报酬的办法，由最高人民法院规定。

第二十三条 管理人依照本法规定执行职务，向人民法院报告工作，并接受债权人会议和债权人委员会的监督。

管理人应当列席债权人会议，向债权人会议报告职务执行情况，并回答询问。

第二十四条 管理人可以由有关部门、机构的人员组成的清算组或者依法设立的律师事务所、会计师事务所、破产清算事务所等社会中介机构担任。

人民法院根据债务人的实际情况，可以在征询有关社会中介机构的意见后，指定该机构具备相关专业知识并取得执业资格的人员担任管理人。

有下列情形之一的，不得担任管理人：

（一）因故意犯罪受过刑事处罚；

（二）曾被吊销相关专业执业证书；

（三）与本案有利害关系；

（四）人民法院认为不宜担任管理人的其他情形。

个人担任管理人的，应当参加执业责任保险。

第二十五条 管理人履行下列职责：

（一）接管债务人的财产、印章和账簿、文书等资料；

（二）调查债务人财产状况，制作财产状况报告；

（三）决定债务人的内部管理事务；

（四）决定债务人的日常开支和其他必要开支；

（五）在第一次债权人会议召开之前，决定继续或者停止债务人的营业；

（六）管理和处分债务人的财产；

（七）代表债务人参加诉讼、仲裁或者其他法律程序；

（八）提议召开债权人会议；

（九）人民法院认为管理人应当履行的其他职责。

本法对管理人的职责另有规定的，适用其规定。

第二十六条 在第一次债权人会议召开之前，管理人决定继续或者停止债务人的营业或者有本法第六十九条规定行为之一的，应当经人民法院许可。

第二十七条 管理人应当勤勉尽责，忠实执行职务。

第二十八条 管理人经人民法院许可，可以聘用必要的工作人员。

管理人的报酬由人民法院确定。债权人会议对管理人的报酬有异议的，有权向人民法院提出。

第二十九条 管理人没有正当理由不得辞去职务。管理人辞去职务应当经人民法院许可。

第四章 债务人财产

第三十条 破产申请受理时属于债务人的全部财产，以及破产申请受理后至破产程序终结前债务人取得的财产，为债务人财产。

第三十一条 人民法院受理破产申请前一年内，涉及债务人财产的下列行为，管理人有权请求人民法院予以撤销：

（一）无偿转让财产的；

（二）以明显不合理的价格进行交易的；

（三）对没有财产担保的债务提供财产担保的；

（四）对未到期的债务提前清偿的；

（五）放弃债权的。

第三十二条 人民法院受理破产申请前六个月内，债务人有本法第二条第一款规定的情形，仍对个别债权人进行清偿的，管理人有权请求人民法院予以撤销。但是，个别清偿使债务人财产受益的除外。

第三十三条 涉及债务人财产的下列行为无效：

（一）为逃避债务而隐匿、转移财产的；

（二）虚构债务或者承认不真实的债务的。

第三十四条 因本法第三十一条、第三十二条或者第三十三条规定的行为而取得的债务人的财产，管理人有权追回。

第三十五条 人民法院受理破产申请后，债务人的出资人尚未完全履行出资义务的，管理人应当要求该出资人缴纳所认缴的出资，而不受出资期限的限制。

第三十六条 债务人的董事、监事和高级管理人员利用职权从企业获取的非正常收入和侵占的企业财产，管理人应当追回。

第三十七条 人民法院受理破产申请后，管理人可以通过清偿债务或者提供为债权人接受的担保，取回质物、留置物。

前款规定的债务清偿或者替代担保，在质物或者留置物的价值低于被担保的债权额时，以该质物或者留置物当时的市场价值为限。

第三十八条 人民法院受理破产申请后，债务人占有的不属于债务人的财产，该财产的权利人可以通过管理人取回。但是，本法另有规定的除外。

第三十九条 人民法院受理破产申请时，出卖人已将买卖标的物向作为买受人的债务人发运，债务人尚未收到且未付清全部价款的，出卖人可以取回在运途中的标的物。但是，管理人可以支付全部价款，请求出卖人交付标的物。

第四十条 债权人在破产申请受理前对债务人负有债务的，可以向管理人主张抵销。但是，有下列情形之一的，不得抵销：

（一）债务人的债务人在破产申请受理后取得他人对债务人的债权的；

（二）债权人已知债务人有不能清偿到期债务或者破产申请的事实，对债务人负担债务的；但是，债权人因为法律规定或者有破产申请一年前所发生的原因而负担债务的除外；

（三）债务人的债务人已知债务人有不能清偿到期债务或者破产申请的事实，对债务人取得债权的；但是，债务人的债务人因为法律规定或者有破产申请一年前所发生的原因而取得债权的除外。

第五章　破产费用和共益债务

第四十一条　人民法院受理破产申请后发生的下列费用，为破产费用：

（一）破产案件的诉讼费用；

（二）管理、变价和分配债务人财产的费用；

（三）管理人执行职务的费用、报酬和聘用工作人员的费用。

第四十二条　人民法院受理破产申请后发生的下列债务，为共益债务：

（一）因管理人或者债务人请求对方当事人履行双方均未履行完毕的合同所产生的债务；

（二）债务人财产受无因管理所产生的债务；

（三）因债务人不当得利所产生的债务；

（四）为债务人继续营业而应支付的劳动报酬和社会保险费用以及由此产生的其他债务；

（五）管理人或者相关人员执行职务致人损害所产生的债务；

（六）债务人财产致人损害所产生的债务。

第四十三条　破产费用和共益债务由债务人财产随时清偿。

债务人财产不足以清偿所有破产费用和共益债务的，先行清偿破产费用。

债务人财产不足以清偿所有破产费用或者共益债务的，按照比例清偿。

债务人财产不足以清偿破产费用的，管理人应当提请人民法院终结破产程序。人民法院应当自收到请求之日起十五日内裁定终结破产程序，并予以公告。

第六章　债 权 申 报

第四十四条　人民法院受理破产申请时对债务人享有债权的债权人，依照本法规定的程序行使权利。

第四十五条　人民法院受理破产申请后，应当确定债权人申报债权的期限。债权申报期限自人民法院发布受理破产申请公告之日起计算，最短不得少于三十日，最长不得超过三个月。

第四十六条　未到期的债权，在破产申请受理时视为到期。

附利息的债权自破产申请受理时起停止计息。

第四十七条　附条件、附期限的债权和诉讼、仲裁未决的债权，债权人可以申报。

第四十八条　债权人应当在人民法院确定的债权申报期限内向管理人申报债权。

债务人所欠职工的工资和医疗、伤残补助、抚恤费用，所欠的应当划入职工个人账户的基本养老保险、基本医疗保险费用，以及法律、行政法规规定应当支付给职工的补偿金，不必申报，由管理人调查后列出清单并予以公示。职工对清单记载有异议的，可以要求管理人更正；管理人不予更正的，职工可以向人民法院提起诉讼。

第四十九条　债权人申报债权时，应当书面说明债权的数额和有无财产担保，并提交有关证据。申报的债权是连带债权的，应当说明。

第五十条　连带债权人可以由其中一人代表全体连带债权人申报债权，也可以共同申报债权。

第五十一条　债务人的保证人或者其他连带债务人已经代替债务人清偿债务的，以其对债务人的求偿权申报债权。

债务人的保证人或者其他连带债务人尚未代替债务人清偿债务的，以其对债务人的将来求偿权申报债权。但是，债权人已经向管理人申报全部债权的除外。

第五十二条　连带债务人数人被裁定适用本法规定的程序的，其债权人有权就全部债权分别在各破产案件中申报债权。

第五十三条　管理人或者债务人依照本法规定解除合同的，对方当事人以因合同解除所产生的损害赔偿请求权申报债权。

第五十四条　债务人是委托合同的委托人，被裁定适用本法规定的程序，受托人不知该事实，继续处理委托事务的，受托人以由此产生的请求权申报债权。

第五十五条　债务人是票据的出票人，被裁定适用本法规定的程序，该票据的付款人继续付款或者承兑的，付款人以由此产生的请求权申报债权。

第五十六条　在人民法院确定的债权申报期限内，债权人未申报债权的，可以在破产财产最后分配前补充申报；但是，此前已进行的分配，不再对其补充分配。为审查和确认补充申报债权的费用，由补充申报人承担。

债权人未依照本法规定申报债权的，不得依照本法规定的程序行使权利。

第五十七条　管理人收到债权申报材料后，应当登记造册，对申报的债权进行审查，并编制债权表。

债权表和债权申报材料由管理人保存，供利害关系人查阅。

第五十八条　依照本法第五十七条规定编制的债权表，应当提交第一次债权人会议核查。

债务人、债权人对债权表记载的债权无异议的，由人民法院裁定确认。

债务人、债权人对债权表记载的债权有异议的，可以向受理破产申请的人民法院提起诉讼。

第七章　债权人会议

第一节　一般规定

第五十九条　依法申报债权的债权人为债权人会议的成员，有权参加债权人会议，享有表决权。

债权尚未确定的债权人，除人民法院能够为其行使表决权而临时确定债权额的外，不得行使表决权。

对债务人的特定财产享有担保权的债权人，未放弃优先受偿权利的，对于本法第六十一条第一款第七项、第十项规定的事项不享有表决权。

债权人可以委托代理人出席债权人会议，行使表决权。代理人出席债权人会议，应当向人民法院或者债权人会议主席提交债权人的授权委托书。

债权人会议应当有债务人的职工和工会的代表参加，对有关事项发表意见。

第六十条　债权人会议设主席一人，由人民法院从有表决权的债权人中指定。

债权人会议主席主持债权人会议。

第六十一条　债权人会议行使下列职权：

（一）核查债权；

（二）申请人民法院更换管理人，审查管理人的费用和报酬；

（三）监督管理人；

（四）选任和更换债权人委员会成员；

（五）决定继续或者停止债务人的营业；

（六）通过重整计划；

（七）通过和解协议；

（八）通过债务人财产的管理方案；

（九）通过破产财产的变价方案；

（十）通过破产财产的分配方案；

（十一）人民法院认为应当由债权人会议行使的其他职权。

债权人会议应当对所议事项的决议作成会议记录。

第六十二条 第一次债权人会议由人民法院召集，自债权申报期限届满之日起十五日内召开。

以后的债权人会议，在人民法院认为必要时，或者管理人、债权人委员会、占债权总额四分之一以上的债权人向债权人会议主席提议时召开。

第六十三条 召开债权人会议，管理人应当提前十五日通知已知的债权人。

第六十四条 债权人会议的决议，由出席会议的有表决权的债权人过半数通过，并且其所代表的债权额占无财产担保债权总额的二分之一以上。但是，本法另有规定的除外。

债权人认为债权人会议的决议违反法律规定，损害其利益的，可以自债权人会议作出决议之日起十五日内，请求人民法院裁定撤销该决议，责令债权人会议依法重新作出决议。

债权人会议的决议，对于全体债权人均有约束力。

第六十五条 本法第六十一条第一款第八项、第九项所列事项，经债权人会议表决未通过的，由人民法院裁定。

本法第六十一条第一款第十项所列事项，经债权人会议二次表决仍未通过的，由人民法院裁定。

对前两款规定的裁定，人民法院可以在债权人会议上宣布或者另行通知债权人。

第六十六条 债权人对人民法院依照本法第六十五条第一款作出的裁定不服的，债权额占无财产担保债权总额二分之一以上的债权人对人民法院依照本法第六十五条第二款作出的裁定不服的，可以自裁定宣布之日或者收到通知之日起十五日内向该人民法院申请复议。复议期间不停止裁定的执行。

第二节 债权人委员会

第六十七条 债权人会议可以决定设立债权人委员会。债权人委员会由债权人会议选任的债权人代表和一名债务人的职工代表或者工会代表组成。债权人委员会成员不得超过九人。

债权人委员会成员应当经人民法院书面决定认可。

第六十八条 债权人委员会行使下列职权:

(一)监督债务人财产的管理和处分;

(二)监督破产财产分配;

(三)提议召开债权人会议;

(四)债权人会议委托的其他职权。

债权人委员会执行职务时,有权要求管理人、债务人的有关人员对其职权范围内的事务作出说明或者提供有关文件。

管理人、债务人的有关人员违反本法规定拒绝接受监督的,债权人委员会有权就监督事项请求人民法院作出决定;人民法院应当在五日内作出决定。

第六十九条 管理人实施下列行为,应当及时报告债权人委员会:

(一)涉及土地、房屋等不动产权益的转让;

(二)探矿权、采矿权、知识产权等财产权的转让;

(三)全部库存或者营业的转让;

(四)借款;

(五)设定财产担保;

(六)债权和有价证券的转让;

(七)履行债务人和对方当事人均未履行完毕的合同;

(八)放弃权利;

(九)担保物的取回;

(十)对债权人利益有重大影响的其他财产处分行为。

未设立债权人委员会的,管理人实施前款规定的行为应当及时报告人民法院。

第八章 重 整

第一节 重整申请和重整期间

第七十条 债务人或者债权人可以依照本法规定，直接向人民法院申请对债务人进行重整。

债权人申请对债务人进行破产清算的，在人民法院受理破产申请后、宣告债务人破产前，债务人或者出资额占债务人注册资本十分之一以上的出资人，可以向人民法院申请重整。

第七十一条 人民法院经审查认为重整申请符合本法规定的，应当裁定债务人重整，并予以公告。

第七十二条 自人民法院裁定债务人重整之日起至重整程序终止，为重整期间。

第七十三条 在重整期间，经债务人申请，人民法院批准，债务人可以在管理人的监督下自行管理财产和营业事务。

有前款规定情形的，依照本法规定已接管债务人财产和营业事务的管理人应当向债务人移交财产和营业事务，本法规定的管理人的职权由债务人行使。

第七十四条 管理人负责管理财产和营业事务的，可以聘任债务人的经营管理人员负责营业事务。

第七十五条 在重整期间，对债务人的特定财产享有的担保权暂停行使。但是，担保物有损坏或者价值明显减少的可能，足以危害担保权人权利的，担保权人可以向人民法院请求恢复行使担保权。

在重整期间，债务人或者管理人为继续营业而借款的，可以为该借款设定担保。

第七十六条 债务人合法占有的他人财产，该财产的权利人在重整期间要求取回的，应当符合事先约定的条件。

第七十七条 在重整期间，债务人的出资人不得请求投资收益分配。

在重整期间,债务人的董事、监事、高级管理人员不得向第三人转让其持有的债务人的股权。但是,经人民法院同意的除外。

第七十八条 在重整期间,有下列情形之一的,经管理人或者利害关系人请求,人民法院应当裁定终止重整程序,并宣告债务人破产:

(一)债务人的经营状况和财产状况继续恶化,缺乏挽救的可能性;

(二)债务人有欺诈、恶意减少债务人财产或者其他显著不利于债权人的行为;

(三)由于债务人的行为致使管理人无法执行职务。

第二节 重整计划的制定和批准

第七十九条 债务人或者管理人应当自人民法院裁定债务人重整之日起六个月内,同时向人民法院和债权人会议提交重整计划草案。

前款规定的期限届满,经债务人或者管理人请求,有正当理由的,人民法院可以裁定延期三个月。

债务人或者管理人未按期提出重整计划草案的,人民法院应当裁定终止重整程序,并宣告债务人破产。

第八十条 债务人自行管理财产和营业事务的,由债务人制作重整计划草案。

管理人负责管理财产和营业事务的,由管理人制作重整计划草案。

第八十一条 重整计划草案应当包括下列内容:

(一)债务人的经营方案;

(二)债权分类;

(三)债权调整方案;

(四)债权受偿方案;

（五）重整计划的执行期限；

（六）重整计划执行的监督期限；

（七）有利于债务人重整的其他方案。

第八十二条　下列各类债权的债权人参加讨论重整计划草案的债权人会议，依照下列债权分类，分组对重整计划草案进行表决：

（一）对债务人的特定财产享有担保权的债权；

（二）债务人所欠职工的工资和医疗、伤残补助、抚恤费用，所欠的应当划入职工个人账户的基本养老保险、基本医疗保险费用，以及法律、行政法规规定应当支付给职工的补偿金；

（三）债务人所欠税款；

（四）普通债权。

人民法院在必要时可以决定在普通债权组中设小额债权组对重整计划草案进行表决。

第八十三条　重整计划不得规定减免债务人欠缴的本法第八十二条第一款第二项规定以外的社会保险费用；该项费用的债权人不参加重整计划草案的表决。

第八十四条　人民法院应当自收到重整计划草案之日起三十日内召开债权人会议，对重整计划草案进行表决。

出席会议的同一表决组的债权人过半数同意重整计划草案，并且其所代表的债权额占该组债权总额的三分之二以上的，即为该组通过重整计划草案。

债务人或者管理人应当向债权人会议就重整计划草案作出说明，并回答询问。

第八十五条　债务人的出资人代表可以列席讨论重整计划草案的债权人会议。

重整计划草案涉及出资人权益调整事项的，应当设出资人组，对该事项进行表决。

第八十六条　各表决组均通过重整计划草案时，重整计划即为通过。

自重整计划通过之日起十日内,债务人或者管理人应当向人民法院提出批准重整计划的申请。人民法院经审查认为符合本法规定的,应当自收到申请之日起三十日内裁定批准,终止重整程序,并予以公告。

第八十七条 部分表决组未通过重整计划草案的,债务人或者管理人可以同未通过重整计划草案的表决组协商。该表决组可以在协商后再表决一次。双方协商的结果不得损害其他表决组的利益。

未通过重整计划草案的表决组拒绝再次表决或者再次表决仍未通过重整计划草案,但重整计划草案符合下列条件的,债务人或者管理人可以申请人民法院批准重整计划草案:

(一)按照重整计划草案,本法第八十二条第一款第一项所列债权就该特定财产将获得全额清偿,其因延期清偿所受的损失将得到公平补偿,并且其担保权未受到实质性损害,或者该表决组已经通过重整计划草案;

(二)按照重整计划草案,本法第八十二条第一款第二项、第三项所列债权将获得全额清偿,或者相应表决组已经通过重整计划草案;

(三)按照重整计划草案,普通债权所获得的清偿比例,不低于其在重整计划草案被提请批准时依照破产清算程序所能获得的清偿比例,或者该表决组已经通过重整计划草案;

(四)重整计划草案对出资人权益的调整公平、公正,或者出资人组已经通过重整计划草案;

(五)重整计划草案公平对待同一表决组的成员,并且所规定的债权清偿顺序不违反本法第一百一十三条的规定;

(六)债务人的经营方案具有可行性。

人民法院经审查认为重整计划草案符合前款规定的,应当自收到申请之日起三十日内裁定批准,终止重整程序,并予以公告。

第八十八条 重整计划草案未获得通过且未依照本法第八十七条的规定获得批准,或者已通过的重整计划未获得批准的,人民法院应当裁定终止重整程序,并宣告债务人破产。

第三节　重整计划的执行

第八十九条　重整计划由债务人负责执行。

人民法院裁定批准重整计划后，已接管财产和营业事务的管理人应当向债务人移交财产和营业事务。

第九十条　自人民法院裁定批准重整计划之日起，在重整计划规定的监督期内，由管理人监督重整计划的执行。

在监督期内，债务人应当向管理人报告重整计划执行情况和债务人财务状况。

第九十一条　监督期届满时，管理人应当向人民法院提交监督报告。自监督报告提交之日起，管理人的监督职责终止。

管理人向人民法院提交的监督报告，重整计划的利害关系人有权查阅。

经管理人申请，人民法院可以裁定延长重整计划执行的监督期限。

第九十二条　经人民法院裁定批准的重整计划，对债务人和全体债权人均有约束力。

债权人未依照本法规定申报债权的，在重整计划执行期间不得行使权利；在重整计划执行完毕后，可以按照重整计划规定的同类债权的清偿条件行使权利。

债权人对债务人的保证人和其他连带债务人所享有的权利，不受重整计划的影响。

第九十三条　债务人不能执行或者不执行重整计划的，人民法院经管理人或者利害关系人请求，应当裁定终止重整计划的执行，并宣告债务人破产。

人民法院裁定终止重整计划执行的，债权人在重整计划中作出的债权调整的承诺失去效力。债权人因执行重整计划所受的清偿仍然有效，债权未受清偿的部分作为破产债权。

前款规定的债权人，只有在其他同顺位债权人同自己所受的清偿达到同一比例时,才能继续接受分配。

有本条第一款规定情形的,为重整计划的执行提供的担保继续有效。

第九十四条 按照重整计划减免的债务,自重整计划执行完毕时起,债务人不再承担清偿责任。

第九章 和 解

第九十五条 债务人可以依照本法规定,直接向人民法院申请和解;也可以在人民法院受理破产申请后、宣告债务人破产前,向人民法院申请和解。

债务人申请和解,应当提出和解协议草案。

第九十六条 人民法院经审查认为和解申请符合本法规定的,应当裁定和解,予以公告,并召集债权人会议讨论和解协议草案。

对债务人的特定财产享有担保权的权利人,自人民法院裁定和解之日起可以行使权利。

第九十七条 债权人会议通过和解协议的决议,由出席会议的有表决权的债权人过半数同意,并且其所代表的债权额占无财产担保债权总额的三分之二以上。

第九十八条 债权人会议通过和解协议的,由人民法院裁定认可,终止和解程序,并予以公告。管理人应当向债务人移交财产和营业事务,并向人民法院提交执行职务的报告。

第九十九条 和解协议草案经债权人会议表决未获得通过,或者已经债权人会议通过的和解协议未获得人民法院认可的,人民法院应当裁定终止和解程序,并宣告债务人破产。

第一百条 经人民法院裁定认可的和解协议,对债务人和全体和解债权人均有约束力。

和解债权人是指人民法院受理破产申请时对债务人享有无财产担保债权的人。

和解债权人未依照本法规定申报债权的,在和解协议执行期间不得行使权利;在和解协议执行完毕后,可以按照和解协议规定的清偿条件行使权利。

第一百零一条 和解债权人对债务人的保证人和其他连带债务人所享有的权利,不受和解协议的影响。

第一百零二条 债务人应当按照和解协议规定的条件清偿债务。

第一百零三条 因债务人的欺诈或者其他违法行为而成立的和解协议,人民法院应当裁定无效,并宣告债务人破产。

有前款规定情形的,和解债权人因执行和解协议所受的清偿,在其他债权人所受清偿同等比例的范围内,不予返还。

第一百零四条 债务人不能执行或者不执行和解协议的,人民法院经和解债权人请求,应当裁定终止和解协议的执行,并宣告债务人破产。

人民法院裁定终止和解协议执行的,和解债权人在和解协议中作出的债权调整的承诺失去效力。和解债权人因执行和解协议所受的清偿仍然有效,和解债权未受清偿的部分作为破产债权。

前款规定的债权人,只有在其他债权人同自己所受的清偿达到同一比例时,才能继续接受分配。

有本条第一款规定情形的,为和解协议的执行提供的担保继续有效。

第一百零五条 人民法院受理破产申请后,债务人与全体债权人就债权债务的处理自行达成协议的,可以请求人民法院裁定认可,并终结破产程序。

第一百零六条 按照和解协议减免的债务,自和解协议执行完毕时起,债务人不再承担清偿责任。

第十章 破产清算

第一节 破产宣告

第一百零七条 人民法院依照本法规定宣告债务人破产的,应当自裁定作出之日起五日内送达债务人和管理人,自裁定作出之日起十日内通知已知债权人,并予以公告。

债务人被宣告破产后,债务人称为破产人,债务人财产称为破产财产,人民法院受理破产申请时对债务人享有的债权称为破产债权。

第一百零八条 破产宣告前,有下列情形之一的,人民法院应当裁定终结破产程序,并予以公告:

(一)第三人为债务人提供足额担保或者为债务人清偿全部到期债务的;

(二)债务人已清偿全部到期债务的。

第一百零九条 对破产人的特定财产享有担保权的权利人,对该特定财产享有优先受偿的权利。

第一百一十条 享有本法第一百零九条规定权利的债权人行使优先受偿权利未能完全受偿的,其未受偿的债权作为普通债权;放弃优先受偿权利的,其债权作为普通债权。

第二节 变价和分配

第一百一十一条 管理人应当及时拟订破产财产变价方案,提交债权人会议讨论。

管理人应当按照债权人会议通过的或者人民法院依照本法第六十五条第一款规定裁定的破产财产变价方案,适时变价出售破产财产。

第一百一十二条 变价出售破产财产应当通过拍卖进行。但是,债权人会议另有决议的除外。

破产企业可以全部或者部分变价出售。企业变价出售时,可以将其中的无形资产和其他财产单独变价出售。

按照国家规定不能拍卖或者限制转让的财产,应当按照国家规定的方式处理。

第一百一十三条 破产财产在优先清偿破产费用和共益债务后,依照下列顺序清偿:

（一）破产人所欠职工的工资和医疗、伤残补助、抚恤费用，所欠的应当划入职工个人账户的基本养老保险、基本医疗保险费用，以及法律、行政法规规定应当支付给职工的补偿金；

（二）破产人欠缴的除前项规定以外的社会保险费用和破产人所欠税款；

（三）普通破产债权。

破产财产不足以清偿同一顺序的清偿要求的，按照比例分配。

破产企业的董事、监事和高级管理人员的工资按照该企业职工的平均工资计算。

第一百一十四条 破产财产的分配应当以货币分配方式进行。但是，债权人会议另有决议的除外。

第一百一十五条 管理人应当及时拟订破产财产分配方案，提交债权人会议讨论。

破产财产分配方案应当载明下列事项：

（一）参加破产财产分配的债权人名称或者姓名、住所；

（二）参加破产财产分配的债权额；

（三）可供分配的破产财产数额；

（四）破产财产分配的顺序、比例及数额；

（五）实施破产财产分配的方法。

债权人会议通过破产财产分配方案后，由管理人将该方案提请人民法院裁定认可。

第一百一十六条 破产财产分配方案经人民法院裁定认可后，由管理人执行。

管理人按照破产财产分配方案实施多次分配的，应当公告本次分配的财产额和债权额。管理人实施最后分配的，应当在公告中指明，并载明本法第一百一十七条第二款规定的事项。

第一百一十七条 对于附生效条件或者解除条件的债权，管理人应当将其分配额提存。

管理人依照前款规定提存的分配额，在最后分配公告日，生效条件未成就或者解除条件成就的，应当分配给其他债权人；在最后分配公告日，生效条件成就或者解除条件未成就的，应当交付给债权人。

第一百一十八条　债权人未受领的破产财产分配额，管理人应当提存。债权人自最后分配公告之日起满二个月仍不领取的，视为放弃受领分配的权利，管理人或者人民法院应当将提存的分配额分配给其他债权人。

第一百一十九条　破产财产分配时，对于诉讼或者仲裁未决的债权，管理人应当将其分配额提存。自破产程序终结之日起满二年仍不能受领分配的，人民法院应当将提存的分配额分配给其他债权人。

第三节　破产程序的终结

第一百二十条　破产人无财产可供分配的，管理人应当请求人民法院裁定终结破产程序。

管理人在最后分配完结后，应当及时向人民法院提交破产财产分配报告，并提请人民法院裁定终结破产程序。

人民法院应当自收到管理人终结破产程序的请求之日起十五日内作出是否终结破产程序的裁定。裁定终结的，应当予以公告。

第一百二十一条　管理人应当自破产程序终结之日起十日内，持人民法院终结破产程序的裁定，向破产人的原登记机关办理注销登记。

第一百二十二条　管理人于办理注销登记完毕的次日终止执行职务。但是，存在诉讼或者仲裁未决情况的除外。

第一百二十三条　自破产程序依照本法第四十三条第四款或者第一百二十条的规定终结之日起二年内，有下列情形之一的，债权人可以请求人民法院按照破产财产分配方案进行追加分配：

（一）发现有依照本法第三十一条、第三十二条、第三十三条、第三十六条规定应当追回的财产的；

（二）发现破产人有应当供分配的其他财产的。

有前款规定情形，但财产数量不足以支付分配费用的，不再进行追加分配，由人民法院将其上交国库。

第一百二十四条　破产人的保证人和其他连带债务人，在破产程序终结后，对债权人依照破产清算程序未受清偿的债权，依法继续承担清偿责任。

第十一章　法律责任

第一百二十五条　企业董事、监事或者高级管理人员违反忠实义务、勤勉义务，致使所在企业破产的，依法承担民事责任。

有前款规定情形的人员，自破产程序终结之日起三年内不得担任任何企业的董事、监事、高级管理人员。

第一百二十六条　有义务列席债权人会议的债务人的有关人员，经人民法院传唤，无正当理由拒不列席债权人会议的，人民法院可以拘传，并依法处以罚款。债务人的有关人员违反本法规定，拒不陈述、回答，或者作虚假陈述、回答的，人民法院可以依法处以罚款。

第一百二十七条　债务人违反本法规定，拒不向人民法院提交或者提交不真实的财产状况说明、债务清册、债权清册、有关财务会计报告以及职工工资的支付情况和社会保险费用的缴纳情况的，人民法院可以对直接责任人员依法处以罚款。

债务人违反本法规定，拒不向管理人移交财产、印章和账簿、文书等资料的，或者伪造、销毁有关财产证据材料而使财产状况不明的，人民法院可以对直接责任人员依法处以罚款。

第一百二十八条　债务人有本法第三十一条、第三十二条、第三十三条规定的行为，损害债权人利益的，债务人的法定代表人和其他直接责任人员依法承担赔偿责任。

第一百二十九条　债务人的有关人员违反本法规定，擅自离开住所地的，人民法院可以予以训诫、拘留，可以依法并处罚款。

第一百三十条　管理人未依照本法规定勤勉尽责，忠实执行职务的，人民法院可以依法处以罚款；给债权人、债务人或者第三人造成损失的，依法承担赔偿责任。

第一百三十一条 违反本法规定，构成犯罪的，依法追究刑事责任。

第十二章 附 则

第一百三十二条 本法施行后，破产人在本法公布之日前所欠职工的工资和医疗、伤残补助、抚恤费用，所欠的应当划入职工个人账户的基本养老保险、基本医疗保险费用，以及法律、行政法规规定应当支付给职工的补偿金，依照本法第一百一十三条的规定清偿后不足以清偿的部分，以本法第一百零九条规定的特定财产优先于对该特定财产享有担保权的权利人受偿。

第一百三十三条 在本法施行前国务院规定的期限和范围内的国有企业实施破产的特殊事宜，按照国务院有关规定办理。

第一百三十四条 商业银行、证券公司、保险公司等金融机构有本法第二条规定情形的，国务院金融监督管理机构可以向人民法院提出对该金融机构进行重整或者破产清算的申请。国务院金融监督管理机构依法对出现重大经营风险的金融机构采取接管、托管等措施的，可以向人民法院申请中止以该金融机构为被告或者被执行人的民事诉讼程序或者执行程序。

金融机构实施破产的，国务院可以依据本法和其他有关法律的规定制定实施办法。

第一百三十五条 其他法律规定企业法人以外的组织的清算，属于破产清算的，参照适用本法规定的程序。

第一百三十六条 本法自2007年6月1日起施行，《中华人民共和国企业破产法（试行）》同时废止。

中华人民共和国民事诉讼法

(1991年4月9日第七届全国人民代表大会第四次会议通过
1991年4月9日中华人民共和国主席令第44号公布
自1991年4月9日起施行)

目 录

第八章　调　　解
第九章　财产保全和先予执行
第十章　对妨害民事诉讼的强制措施
第十一章　诉讼费用

第二编　审判程序

第十二章　第一审普通程序
第一节　起诉和受理
第二节　审理前的准备
第三节　开庭审理
第四节　诉讼中止和终结
第五节　判决和裁定
第十三章　简易程序
第十四章　第二审程序
第十五章　特别程序
第一节　一般规定
第二节　选民资格案件
第三节　宣告失踪、宣告死亡案件
第四节　认定公民无民事行为能力、限制民事行为能力案件
第五节　认定财产无主案件
第十六章　审判监督程序
第十七章　督促程序
第十八章　公示催告程序
第十九章　企业法人破产还债程序

第三编　执行程序

第二十章　一般规定
第二十一章　执行的申请和移送
第二十二章　执行措施
第二十三章　执行中止和终结

第一编 总 则

第一章 任务、适用范围和基本原则

第一条 【立法依据】中华人民共和国民事诉讼法以宪法为根据，结合我国民事审判工作的经验和实际情况制定。

第二条 【立法目的】中华人民共和国民事诉讼法的任务，是保护当事人行使诉讼权利，保证人民法院查明事实，分清是非，正确适用法律，及时审理民事案件，确认民事权利义务关系，制裁民事违法行为，保护当事人的合法权益，教育公民自觉遵守法律，维护社会秩序、经济秩序，保障社会主义建设事业顺利进行。

第三条 【适用范围】人民法院受理公民之间、法人之间、其他组织之间以及他们相互之间因财产关系和人身关系提起的民事诉讼，适用本法的规定。

第四条 【空间效力】凡在中华人民共和国领域内进行民事诉讼，必须遵守本法。

第五条 【外国人诉讼地位】外国人、无国籍人、外国企业和组织在人民法院起诉、应诉，同中华人民共和国公民、法人和其他组织有同等的诉讼权利义务。

外国法院对中华人民共和国公民、法人和其他组织的民事诉讼权利加以限制的，中华人民共和国人民法院对该国公民、企业和组织的民事诉讼权利，实行对等原则。

第六条 【法院独立审判】民事案件的审判权由人民法院行使。

人民法院依照法律规定对民事案件独立进行审判,不受行政机关、社会团体和个人的干涉。

第七条 【审理原则】人民法院审理民事案件,必须以事实为根据,以法律为准绳。

第八条 【诉讼权利平等】民事诉讼当事人有平等的诉讼权利。人民法院审理民事案件,应当保障和便利当事人行使诉讼权利,对当事人在适用法律上一律平等。

第九条 【法院调解】人民法院审理民事案件,应当根据自愿和合法的原则进行调解;调解不成的,应当及时判决。

第十条 【审判制度】人民法院审理民事案件,依照法律规定实行合议、回避、公开审判和两审终审制度。

第十一条 【语言文字】各民族公民都有用本民族语言、文字进行民事诉讼的权利。

在少数民族聚居或者多民族共同居住的地区,人民法院应当用当地民族通用的语言、文字进行审理和发布法律文书。

人民法院应当对不通晓当地民族通用的语言、文字的诉讼参与人提供翻译。

第十二条 【辩论权】人民法院审理民事案件时,当事人有权进行辩论。

第十三条 【处分权】当事人有权在法律规定的范围内处分自己的民事权利和诉讼权利。

第十四条 【法律监督】人民检察院有权对民事审判活动实行法律监督。

第十五条 【支持起诉】机关、社会团体、企业事业单位对损害国家、集体或者个人民事权益的行为,可以支持受损害的单位或者个人向人民法院起诉。

第十六条 【人民调解】人民调解委员会是在基层人民政府和基层人民法院指导下,调解民间纠纷的群众性组织。

人民调解委员会依照法律规定，根据自愿原则进行调解。当事人对调解达成的协议应当履行；不愿调解、调解不成或者反悔的，可以向人民法院起诉。

人民调解委员会调解民间纠纷，如有违背法律的，人民法院应当予以纠正。

第十七条 【变通规定】民族自治地方的人民代表大会根据宪法和本法的原则，结合当地民族的具体情况，可以制定变通或者补充的规定。自治区的规定，报全国人民代表大会常务委员会批准。自治州、自治县的规定，报省或者自治区的人民代表大会常务委员会批准，并报全国人民代表大会常务委员会备案。

第二章 管 辖

第一节 级别管辖

第十八条 【基层法院管辖】基层人民法院管辖第一审民事案件，但本法另有规定的除外。

第十九条 【中级法院管辖】中级人民法院管辖下列第一审民事案件：

（一）重大涉外案件；

（二）在本辖区有重大影响的案件；

（三）最高人民法院确定由中级人民法院管辖的案件。

第二十条 【高级法院管辖】高级人民法院管辖在本辖区有重大影响的第一审民事案件。

第二十一条 【最高法院管辖】最高人民法院管辖下列第一审民事案件：

（一）在全国有重大影响的案件；

（二）认为应当由本院审理的案件。

第二节 地域管辖

第二十二条 【一般地域管辖】对公民提起的民事诉讼，由被告住所地人民法院管辖;被告住所地与经常居住地不一致的,由经常居住地人民法院管辖。

对法人或者其他组织提起的民事诉讼,由被告住所地人民法院管辖。

同一诉讼的几个被告住所地、经常居住地在两个以上人民法院辖区的,各该人民法院都有管辖权。

第二十三条 【特别规定】下列民事诉讼,由原告住所地人民法院管辖;原告住所地与经常居住地不一致的,由原告经常居住地人民法院管辖:

(一)对不在中华人民共和国领域内居住的人提起的有关身份关系的诉讼;

(二)对下落不明或者宣告失踪的人提起的有关身份关系的诉讼;

(三)对被劳动教养的人提起的诉讼;

(四)对被监禁的人提起的诉讼。

第二十四条 【合同纠纷管辖】因合同纠纷提起的诉讼,由被告住所地或者合同履行地人民法院管辖。

第二十五条 【协议管辖】合同的双方当事人可以在书面合同中协议选择被告住所地、合同履行地、合同签订地、原告住所地、标的物所在地人民法院管辖,但不得违反本法对级别管辖和专属管辖的规定。

第二十六条 【保险纠纷管辖】因保险合同纠纷提起的诉讼,由被告住所地或者保险标的物所在地人民法院管辖。

第二十七条 【票据纠纷管辖】因票据纠纷提起的诉讼,由票据支付地或者被告住所地人民法院管辖。

第二十八条 【运输纠纷管辖】因铁路、公路、水上、航空运输和联合运输合同纠纷提起的诉讼,由运输始发地、目的地或者被告住所地人民法院管辖。

第二十九条 【侵权行为管辖】因侵权行为提起的诉讼,由侵权行为地或者被告住所地人民法院管辖。

第三十条　【交通事故管辖】因铁路、公路、水上和航空事故请求损害赔偿提起的诉讼，由事故发生地或者车辆、船舶最先到达地、航空器最先降落地或者被告住所地人民法院管辖。

第三十一条　【海损事故管辖】因船舶碰撞或者其他海事损害事故请求损害赔偿提起的诉讼，由碰撞发生地、碰撞船舶最先到达地、加害船舶被扣留地或者被告住所地人民法院管辖。

第三十二条　【海难救助管辖】因海难救助费用提起的诉讼，由救助地或者被救助船舶最先到达地人民法院管辖。

第三十三条　【共同海损管辖】因共同海损提起的诉讼，由船舶最先到达地、共同海损理算地或者航程终止地的人民法院管辖。

第三十四条　【专属管辖】下列案件，由本条规定的人民法院专属管辖：

（一）因不动产纠纷提起的诉讼，由不动产所在地人民法院管辖；

（二）因港口作业中发生纠纷提起的诉讼，由港口所在地人民法院管辖；

（三）因继承遗产纠纷提起的诉讼，由被继承人死亡时住所地或者主要遗产所在地人民法院管辖。

第三十五条　【选择管辖】两个以上人民法院都有管辖权的诉讼，原告可以向其中一个人民法院起诉；原告向两个以上有管辖权的人民法院起诉的，由最先立案的人民法院管辖。

第三节　移送管辖和指定管辖

第三十六条　【移送管辖】人民法院发现受理的案件不属于本院管辖的，应当移送有管辖权的人民法院，受移送的人民法院应当受理。受移送的人民法院认为受移送的案件依照规定不属于本院管辖的，应当报请上级人民法院指定管辖，不得再自行移送。

第三十七条　【指定管辖】有管辖权的人民法院由于特殊原因，不能行使管辖权的，由上级人民法院指定管辖。

人民法院之间因管辖权发生争议,由争议双方协商解决;协商解决不了的,报请它们的共同上级人民法院指定管辖。

第三十八条 【管辖异议】人民法院受理案件后,当事人对管辖权有异议的,应当在提交答辩状期间提出。人民法院对当事人提出的异议,应当审查。异议成立的,裁定将案件移送有管辖权的人民法院;异议不成立的,裁定驳回。

第三十九条 【管辖转移】上级人民法院有权审理下级人民法院管辖的第一审民事案件,也可以把本院管辖的第一审民事案件交下级人民法院审理。

下级人民法院对它所管辖的第一审民事案件,认为需要由上级人民法院审理的,可以报请上级人民法院审理。

第三章 审 判 组 织

第四十条 【一审审判组织】人民法院审理第一审民事案件,由审判员、陪审员共同组成合议庭或者由审判员组成合议庭。合议庭的成员人数,必须是单数。

适用简易程序审理的民事案件,由审判员一人独任审理。

陪审员在执行陪审职务时,与审判员有同等的权利义务。

第四十一条 【二、重、再审审判组织】人民法院审理第二审民事案件,由审判员组成合议庭。合议庭的成员人数,必须是单数。

发回重审的案件,原审人民法院应当按照第一审程序另行组成合议庭。

审理再审案件,原来是第一审的,按照第一审程序另行组成合议庭;原来是第二审的或者是上级人民法院提审的,按照第二审程序另行组成合议庭。

第四十二条 【审判长】合议庭的审判长由院长或者庭长指定审判员一人担任;院长或者庭长参加审判的,由院长或者庭长担任。

第四十三条 【评议原则】合议庭评议案件,实行少数服从多数的原则。评议应当制作笔录,由合议庭成员签名。评议中的不同意见，必须如实记入笔录。

第四十四条　【审判人员义务】审判人员应当依法秉公办案。

审判人员不得接受当事人及其诉讼代理人请客送礼。

审判人员有贪污受贿，徇私舞弊，枉法裁判行为的，应当追究法律责任；构成犯罪的，依法追究刑事责任。

第四章　回　　避

第四十五条　【适用情形】审判人员有下列情形之一的，必须回避，当事人有权用口头或者书面方式申请他们回避：

（一）是本案当事人或者当事人、诉讼代理人的近亲属；

（二）与本案有利害关系；

（三）与本案当事人有其他关系，可能影响对案件公正审理的。

前款规定，适用于书记员、翻译人员、鉴定人、勘验人。

第四十六条　【回避申请】当事人提出回避申请，应当说明理由，在案件开始审理时提出；回避事由在案件开始审理后知道的，也可以在法庭辩论终结前提出。

被申请回避的人员在人民法院作出是否回避的决定前，应当暂停参与本案的工作，但案件需要采取紧急措施的除外。

第四十七条　【回避决定】院长担任审判长时的回避，由审判委员会决定；审判人员的回避，由院长决定；其他人员的回避，由审判长决定。

第四十八条　【回避时限及后果】人民法院对当事人提出的回避申请，应当在申请提出的三日内，以口头或者书面形式作出决定。申请人对决定不服的，可以在接到决定时申请复议一次。复议期间，被申请回避的人员，不停止参与本案的工作。人民法院对复议申请，应当在三日内作出复议决定，并通知复议申请人。

第五章　诉讼参加人

第一节　当　事　人

第四十九条　【当事人范围】公民、法人和其他组织可以作为民事诉讼的当事人。

法人由其法定代表人进行诉讼。其他组织由其主要负责人进行诉讼。

第五十条 【诉讼权利义务】当事人有权委托代理人，提出回避申请，收集、提供证据，进行辩论，请求调解，提起上诉，申请执行。

当事人可以查阅本案有关材料，并可以复制本案有关材料和法律文书。查阅、复制本案有关材料的范围和办法由最高人民法院规定。

当事人必须依法行使诉讼权利，遵守诉讼秩序，履行发生法律效力的判决书、裁定书和调解书。

第五十一条 【自行和解】双方当事人可以自行和解。

第五十二条 【诉请变更】原告可以放弃或者变更诉讼请求。被告可以承认或者反驳诉讼请求，有权提起反诉。

第五十三条 【共同诉讼】当事人一方或者双方为二人以上，其诉讼标的是共同的，或者诉讼标的是同一种类、人民法院认为可以合并审理并经当事人同意的，为共同诉讼。

共同诉讼的一方当事人对诉讼标的有共同权利义务的，其中一人的诉讼行为经其他共同诉讼人承认，对其他共同诉讼人发生效力；对诉讼标的没有共同权利义务的，其中一人的诉讼行为对其他共同诉讼人不发生效力。

第五十四条 【代表人诉讼】当事人一方人数众多的共同诉讼，可以由当事人推选代表人进行诉讼。代表人的诉讼行为对其所代表的当事人发生效力，但代表人变更、放弃诉讼请求或者承认对方当事人的诉讼请求，进行和解，必须经被代表的当事人同意。

第五十五条 【集团诉讼】诉讼标的是同一种类、当事人一方人数众多在起诉时人数尚未确定的，人民法院可以发出公告，说明案件情况和诉讼请求，通知权利人在一定期间向人民法院登记。

向人民法院登记的权利人可以推选代表人进行诉讼；推选不出代表人的，人民法院可以与参加登记的权利人商定代表人。

代表人的诉讼行为对其所代表的当事人发生效力，但代表人变更、放弃诉讼请求或者承认对方当事人的诉讼请求，进行和解，必须经被代表的当事人同意。

人民法院作出的判决、裁定，对参加登记的全体权利人发生效力。未参加登记的权利人在诉讼时效期间提起诉讼的，适用该判决、裁定。

第五十六条 【诉讼第三人】对当事人双方的诉讼标的，第三人认为有独立请求权的，有权提起诉讼。

对当事人双方的诉讼标的，第三人虽然没有独立请求权，但案件处理结果同他有法律上的利害关系的，可以申请参加诉讼，或者由人民法院通知他参加诉讼。人民法院判决承担民事责任的第三人，有当事人的诉讼权利义务。

第二节 诉讼代理人

第五十七条 【法定代理人】无诉讼行为能力人由他的监护人作为法定代理人代为诉讼。法定代理人之间互相推诿代理责任的，由人民法院指定其中一人代为诉讼。

第五十八条 【委托代理人】当事人、法定代理人可以委托一至二人作为诉讼代理人。

律师、当事人的近亲属、有关的社会团体或者所在单位推荐的人、经人民法院许可的其他公民，都可以被委托为诉讼代理人。

第五十九条 【授权委托书】委托他人代为诉讼，必须向人民法院提交由委托人签名或者盖章的授权委托书。

授权委托书必须记明委托事项和权限。诉讼代理人代为承认、放弃、变更诉讼请求，进行和解，提起反诉或者上诉，必须有委托人的特别授权。

侨居在国外的中华人民共和国公民从国外寄交或者托交的授权委托书，必须经中华人民共和国驻该国的使领馆证明；没有使领馆的，由与中华人民共和国有外交关系的第三国驻该国的使领馆证明，再转由中华人民共和国驻该第三国使领馆证明，或者由当地的爱国华侨团体证明。

第六十条　【代理权变更、解除】诉讼代理人的权限如果变更或者解除，当事人应当书面告知人民法院，并由人民法院通知对方当事人。

第六十一条　【代理人权利】代理诉讼的律师和其他诉讼代理人有权调查收集证据，可以查阅本案有关材料。查阅本案有关材料的范围和办法由最高人民法院规定。

第六十二条　【离婚诉讼代理】离婚案件有诉讼代理人的，本人除不能表达意志的以外，仍应出庭；确因特殊情况无法出庭的，必须向人民法院提交书面意见。

第六章　证　　据

第六十三条　【证据种类】证据有下列几种：

（一）书证；

（二）物证；

（三）视听资料；

（四）证人证言；

（五）当事人的陈述；

（六）鉴定结论；

（七）勘验笔录。

以上证据必须查证属实，才能作为认定事实的根据。

第六十四条　【举证责任】当事人对自己提出的主张，有责任提供证据。

当事人及其诉讼代理人因客观原因不能自行收集的证据，或者人民法院认为审理案件需要的证据，人民法院应当调查收集。

人民法院应当按照法定程序，全面地、客观地审查核实证据。

第六十五条　【查证责任】人民法院有权向有关单位和个人调查取证，有关单位和个人不得拒绝。

人民法院对有关单位和个人提出的证明文书，应当辨别真伪，审查确定其效力。

第六十六条　【证据审查】证据应当在法庭上出示，并由当事人互相质证。对涉及国家秘密、商业秘密和个人隐私的证据应当保密，需要在法庭出示的，不得在公开开庭时出示。

第六十七条　【公证证据】经过法定程序公证证明的法律行为、法律事实和文书，人民法院应当作为认定事实的根据。但有相反证据足以推翻公证证明的除外。

第六十八条　【书证物证】书证应当提交原件。物证应当提交原物。提交原件或者原物确有困难的，可以提交复制品、照片、副本、节录本。

提交外文书证，必须附有中文译本。

第六十九条　【视听资料】人民法院对视听资料，应当辨别真伪，并结合本案的其他证据，审查确定能否作为认定事实的根据。

第七十条　【证人条件、义务】凡是知道案件情况的单位和个人，都有义务出庭作证。有关单位的负责人应当支持证人作证。证人确有困难不能出庭的，经人民法院许可，可以提交书面证言。

不能正确表达意志的人，不能作证。

第七十一条　【当事人陈述】人民法院对当事人的陈述，应当结合本案的其他证据，审查确定能否作为认定事实的根据。

当事人拒绝陈述的，不影响人民法院根据证据认定案件事实。

第七十二条　【鉴定结论】人民法院对专门性问题认为需要鉴定的，应当交由法定鉴定部门鉴定；没有法定鉴定部门的，由人民法院指定的鉴定部门鉴定。

鉴定部门及其指定的鉴定人有权了解进行鉴定所需要的案件材料，必要时可以询问当事人、证人。

鉴定部门和鉴定人应当提出书面鉴定结论，在鉴定书上签名或者盖章。鉴定人鉴定的，应当由鉴定人所在单位加盖印章，证明鉴定人身份。

第七十三条 【勘验程序】勘验物证或者现场，勘验人必须出示人民法院的证件，并邀请当地基层组织或者当事人所在单位派人参加。当事人或者当事人的成年家属应当到场，拒不到场的，不影响勘验的进行。

有关单位和个人根据人民法院的通知，有义务保护现场，协助勘验工作。

勘验人应当将勘验情况和结果制作笔录，由勘验人、当事人和被邀参加人签名或者盖章。

第七十四条 【证据保全】在证据可能灭失或者以后难以取得的情况下，诉讼参加人可以向人民法院申请保全证据，人民法院也可以主动采取保全措施。

第七章 期间、送达

第一节 期 间

第七十五条 【期间种类和计算】期间包括法定期间和人民法院指定的期间。

期间以时、日、月、年计算。期间开始的时和日，不计算在期间内。

期间届满的最后一日是节假日的，以节假日后的第一日为期间届满的日期。

期间不包括在途时间，诉讼文书在期满前交邮的，不算过期。

第七十六条 【期间耽误和顺延】当事人因不可抗拒的事由或者其他正当理由耽误期限的，在障碍消除后的十日内，可以申请顺延期限，是否准许，由人民法院决定。

第二节 送 达

第七十七条 【送达回证】送达诉讼文书必须有送达回证，由受送达人在送达回证上记明收到日期，签名或者盖章。

受送达人在送达回证上的签收日期为送达日期。

第七十八条　【直接送达】送达诉讼文书，应当直接送交受送达人。受送达人是公民的，本人不在交他的同住成年家属签收；受送达人是法人或者其他组织的，应当由法人的法定代表人、其他组织的主要负责人或者该法人、组织负责收件的人签收；受送达人有诉讼代理人的，可以送交其代理人签收；受送达人已向人民法院指定代收人的，送交代收人签收。

受送达人的同住成年家属，法人或者其他组织的负责收件的人，诉讼代理人或者代收人在送达回证上签收的日期为送达日期。

第七十九条　【留置送达】受送达人或者他的同住成年家属拒绝接收诉讼文书的，送达人应当邀请有关基层组织或者所在单位的代表到场，说明情况，在送达回证上记明拒收事由和日期，由送达人、见证人签名或者盖章，把诉讼文书留在受送达人的住所，即视为送达。

第八十条　【委托及邮寄送达】直接送达诉讼文书有困难的，可以委托其他人民法院代为送达，或者邮寄送达。邮寄送达的，以回执上注明的收件日期为送达日期。

第八十一条　【转交送达之一】受送达人是军人的，通过其所在部队团以上单位的政治机关转交。

第八十二条　【转交送达之二】受送达人是被监禁的，通过其所在监所或者劳动改造单位转交。

受送达人是被劳动教养的，通过其所在劳动教养单位转交。

第八十三条　【转交送达期间】代为转交的机关、单位收到诉讼文书后，必须立即交受送达人签收，以在送达回证上的签收日期，为送达日期。

第八十四条　【公告送达】受送达人下落不明，或者用本节规定的其他方式无法送达的，公告送达。自发出公告之日起，经过六十日，即视为送达。

公告送达，应当在案卷中记明原因和经过。

第八章　调　　解

第八十五条　【调解的原则】人民法院审理民事案件，根据当事人自愿的原则，在事实清楚的基础上，分清是非，进行调解。

第八十六条　【调解组织形式】人民法院进行调解，可以由审判员一人主持，也可以由合议庭主持，并尽可能就地进行。

人民法院进行调解，可以用简便方式通知当事人、证人到庭。

第八十七条　【协助调解】人民法院进行调解，可以邀请有关单位和个人协助。被邀请的单位和个人，应当协助人民法院进行调解。

第八十八条　【调解协议】调解达成协议，必须双方自愿，不得强迫。调解协议的内容不得违反法律规定。

第八十九条　【调解书】调解达成协议，人民法院应当制作调解书。调解书应当写明诉讼请求、案件的事实和调解结果。

调解书由审判人员、书记员署名，加盖人民法院印章，送达双方当事人。

调解书经双方当事人签收后，即具有法律效力。

第九十条　【不制作调解书】下列案件调解达成协议，人民法院可以不制作调解书：

（一）调解和好的离婚案件；

（二）调解维持收养关系的案件；

（三）能够即时履行的案件；

（四）其他不需要制作调解书的案件。

对不需要制作调解书的协议，应当记入笔录，由双方当事人、审判人员、书记员签名或者盖章后，即具有法律效力。

第九十一条　【调解失败】调解未达成协议或者调解书送达前一方反悔的，人民法院应当及时判决。

第九章　财产保全和先予执行

第九十二条　【适用条件和程序】人民法院对于可能因当事人一

方的行为或者其他原因，使判决不能执行或者难以执行的案件，可以根据对方当事人的申请，作出财产保全的裁定；当事人没有提出申请的，人民法院在必要时也可以裁定采取财产保全措施。

人民法院采取财产保全措施，可以责令申请人提供担保；申请人不提供担保的，驳回申请。

人民法院接受申请后，对情况紧急的，必须在四十八小时内作出裁定；裁定采取财产保全措施的，应当立即开始执行。

第九十三条　【诉前财产保全】利害关系人因情况紧急，不立即申请财产保全将会使其合法权益受到难以弥补的损害的，可以在起诉前向人民法院申请采取财产保全措施。申请人应当提供担保，不提供担保的，驳回申请。

人民法院接受申请后，必须在四十八小时内作出裁定；裁定采取财产保全措施的，应当立即开始执行。

申请人在人民法院采取保全措施后十五日内不起诉的，人民法院应当解除财产保全。

第九十四条　【请求范围及措施】财产保全限于请求的范围，或者与本案有关的财物。

财产保全采取查封、扣押、冻结或者法律规定的其他方法。

人民法院冻结财产后，应当立即通知被冻结财产的人。

财产已被查封、冻结的，不得重复查封、冻结。

第九十五条　【保全解除】被申请人提供担保的，人民法院应当解除财产保全。

第九十六条　【保全错误补救】申请有错误的，申请人应当赔偿被申请人因财产保全所遭受的损失。

第九十七条　【先予执行范围】人民法院对下列案件，根据当事人的申请，可以裁定先予执行：

（一）追索赡养费、扶养费、抚育费、抚恤金、医疗费用的；

（二）追索劳动报酬的；

（三）因情况紧急需要先予执行的。

第九十八条 【先予执行条件】人民法院裁定先予执行的，应当符合下列条件：

（一）当事人之间权利义务关系明确，不先予执行将严重影响申请人的生活或者生产经营的；

（二）被申请人有履行能力。

人民法院可以责令申请人提供担保，申请人不提供担保的，驳回申请。申请人败诉的，应当赔偿被申请人因先予执行遭受的财产损失。

第九十九条 【复议】当事人对财产保全或者先予执行的裁定不服的，可以申请复议一次。复议期间不停止裁定的执行。

第十章 对妨害民事诉讼的强制措施

第一百条 【拘传适用】人民法院对必须到庭的被告，经两次传票传唤，无正当理由拒不到庭的，可以拘传。

第一百零一条 【强制措施之一】诉讼参与人和其他人应当遵守法庭规则。

人民法院对违反法庭规则的人，可以予以训诫，责令退出法庭或者予以罚款、拘留。

人民法院对哄闹、冲击法庭，侮辱、诽谤、威胁、殴打审判人员，严重扰乱法庭秩序的人，依法追究刑事责任；情节较轻的，予以罚款、拘留。

第一百零二条 【强制措施之二】诉讼参与人或者其他人有下列行为之一的，人民法院可以根据情节轻重予以罚款、拘留；构成犯罪的，依法追究刑事责任：

（一）伪造、毁灭重要证据，妨碍人民法院审理案件的；

（二）以暴力、威胁、贿买方法阻止证人作证或者指使、贿买、胁迫他人作伪证的；

（三）隐藏、转移、变卖、毁损已被查封、扣押的财产，或者已被清点并责令其保管的财产，转移已被冻结的财产的；

（四）对司法工作人员、诉讼参加人、证人、翻译人员、鉴定人、勘验人、协助执行的人，进行侮辱、诽谤、诬陷、殴打或者打击报复的；

（五）以暴力、威胁或者其他方法阻碍司法工作人员执行职务的；

（六）拒不履行人民法院已经发生法律效力的判决、裁定的。

人民法院对有前款规定的行为之一的单位，可以对其主要负责人或者直接责任人员予以罚款、拘留；构成犯罪的，依法追究刑事责任。

第一百零三条 【强制措施之三】有义务协助调查、执行的单位有下列行为之一的，人民法院除责令其履行协助义务外，并可以予以罚款：

（一）有关单位拒绝或者妨碍人民法院调查取证的；

（二）银行、信用合作社和其他有储蓄业务的单位接到人民法院协助执行通知书后，拒不协助查询、冻结或者划拨存款的；

（三）有关单位接到人民法院协助执行通知书后，拒不协助扣留被执行人的收入、办理有关财产权证照转移手续、转交有关票证、证照或者其他财产的；

（四）其他拒绝协助执行的。

人民法院对有前款规定的行为之一的单位，可以对其主要负责人或者直接责任人员予以罚款；还可以向监察机关或者有关机关提出予以纪律处分的司法建议。

第一百零四条 【罚款、拘留适用】对个人的罚款金额，为人民币一千元以下。对单位的罚款金额，为人民币一千元以上三万元以下。

拘留的期限，为十五日以下。

被拘留的人，由人民法院交公安机关看管。在拘留期间，被拘留人承认并改正错误的，人民法院可以决定提前解除拘留。

第一百零五条 【强制措施程序】拘传、罚款、拘留必须经院长批准。

拘传应当发拘传票。

罚款、拘留应当用决定书。对决定不服的，可以向上一级人民法院申请复议一次。复议期间不停止执行。

第一百零六条 【强制措施决定权】采取对妨害民事诉讼的强制措施必须由人民法院决定。任何单位和个人采取非法拘禁他人或者非法私自扣押他人财产追索债务的,应当依法追究刑事责任,或者予以拘留、罚款。

第十一章 诉 讼 费 用

第一百零七条 【诉讼费用的交纳】当事人进行民事诉讼,应当按照规定交纳案件受理费。财产案件除交纳案件受理费外,并按照规定交纳其他诉讼费用。

当事人交纳诉讼费用确有困难的,可以按照规定向人民法院申请缓交、减交或者免交。

收取诉讼费用的办法另行制定。

第二编 审 判 程 序

第十二章 第一审普通程序

第一节 起诉和受理

第一百零八条 【起诉实质要件】起诉必须符合下列条件:

(一)原告是与本案有直接利害关系的公民、法人和其他组织;

(二)有明确的被告;

(三)有具体的诉讼请求和事实、理由;

(四)属于人民法院受理民事诉讼的范围和受诉人民法院管辖。

第一百零九条 【起诉形式要件】起诉应当向人民法院递交起诉状,并按照被告人数提出副本。

书写起诉状确有困难的,可以口头起诉,由人民法院记入笔录,并告知对方当事人。

第一百一十条　【起诉状】起诉状应当记明下列事项：

（一）当事人的姓名、性别、年龄、民族、职业、工作单位和住所，法人或者其他组织的名称、住所和法定代表人或者主要负责人的姓名、职务；

（二）诉讼请求和所根据的事实与理由；

（三）证据和证据来源，证人姓名和住所。

第一百一十一条　【起诉审查】人民法院对符合本法第一百零八条的起诉，必须受理；对下列起诉，分别情形，予以处理：

（一）依照行政诉讼法的规定，属于行政诉讼受案范围的，告知原告提起行政诉讼；

（二）依照法律规定，双方当事人对合同纠纷自愿达成书面仲裁协议向仲裁机构申请仲裁、不得向人民法院起诉的，告知原告向仲裁机构申请仲裁；

（三）依照法律规定，应当由其他机关处理的争议，告知原告向有关机关申请解决；

（四）对不属于本院管辖的案件，告知原告向有管辖权的人民法院起诉；

（五）对判决、裁定已经发生法律效力的案件，当事人又起诉的，告知原告按照申诉处理，但人民法院准许撤诉的裁定除外；

（六）依照法律规定，在一定期限内不得起诉的案件，在不得起诉的期限内起诉的，不予受理；

（七）判决不准离婚和调解和好的离婚案件，判决、调解维持收养关系的案件，没有新情况、新理由，原告在六个月内又起诉的，不予受理。

第一百一十二条　【审查期限】人民法院收到起诉状或者口头起诉，经审查，认为符合起诉条件的，应当在七日内立案，并通知当事人；认为不符合起诉条件的，应当在七日内裁定不予受理；原告对裁定不服的，可以提起上诉。

第二节 审理前的准备

第一百一十三条 【诉讼文书送达】人民法院应当在立案之日起五日内将起诉状副本发送被告,被告在收到之日起十五日内提出答辩状。

被告提出答辩状的,人民法院应当在收到之日起五日内将答辩状副本发送原告。被告不提出答辩状的,不影响人民法院审理。

第一百一十四条 【权利义务告知】人民法院对决定受理的案件,应当在受理案件通知书和应诉通知书中向当事人告知有关的诉讼权利义务,或者口头告知。

第一百一十五条 【合议庭成员告知】合议庭组成人员确定后,应当在三日内告知当事人。

第一百一十六条 【审核取证】审判人员必须认真审核诉讼材料,调查收集必要的证据。

第一百一十七条 【调查程序】人民法院派出人员进行调查时,应当向被调查人出示证件。

调查笔录经被调查人校阅后,由被调查人、调查人签名或者盖章。

第一百一十八条 【委托调查】人民法院在必要时可以委托外地人民法院调查。

委托调查,必须提出明确的项目和要求。受委托人民法院可以主动补充调查。

受委托人民法院收到委托书后,应当在三十日内完成调查。因故不能完成的,应当在上述期限内函告委托人民法院。

第一百一十九条 【当事人追加】必须共同进行诉讼的当事人没有参加诉讼的,人民法院应当通知其参加诉讼。

第三节 开庭审理

第一百二十条 【审理方式】人民法院审理民事案件,除涉及国家秘密、个人隐私或者法律另有规定的以外,应当公开进行。

离婚案件,涉及商业秘密的案件,当事人申请不公开审理的,可以不公开审理。

第一百二十一条 【巡回审理】人民法院审理民事案件,根据需要进行巡回审理,就地办案。

第一百二十二条 【开庭通知及公告】人民法院审理民事案件,应当在开庭三日前通知当事人和其他诉讼参与人。公开审理的,应当公告当事人姓名、案由和开庭的时间、地点。

第一百二十三条 【庭前准备】开庭审理前,书记员应当查明当事人和其他诉讼参与人是否到庭,宣布法庭纪律。

开庭审理时,由审判长核对当事人,宣布案由,宣布审判人员、书记员名单,告知当事人有关的诉讼权利义务,询问当事人是否提出回避申请。

第一百二十四条 【法庭调查顺序】法庭调查按照下列顺序进行:

(一)当事人陈述;

(二)告知证人的权利义务,证人作证,宣读未到庭的证人证言;

(三)出示书证、物证和视听资料;

(四)宣读鉴定结论;

(五)宣读勘验笔录。

第一百二十五条 【当事人庭审权利】当事人在法庭上可以提出新的证据。

当事人经法庭许可,可以向证人、鉴定人、勘验人发问。

当事人要求重新进行调查、鉴定或者勘验的,是否准许,由人民法院决定。

第一百二十六条 【诉的合并】原告增加诉讼请求,被告提出反诉,第三人提出与本案有关的诉讼请求,可以合并审理。

第一百二十七条 【法庭辩论】法庭辩论按照下列顺序进行:

(一)原告及其诉讼代理人发言;

（二）被告及其诉讼代理人答辩；

（三）第三人及其诉讼代理人发言或者答辩；

（四）互相辩论。

法庭辩论终结，由审判长按照原告、被告、第三人的先后顺序征询各方最后意见。

第一百二十八条 【庭审调解】法庭辩论终结，应当依法作出判决。判决前能够调解的，还可以进行调解，调解不成的，应当及时判决。

第一百二十九条 【按撤诉处理】原告经传票传唤，无正当理由拒不到庭的，或者未经法庭许可中途退庭的，可以按撤诉处理；被告反诉的，可以缺席判决。

第一百三十条 【缺席判决】被告经传票传唤，无正当理由拒不到庭的，或者未经法庭许可中途退庭的，可以缺席判决。

第一百三十一条 【撤诉】宣判前，原告申请撤诉的，是否准许，由人民法院裁定。

人民法院裁定不准许撤诉的，原告经传票传唤，无正当理由拒不到庭的，可以缺席判决。

第一百三十二条 【延期审理】有下列情形之一的，可以延期开庭审理：

（一）必须到庭的当事人和其他诉讼参与人有正当理由没有到庭的；

（二）当事人临时提出回避申请的；

（三）需要通知新的证人到庭，调取新的证据，重新鉴定、勘验，或者需要补充调查的；

（四）其他应当延期的情形。

第一百三十三条 【法庭笔录】书记员应当将法庭审理的全部活动记入笔录，由审判人员和书记员签名。

法庭笔录应当当庭宣读，也可以告知当事人和其他诉讼参与人当庭或者在五日内阅读。当事人和其他诉讼参与人认为对自己的陈述记录有遗漏或者差错的,有权申请补正。如果不予补正,应当将申请记录在案。

法庭笔录由当事人和其他诉讼参与人签名或者盖章。拒绝签名盖章的,记明情况附卷。

第一百三十四条　【宣判】人民法院对公开审理或者不公开审理的案件,一律公开宣告判决。

当庭宣判的,应当在十日内发送判决书;定期宣判的,宣判后立即发给判决书。

宣告判决时,必须告知当事人上诉权利、上诉期限和上诉的法院。

宣告离婚判决,必须告知当事人在判决发生法律效力前不得另行结婚。

第一百三十五条　【审限】人民法院适用普通程序审理的案件,应当在立案之日起六个月内审结。有特殊情况需要延长的,由本院院长批准,可以延长六个月;还需要延长的,报请上级人民法院批准。

第四节　诉讼中止和终结

第一百三十六条　【诉讼中止】有下列情形之一的,中止诉讼:

(一)一方当事人死亡,需要等待继承人表明是否参加诉讼的;

(二)一方当事人丧失诉讼行为能力,尚未确定法定代理人的;

(三)作为一方当事人的法人或者其他组织终止,尚未确定权利义务承受人的;

(四)一方当事人因不可抗拒的事由,不能参加诉讼的;

(五)本案必须以另一案的审理结果为依据,而另一案尚未审结的;

(六)其他应当中止诉讼的情形。

中止诉讼的原因消除后,恢复诉讼。

第一百三十七条　【诉讼终结】有下列情形之一的,终结诉讼:

(一)原告死亡,没有继承人,或者继承人放弃诉讼权利的;

（二）被告死亡，没有遗产，也没有应当承担义务的人的；

（三）离婚案件一方当事人死亡的；

（四）追索赡养费、扶养费、抚育费以及解除收养关系案件的一方当事人死亡的。

第五节 判决和裁定

第一百三十八条 【判决书】判决书应当写明：

（一）案由、诉讼请求、争议的事实和理由；

（二）判决认定的事实、理由和适用的法律依据；

（三）判决结果和诉讼费用的负担；

（四）上诉期间和上诉的法院。

判决书由审判人员、书记员署名，加盖人民法院印章。

第一百三十九条 【先行判决】人民法院审理案件，其中一部分事实已经清楚，可以就该部分先行判决。

第一百四十条 【裁定范围】裁定适用于下列范围：

（一）不予受理；

（二）对管辖权有异议的；

（三）驳回起诉；

（四）财产保全和先予执行；

（五）准许或者不准许撤诉；

（六）中止或者终结诉讼；

（七）补正判决书中的笔误；

（八）中止或者终结执行；

（九）不予执行仲裁裁决；

（十）不予执行公证机关赋予强制执行效力的债权文书；

（十一）其他需要裁定解决的事项。

对前款第（一）、（二）、（三）项裁定，可以上诉。

裁定书由审判人员、书记员署名，加盖人民法院印章。口头裁定的，记入笔录。

第一百四十一条 【生效裁判】最高人民法院的判决、裁定,以及依法不准上诉或者超过上诉期没有上诉的判决、裁定,是发生法律效力的判决、裁定。

第十三章 简易程序

第一百四十二条 【适用范围】基层人民法院和它派出的法庭审理事实清楚、权利义务关系明确、争议不大的简单的民事案件,适用本章规定。

第一百四十三条 【起诉方式】对简单的民事案件,原告可以口头起诉。

当事人双方可以同时到基层人民法院或者它派出的法庭,请求解决纠纷。基层人民法院或者它派出的法庭可以当即审理,也可以另定日期审理。

第一百四十四条 【传唤方式】基层人民法院和它派出的法庭审理简单的民事案件,可以用简便方式随时传唤当事人、证人。

第一百四十五条 【审判组织及程序】简单的民事案件由审判员一人独任审理,并不受本法第一百二十二条、第一百二十四条、第一百二十七条规定的限制。

第一百四十六条 【审限】人民法院适用简易程序审理案件,应当在立案之日起三个月内审结。

第十四章 第二审程序

第一百四十七条 【上诉权】当事人不服地方人民法院第一审判决的,有权在判决书送达之日起十五日内向上一级人民法院提起上诉。

当事人不服地方人民法院第一审裁定的,有权在裁定书送达之日起十日内向上一级人民法院提起上诉。

第一百四十八条 【上诉状】上诉应当递交上诉状。上诉状的内容,应当包括当事人的姓名,法人的名称及其法定代表人的姓名或者其他组织的名称及其主要负责人的姓名;原审人民法院名称、案件的编号和案由;上诉的请求和理由。

第一百四十九条 【上诉方式】上诉状应当通过原审人民法院提出,并按照对方当事人或者代表人的人数提出副本。

当事人直接向第二审人民法院上诉的,第二审人民法院应当在五日内将上诉状移交原审人民法院。

第一百五十条 【原审法院工作】原审人民法院收到上诉状,应当在五日内将上诉状副本送达对方当事人,对方当事人在收到之日起十五日内提出答辩状。人民法院应当在收到答辩状之日起五日内将副本送达上诉人。对方当事人不提出答辩状的,不影响人民法院审理。

原审人民法院收到上诉状、答辩状,应当在五日内连同全部案卷和证据,报送第二审人民法院。

第一百五十一条 【审理范围】第二审人民法院应当对上诉请求的有关事实和适用法律进行审查。

第一百五十二条 【审理方式】第二审人民法院对上诉案件,应当组成合议庭,开庭审理。经过阅卷和调查,询问当事人,在事实核对清楚后,合议庭认为不需要开庭审理的,也可以径行判决、裁定。

第二审人民法院审理上诉案件,可以在本院进行,也可以到案件发生地或者原审人民法院所在地进行。

第一百五十三条 【二审裁判】第二审人民法院对上诉案件,经过审理,按照下列情形,分别处理:

(一)原判决认定事实清楚,适用法律正确的,判决驳回上诉,维持原判决;

(二)原判决适用法律错误的,依法改判;

(三)原判决认定事实错误,或者原判决认定事实不清,证据不足,裁定撤销原判决,发回原审人民法院重审,或者查清事实后改判;

(四)原判决违反法定程序,可能影响案件正确判决的,裁定撤销原判决,发回原审人民法院重审。

当事人对重审案件的判决、裁定，可以上诉。

第一百五十四条　【裁定上诉处理】第二审人民法院对不服第一审人民法院裁定的上诉案件的处理，一律使用裁定。

第一百五十五条　【二审调解】第二审人民法院审理上诉案件，可以进行调解。调解达成协议，应当制作调解书，由审判人员、书记员署名，加盖人民法院印章。调解书送达后，原审人民法院的判决即视为撤销。

第一百五十六条　【撤回上诉】第二审人民法院判决宣告前，上诉人申请撤回上诉的，是否准许，由第二审人民法院裁定。

第一百五十七条　【二审适用程序】第二审人民法院审理上诉案件，除依照本章规定外，适用第一审普通程序。

第一百五十八条　【二审裁判效力】第二审人民法院的判决、裁定，是终审的判决、裁定。

第一百五十九条　【二审审限】人民法院审理对判决的上诉案件，应当在第二审立案之日起三个月内审结。有特殊情况需要延长的，由本院院长批准。

人民法院审理对裁定的上诉案件，应当在第二审立案之日起三十日内作出终审裁定。

第十五章　特别程序

第一节　一般规定

第一百六十条　【适用范围】人民法院审理选民资格案件、宣告失踪或者宣告死亡案件、认定公民无民事行为能力或者限制民事行为能力案件和认定财产无主案件，适用本章规定。本章没有规定的，适用本法和其他法律的有关规定。

第一百六十一条　【审判组织】依照本章程序审理的案件，实行一审终审。选民资格案件或者重大、疑难的案件，由审判员组成合议庭审理；其他案件由审判员一人独任审理。

第一百六十二条　【特别程序转化】人民法院在依照本章程序审理案件的过程中，发现本案属于民事权益争议的，应当裁定终结特别程序，并告知利害关系人可以另行起诉。

第一百六十三条　【审限】人民法院适用特别程序审理的案件，应当在立案之日起三十日内或者公告期满后三十日内审结。有特殊情况需要延长的，由本院院长批准。但审理选民资格的案件除外。

第二节　选民资格案件

第一百六十四条　【起诉与管辖】公民不服选举委员会对选民资格的申诉所作的处理决定，可以在选举日的五日以前向选区所在地基层人民法院起诉。

第一百六十五条　【审限及判决】人民法院受理选民资格案件后，必须在选举日前审结。

审理时，起诉人、选举委员会的代表和有关公民必须参加。

人民法院的判决书，应当在选举日前送达选举委员会和起诉人，并通知有关公民。

第三节　宣告失踪、宣告死亡案件

第一百六十六条　【宣告失踪】公民下落不明满二年，利害关系人申请宣告其失踪的，向下落不明人住所地基层人民法院提出。

申请书应当写明失踪的事实、时间和请求，并附有公安机关或者其他有关机关关于该公民下落不明的书面证明。

第一百六十七条　【宣告死亡】公民下落不明满四年，或者因意外事故下落不明满二年，或者因意外事故下落不明，经有关机关证明该公民不可能生存，利害关系人申请宣告其死亡的，向下落不明人住所地基层人民法院提出。

申请书应当写明下落不明的事实、时间和请求，并附有公安机关或者其他有关机关关于该公民下落不明的书面证明。

第一百六十八条　【公告与判决】人民法院受理宣告失踪、宣告死亡案件后，应当发出寻找下落不明人的公告。宣告失踪的公告期间为三个月，宣告死亡的公告期间为一年。因意外事故下落不明，经有关机关证明该公民不可能生存的，宣告死亡的公告期间为三个月。

公告期间届满，人民法院应当根据被宣告失踪、宣告死亡的事实是否得到确认，作出宣告失踪、宣告死亡的判决或者驳回申请的判决。

第一百六十九条　【判决撤销】被宣告失踪、宣告死亡的公民重新出现，经本人或者利害关系人申请，人民法院应当作出新判决，撤销原判决。

第四节　认定公民无民事行为能力、限制民事行为能力案件

第一百七十条　【管辖与申请书】申请认定公民无民事行为能力或者限制民事行为能力，由其近亲属或者其他利害关系人向该公民住所地基层人民法院提出。

申请书应当写明该公民无民事行为能力或者限制民事行为能力的事实和根据。

第一百七十一条　【鉴定】人民法院受理申请后，必要时应当对被请求认定为无民事行为能力或者限制民事行为能力的公民进行鉴定。申请人已提供鉴定结论的，应当对鉴定结论进行审查。

第一百七十二条　【代理审理与判决】人民法院审理认定公民无民事行为能力或者限制民事行为能力的案件，应当由该公民的近亲属为代理人，但申请人除外。近亲属互相推诿的，由人民法院指定其中一人为代理人。该公民健康情况许可的，还应当询问本人的意见。

人民法院经审理认定申请有事实根据的，判决该公民为无民事行为能力或者限制民事行为能力人；认定申请没有事实根据的，应当判决予以驳回。

第一百七十三条　【判决撤销】人民法院根据被认定为无民事行为能力人、限制民事行为能力人或者他的监护人的申请，证实该公民

无民事行为能力或者限制民事行为能力的原因已经消除的，应当作出新判决，撤销原判决。

第五节　认定财产无主案件

第一百七十四条　【管辖与申请书】申请认定财产无主，由公民、法人或者其他组织向财产所在地基层人民法院提出。

申请书应当写明财产的种类、数量以及要求认定财产无主的根据。

第一百七十五条　【公告及判决】人民法院受理申请后，经审查核实，应当发出财产认领公告。公告满一年无人认领的，判决认定财产无主，收归国家或者集体所有。

第一百七十六条　【判决撤销】判决认定财产无主后，原财产所有人或者继承人出现，在民法通则规定的诉讼时效期间可以对财产提出请求，人民法院审查属实后，应当作出新判决，撤销原判决。

第十六章　审判监督程序

第一百七十七条　【法院决定再审】各级人民法院院长对本院已经发生法律效力的判决、裁定，发现确有错误，认为需要再审的，应当提交审判委员会讨论决定。

最高人民法院对地方各级人民法院已经发生法律效力的判决、裁定，上级人民法院对下级人民法院已经发生法律效力的判决、裁定，发现确有错误的，有权提审或者指令下级人民法院再审。

第一百七十八条　【当事人申请再审】当事人对已经发生法律效力的判决、裁定，认为有错误的，可以向原审人民法院或者上一级人民法院申请再审，但不停止判决、裁定的执行。

第一百七十九条　【再审法定原因】当事人的申请符合下列情形之一的，人民法院应当再审：

（一）有新的证据，足以推翻原判决、裁定的；

（二）原判决、裁定认定事实的主要证据不足的；

（三）原判决、裁定适用法律确有错误的；

（四）人民法院违反法定程序，可能影响案件正确判决、裁定的；

（五）审判人员在审理该案件时有贪污受贿，徇私舞弊，枉法裁判行为的。

人民法院对不符合前款规定的申请，予以驳回。

第一百八十条　【调解书再审】当事人对已经发生法律效力的调解书，提出证据证明调解违反自愿原则或者调解协议的内容违反法律的，可以申请再审。经人民法院审查属实的，应当再审。

第一百八十一条　【离婚判决不得再审】当事人对已经发生法律效力的解除婚姻关系的判决，不得申请再审。

第一百八十二条　【申请再审期限】当事人申请再审，应当在判决、裁定发生法律效力后二年内提出。

第一百八十三条　【原裁判执行中止】按照审判监督程序决定再审的案件，裁定中止原判决的执行。裁定由院长署名，加盖人民法院印章。

第一百八十四条　【再审审理】人民法院按照审判监督程序再审的案件，发生法律效力的判决、裁定是由第一审法院作出的，按照第一审程序审理，所作的判决、裁定，当事人可以上诉；发生法律效力的判决、裁定是由第二审法院作出的，按照第二审程序审理，所作的判决、裁定，是发生法律效力的判决、裁定；上级人民法院按照审判监督程序提审的，按照第二审程序审理，所作的判决、裁定是发生法律效力的判决、裁定。

人民法院审理再审案件，应当另行组成合议庭。

第一百八十五条　【检察院抗诉】最高人民检察院对各级人民法院已经发生法律效力的判决、裁定，上级人民检察院对下级人民法院已经发生法律效力的判决、裁定，发现有下列情形之一的，应当按照审判监督程序提出抗诉：

（一）原判决、裁定认定事实的主要证据不足的；

（二）原判决、裁定适用法律确有错误的；

（三）人民法院违反法定程序，可能影响案件正确判决、裁定的；

（四）审判人员在审理该案件时有贪污受贿，徇私舞弊，枉法裁判行为的。

地方各级人民检察院对同级人民法院已经发生法律效力的判决、裁定，发现有前款规定情形之一的，应当提请上级人民检察院按照审判监督程序提出抗诉。

第一百八十六条 【抗诉后果】人民检察院提出抗诉的案件，人民法院应当再审。

第一百八十七条 【抗诉书】人民检察院决定对人民法院的判决、裁定提出抗诉的，应当制作抗诉书。

第一百八十八条 【检察员出庭】人民检察院提出抗诉的案件，人民法院再审时，应当通知人民检察院派员出席法庭。

第十七章 督 促 程 序

第一百八十九条 【支付令申请】债权人请求债务人给付金钱、有价证券，符合下列条件的，可以向有管辖权的基层人民法院申请支付令：

（一）债权人与债务人没有其他债务纠纷的；

（二）支付令能够送达债务人的。

申请书应当写明请求给付金钱或者有价证券的数量和所根据的事实、证据。

第一百九十条 【申请受理】债权人提出申请后，人民法院应当在五日内通知债权人是否受理。

第一百九十一条 【支付令发出】人民法院受理申请后，经审查债权人提供的事实、证据，对债权债务关系明确、合法的，应当在受理之日起十五日内向债务人发出支付令；申请不成立的，裁定予以驳回。

债务人应当自收到支付令之日起十五日内清偿债务，或者向人民法院提出书面异议。

债务人在前款规定的期间不提出异议又不履行支付令的，债权人可以向人民法院申请执行。

第一百九十二条 【债务人异议效力】人民法院收到债务人提出的书面异议后，应当裁定终结督促程序，支付令自行失效，债权人可以起诉。

第十八章 公示催告程序

第一百九十三条 【适用范围】按照规定可以背书转让的票据持有人，因票据被盗、遗失或者灭失，可以向票据支付地的基层人民法院申请公示催告。依照法律规定可以申请公示催告的其他事项，适用本章规定。

申请人应当向人民法院递交申请书，写明票面金额、发票人、持票人、背书人等票据主要内容和申请的理由、事实。

第一百九十四条 【公告及期限】人民法院决定受理申请，应当同时通知支付人停止支付，并在三日内发出公告，催促利害关系人申报权利。公示催告的期间，由人民法院根据情况决定，但不得少于六十日。

第一百九十五条 【止付通知及效力】支付人收到人民法院停止支付的通知，应当停止支付，至公示催告程序终结。

公示催告期间，转让票据权利的行为无效。

第一百九十六条 【申报权利】利害关系人应当在公示催告期间向人民法院申报。

人民法院收到利害关系人的申报后，应当裁定终结公示催告程序，并通知申请人和支付人。

申请人或者申报人可以向人民法院起诉。

第一百九十七条 【除权判决】没有人申报的，人民法院应当根据申请人的申请，作出判决，宣告票据无效。判决应当公告，并通知支付人。自判决公告之日起，申请人有权向支付人请求支付。

第一百九十八条 【撤销除权判决】利害关系人因正当理由不能

在判决前向人民法院申报的，自知道或者应当知道判决公告之日起一年内，可以向作出判决的人民法院起诉。

第十九章 企业法人破产还债程序

第一百九十九条 【申请条件】企业法人因严重亏损，无力清偿到期债务，债权人可以向人民法院申请宣告债务人破产还债，债务人也可以向人民法院申请宣告破产还债。

第二百条 【公告及债权人会议】人民法院裁定宣告进入破产还债程序后，应当在十日内通知债务人和已知的债权人，并发出公告。

债权人应当在收到通知后三十日内，未收到通知的债权人应当自公告之日起三个月内，向人民法院申报债权。逾期未申报债权的，视为放弃债权。

债权人可以组成债权人会议，讨论通过破产财产的处理和分配方案或者和解协议。

第二百零一条 【清算组织】人民法院可以组织有关机关和有关人员成立清算组织。清算组织负责破产财产的保管、清理、估价、处理和分配。清算组织可以依法进行必要的民事活动。

清算组织对人民法院负责并报告工作。

第二百零二条 【和解协议】企业法人与债权人会议达成和解协议的，经人民法院认可后，由人民法院发布公告，中止破产还债程序。和解协议自公告之日起具有法律效力。

第二百零三条 【破产财产】已作为银行贷款等债权的抵押物或者其他担保物的财产，银行和其他债权人享有就该抵押物或者其他担保物优先受偿的权利。抵押物或者其他担保物的价款超过其所担保的债务数额的，超过部分属于破产还债的财产。

第二百零四条 【清偿顺序】破产财产优先拨付破产费用后，按照下列顺序清偿：

（一）破产企业所欠职工工资和劳动保险费用；

（二）破产企业所欠税款；

（三）破产债权。

破产财产不足清偿同一顺序的清偿要求的，按照比例分配。

第二百零五条　【管辖】企业法人破产还债，由该企业法人住所地的人民法院管辖。

第二百零六条　【适用范围】全民所有制企业的破产还债程序适用中华人民共和国企业破产法的规定。

不是法人的企业、个体工商户、农村承包经营户、个人合伙，不适用本章规定。

第三编　执行程序

第二十章　一般规定

第二百零七条　【执行依据及管辖】发生法律效力的民事判决、裁定，以及刑事判决、裁定中的财产部分，由第一审人民法院执行。

法律规定由人民法院执行的其他法律文书，由被执行人住所地或者被执行的财产所在地人民法院执行。

第二百零八条　【执行异议】执行过程中，案外人对执行标的提出异议的，执行员应当按照法定程序进行审查。理由不成立的，予以驳回；理由成立的，由院长批准中止执行。如果发现判决、裁定确有错误，按照审判监督程序处理。

第二百零九条　【执行机构】执行工作由执行员进行。

采取强制执行措施时，执行员应当出示证件。执行完毕后，应当将执行情况制作笔录，由在场的有关人员签名或者盖章。

基层人民法院、中级人民法院根据需要，可以设立执行机构。执行机构的职责由最高人民法院规定。

第二百一十条　【委托执行】被执行人或者被执行的财产在外地的，可以委托当地人民法院代为执行。受委托人民法院收到委托函件后，必须在十五日内开始执行，不得拒绝。执行完毕后，应当将执行结果及时函复委托人民法院；在三十日内如果还未执行完毕，也应当将执行情况函告委托人民法院。

受委托人民法院自收到委托函件之日起十五日内不执行的，委托人民法院可以请求受委托人民法院的上级人民法院指令受委托人民法院执行。

第二百一十一条 【执行和解】在执行中，双方当事人自行和解达成协议的，执行员应当将协议内容记入笔录，由双方当事人签名或者盖章。

一方当事人不履行和解协议的，人民法院可以根据对方当事人的申请，恢复对原生效法律文书的执行。

第二百一十二条 【执行担保】在执行中，被执行人向人民法院提供担保，并经申请执行人同意的，人民法院可以决定暂缓执行及暂缓执行的期限。被执行人逾期仍不履行的，人民法院有权执行被执行人的担保财产或者担保人的财产。

第二百一十三条 【执行承担】作为被执行人的公民死亡的，以其遗产偿还债务。作为被执行人的法人或者其他组织终止的，由其权利义务承受人履行义务。

第二百一十四条 【执行回转】执行完毕后，据以执行的判决、裁定和其他法律文书确有错误，被人民法院撤销的，对已被执行的财产，人民法院应当作出裁定，责令取得财产的人返还；拒不返还的，强制执行。

第二百一十五条 【调解书执行】人民法院制作的调解书的执行，适用本编的规定。

第二十一章 执行的申请和移送

第二百一十六条 【执行开始方式】发生法律效力的民事判决、裁定，当事人必须履行。一方拒绝履行的，对方当事人可以向人民法院申请执行，也可以由审判员移送执行员执行。

调解书和其他应当由人民法院执行的法律文书，当事人必须履行。一方拒绝履行的，对方当事人可以向人民法院申请执行。

第二百一十七条　【仲裁裁决执行】对依法设立的仲裁机构的裁决,一方当事人不履行的,对方当事人可以向有管辖权的人民法院申请执行。受申请的人民法院应当执行。

被申请人提出证据证明仲裁裁决有下列情形之一的,经人民法院组成合议庭审查核实,裁定不予执行:

(一)当事人在合同中没有订有仲裁条款或者事后没有达成书面仲裁协议的;

(二)裁决的事项不属于仲裁协议的范围或者仲裁机构无权仲裁的;

(三)仲裁庭的组成或者仲裁的程序违反法定程序的;

(四)认定事实的主要证据不足的;

(五)适用法律确有错误的;

(六)仲裁员在仲裁该案时有贪污受贿,徇私舞弊,枉法裁决行为的。

人民法院认定执行该裁决违背社会公共利益的,裁定不予执行。

裁定书应当送达双方当事人和仲裁机构。

仲裁裁决被人民法院裁定不予执行的,当事人可以根据双方达成的书面仲裁协议重新申请仲裁,也可以向人民法院起诉。

第二百一十八条　【公证债权文书执行】对公证机关依法赋予强制执行效力的债权文书,一方当事人不履行的,对方当事人可以向有管辖权的人民法院申请执行,受申请的人民法院应当执行。

公证债权文书确有错误的,人民法院裁定不予执行,并将裁定书送达双方当事人和公证机关。

第二百一十九条　【申请执行期限】申请执行的期限,双方或者一方当事人是公民的为一年,双方是法人或者其他组织的为六个月。

前款规定的期限,从法律文书规定履行期间的最后一日起计算;法律文书规定分期履行的,从规定的每次履行期间的最后一日起计算。

第二百二十条　【执行通知】执行员接到申请执行书或者移交执

行书，应当向被执行人发出执行通知，责令其在指定的期间履行，逾期不履行的，强制执行。

第二十二章　执 行 措 施

第二百二十一条　【查询、划拨、冻结存款】被执行人未按执行通知履行法律文书确定的义务，人民法院有权向银行、信用合作社和其他有储蓄业务的单位查询被执行人的存款情况，有权冻结、划拨被执行人的存款，但查询、冻结、划拨存款不得超出被执行人应当履行义务的范围。

人民法院决定冻结、划拨存款，应当作出裁定，并发出协助执行通知书，银行、信用合作社和其他有储蓄业务的单位必须办理。

第二百二十二条　【扣留提取收入】被执行人未按执行通知履行法律文书确定的义务，人民法院有权扣留、提取被执行人应当履行义务部分的收入。但应当保留被执行人及其所扶养家属的生活必需费用。

人民法院扣留、提取收入时，应当作出裁定，并发出协助执行通知书，被执行人所在单位、银行、信用合作社和其他有储蓄业务的单位必须办理。

第二百二十三条　【查扣、冻结、拍卖、变卖】被执行人未按执行通知履行法律文书确定的义务，人民法院有权查封、扣押、冻结、拍卖、变卖被执行人应当履行义务部分的财产。但应当保留被执行人及其所扶养家属的生活必需品。

采取前款措施，人民法院应当作出裁定。

第二百二十四条　【查扣程序】人民法院查封、扣押财产时，被执行人是公民的，应当通知被执行人或者他的成年家属到场；被执行人是法人或者其他组织的，应当通知其法定代表人或者主要负责人到场。拒不到场的，不影响执行。被执行人是公民的，其工作单位或者财产所在地的基层组织应当派人参加。

对被查封、扣押的财产，执行员必须造具清单，由在场人签名或者盖章后，交被执行人一份。被执行人是公民的，也可以交他的成年家属一份。

第二百二十五条 【查封财产保管】被查封的财产，执行员可以指定被执行人负责保管。因被执行人的过错造成的损失，由被执行人承担。

第二百二十六条 【拍、变卖措施】财产被查封、扣押后，执行员应当责令被执行人在指定期间履行法律文书确定的义务。被执行人逾期不履行的，人民法院可以按照规定交有关单位拍卖或者变卖被查封、扣押的财产。国家禁止自由买卖的物品，交有关单位按照国家规定的价格收购。

第二百二十七条 【搜查措施】被执行人不履行法律文书确定的义务，并隐匿财产的，人民法院有权发出搜查令，对被执行人及其住所或者财产隐匿地进行搜查。

采取前款措施，由院长签发搜查令。

第二百二十八条 【指定交付】法律文书指定交付的财物或者票证，由执行员传唤双方当事人当面交付，或者由执行员转交，并由被交付人签收。

有关单位持有该项财物或者票证的，应当根据人民法院的协助执行通知书转交，并由被交付人签收。

有关公民持有该项财物或者票证的，人民法院通知其交出。拒不交出的，强制执行。

第二百二十九条 【强制迁出】强制迁出房屋或者强制退出土地，由院长签发公告，责令被执行人在指定期间履行。被执行人逾期不履行的，由执行员强制执行。

强制执行时，被执行人是公民的，应当通知被执行人或者他的成年家属到场；被执行人是法人或者其他组织的，应当通知其法定代表人或者主要负责人到场。拒不到场的，不影响执行。被执行人是公民的，其工作单位或者房屋、土地所在地的基层组织应当派人参加。执行员应当将强制执行情况记入笔录，由在场人签名或者盖章。

强制迁出房屋被搬出的财物，由人民法院派人运至指定处所，交给被执行人。被执行人是公民的，也可以交给他的成年家属。因拒绝接收而造成的损失，由被执行人承担。

第二百三十条 【证照转移】在执行中，需要办理有关财产权证照转移手续的，人民法院可以向有关单位发出协助执行通知书，有关单位必须办理。

第二百三十一条 【对行为执行】对判决、裁定和其他法律文书指定的行为，被执行人未按执行通知履行的，人民法院可以强制执行或者委托有关单位或者其他人完成，费用由被执行人承担。

第二百三十二条 【迟延履行】被执行人未按判决、裁定和其他法律文书指定的期间履行给付金钱义务的，应当加倍支付迟延履行期间的债务利息。被执行人未按判决、裁定和其他法律文书指定的期间履行其他义务的，应当支付迟延履行金。

第二百三十三条 【继续执行】人民法院采取本法第二百二十一条、第二百二十二条、第二百二十三条规定的执行措施后，被执行人仍不能偿还债务的，应当继续履行义务。债权人发现被执行人有其他财产的，可以随时请求人民法院执行。

第二十三章 执行中止和终结

第二百三十四条 【执行中止】有下列情形之一的，人民法院应当裁定中止执行：

（一）申请人表示可以延期执行的；

（二）案外人对执行标的提出确有理由的异议的；

（三）作为一方当事人的公民死亡，需要等待继承人继承权利或者承担义务的；

（四）作为一方当事人的法人或者其他组织终止，尚未确定权利义务承受人的；

（五）人民法院认为应当中止执行的其他情形。

中止的情形消失后，恢复执行。

第二百三十五条　【执行终结】有下列情形之一的，人民法院裁定终结执行：

（一）申请人撤销申请的；

（二）据以执行的法律文书被撤销的；

（三）作为被执行人的公民死亡，无遗产可供执行，又无义务承担人的；

（四）追索赡养费、扶养费、抚育费案件的权利人死亡的；

（五）作为被执行人的公民因生活困难无力偿还借款，无收入来源，又丧失劳动能力的；

（六）人民法院认为应当终结执行的其他情形。

第二百三十六条　【中止、终结裁定】中止和终结执行的裁定，送达当事人后立即生效。

第四编　涉外民事诉讼程序的特别规定

第二十四章　一　般　原　则

第二百三十七条　【适用本法】在中华人民共和国领域内进行涉外民事诉讼，适用本编规定。本编没有规定的，适用本法其他有关规定。

第二百三十八条　【国际条约优先】中华人民共和国缔结或者参加的国际条约同本法有不同规定的，适用该国际条约的规定，但中华人民共和国声明保留的条款除外。

第二百三十九条　【外交特权与豁免】对享有外交特权与豁免的外国人、外国组织或者国际组织提起的民事诉讼，应当依照中华人民共和国有关法律和中华人民共和国缔结或者参加的国际条约的规定办理。

第二百四十条　【语言文字】人民法院审理涉外民事案件，应当使用中华人民共和国通用的语言、文字。当事人要求提供翻译的，可以提供，费用由当事人承担。

第二百四十一条 【中国律师代理】外国人、无国籍人、外国企业和组织在人民法院起诉、应诉,需要委托律师代理诉讼的,必须委托中华人民共和国的律师。

第二百四十二条 【公证和认证】在中华人民共和国领域内没有住所的外国人、无国籍人、外国企业和组织委托中华人民共和国律师或者其他人代理诉讼,从中华人民共和国领域外寄交或者托交的授权委托书,应当经所在国公证机关证明,并经中华人民共和国驻该国使领馆认证,或者履行中华人民共和国与该所在国订立的有关条约中规定的证明手续后,才具有效力。

第二十五章 管 辖

第二百四十三条 【特殊地域管辖】因合同纠纷或者其他财产权益纠纷,对在中华人民共和国领域内没有住所的被告提起的诉讼,如果合同在中华人民共和国领域内签订或者履行,或者诉讼标的物在中华人民共和国领域内,或者被告在中华人民共和国领域内有可供扣押的财产,或者被告在中华人民共和国领域内设有代表机构,可以由合同签订地、合同履行地、诉讼标的物所在地、可供扣押财产所在地、侵权行为地或者代表机构住所地人民法院管辖。

第二百四十四条 【协议管辖】涉外合同或者涉外财产权益纠纷的当事人,可以用书面协议选择与争议有实际联系的地点的法院管辖。选择中华人民共和国人民法院管辖的,不得违反本法关于级别管辖和专属管辖的规定。

第二百四十五条 【默示管辖】涉外民事诉讼的被告对人民法院管辖不提出异议,并应诉答辩的,视为承认该人民法院为有管辖权的法院。

第二百四十六条 【专属管辖】因在中华人民共和国履行中外合资经营企业合同、中外合作经营企业合同、中外合作勘探开发自然资源合同发生纠纷提起的诉讼,由中华人民共和国人民法院管辖。

第二十六章 送达、期间

第二百四十七条 【送达方式】人民法院对在中华人民共和国领域内没有住所的当事人送达诉讼文书,可以采用下列方式:

(一)依照受送达人所在国与中华人民共和国缔结或者共同参加的国际条约中规定的方式送达;

(二)通过外交途径送达;

(三)对具有中华人民共和国国籍的受送达人,可以委托中华人民共和国驻受送达人所在国的使领馆代为送达;

(四) 向受送达人委托的有权代其接受送达的诉讼代理人送达;

(五)向受送达人在中华人民共和国领域内设立的代表机构或者有权接受送达的分支机构、业务代办人送达;

(六)受送达人所在国的法律允许邮寄送达的,可以邮寄送达,自邮寄之日起满六个月,送达回证没有退回,但根据各种情况足以认定已经送达的,期间届满之日视为送达;

(七)不能用上述方式送达的,公告送达,自公告之日起满六个月,即视为送达。

第二百四十八条 【答辩期间】被告在中华人民共和国领域内没有住所的,人民法院应当将起诉状副本送达被告,并通知被告在收到起诉状副本后三十日内提出答辩状。被告申请延期的,是否准许,由人民法院决定。

第二百四十九条 【上诉期间】在中华人民共和国领域内没有住所的当事人,不服第一审人民法院判决、裁定的,有权在判决书、裁定书送达之日起三十日内提起上诉。被上诉人在收到上诉状副本后,应当在三十日内提出答辩状。当事人不能在法定期间提起上诉或者提出答辩状,申请延期的,是否准许,由人民法院决定。

第二百五十条 【特别规定】人民法院审理涉外民事案件的期间,不受本法第一百三十五条、第一百五十九条规定的限制。

第二十七章 财产保全

第二百五十一条 【保全申请】当事人依照本法第九十二条的规定可以向人民法院申请财产保全。

利害关系人依照本法第九十三条的规定可以在起诉前向人民法院申请财产保全。

第二百五十二条 【诉前保全】人民法院裁定准许诉前财产保全后,申请人应当在三十日内提起诉讼。逾期不起诉的,人民法院应当解除财产保全。

第二百五十三条 【保全解除】人民法院裁定准许财产保全后,被申请人提供担保的,人民法院应当解除财产保全。

第二百五十四条 【保全错误赔偿】申请有错误的,申请人应当赔偿被申请人因财产保全所遭受的损失。

第二百五十五条 【保全财产监督】人民法院决定保全的财产需要监督的,应当通知有关单位负责监督,费用由被申请人承担。

第二百五十六条 【解除保全执行】人民法院解除保全的命令由执行员执行。

第二十八章 仲 裁

第二百五十七条 【纠纷解决方式】涉外经济贸易、运输和海事中发生的纠纷,当事人在合同中订有仲裁条款或者事后达成书面仲裁协议,提交中华人民共和国涉外仲裁机构或者其他仲裁机构仲裁的,当事人不得向人民法院起诉。

当事人在合同中没有订有仲裁条款或者事后没有达成书面仲裁协议的,可以向人民法院起诉。

第二百五十八条 【财产保全】当事人申请采取财产保全的,中华人民共和国的涉外仲裁机构应当将当事人的申请,提交被申请人住所地或者财产所在地的中级人民法院裁定。

第二百五十九条 【仲裁裁决执行】经中华人民共和国涉外仲裁

机构裁决的,当事人不得向人民法院起诉。一方当事人不履行仲裁裁决的,对方当事人可以向被申请人住所地或者财产所在地的中级人民法院申请执行。

第二百六十条　【不予执行情形】对中华人民共和国涉外仲裁机构作出的裁决,被申请人提出证据证明仲裁裁决有下列情形之一的,经人民法院组成合议庭审查核实,裁定不予执行:

(一)当事人在合同中没有订有仲裁条款或者事后没有达成书面仲裁协议的;

(二)被申请人没有得到指定仲裁员或者进行仲裁程序的通知,或者由于其他不属于被申请人负责的原因未能陈述意见的;

(三)仲裁庭的组成或者仲裁的程序与仲裁规则不符的;

(四)裁决的事项不属于仲裁协议的范围或者仲裁机构无权仲裁的。

人民法院认定执行该裁决违背社会公共利益的,裁定不予执行。

第二百六十一条　【不予执行后果】仲裁裁决被人民法院裁定不予执行的,当事人可以根据双方达成的书面仲裁协议重新申请仲裁,也可以向人民法院起诉。

第二十九章　司 法 协 助

第二百六十二条　【协助原则】根据中华人民共和国缔结或者参加的国际条约,或者按照互惠原则,人民法院和外国法院可以相互请求,代为送达文书、调查取证以及进行其他诉讼行为。

外国法院请求协助的事项有损于中华人民共和国的主权、安全或者社会公共利益的,人民法院不予执行。

第二百六十三条　【协助途径】请求和提供司法协助,应当依照中华人民共和国缔结或者参加的国际条约所规定的途径进行;没有条约关系的,通过外交途径进行。

外国驻中华人民共和国的使领馆可以向该国公民送达文书和调查取证,但不得违反中华人民共和国的法律,并不得采取强制措施。

除前款规定的情况外，未经中华人民共和国主管机关准许，任何外国机关或者个人不得在中华人民共和国领域内送达文书、调查取证。

第二百六十四条 【文字要求】外国法院请求人民法院提供司法协助的请求书及其所附文件，应当附有中文译本或者国际条约规定的其他文字文本。

人民法院请求外国法院提供司法协助的请求书及其所附文件，应当附有该国文字译本或者国际条约规定的其他文字文本。

第二百六十五条 【协助程序】人民法院提供司法协助，依照中华人民共和国法律规定的程序进行。外国法院请求采用特殊方式的，也可以按照其请求的特殊方式进行，但请求采用的特殊方式不得违反中华人民共和国法律。

第二百六十六条 【申请外国承认执行】人民法院作出的发生法律效力的判决、裁定，如果被执行人或者其财产不在中华人民共和国领域内，当事人请求执行的，可以由当事人直接向有管辖权的外国法院申请承认和执行，也可以由人民法院依照中华人民共和国缔结或者参加的国际条约的规定，或者按照互惠原则，请求外国法院承认和执行。

中华人民共和国涉外仲裁机构作出的发生法律效力的仲裁裁决，当事人请求执行的，如果被执行人或者其财产不在中华人民共和国领域内，应当由当事人直接向有管辖权的外国法院申请承认和执行。

第二百六十七条 【外国申请承认执行】外国法院作出的发生法律效力的判决、裁定，需要中华人民共和国人民法院承认和执行的，可以由当事人直接向中华人民共和国有管辖权的中级人民法院申请承认和执行，也可以由外国法院依照该国与中华人民共和国缔结或者参加的国际条约的规定，或者按照互惠原则，请求人民法院承认和执行。

第二百六十八条 【外国裁判承认执行】人民法院对申请或者请

求承认和执行的外国法院作出的发生法律效力的判决、裁定，依照中华人民共和国缔结或者参加的国际条约，或者按照互惠原则进行审查后，认为不违反中华人民共和国法律的基本原则或者国家主权、安全、社会公共利益的，裁定承认其效力，需要执行的，发出执行令，依照本法的有关规定执行。违反中华人民共和国法律的基本原则或者国家主权、安全、社会公共利益的，不予承认和执行。

第二百六十九条　【国外裁决承认执行】国外仲裁机构的裁决，需要中华人民共和国人民法院承认和执行的，应当由当事人直接向被执行人住所地或者其财产所在地的中级人民法院申请，人民法院应当依照中华人民共和国缔结或者参加的国际条约，或者按照互惠原则办理。

第二百七十条　【生效日期】本法自公布之日起施行，《中华人民共和国民事诉讼法（试行）》同时废止。

国务院关于在若干城市试行国有企业破产有关问题的通知

国发〔1994〕59 号

各省、自治区、直辖市人民政府，国务院各部委、各直属机构：

为配合在 18 个城市（上海、天津、齐齐哈尔、哈尔滨、长春、沈阳、唐山、太原、青岛、淄博、常州、蚌埠、武汉、株洲、柳州、成都、重庆、宝鸡）进行企业优化资本结构试点工作的开展，建立和完善企业优胜劣汰机制，指导和规范这些城市国有企业（以下简称企业）破产工作，根据《中华人民共和国企业破产法（试行）》（以下简称《破产法》）和其他有关法律、行政法规的规定，现就有关问题通知如下：

一、实施企业破产必须首先安置好破产企业职工

《破产法》第四条规定，“国家通过各种途径妥善安排破产企业职工重新就业，并保障他们重新就业前的基本生活需要，具体办法由国务院另行规定”。据此，各有关城市人民政府要按照本通知，在实施企业破产中，采取各种有效措施，首先妥善安置破产企业职工，保持社会稳定。

二、破产企业土地使用权的处置

企业破产时，企业依法取得的土地使用权，应当以拍卖或者招标方式为主依法转让，转让所得首先用于破产企业职工的安置；安置破

产企业职工后有剩余的，剩余部分与其他破产财产统一列入破产财产分配方案。

三、破产财产的处置

破产财产处置前，应当由具有法定资格的资产评估机构进行评估，并以评估价值作底价，通过拍卖、招标等方式依法转让。

处置企业土地使用权所得不足以安置破产企业职工的，不足部分应当从处置其他破产财产所得中拨付。

企业在破产前为维持生产经营，向职工筹借的款项，视为破产企业所欠职工工资处理，借款利息按照借款实际使用时间和银行同期存款利率计算。职工在企业破产前作为资本金投资的款项，视为破产财产。

破产企业的职工住房、学校、托幼园（所）、医院等福利性设施，原则上不计入破产财产，由破产企业所在地的市或市辖区、县的人民政府接收处理，其职工由接收单位安置。但是，没有必要续办并能整体出让的，可以计入破产财产。

四、担保的处理

破产企业作为抵押物的财产，债权人放弃优先受偿权利的，抵押财产计入破产财产；债权人不放弃优先受偿权利的，超过抵押债权的部分计入破产财产。

企业对其同一财产设定两个以上抵押权的，企业破产时，抵押权人按照抵押顺序受偿。

一个企业为另一个企业提供担保的，被担保企业破产后，担保企业应当按照担保合同承担担保责任。但是，偿债期限可以由担保企业与被担保企业的债权人协商确定。

行政机关为企业提供担保的，应当按照国家有关规定确认担保合同无效。

五、破产企业职工的安置

破产企业所在地的市或者市辖区、县的人民政府应当采取转业培训、介绍就业、生产自救、劳务输出等各种措施,妥善安排破产企业职工重新就业,并保障他们在重新就业前的基本生活需要。

政府鼓励破产企业职工自谋职业。对自谋职业的,政府可以根据当地的实际情况,发放一次性安置费,不再保留国有企业职工身份。一次性安置费原则上按照破产企业所在市的企业职工上年平均工资收入的3倍发放,具体发放标准由各有关市人民政府规定。

破产企业职工失业期间,依照《国有企业职工待业保险规定》享受失业保险待遇。失业保险期满无法重新就业的职工,符合社会救济条件的,由当地民政部门按照规定发给社会救济金。

破产企业离退休职工的离退休费和医疗费由当地社会养老、医疗保险机构负责管理。破产企业参加养老保险、医疗保险基金社会统筹的,其离退休职工的离退休费、医疗费由当地社会养老、医疗保险机构分别从养老保险、医疗保险基金社会统筹中支付。没有参加养老保险、医疗保险基金社会统筹或者养老保险、医疗保险基金社会统筹不足的,从企业土地使用权出让所得中支付;处置土地使用权所得不足以支付的,不足部分从处置其他破产财产所得中拨付。

破产企业中因工致残或者患严重职业病、全部或者大部分丧失劳动能力的职工,作为离退休职工安置。距离退休年龄不足5年的职工,经本人申请,可以提前离退休。

破产企业中的劳动合同制职工的安排,依照《国营企业实行劳动合同制暂行规定》等法律、行政法规的规定办理;临时工的安排,依照《全民所有制企业临时工管理暂行规定》办理。

破产企业职工的安置费用来源不足的,按照企业隶属关系,由破产企业所在地的市或者市辖区、县的人民政府负担。

六、银行因企业破产受到的贷款损失的处理

银行因企业破产受到的贷款本金、利息损失,应当严格按照国家

有关规定，经国家有关银行总行批准后，分别在国家核定银行提取的呆帐准备金和坏帐准备金控制比例内冲销。

七、破产企业的整体接收

人民法院裁定清算组提出的破产财产分配方案后，执行分配方案前，其他企业整体接收破产企业财产、承担分配方案确定清偿的破产企业债务、安置破产企业职工的，可以按照国家有关规定，享受兼并企业的优惠待遇。

八、濒临破产企业的重组

对濒临破产的企业，企业所在地的市或者市辖区、县的人民政府可以采取改组企业管理层、改变企业资产经营形式、引导企业组织结构调整等措施，予以重组。企业所在地的市或者市辖区、县的人民政府认为企业不宜破产的，应当给予资助或者采取其他措施，帮助企业清偿债务。

濒临破产的企业在申请破产前，经拥有三分之二以上债权额的债权人同意，并经企业所在地的市或者市辖区、县的人民政府批准，可以将企业效益好的部分同企业分立。分立后的企业，应当按照商定的比例承担原企业的债务。

九、实施企业破产的组织领导

实施企业破产，涉及面广，政策性强，难度很大。有关城市的人民政府要加强对这项工作的组织领导，由一名政府负责人牵头，经贸委（经委、计经委）、计委、财政、银行、劳动、审计、税务、国有资产管理、土地、工会等部门和单位参加的工作机构，统一负责组织、协调、解决实施企业破产中遇到的问题，确保这项工作的顺利开展。要根据当地社会的承受能力，制定切实可行的企业破产预案。要采取积极、稳妥的措施，及时处理实施企业破产中的重点、难点问题。要发挥有关社会中介组织在企业破产实施中的作用。实施企业破产中遇到紧急情况和重大问题，要及时上报。

国务院关于在若干城市试行国有企业兼并破产和职工再就业有关问题的补充通知

国发〔1997〕10 号

各省、自治区、直辖市人民政府，国务院各部委、各直属机构：

根据《中华人民共和国企业破产法（试行）》（以下简称《破产法》）、《国务院关于在若干城市试行国有企业破产有关问题的通知》（国发〔1994〕59 号）的精神和有关规定，企业兼并破产工作已逐步展开，工作是有成绩的。但是，也出现了一些城市和地区违反国发〔1994〕59 号文件适用范围实施企业破产的问题。国务院强调：国发〔1994〕59 号文件中有关破产方面的政策，只适用于国务院确定的企业"优化资本结构"试点城市（以下简称试点城市，名单见附件）范围内的国有工业企业。非试点城市和地区的国有企业破产，只能按照《破产法》的规定实施，即破产企业财产处置所得，必须用于按比例清偿债务，安置破产企业职工的费用只能从当地政府补贴、民政救济和社会保障等渠道解决。非国有企业的破产，要严格按照《中华人民共和国民事诉讼法》实施。为规范企业破产，鼓励企业兼并，对国有企业富余职工实施再就业工程，促进产业结构调整、企业优化资本结构和转换经营机制，现就试点城市国有企业（以下简称企业）兼并破产和职工再就业有关问题补充通知如下：

一、企业兼并破产和职工再就业工作的组织领导

国家经贸委负责全国企业兼并破产和职工再就业的组织协调工作。为加强对试点城市企业兼并破产和职工再就业工作的组织领导,成立全国企业兼并破产和职工再就业工作领导小组(以下简称全国领导小组),由国家经贸委(组长)、国家体改委、财政部、劳动部、中国人民银行、国家土地局、国家国有资产管理局等部门组成,并邀请全国人大法工委、最高人民法院参加。其主要职责是:负责全国试点城市企业兼并破产和职工再就业工作的组织领导与协调;制订《企业兼并破产和职工再就业工作计划》的编制办法;下达省、自治区、直辖市(以下简称省、区、市)核销呆、坏帐准备金的预分配规模;审核省、区、市《企业兼并破产和职工再就业工作计划》;指导省、区、市企业兼并破产和职工再就业工作协调小组(以下简称省、区、市协调小组)的工作;制订《全国企业兼并破产和职工再就业工作计划》并监督执行。全国领导小组的日常工作由国家经贸委负责,有关部门要通力合作,协调一致,重大问题提交国务院国有企业改革工作联席会议讨论决定。

省、区、市成立由经贸委(经委、计经委,下同)为组长,有关部门组成,并邀请省、区、市人大法工委、高级人民法院参加的省、区、市协调小组。其主要职责是:负责本地区试点城市企业兼并破产和职工再就业工作的组织协调;审核试点城市《企业兼并破产和职工再就业工作计划》,制订本省、区、市《企业兼并破产和职工再就业工作计划》。

试点城市成立由市经贸委(组长)、体改委、财政局、中国人民银行和各债权银行分行、劳动局、土地局、国有资产管理局等部门组成,并邀请市人大法工委、人民法院参加的试点城市企业兼并破产和职工再就业工作协调小组(以下简称试点城市协调小组)。其主要职责是:负责企业兼并及进入破产程序前、终结后和职工再就业工作的组织协调;制订本市《企业兼并破产和职工再就业工作计划》;负责制订

企业破产预案；组织实施企业兼并和职工再就业工作；监督、查处、纠正不规范的做法。

二、《企业兼并破产和职工再就业工作计划》的制订与审批

各试点城市协调小组要在深入调查研究、充分听取主要债权银行意见的基础上，提出兼并、破产和解困企业名单（中央、省属企业要由主管部门商国家经贸委及地方经贸委后提出），按照下达的核销呆、坏帐准备金的预分配规模，制订本市《企业兼并破产和职工再就业工作计划》。各债权银行总行派人或总行授权当地分行参加计划编制，财政部门、银行要对企业兼并破产和职工再就业拟核销的银行呆、坏帐准备金进行审核。

试点城市《企业兼并破产和职工再就业工作计划》每年编制一次。试点城市要在 11 月底以前将下一年度本市《企业兼并破产和职工再就业工作计划》报省、区协调小组；由省、区协调小组审核汇总后，在 12 月底以前报全国领导小组。全国领导小组在审核省、区、市《企业兼并破产和职工再就业工作计划》的基础上，统筹研究制订当年《全国企业兼并破产和职工再就业工作计划》，报国务院国有企业改革工作联席会议审议，一般应于 2 月底以前下达。《全国企业兼并破产和职工再就业工作计划》下达后，由全国领导小组会同有关部门和省、区、市人民政府，对各试点城市计划的执行情况负责检查落实。

各试点城市《企业兼并破产和职工再就业工作计划》批准下达后，在执行中不得突破经过批准的计划规模，需要在计划规模内进行调整的，由省、区、市协调小组审核并汇总后，报全国领导小组审定。

各省、区、市和试点城市协调小组每季度要向全国领导小组报告一次企业兼并破产和职工再就业工作计划执行情况；中国人民银行总行每季度要向国务院国有企业改革工作联席会议报告一次呆、坏帐准备金核销情况。

三、企业破产预案的制订

各试点城市要依据《全国企业兼并破产和职工再就业工作计

划》,由拟破产企业主管部门负责向试点城市协调小组提供制订企业破产预案所需材料。其主要内容包括:企业概况,会计报表及亏损情况说明,债权、债务状况,资产处置方案,职工安置渠道及费用标准,拟核销呆、坏帐准备金数额等。

试点城市协调小组制订企业破产预案后,方可进入破产程序,并报省、区、市协调小组备案。主要债权银行对企业破产预案有异议的,须提请省、区、市协调小组决定,同时将情况报全国领导小组备案。经省、区、市协调小组协调仍不能形成决议的,报全国领导小组决定。

四、资产评估机构资格及破产财产处置

企业破产财产处置前,应由破产清算组委托具有国务院国有资产管理行政主管部门认证的资产评估机构进行评估,并由国有资产管理行政主管部门确认评估结果。其中,涉及以划拨方式取得的土地使用权或涉及改变出让合同条件的土地使用权价格评估的,须由具有土地估价能力的资产评估机构进行评估,并由土地行政主管部门确认评估结果后,并入整体资产评估结果。资产评估及地价评估要努力降低评估费用,不得重复收取评估费用。凡确认有误的,须承担相应的行政和经济责任。

企业破产财产应以评估确认的价格为依据,按国家有关规定确定底价,以拍卖方式为主,依照有关法律、法规转让。转让价格由市场确定。

五、妥善安置破产企业职工

各试点城市人民政府要积极推广上海市实施再就业工程的经验,结合劳动就业、社会保障制度的改革和当地的具体情况,从上到下建立再就业服务中心,积极开拓就业门路,关心破产企业职工生活,妥善安置破产企业职工,保持社会稳定。

安置破产企业职工的费用,从破产企业依法取得的土地使用权转让所得中拨付。破产企业以土地使用权为抵押物的,其转让所得也应首先用于安置职工,不足以支付的,不足部分从处置无抵押财产、抵押财产所得中依次支付。破产企业财产拍卖所得安置职工仍不足的,按照企业隶属关系,由同级人民政府负担。

职工安置费一律拨付到再就业服务中心,统筹使用。安置费标准,原则上按照破产企业所在试点城市的企业职工上年平均工资收入的3倍计算,试点城市人民政府根据当地实际情况从严掌握,不得随意突破。暂时尚未就业的职工,由再就业服务中心发给基本生活费,再就业后即停止拨付。自谋职业的可一次性付给安置费,标准不高于试点城市的企业职工上年平均工资收入的3倍。

破产企业离退休职工的离退休费和医疗费由当地社会养老、医疗保险机构负责管理。破产企业参加养老保险、医疗保险基金社会统筹的,其离退休费、医疗费由所在试点城市社会养老、医疗保险机构分别从养老保险、医疗保险基金社会统筹中支付。没有参加养老、医疗保险基金社会统筹或者养老保险、医疗保险基金社会统筹不足的,从企业土地使用权出让所得中支付;处置土地使用权所得不足以支付的,不足部分从处置无抵押财产、抵押财产所得中依次支付。

破产企业进入破产程序后,职工的生活费从破产清算费中支付,具体支付办法按照财政部《国有企业试行破产有关财务问题的暂行规定》(财工字〔1996〕226号)执行。

破产企业财产处置所得,在支付安置职工的费用后,其剩余部分按照《破产法》的规定,按比例清偿债务。

六、简化呆、坏帐核销手续

因实施《全国企业兼并破产和职工再就业工作计划》而形成的银行贷款本金、利息损失需核销呆、坏帐准备金的,由各债权银行总行依照《中华人民共和国商业银行法》和有关规定,在国务院确定的用于企业兼并破产和职工再就业工作的银行呆、坏帐准备金总规模内审批并核销。具体办法按照《财政部关于修订〈关于国家专业银行建立贷款呆帐准备金的暂行规定〉的通知》((92)财商字232号)执行。

要简化银行呆、坏帐准备金的核销手续。具体操作办法由中国人民银行总行会同各债权银行总行商国家经贸委、财政部等有关部门提出,经全国领导小组批准,在本通知发布后2个月内下发。

七、破产责任的追究

企业被宣告破产后,政府有关部门应按照《破产法》的有关规定,对企业破产原因和责任进行调查和审计,依据情节轻重严肃处理。对企业破产负有重要责任的法定代表人,不得再担任其他企业的负责人;构成犯罪的,要依法追究刑事责任。对企业破产负有重要责任、情节严重的企业主管部门负责人,也要追究责任。对利用企业破产逃废债务的,一经查实,要依法追究相应责任。对于企业被宣告破产后,企业的组织机构、人员不变,仍在原场地继续生产的,要坚决制止并予以纠正。

八、严格按照有关文件规定规范企业破产

国发〔1994〕59号文件及本通知有关破产方面的政策,适用于试点城市市区内的国有工业企业和试点城市管辖的县(市)内的市属以上(含市属)国有工业企业,不包括试点城市管辖的县(市)属企业。非试点城市和地区以及试点城市的非国有工业企业擅自使用试点城市有关破产法规政策的,要依法予以纠正,由政府有关部门采取善后措施。对因越权超范围使用有关文件政策而形成的银行呆、坏帐损失不予核销,该损失由银行在其上缴当地的营业税中抵扣,处理结果报全国领导小组。

只有破产企业真正做到停产关闭(取消法人资格)、土地使用权及企业财产被拍卖变现、职工得到妥善安置的,其银行贷款本金和利息损失,方可按照国发〔1994〕59号文件及本通知的有关规定,从银行提取的呆、坏帐准备金中核销。

九、加大鼓励企业兼并的政策力度

国家鼓励优势企业兼并困难企业,兼并企业要全部承担被兼并企业的债务并负责人员安置,不能搞“假破产、真逃债”的“整体接收”或“整体收购”方式。被兼并企业的富余职工也要实行下岗分流,下岗职工进入兼并企业再就业服务中心。兼并企业承担被兼并企业的全部债务,其中银行债务可按《中国人民银行、国家经贸委、财政部关于鼓励和支持18个试点城市优势国有企业兼并困难国有工业生产企业后有关银行贷款及利息处理问题的通知》(银发〔1995〕130号)的有关规定精神,享受免除利息、分年还本的优惠。优势企业(包括国有控股企业)兼并连续3年亏损的企业,经银行核准,可免除被兼并企业原欠贷款利息;被兼并企业原欠贷款本金分5年还清,如5年内还本仍有困难,可给予1至2年的宽限期。在宽限期和计划还款期内,对被兼并企业原贷款本金免息,不能按约定计划还款部分,恢复计息。对免除利息造成的损失,在银行提取的坏帐准备金中核销,坏帐准备金不足,可用呆帐准备金核销。

有关企业兼并政策的适用范围可以扩大到:试点城市内国有内贸、外贸、建筑和安装企业;兼并和被兼并企业有一方属于国务院确定的大中型重点企业或被兼并方属于试点城市的企业。对缺乏兼并条件而又需要进行兼并的企业,须由省、区、市协调小组报全国领导小组审批。

借用外国政府贷款或转贷款,偿还任务尚未落实的企业,不适用此项规定。

十、以产定人,下岗分流,适当减免贷款利息,缓解企业困难

对那些产品有市场、企业经营管理比较好,但债务负担较重,又缺乏兼并破产条件的亏损企业,也要列入《企业兼并破产和职工再就业工作计划》,采取在一定期限内不同程度减免银行贷款利息,实施再就业工程的办法,缓解企业困难。

要把以产定人，富余职工下岗分流作为缓解企业困难的基本做法，把实施再就业工程与缓解企业困难工作紧密结合起来，富余职工下岗后，可进入再就业服务中心，领取基本生活费，通过再就业培训，帮助下岗职工逐步重新就业。

对一些生产经营十分困难、确无支付职工工资能力的企业，按照《中共中央办公厅国务院办公厅关于进一步解决部分企业职工生活困难问题的通知》（中办发〔1996〕29 号）规定，经当地政府主管机构核定，实行地方财政贴息、企业主管部门调剂一部分资金、银行提供一部分工资性贷款的"三家抬"办法解决职工的基本生活费。

除上述规定外，有关企业破产案件的审理程序、法律适用问题，按照《破产法》、《中华人民共和国担保法》、《中华人民共和国民事诉讼法》和《最高人民法院关于当前人民法院审理企业破产案件应当注意的几个问题的通知》（法发〔1997〕2 号）执行。

有关企业兼并破产和职工再就业政策方面的实施细则，各有关部门提出后一律由国务院国有企业改革工作联席会议审定后下发。

附录二：相关说明、报告和意见

关于《中华人民共和国企业破产法（草案）》的说明

全国人大财经委员会副主任委员　贾志杰

委员长、各位副委员长、秘书长、各位委员：

我受全国人大财经委员会委托，就《中华人民共和国企业破产法（草案）》（以下简称草案）作如下说明：

一、关于制定企业破产法的必要性和草案起草过程

企业破产制度是企业在市场竞争中，因各种原因不能清偿到期债务，通过重整、和解或清算等法定程序，使债务得以延缓或公平清偿的债务清理制度。企业破产法是规范企业破产行为，公正审理破产案件，全面保护各方当事人利益，维护社会主义市场经济秩序的法律，也是形成中国特色社会主义法律体系的一部重要法律。

早在1986年，全国人大常委会就制定了企业破产法（试行），对国有企业（即全民所有制企业）的破产作了规定。1991年全国人大修订民事诉讼法，在第十九章专章规定了“企业法人破产还债程序”。这两部法律及其他法律、行政法规的相关规定，对规范我国企业破产行为，审理企业破产案件发挥了重要作用。但是，随着社会主义市场经济体制的逐步确立和国有企业改革的深化，我国企业破产也出现

了一些新情况。一方面,随着公司法、合伙企业法、个人独资企业法的颁布实施,使现行企业破产法已不适应目前企业组织破产的实际情况;另一方面,现行企业破产法对破产程序的规定比较原则,难于操作。并缺少重整等企业挽救程序,以及切实保护债务人财产,维护职工合法权益,保证程序正常进行的其他相关制度。此外,人民法院在审理破产案件中积累了许多实践经验,有的需要上升为法律。这些客观情况都要求我们尽快出台一部统一适用于所有企业的破产法。

根据八届全国人大常委会立法规划,财经委员会从 1994 年开始组织起草破产法。起草组总结企业破产法(试行)、民事诉讼法及国务院对国有企业政策性破产有关规定的实施经验,起草出《中华人民共和国破产法(草案)》。因对出台时机存在不同意见,以及社会保障制度不配套等原因,当时未安排审议。九届全国人大期间,起草工作继续进行。

十届全国人大常委会将企业破产法列入五年立法规划,确定仍由财经委员会负责起草。财经委员会于 2003 年 8 月组成新的起草班子,再次启动起草工作。起草组根据常委会领导的指示和立法指导思想,总结以往工作,结合我国国情和实践经验,广泛开展调查研究,多次召开立法座谈会,认真听取各方意见,并于 2003 年 11 月将草案送各省、市、自治区和国务院有关部门、单位征求意见。对草案涉及的一些重要问题,财经委员会负责同志与有关单位、部门多次协商,基本取得一致意见。2004 年 5 月,财经委员会再次召开立法座谈会,征求法院、有关部门、地方、企业和破产事务从业人员的意见,就草案的重要问题进一步达成共识。5 月 28 日,财经委员会将草案送常委会办公厅,正式征求国务院意见。其后,根据常委会领导的指示和国务院、最高人民法院及有关单位的意见,财经委员会再次进行修改,形成了目前的草案。6 月 14 日,财经委员会召开第二十七次全体会议,审议通过了草案。

草案共十一章一百六十四条,除总则和附则外,对破产案件的申请和受理、管理人、债务人财产、债权申报、债权人会议、重整、和解、破产清算以及法律责任等分章作了规定。

二、关于本法的立法指导思想

本法的立法指导思想是：

第一，立足我国国情和实践经验，充分体现中国特色；适应建立社会主义市场经济体制和加入世贸组织的要求，注意将国际经验与中国具体情况相结合，充分反映我国现阶段的实际需要和解决现实问题。

第二，统一适用于各类企业组织。随着社会主义市场经济发展，我国出现了公司、合伙企业与个人独资企业等新的企业组织形式，形成多种企业组织形式共存的局面。企业破产法既要适用于新的企业，也要适用于原有企业，包括国有企业和外商投资企业等各类企业组织。

第三，建立优胜劣汰和陷入困境企业的挽救制度。企业破产原因非常复杂，适用破产程序要具体分析。立法要对无挽救希望的企业及时清理债权债务，避免造成更大损失；对陷入困境但有挽救希望的大中型企业要通过重整、和解程序尽力救助，使其恢复生机。

第四，公平保护破产案件各方当事人的利益。在企业破产实践中，既有债务人“恶意破产”，逃避债务的情况，也有债权人之间得不到公平清偿，以及部分债权人不顾整体利益，使一些有挽救希望的企业被破产清算的情况。为此，草案要全面规范企业破产行为，公平保护各方当事人利益。

第五，充分保障职工合法权益。职工是企业破产的直接受害者。一些企业在破产案件中存在严重损害职工利益，影响社会稳定的情况，起草本法要解决这些问题，切实保护职工合法权益。

第六，维护破产法律制度的统一。除本法外，还有一些法律、行政法规，如民事诉讼法、公司法、商业银行法、保险法等，都对相关企业的破产作出了规定，起草本法要注意与这些法律、行政法规之间的衔接，避免法律冲突。

三、关于草案的若干重要问题

在市场经济发达国家，破产法已经有了比较完整的体系。我国破产立法历史较短，起草中，对草案涉及到的几个重要问题存在一些分歧和不同认识，经过反复讨论、协调，目前基本达成共识。下面就草案涉及的几个重要问题说明如下：

（一）关于适用范围。草案第二条规定，本法的适用范围包括企业法人、合伙企业及其合伙人、个人独资企业及其出资人、其他依法设立的营利性组织，较现行企业破产法，适用范围扩大到所有类型的企业。国有企业作为企业法人仍属本法的调整对象。

在起草过程中，有同志建议将2300万个体工商户和个人在消费行为中可能出现的破产纳入本法调整。经过认真研究，我们认为，实施个人破产制度的前提是，国家具有比较完备的个人财产登记制度和良好的社会信用环境，目前我国这方面的制度还不完善，将上述个人破产纳入本法调整的时机尚不成熟。

考虑到合伙企业的合伙人和个人独资企业的出资人对企业债务承担无限连带责任，当这两类企业破产时，可能连带到合伙人和出资人的个人财产。为公平清偿债务，维护我国企业立法和企业破产法的协调统一，也为今后建立个人破产制度积累经验，草案将合伙企业合伙人和个人独资企业出资人可能出现的连带破产，一并纳入本法调整，并规定了相应的免责制度。

（二）关于破产原因。现行企业破产法将破产原因规定为："经营管理不善造成严重亏损，不能清偿到期债务"，司法实践表明，"经营管理不善造成严重亏损"很难认定和操作，根据这一情况，为保证法律实施，草案第三条规定："债务人不能清偿到期债务，资产不足以清偿全部债务的，依照本法规定的程序清理债务"，即将"资产不足以清偿全部债务"与"不能清偿到期债务"并列为破产原因。为便于法院审查，草案第十一条第三款规定："债务人提出申请的，应当向人民法院提交财产状况说明书、债务清册、债权清册和有关财务报告。”同时，为一解决债权人不了解债务人资产负债情况，无法启动破产程序的问题，草案借鉴现行企业破产法(第七条)，在第十条第二款规定："债务人不能清偿到期债务，债权人可以申请债务人破产。”人民法院对于债权人的申请，可以根据草案第三条的规定决定是否受理。

(三)关于管理人。管理人是依照本法规定，在企业破产程序中负责债务人财产管理和其他事务的当事人。管理人制度是本法建立的一项新制度，对此各方面认识比较一致。目前我国一些地方在破产实践中已采用类似管理人的做法，由破产清算事务所等中介机构负责破产事务，从操作情况看是可行的。

为全面规范管理人制度，草案专设一章作了具体规定。一是根据现行企业破产法和其他法律、政策的实施经验，规定管理人可以由依法设立或人民法院指定设立的清算组担任，同时规定，破产清算事务所、律师事务所、会计师事务所等社会中介机构，以及具备相一关专业知识并取得专门执业资格的人员可以担任管理人。二是规定了管理人的职责及监督。三是对直接提出重整的债务人，允许其申请自行管理财产和经营事务。四是对管理人违反忠于职守和勤勉尽责义务或有其他违法行为的，草案规定了应承担的法律责任。

(四)关于重整。重整也是本法引入的一项新的程序，目的是使面临困境但有挽救希望的企业避免破产清算，恢复生机。草案立足中国国情，借鉴国外经验，专章对重整的适用范围、基本程序、保护措施、重整计划等内容作了规定。

起草中，有同志建议将重整适用于所有企业。考虑到重整历时较长，程序比较复杂，如适用于所有企业类型，社会成本过高，实践中容易被滥用，损害债权人利益，故草案确定重整仅适用于企业法人。

为了增加重整成功的可能性，草案对重整原因适当放宽，规定企业有可能出现不能清偿到期债务情形时，就可以直接申请重整。为了发挥企业经营管理层了解企业真实情况的优势，鼓励债务人通过法定程序尽早解决企业内部存在的问题，草案规定，当债务人提出重整申请时,可以向人民法院申请自行管理财产和营业事务。为了保证债权人收益最大化,维护社会整体利益,增加重整计划通过的可能性,草案还赋予人民法院司法裁量权,对符合本法第八十六条规定情形的重整计划,人民法院应当裁定批准。

(五)关于国有企业破产。国有企业破产是本法起草中的一个难点问题。经过认真研究,草案第一百六一十二条规定:“在国务院规定的期限和范围内,国有企业实施破产的,按照国务院有关规定办理。”这样规定主要是考虑,国有企业在我国经济发展和改革开放中发挥了重要作用,承担了巨大的改革成本。由于体制、机制和结构调整等方面的原因,一部分国有企业出现经营困难,需要实施关闭破产。因历史原因,这类企业实施关闭破产的难度较大,主要难在职工安置上。为解决这一问题,国家对部分实施破产的国有企业,制定了一些相关政策,包括职工安置方案、破产财产处置、破产预案制定、清算组、银行呆坏账核销等。这些措施在实践中发挥了重要作用。根据目前情况,这些特殊政策还要持续一段时间,草案应当给这类国有企业的政策性破产留有余地。由于上述政策措施只适用于特定的国有企业,其范围在国务院文件中已经明确,加之这一些政策具有过渡性质,因此,草案授权国务院根据具体情况确定特殊政策的实施期限,期限届满后,所有国有企业的破产应完全依照本法执行。

(六)关于商业银行、保险公司等金融机构的破产。起草中,对商业银行、保险公司等金融机构破产是否纳入本法调整存在一些不同看法。经过广泛讨论,并考虑到我国现行法律对商业银行、保险公司的破产问题已有规定。如《商业银行法》第七十一条规定:“商业银行不能支付到期债务,经国务院银行业监督管理机构同意,由人民法院依法宣告其破产。”《保险法》第八十六条规定:“保险公司不能支付到期债务,经保险监督管理机构同意,由人民法院依法宣告破产。”因此,总体上说,商业银行、保险公司等金融机构的破产应当适用本法规定的程序。

但是,商业银行、保险公司等金融机构确实存在特殊性。例如,这类机构的资产分为自有资产与客户财产两部分,需要对其破产时的客户财产保护作出专门规定;同时,这类机构的破产涉及人数众多,关系到社会稳定,启动破产程序须经监管部门批准。此外,在管理人、债权人会议等具体程序上还需作一些其他特别规定。为了解决商业银行、保险公司等、金融机构破产的现实需要,并维护法律的协调统一,草案第一百六十三条规定:"商业银行、保险公司等金融机构实施破产的,由国务院依据本法和其他有关法律的规定制定实施办法。"

(七)关于职工权益保护。维护和保障破产企业职工的合法权益,是本法的一项重要指导思想。我国已经改革了计划经济时期的职工退休等制度,新的社会保障制度正在逐步建立,在这种情况下企业发生破产,有些职工的生活保障可能产生问题。在破产实践中,也实际存在着严重损害职工合法权益的情况。

为充分保障破产企业职工的合法权益,草案吸收全国总工会、劳动和社会保障部门等单位的意见,重点规定了以下内容:一是在总则中明确规定"人民法院审理破产案件应当依法保障企业职工的合法权益"(第九条)。二是将劳动债权,即企业所欠职工工资和社会保险费用,以及法律、行政法规规定应当支付给职工的补偿金等其他费用作为第一顺序清偿(第一百三十七条)。三是规定在债权申报时,劳动债权无须申报即可生效,由管理人记入债权表并予以公示(第四十六条)。四是规定企业的职工和工会可以派代表参加债权人会议(第五十四条)。五是规定在债权人委员会中必须有一名劳动债权代表(第六十二条)。六是规定在重整计划表决时,劳动债权作为债权分类之一进行表决(第八十一条、第八十五条)。以上这些规定,都是为加强破产企业职工的保护,保证企业职工在破产程序中的知情权、参与权和表决权。

此外,为了追究经营管理人员对造成企业破产应负的责任,草案第九条规定,要依法追究破产企业经营管理人员的法律责任;在第一百五十一条规定,企业的经营管理人员未尽忠于职守和勤勉尽责义务的,应当承担相应的民事责任,在民事责任免除前,不得进行任何高消费或者投资行为,有犯罪行为的要追究刑事责任等。

《中华人民共和国企业破产法(草案)》和以上说明是否妥当,请予审议。

中华人民共和国企业破产法(草案)

目　　录

第一章　总　　则

第一条　为规范企业破产行为,公正审理破产案件,公平清理债权债务,保护债权人和债务人的合法权益,维护社会主义市场经济秩序,制定本法。

第二条　本法适用于下列民事主体:

(一)企业法人;

(二)合伙企业及其合伙人;

(三)个人独资企业及其出资人;

(四)其他依法设立的营利性组织。

前款规定的民事主体已解散但未清算或者未清算完毕的,在本法规定的范围内视为存续。

第三条　债务人不能清偿到期债务,资产不足以清偿全部债务的,依照本法规定的程序清理债务。

前款所称不能清偿到期债务是指债务的履行期限已经届满,债务人未履行债务并且明显缺乏清偿债务的能力。

债务人停止支付到期债务并呈连续状态,推定为不能清偿。

债务人不能清偿或者有可能不能清偿到期债务,需要进行重整的,可以依照本法规定的程序进行重整。

第四条　破产案件由债务人住所地人民法院管辖。

第五条 人民法院审理破产案件,适用本法规定的重整、和解和清算程序。

第六条 人民法院依本法规定的程序作出的裁定,自裁定作出之日起生效。

对人民法院依本法规定作出的裁定,不得上诉。本法另有规定的除外。

人民法院依本法作出的裁定,应当公告。本法另有规定的除外。

本法规定的公告,应当刊登于最高人民法院指定登载公告的媒体上,并张贴于受理案件的人民法院的布告栏。

第七条 审理破产案件中的程序事项,本法没有规定的,除再审程序外,准用民事诉讼法的有关规定。

第八条 依照本法开始的破产程序,效力及于债务人在中华人民共和国境外的财产。

在中华人民共和国境外开始的破产程序,经人民法院裁定,对债务人在中华人民共和国境内的财产发生效力。但有下列情形之一的,人民法院应当裁定不发生效力:

(一)该国家或者地区与中华人民共和国不存在相关条约或者互惠关系;

(二)境外开始的破产程序违反中华人民共和国的社会公共利益;

(三)境外开始的破产程序将损害境内债权人的合法权益。

第九条 人民法院审理破产案件应当依法保障企业职工的合法权益;依法追究破产企业经营管理人员的法律责任。

第二章 申请和受理

第一节 申 请

第十条 债务人有本法第三条规定的情形,债务人可以向人民法院提出重整、和解或者破产清算申请。

债务人不能清偿到期债务,债权人可以申请债务人破产。

有本法第二条第二款规定的情形,债务人财产不足以清偿债务的,依法负有清算责任的人应当向人民法院申请破产清算。

第十一条　债务人或者债权人向人民法院提出破产申请的,应当向人民法院提交破产案件申请书和有关证据。

破产案件申请书应当载明下列事项:

(一)申请人、被申请人的基本情况;

(二)申请目的;

(三)申请的事实和理由;

(四)债权性质、数额、有无财产担保;

(五)人民法院认为应当记载的其他事项。

债务人提出申请的,应当向人民法院提交财产状况说明书、债务清册、债权清册和有关的财务报告。

第十二条　债务人或者债权人提出破产申请后,在人民法院受理前,可以请求撤回申请。

第二节　受　理

第十三条　人民法院收到破产申请后,应当在十五日内决定是否受理。人民法院决定受理破产申请的,应当作出裁定。

人民法院受理破产申请后,应当自裁定作出之日起五日内通知债务人。

债权人提出申请的,债务人应当在收到人民法院的通知后十五日内,向人民法院提交财产状况说明书、债务清册、债权清册和有关的财务报告。

第十四条　人民法院决定不受理破产申请的,应当作出裁定,并说明理由。

前款规定的裁定,人民法院应当自裁定作出之日起五日内通知申请人,但无须公告。

对人民法院不予受理破产案件的裁定不服的,申请人可以在裁定送达之日起十五日内向上一级人民法院提出上诉。

第十五条 人民法院决定受理破产申请的,应当同时指定管理人。

第十六条 人民法院受理破产申请后,应当组成合议庭审理。但是,对财产数额较小、债权债务关系清楚、债权人人数较少的破产案件,人民法院可以不组成合议庭审理。

第十七条 人民法院受理破产申请后,应当自裁定作出之日起十五日内通知已知债权人,并发布公告。

通知和公告应当载明下列事项:

(一)人民法院受理破产案件裁定的主文,以及受理破产案件的时间;

(二)债权申报期限以及申报的注意事项;

(三)管理人的名称、姓名及其处理事务的地址;

(四)债务人的债务人应当向管理人清偿债务,债务人的财产持有人应当向管理人交付财产;

(五)第一次债权人会议召开的日期和地点;

(六)人民法院认为应当公告的其他事项。

第十八条 自人民法院受理破产案件之日起,债务人的有关人员承担下列义务:

(一)妥善保管其占用和管理的所有财产、账册、文书、资料、印章和其他物品;

(二)根据人民法院、管理人要求进行工作,并如实回答询问;

(三)列席债权人会议并如实回答债权人的询问;

(四)未经人民法院许可,不得离开住所地;

(五)不得担任其他企业的董事、经理等职务。

前款所称有关人员,包括企业法人的法定代表人、合伙企业的合伙人及负责人、个人独资企业的出资人及负责人或者其他营利性组织的负责人;经人民法院决定,可以包括企业的财务管理人员和主要业务人员。

第十九条　人民法院受理破产案件后，债务人对个别债权人实施的债务清偿无效。

第三章　管　理　人

第二十条　本法所称管理人是指依照本法规定，在重整、和解和破产清算程序中负责债务人财产管理和其他事项的组织、机构和个人。

人民法院依照本法第十五条指定的管理人，可以由债权人会议确认或者另行选任。

管理人执行职务应当对人民法院负责，并接受债权人会议和债权人委员会的监督。

管理人应当列席债权人会议，向债权人会议报告职务执行情况，并回答询问。

第二十一条　管理人由下列组织、机构或者个人担任：

（一）依法设立或者由人民法院指定设立的清算组；

（二）依法设立的律师事务所、会计师事务所、破产清算事务所等社会中介机构；

（三）具备相关专业知识并取得专门执业资格的人员。

组织、机构担任管理人的，应当聘请具有相关专业知识和专门执业资格的人员协助工作。个人担任管理人的，应当参加执业责任保险。

第二十二条　有下列情形之一的，不得担任管理人：

（一）受过刑事处罚或者有其他不良记录的；

（二）注册会计师、律师等曾被吊销执业证书的；

（三）与本案有利害关系的；

（四）人民法院认为不宜担任管理人的。

第二十三条　管理人一般履行下列职责：

（一）接管债务人财产、账册、文书、资料、印章等；

（二）调查债务人财产状况，制作财产状况报告；

（三）决定债务人的内部管理事务；

（四）决定债务人的日常开支和其他必要开支；

（五）聘用管理人员、专业人员及其他工作人员；

（六）在第一次债权人会议召开之前，决定债务人是否继续营业；

（七）管理和处分债务人的财产；

（八）接受第三人交付和给付；

（九）代表债务人参加诉讼或者仲裁；

（十）请求召集债权人会议；

（十一）人民法院或者债权人会议认为管理人应当履行的其他职责。

本法对管理人职责另有规定的，适用其规定。

第二十四条 在第一次债权人会议召开之前，管理人有本法第六十四条规定的行为之一的，应当征得人民法院的许可。

第二十五条 管理人应当勤勉尽责，忠实履行职务。

管理人违反前款规定给债务人财产或债权人造成损害的，应当承担赔偿责任。

第二十六条 管理人的费用和报酬由债权人会议决定。

在第一次债权人会议之前，管理人的费用和报酬由人民法院决定。

第二十七条 在债权人会议选任管理人之前，人民法院指定的管理人不得停止工作。

第四章 债务人财产

第一节 一般规定

第二十八条 破产案件受理时属于债务人的全部财产及财产权利，以及破产案件受理后至破产程序终结前债务人取得的财产及财产权利，为债务人财产。

第二十九条 人民法院受理破产案件后，债务人的债务人或者财产持有人应当向管理人清偿债务或者交付财产。

债务人的债务人或者财产持有人违反前款规定向债务人清偿债务或交付财产的,不免除继续清偿或交付义务。

第三十条 人民法院受理破产案件后,一切有关债务人财产的保全措施和其他执行程序,应当中止。本法另有规定的除外。

第三十一条 人民法院受理破产案件后,已经开始而尚未终结的有关债务人的财产和财产权利的民事诉讼,应当中止;在管理人接管债务人的财产后,诉讼继续进行。

第三十二条 债务人、债权人或者其他利害关系人对债务人财产或债务发生争议的,可以向受理破产案件的人民法院提起诉讼。

第二节 破产程序前行为的撤销和无效

第三十三条 人民法院受理破产案件前一年内,有关债务人财产及财产权利的下列行为,管理人有权请求人民法院予以撤销:

(一)无偿转让财产或财产权利的;

(二)以明显不合理的低价转让财产或财产权利的;

(三)对原来没有财产担保的债务提供财产担保的;

(四)对未到期的债务提前清偿的;

(五)放弃债权的。

第三十四条 人民法院受理破产案件前六个月内,债务人已知不能清偿到期债务,仍对个别债权人进行清偿,损害其他债权人利益的,管理人有权请求人民法院予以撤销。但个别清偿使债务人财产受益的除外。

第三十五条 有关债务人财产及财产权利的下列行为无效:

(一)隐匿、转移财产的;

(二)捏造债务或者承认不真实的债务的。

第三十六条 因本法第三十三条、第三十四条或者第三十五条规定的行为而取得债务人财产或者财产权利的,管理人有权追回。

第三十七条 人民法院受理破产案件后,债务人的出资人尚未履行出资义务的,管理人应当要求该出资人缴纳所认缴的出资,而不受出资期限的限制。

第三十八条 破产企业的董事、经理和其他负责人利用职权获取的非正常收入和侵占的企业财产,管理人应当追回。

第三节 破产费用和共益债务

第三十九条 人民法院受理破产案件后发生的下列各项费用,为破产费用:

(一)破产案件的受理费用;

(二)债务人财产的管理、变价和分配所需费用;

(三)管理人执行职务的费用、报酬和聘用专业人员和工作人员的费用。

第四十条 人民法院受理破产案件后发生的下列债务,为共益债务:

(一)因管理人请求履行双务合同所产生的债务;

(二)债务人财产受无因管理所产生的债务;

(三)因债务人财产取得不当得利所产生的债务;

(四)人民法院受理破产案件后,为债务人的继续营业而应支付的劳动报酬和社会保险费用;

(五)管理人或相关人员执行职务致人损害所产生的债务;

(六)债务人财产致人损害所产生的债务。

第四十一条 破产费用和共益债务由债务人财产随时清偿。

债务人财产不足以清偿所有破产费用和共益债务的,先行清偿破产费用。

债务人财产不足以清偿所有破产费用或者共益债务的,按比例清偿。

债务人财产不足以支付破产费用的,管理人应当提请人民法院终结破产案件。人民法院在收到管理人提出的终结破产案件的请求后,应当在十五日内作出终结破产案件的裁定。

第五章　债权申报

第四十二条　人民法院受理破产案件时，对债务人享有债权的债权人，依照本法规定的程序行使权利。

第四十三条　人民法院受理破产案件后，应当确定债权人申报债权的期限。债权申报期限最短不得少于三十日，最长不得超过三个月。

债权申报期限自人民法院裁定受理破产案件公告的次日起计算。

第四十四条　未到期的债权，在破产案件受理时视为到期。

破产案件受理后才到期的债权，附利息的，自破产案件受理时起停止计息。

第四十五条　附条件、附期限和诉讼未决的债权，债权人可以申报。

第四十六条　人民法院受理破产案件后，债权人应当在人民法院确定的债权申报期限内向管理人申报债权。

劳动债权由管理人记入债权表并予以公示。

第四十七条　债权人申报债权时，应当书面说明债权的数额和有无财产担保，并提交有关证据。申报的债权是连带债权的，应当说明。

第四十八条　债权人因不可抗拒的事由或者其他正当理由，未能如期申报债权的，可以向人民法院请求延展其债权申报期限。

在人民法院确定的债权申报期限内，债权人没有申报债权的，可以在破产财产最终分配前补充申报。但此前已进行的分配，不再对其补充分配。为审查和确认补充申报的债权所需费用，由补充申报人承担。

债权人未于人民法院确定的债权申报期限内申报债权的，除前二款规定的情形外，不得依本法规定的程序行使权利。

第四十九条　连带债权人可以由其中一人代表全体连带债权人

申报债权,也可以共同申报债权。

第五十条　债务人的担保人或者债务人的其他连带债务人,以其对债务人的求偿权申报债权。

第五十一条　连带债务人同时或者先后被申请适用本法规定的程序的,其债权人有权就全部债权,分别在各破产案件中申报债权。

第五十二条　管理人收到债权申报材料后,应当登记造册,对债权申报的真实性、有效性进行审查,并编制债权表。

管理人编制债权表时,对于非金钱的债权,按照人民法院受理破产案件的裁定之日的债务履行地的平均市场价格计算债权额。对于以外币表示的金钱债权,按照人民法院受理破产案件的裁定之日的人民币市场汇率的基准价计算债权额。

债权表和债权申报材料由管理人保存,供利害关系人查阅。

第五十三条　依本法第五十二条规定编制的债权表,应当提交第一次债权人会议调查。

管理人、债务人、债权人会议对债权表记载的债权无异议的,由人民法院裁定确认。

管理人、债务人、债权人对债权表记载的债权有异议的,可以向受理破产案件的人民法院提起确认债权的诉讼。

第六章　债权人会议

第一节　一般规定

第五十四条　所有依法申报债权的债权人均为债权人会议的成员。债权人会议的成员,有权参加债权人会议,享有表决权。

债权尚未确定的债权人,除管理人能够为其行使表决权而临时确定债权额的,不得行使表决权。

有财产担保的债权人,未放弃优先受偿权利的,对于本法第五十六条第一款第(九)、(十)项规定的决议,没有表决权。

债权人可以委托代理人出席会议,行使表决权。代理人出席债权人会议,应当向人民法院或者债权人会议主席提交债权人的授权委托书。

债务人企业的职工和工会可以派代表参加债权人会议。

第五十五条 债权人会议设主席一人,由人民法院从有表决权的债权人中指定。

债权人会议主席主持债权人会议。

第五十六条 债权人会议行使下列职权:

(一)调查债权;

(二)确认、选任、撤换管理人,决定管理人的费用和报酬;

(三)管理人的监督;

(四)选任和撤换债权人委员会成员;

(五)决定继续或者停止债务人的营业;

(六)通过和解协议;

(七)通过重整计划;

(八)通过债务人财产的管理方案;

(九)通过破产财产的变价方案;

(十)通过破产财产的分配方案;

(十一)人民法院认为应当由债权人会议决定的其他事项。

债权人会议行使上列职权,应当作出书面决议。

第五十七条 第一次债权人会议由人民法院召集,在债权申报期限届满后十五日内召开。以后的债权人会议,在人民法院认为必要时召开,或者管理人、债权人委员会以及占已确定债权总额四分之一以上的债权人向债权人会议主席提议时召开。

第五十八条 召开债权人会议,管理人应当提前十五日通知已知的债权人。

第五十九条 债权人会议的决议,由出席会议有表决权的债权人的过半数通过,并且其所代表的债权额占无财产担保债权总额的二分之一以上。本法另有规定的除外。

债权人会议的决议损害部分债权人利益的,受损害债权人可以在债权人会议作出决议后十五日内，请求人民法院裁定撤销该决议，责令债权人会议重新表决。

债权人会议的决议，对于全体债权人均有约束力。

第六十条 对于本法第五十六条第一款第(二)、(五)、(八)、(九)项所列事项，债权人会议不能表决通过的，由人民法院裁定。

对于本法第五十六条第一款第(十)项所列事项，债权人会议经二次表决仍不能通过时，由人民法院裁定。

对于前二款规定的裁定，人民法院可以在债权人会议上宣布，无须另行通知和公告。

第六十一条 债权人对人民法院依照本法第六十条作出的裁定不服的，可以在裁定宣布之日起十五日内向该人民法院申请复议。复议期间不影响裁定的执行。

第二节 债权人委员会

第六十二条 债权人会议可以选任债权人代表组成债权人委员会，债权人代表应当经人民法院书面决定认可。

债权人代表人数不得超过九人；其中，应当有一名劳动债权代表。

第六十三条 债权人委员会行使下列职权：

(一)监督债务人财产的管理和处分；

(二)监督破产财产分配；

(三)提议召开债权人会议；

(四)债权人会议委托的其他职权。

债权人委员会执行职务时，有权要求管理人、债务人对其职权范围内的事务作出说明或者提供有关文件。

前款规定人员违反本法规定拒绝接受监督的，债权人委员会有权就监督事项请求人民法院作出决定。对于债权人委员会的请求，人民法院应当在五日内作出决定。

债权人委员会成员因为故意或者过失造成债务人或者债权人损

失的,应当承担赔偿责任。

第六十四条　管理人实施下列行为,应当及时报告债权人委员会:

(一)不动产所有权的转让;

(二)采矿权、土地使用权、知识产权等财产权的转让;

(三)全部库存或者营业的转让;

(四)借款;

(五)设定财产担保;

(六)因继续营业需转让价值万元以上的动产;

(七)债权和有价证券的转让;

(八)双务合同的履行请求;

(九)有关债务人财产的和解或者仲裁、诉讼或者其他法律程序;

(十)放弃权利;

(十一)担保物的收回;

(十二)对债权人利益有重大影响的其他财产处分行为。

第七章　重　　整

第一节　重整申请和审查

第六十五条　本章规定仅适用于企业法人。

第六十六条　债务人或者债权人依照本法第十条提出申请时,可以直接向人民法院申请重整。

人民法院受理破产案件后,在宣告债务人破产以前,债务人、债权人或者持有债务人注册资本额三分之一以上的出资人,可以向人民法院申请重整。

第六十七条　申请重整,应当向人民法院提交重整申请书及有关证据。

第六十八条　人民法院经审查认为重整申请符合本法规定的,应当裁定许可债务人重整。

第二节 重整期间的营业

第六十九条 自人民法院裁定债务人重整之日起，至重整程序终止为重整期间。

第七十条 在重整期间，经债务人申请，人民法院批准，债务人可以在管理人的监督下自行管理财产和营业事务。

第七十一条 无本法第七十条规定的情形，管理人行使本法第二十三条规定的职权。

管理人可以聘任债务人企业的经营管理人员负责企业的营业事务。

第七十二条 在重整期间，担保权人的担保权利暂停行使。但是，担保物有损坏或者价值明显减少的可能，足以危害担保权人权利的，担保权人有权请求恢复行使担保权，人民法院应当批准。

债务人为继续营业，可以取回质物、留置物，但应当提供替代担保。

第七十三条 在重整期间，债务人为继续营业而负担的债务，视为共益债务。

在重整期间，债务人为继续营业而借款的，可以将尚未成为担保权标的物的财产作为该债权的担保。

对于前款规定的借款应当限定用途，并对其使用实施必要的控制和监督。

第七十四条 债务人合法占有的他人财产，该财产的权利人在重整期间要求取回的，应当符合约定条件。

第七十五条 在重整期间，债务人有权决定解除或者继续履行在重整程序开始前成立而尚未履行的双务合同，并书面通知对方当事人。债务人在重整程序开始后三个月内未通知对方的，或者在收到对方催告后三十日内未答复的，视为解除合同。因解除合同所产生的损害赔偿请求，为可申报的债权。

对于重整程序开始前成立并已开始履行的双务合同，债务人决定继续履行的，对方当事人应当履行，但有权要求提供担保。

第七十六条　人民法院裁定许可债务人进行重整的，债务人的出资人不得请求投资收益分配。

人民法院裁定许可债务人进行重整的，债务人的董事、经理以及其他高级管理人员，不得向第三人转让其个人对债务人持有的股权。

第七十七条　在重整期间，具备下列情形之一的，经利害关系人请求，人民法院审理确认后，可以裁定终止重整程序：

（一）债务人的经营状况和财产状况继续恶化，缺乏挽救的可能性；

（二）债务人有欺诈、恶意减少企业财产、无理拖延或者其他显著不利于债权人的行为；（三）由于债务人的法人机关及其他工作人员的行为，致使管理人无法执行职务。

重整计划没有被提请批准的，人民法院可以裁定终止重整程序。

在前二款规定的情况下，人民法院应当同时作出宣告债务人破产的裁定。

第三节　重整计划的制定和批准

第七十八条　自人民法院裁定债务人重整之日起，债务人或者管理人应当在六个月内提交重整计划草案。

前款期限界满，经债务人或者管理人请求，有正当理由的，人民法院可以裁定延期三个月。

第七十九条　债务人自行管理财产的，由债务人制作重整计划草案。

管理人负责管理财产的，由管理人制作重整计划草案。

第八十条　重整计划草案应当包括下列内容：

（一）重整企业的经营方案；

（二）债权分类；

（三）债权调整方案；

（四）债权清偿方案；

（五）重整计划的执行期限；

（六）重整计划执行的监督期限；

（七）有利于企业重整的其他方案。

第八十一条 重整计划中的债权分类如下：

（一）有财产担保的债权；

（二）劳动债权；

（三）税款；

（四）普通债权。

第八十二条 债务人或者管理人向人民法院提交重整计划草案时，应当同时向债权人会议提交该重整计划草案。

第八十三条 人民法院收到重整计划草案后，应当在二个月内召开债权人会议，付诸表决。债务人或者管理人应当向债权人会议就重整计划草案作出说明，并回答询问。

第八十四条 债务人的出资人代表可以列席讨论重整计划草案的债权人会议。

第八十五条 债权人会议通过重整计划草案，依照本法第八十一条规定的债权分类，分组表决。

出席会议的同一表决组的债权人过半数同意重整计划草案，并且其所代表的债权额占该组已确定债权总额的三分之二以上的，即为该组通过重整计划草案。

各组均通过重整计划草案时，重整计划即为通过。

第八十六条 重整计划草案未获通过的，债务人或者管理人可以同未通过重整计划草案的表决组协商。该表决组可以在协商后再行表决一次。双方在协商中达成的妥协，不得损害其他表决组的利益。

债务人或者管理人与未通过重整计划草案的表决组协商以后，该表决组再行表决仍未通过重整计划草案，但重整计划草案符合下列条件的，债务人或者管理人可以申请人民法院批准重整计划草案：

（一）按照重整计划草案，有财产担保的债权将获得全额清偿，其因延期清偿所受的损失将得到公平的补偿，并且其担保权未受到实质性的损害，但是，有财产担保的债权组已经通过的重整计划草案另有规定的，从其规定；

（二）按照重整计划草案，劳动债权和税款请求权将获得全额清偿，或者经调整后的清偿比例已经获得相应表决组的通过；

（三）无担保的债权依照重整计划草案所获得的清偿比例，不低于无担保的债权在重整计划草案被提请批准时依照破产清算程序所能获得的清偿比例；

（四）重整计划草案规定的债权清偿顺序，不违反本法第八十一条的规定；

（五）重整企业的经营方案具有可行性。

人民法院对债务人或者管理人的申请进行审查后认为符合上述规定的，应当在三十日内裁定批准。

第八十七条　债权人会议没有通过重整计划草案的，人民法院应当裁定终止重整程序并宣告债务人破产。

第八十八条　在重整计划通过后十日内，债务人或者管理人应当向人民法院提出批准重整计划的申请。

人民法院收到申请后，经审查认为符合本法规定的，应当裁定批准重整计划，并终止重整程序。

第四节　重整计划的执行

第八十九条　重整计划由债务人负责执行。

人民法院裁定批准重整计划后，负责管理财产和营业事务的管理人应当向债务人移交财产和营业事务。

第九十条　自人民法院裁定批准重整计划之日起，在重整计划规定的监督期限内，由管理人监督重整计划的执行。

在监督期内，债务人应当向管理人报告重整计划执行情况和企业财务状况。

第九十一条　监督期届满时，管理人应当向人民法院提交监督报告。自监督报告提交之日起,管理人解除监督职责。

管理人向人民法院提交的监督报告,重整计划的利害关系人有权查阅。

经管理人申请,人民法院可以裁定延长重整计划执行的监督期限。

第九十二条 经人民法院裁定批准的重整计划,对人民法院受理破产案件前成立的所有债权,均有约束力。

没有依照本法规定申报的债权,在重整计划执行期间不得行使;在重整计划执行完毕后,可以按照重整计划中规定的同类债权的清偿条件行使权利。

债务人的保证人或者其他连带债务人承担的清偿责任,不受重整计划的影响。

第九十三条 债务人不能执行或者不执行重整计划的,人民法院经利害关系人申请,应当裁定终止重整计划的执行。

人民法院裁定终止重整计划执行的,应当同时宣告债务人破产。债权人因重整计划实施所受的清偿仍然有效。债权未受偿的部分,作为破产债权行使权利。

前款规定的债权人,只有在其他债权人所受的清偿达到同一比例时,才能继续接受分配。有本条第一款规定情形的,债权人在重整计划中作出的让步失去效力。但是,为重整计划执行提供的担保,在重整计划规定的担保范围内继续有效。

第九十四条 依重整计划削减的债权,自重整计划执行完毕时起,免除债务人的清偿责任。

第八章 和 解

第九十五条 债务人依照本法第十条提出申请时,可以直接向人民法院申请和解。

人民法院受理破产案件后,在宣告债务人破产前,债务人可以向人民法院申请和解。

第九十六条　人民法院经审查认为和解申请符合本法规定的，应当裁定许可进行和解，并召集债权人会议讨论和解协议草案。

对债务人的财产或者财产权利享有的抵押权、质权或者留置权，自人民法院裁定许可进行和解之日起，权利人可以行使权利。

第九十七条　人民法院经审查认为和解申请不符合本法规定的，可以责令申请人作相应的补正。申请人拒不补正或者经补正后仍不符合本法规定的，人民法院应当裁定驳回和解申请。人民法院应当在此裁定作出后五日内通知申请人，但无须公告。

人民法院依本法规定裁定驳回和解申请时，应当同时宣告债务人破产。

第九十八条　债权人会议通过和解协议的决议，由出席会议有表决权的债权人的过半数同意，并且其所代表的债权额，必须占已确定的无财产担保债权总额的三分之二以上。

第九十九条　和解协议草案经债权人会议表决没有通过的，人民法院应当裁定宣告债务人破产。

第一百条　债务人和债权人会议达成的和解协议违反法律的，人民法院应当裁定和解协议无效，并宣告债务人破产。

第一百零一条　债务人和债权人会议就和解达成协议的，由人民法院裁定认可后公告生效。

第一百零二条　人民法院裁定认可和解协议的公告，应当包括下列内容：

（一）裁定认可和解协议的主文、日期；

（二）破产程序的中止；

（三）人民法院认为应当公告的其他事项。

第一百零三条　人民法院裁定认可和解协议的，应当同时裁定中止破产程序。

人民法院裁定中止破产程序的，应当通知管理人中止执行职务。管理人应当向债务人移交财产管理和营业事务，并向人民法院提交执行职务的报告。

第一百零四条 经人民法院裁定认可的和解协议对债务人和全体和解债权人均有约束力。前款规定的和解债权人,是指在人民法院受理破产案件前对债务人享有无财产担保债权的人。

没有依照本法规定申报的和解债权,在和解协议执行期间不得行使;在和解协议执行完毕后,可以按照和解协议规定的清偿条件行使权利。

第一百零五条 和解债权人对于债务人的保证人和其他连带债务人所享有的权利,不因和解协议的成立而受影响。

第一百零六条 债务人不得违反和解协议规定的条件给予个别和解债权人以额外利益而损害其他和解债权人的利益。

第一百零七条 债务人应当按照和解协议规定的条件清偿债务。

第一百零八条 因债务人的诈欺或者其他不法行为而成立的和解协议无效。

有前款规定情形的,人民法院应当宣告债务人破产。

有前款规定情形的,债权人因和解协议所受的清偿,在同等比例的范围内,不予返还。

第一百零九条 债务人不按和解协议规定的条件清偿债务的,和解债权人可以申请人民法院强制执行。和解债权人在和解协议中作出的让步失去效力。

第一百一十条 债务人不按或者不能按和解协议规定的条件清偿债务的,和解债权人可以请求人民法院宣告债务人破产。

人民法院宣告债务人破产的,和解债权人因债务人执行和解协议所受的清偿仍然有效。和解债权未受偿的部分,作为破产债权行使权利。

前款规定的债权人,只有在其他债权人所受破产财产分配同自己所受的清偿达到同一比例时,才能继续接受分配。

第一百一十一条 有本法第一百零九条或者第一百一十条规定的情形的,第三人为和解协议的成立和执行提供的担保继续有效。

第一百一十二条 人民法院受理破产案件后,债务人经全体债权人一致同意就债权债务的处理自行达成协议的,可以请求人民法院裁定认可,并同时裁定终结破产案件。

第九章 破产清算

第一节 破产宣告

第一百一十三条 人民法院依本法规定宣告债务人破产的,应当作出书面裁定,并于裁定后五日内送达债务人和管理人。

债务人被宣告破产后,称为破产人。

债务人财产在债务人被宣告破产后,称为破产财产。

第一百一十四条 人民法院作出宣告债务人破产的裁定后,应当自裁定作出之日起十五日内通知已知债权人,并发布公告。

第一百一十五条 破产宣告前,有下列情形之一的,人民法院应当裁定终结破产程序,并予以公告:

(一)第三人为债务人提供担保或者帮助债务人清偿债务的;

(二)债务人已经对全部到期债务进行清偿的。

第一百一十六条 合伙企业及其合伙人不能清偿到期债务,资产不足以清偿全部债务的,人民法院应当在宣告合伙企业破产的同时,宣告全体合伙人破产。

人民法院宣告合伙人破产时,适用本法第一百一十三条的规定。

第一百一十七条 个人独资企业及其出资人不能清偿到期债务,资产不足以清偿全部债务的,人民法院应当宣告其破产。

第一百一十八条 依照本法第一百一十六条、第一百一十七条被宣告破产的破产人,有权保留本人及其家庭成员必要的生活费用。

第二节 取回权和别除权

第一百一十九条 不属于破产人的财产,该财产的所有权人和其他物权人可以通过管理人取回。

第一百二十条 出卖人已将买卖标的物发运,买受人尚未收到亦未付清全价而受破产宣告的，出卖人可以取回在运途中的标的物。但是，管理人可以全额支付价金，请求出卖人交付标的物。

前款的规定，不妨碍适用本法第一百二十九条的规定。

第一百二十一条 对破产人的财产或者财产权利享有的抵押权、质权和留置权为别除权，该权利人为别除权人。

别除权人享有就别除权标的物优先受偿的权利。

第一百二十二条 别除权人行使别除权而未能完全受偿的，就其未受偿债权部分，依照破产清算程序行使其权利。

别除权人放弃优先受偿权利的，依破产清算程序行使其权利。但破产人以其财产为第三人提供物权担保的除外。

第一百二十三条 管理人可以通过清偿债务或者提供为债权人接受的担保，收回别除权标的物。

前款规定的债务清偿或者替代担保，在别除权标的物的价值低于被担保的债权额时，以标的物在当时的市场价值为限。

第三节 破产债权

第一百二十四条 在人民法院受理破产案件前成立的对债务人享有的债权，为破产债权。

第一百二十五条 连带债务人一人或者数人受破产宣告的，债权人可以以其在破产宣告时的债权全额作为破产债权，对各破产人行使权利。

第一百二十六条 连带债务人一人或者数人受破产宣告的，其他连带债务人已经代替破产人清偿债务的，可以以其求偿权作为破产债权行使权利。

连带债务人一人或者数人受破产宣告的，其他连带债务人可以以其代替破产人清偿债务的将来求偿权，作为破产债权行使权利。但债权人已就其债权全额行使权利的除外。

第一百二十七条 本法第一百二十六条的规定适用于破产人的保证人。

第一百二十八条 合伙人依照本法规定被宣告破产的，各合伙人应当分别清算。

合伙人的债权人与合伙企业的债权人，在各合伙人的破产清算程序中地位平等。

合伙企业的债权人可以就合伙企业的破产财产不足清偿其破产债权的部分，依照本法第一百二十五条的规定，在各合伙人的破产清算程序中行使权利。但是，其行使权利所得分配总额，不得超过其应受清偿的债权额。

第一百二十九条 对破产人未履行的双务合同，管理人有权决定解除或者继续履行。

未履行合同的对方当事人，可以给管理人确定一定期限，催告其在此期限内作出解除或者继续履行合同的决定。管理人逾期不答复的，视为解除合同。

管理人决定继续履行合同，而对方当事人要求其在约定期间或者合理期间提供相应担保，管理人在约定期间或者合理期间不提供担保的，视为解除合同。

管理人解除合同，对方当事人已给付定金的，以定金额为限的返还请求权作为破产债权。依前四款规定解除合同时，对方当事人请求损害赔偿的权利作为破产债权。

第一百三十条 委托合同因破产宣告而终止。但是，受托人未接到破产宣告通知、且不知有破产宣告的事实，继续处理委托事务的，由此产生的债权作为破产债权。

第一百三十一条 票据出票人被宣告破产，而付款人或承兑人不知其事实而付款或承兑人不知其事实而付款或承兑，因此所产生的债权为破产债权，付款人或承兑人为债权人。

第一百三十二条 债权人在破产案件受理前对破产人负有债务的，可以在破产分配方案公告前向管理人主张抵销。

第一百三十三条 有下列情形之一的，不适用本法第一百三十二条规定的抵销：

（一）破产债权人在破产案件受理后对破产人负有债务的；

（二）破产人的债务人在破产案件受理后取得他人破产债权的；

（三）破产债权人已知破产人有停止支付或者破产申请的事实，对破产人负担债务的；但是，债权人因为法律规定或者有破产申请一年前所发生的原因而负担债务的除外；

（四）破产人的债务人已知破产人有停止支付或者破产申请的事实，对破产人取得债权的；但是，债务人因为法律规定或者有破产申请一年前所发生的原因而取得债权的除外。

第四节　变价和分配

第一百三十四条　债务人被宣告破产，管理人应当依照债权人会议通过的破产财产变价方案，适时变卖破产财产。

第一百三十五条　管理人应当适时准备破产财产变价方案，并提交债权人会议讨论。债权人会议讨论通过破产财产的变价方案。

第一百三十六条　变卖破产财产应当通过拍卖进行。但债权人会议另有决议的除外。

破产企业可以全部或者部分变卖。企业变卖时，可以将其中的无形财产和其他财产单独变卖。依照国家规定不能公开拍卖或者出售的财产，应当依照国家规定的方式予以变卖。

第一百三十七条　破产财产在优先清偿破产费用和共益债务后，依照下列顺序清偿：

（一）破产人所欠职工工资和欠缴的社会保险费用，以及法律、行政法规规定应当支付给职工的补偿金等其他费用；

（二）破产人所欠税款；

（三）普通破产债权。

破产财产不足以清偿同一顺序的清偿要求的，按照比例分配。

本条第一款第（一）项所称职工工资不包括破产企业的董事、经理和其他负责人的工资。

第一百三十八条　除债权人会议决议有特别规定的外，破产财产的分配应当以货币方式进行。

第一百三十九条　管理人应当及时准备破产财产分配方案，并提交债权人会议讨论。

前款规定的分配方案应当记载下列事项：

（一）参加破产财产分配的债权人姓名（名称）、住所；

（二）参加破产财产分配的债权额；

（三）可供分配的破产财产数额；

（四）破产财产分配的顺序、比例及数额；

（五）实施破产财产分配的方法。

债权人会议讨论通过破产财产分配方案后，由管理人将该方案提交人民法院裁定。

破产财产分配方案自人民法院裁定许可之日起生效。

第一百四十条　破产财产分配方案生效后，由管理人执行。

管理人依据财产分配方案可以进行一次分配或者多次分配。

管理人实施多次破产财产分配的，应当公告本次分配的财产额和债权额。管理人实施最后分配的，应当在公告中指明，并载明本法第一百四十一条第二款规定的事项。

第一百四十一条　对于附条件的债权，由管理人提存。

管理人依照前款提存的破产财产分配额，在最后分配公告日，停止条件未成就或者解除条件成就的，应当分配给其他债权人；在最后分配公告日，停止条件成就的或者解除条件未成就的，应当交付给债权人。

第一百四十二条　债权人未受领的破产财产分配额，管理人应当提存。债权人在最后分配公告后二个月内仍不领取的，视为放弃受领分配的权利，管理人应当将提存的分配额分配给其他债权人。

第一百四十三条　在破产财产分配时，对于诉讼或者仲裁未决的债权，管理人应当将其分配额提存。但是，在破产程序终结之日起二年内仍不能受领分配的，人民法院应当将其提存分配额分配给其他债权人。

第五节 破产案件的终结

第一百四十四条 债务人无财产可供分配的，管理人可以请求人民法院裁定终结破产案件。

管理人在最后分配完结后，应当及时向人民法院提交破产财产分配报告，并提请人民法院裁定终结破产案件。

人民法院收到管理人要求终结破产案件的请求后，应当在十五日内作出是否终结破产案件的裁定。

第一百四十五条 管理人应当持人民法院关于终结破产案件的裁定，于破产案件终结后十日内，向破产企业的原登记机关办理注销登记。

第一百四十六条 管理人于办理注销登记完毕的次日起终止执行职务。但有诉讼或者仲裁未决的除外。

第一百四十七条 在破产案件依本法第四十一条第四款或者第一百四十四条的规定终结后二年内，有下列情形之一的，债权人可以请求人民法院按破产财产分配方案进行追加分配：

（一）发现有依照本法第三十三条、第三十四条、第三十五条、第三十八条规定应当予以追回的财产的；

（二）发现破产人有应当供分配的其他财产的。

有前款规定情形，但财产数量过少并且不足以支付分配费用的，不再进行追加分配，由人民法院将其上交国库。

第一百四十八条 破产人的保证人和其他连带债务人，在破产案件终结后，对债权人未依破产清算程序受偿的债权，应当继续承担清偿责任。

第六节 免 责

第一百四十九条 在破产案件终结后，合伙企业合伙人、个人独资企业出资人依照本法第一百五十条的规定被免责前，应当以其取得的全部财产，对破产债权未受清偿的部分，继续承担清偿义务。

前款规定的破产人在被免责前，不得有任何高消费或者投资行为。

本条第一款规定的破产人，可以就破产案件终结后的债务清偿，拟订偿债计划，在破产案件终结前，提交债权人会议认可。经债权人会议认可的偿债计划，对双方当事人具有约束力。

第一百五十条　破产案件终结后，具备下列情形之一的，对于普通破产债权的未受清偿部分，除故意侵犯人身权的损害赔偿外，免除破产人的清偿责任：

（一）在破产案件终结时，全部破产债权的百分之四十以上已经获得清偿的，自破产案件终结之日起满三年；

（二）在破产案件终结时，全部破产债权中已获得清偿的部分达到百分之三十以上，但不足百分之四十的，自破产案件终结之日起满四年；

（三）在破产案件终结时，全部破产债权中已获得清偿的部分达到百分之二十以上，但不足百分之三十的，自破产案件终结之日起满五年；

（四）在破产案件终结时，全部破产债权中已获得清偿的部分达到百分之十以上，但不足百分之二十的，自破产案件终结之日起满七年；

（五）在破产案件终结时，全部破产债权中已获得清偿的部分不足百分之十的，自破产案件终结之日起满十年。

有本法第一百四十九条第二款、第一百五十二条、第一百五十三条、第一百五十四条、第一百五十五条、第一百五十六条、第一百五十八条、第一百六十条规定的行为之一的，不予免责。

破产人获得免责后，自愿对已免责债务予以清偿的，债权人所得的清偿利益，受法律保护。

第十章　法律责任

第一百五十一条　企业董事、经理或者其他负责人违反忠于职守、勤勉尽责义务,致使所在企业破产的,应当承担相应的民事责任;因为故意或者重大过失致使所在企业破产的,对企业债务承担连带民事赔偿责任;构成犯罪的,依法追究刑事责任。

有前款规定情形的人员,在民事责任履行完毕之前不得进行任何高消费或者投资活动;自破产案件终结之日起五年内不得在任何企业担任董事、经理或者其他经营管理职务。

第一百五十二条 有义务列席债权人会议的债务人或者债务人代表,经人民法院传唤,无正当理由拒不列席债权人会议的,人民法院可以拘传,并处以五千元以上五万元以下的罚款。债务人和有说明义务的其他人员拒不陈述、回答,或者作虚假陈述、回答的,人民法院可以处以五千元以上五万元以下的罚款。

有前款规定的行为,构成犯罪的,依法追究刑事责任。

第一百五十三条 违反本法规定,债务人拒不向人民法院提交财产状况说明书、债务清册、债权清册和有关财务报告的,或者提交不真实的,人民法院可以对直接责任人员处以五千元以上五万元以下的罚款。

违反本法规定,债务人拒不向管理人移交财产和与财产有关的账簿、文件、资料、印章的,或者伪造、销毁有关财产证据材料而使财产状况不明的,人民法院可以对直接责任人员处以一万元以上五万元以下的罚款。

有前两款规定的行为,构成犯罪的,依法追究刑事责任。

第一百五十四条 债务人有本法第三十五条规定的行为的,人民法院可以对直接责任人员处以二万元以上十万元以下的罚款。构成犯罪的,依法追究刑事责任。

第一百五十五条 债务人有本法第三十三条、第三十四条规定的行为的,人民法院可以对直接责任人员处以一万元以上五万元以下的罚款。构成犯罪的,依法追究刑事责任。

第一百五十六条 债务人已知或者应知其不能清偿到期债务,仍然不合理地开支费用,或者挥霍财产的,人民法院可以对直接责任人员处以一万元以上五万元以下的罚款。构成犯罪的，依法追究刑事责任。

第一百五十七条 管理人、债权人委员会成员在依照本法执行职务过程中，利用职务便利或者地位，索取、收受贿赂的，人民法院可以根据情节轻重处以二万元以上十万元以下的罚款。构成犯罪的，依法追究刑事责任。

第一百五十八条 在本法规定的程序中，向管理人、债权人委员会成员行贿的，人民法院可以根据情节轻重对直接责任人员处以五千元以上五万元以下的罚款。构成犯罪的，依法追究刑事责任。

第一百五十九条 违反本法第十条第三款的规定，处以一万元以上五万元以下罚款。构成犯罪的，依法追究刑事责任。

第一百六十条 对违反本法第十八条第一款第四项规定的，人民法院可予以训诫、拘留；并可处以五千元以上五万元以下的罚款。

第一百六十一条 管理人、债权人委员会成员因玩忽职守或者其他违法行为，造成债权人、债务人或者第三人经济损失的，应当承担赔偿责任；造成重大损失的，可以根据情节轻重，处以二万元以上十万元以下的罚款和拘留；构成犯罪的，依法追究刑事责任。

第十一章 附 则

第一百六十二条 在国务院规定的期限和范围内，国有企业实施破产的，按照国务院有关规定办理。

第一百六十三条 商业银行、保险公司等金融机构实施破产的，由国务院依据本法和其他有关法律的规定制定实施办法。

第一百六十四条 本法自 年 月 日起施行。自本法施行之日起，《中华人民共和国企业破产法（试行）》即行废止。

全国人大法律委员会关于《中华人民共和国企业破产法（草案）》修改情况的汇报

全国人民代表大会常务委员会：

十届全国人大常委会第十次会议对企业破产法（草案）进行了初次审议。会后，法制工作委员会将草案印发各省（区、市）、中央有关部门和部分企业、研究机构征求意见。法律委员会、法制工作委员会还会同财经委员会召开中央有关部门座谈会，会同最高人民法院召开法院系统座谈会，会同全国总工会召开部分企业工会负责人座谈会，还召开了专家座谈会，分别听取意见。法律委员会于10月9日召开会议，根据常委会组成人员的审议意见以及各方面的意见，对草案进行了审议。财经委员会、国务院法制办的负责同志和最高人民法院的有关同志列席了会议。10月19日，法律委员会召开会议，再次进行了审议。现将企业破产法（草案）主要修改情况汇报如下：

一、草案第二条规定，本法的适用范围包括企业法人、合伙企业及其合伙人、个人独资企业及其出资人，以及其他依法设立的营利性组织。

关于本法的适用范围是否包括“其他依法设立的营利性组织”的问题，有的常委委员和地方、部门提出，草案上述规定中“其他依法设立的营利性组织”是指哪些组织，它们与企业有什么实质区别，其投资人对该组织的债务是承担有限责任还是无限责任，都不清楚，将其纳入本法的适用范围，在实践中难以操作。法律委员会经研究认为，目前存在的企业以外的“营利性组织”，其中不少本身就属于企业的性质，随着改革的深化将会逐步改制成为企业，可以直接适用本法规定；对不属于企业的“营利性组织”，应在明确界定其范围和责任形式的基础上，再研究如何对其实施破产的问题，本法作为企业破产法，可以不作规定。法律委员会经同财经委员会、最高人民法院研究，建议删去草案关于本法适用于企业以外的其他营利性组织的规定。

关于本法的适用范围是否包括“合伙企业及其合伙人、个人独资企业及其出资人”的问题，有不同的意见。有些常委委员、最高人民法院和有些地方、部门、专家提出，将合伙企业及其合伙人、个人独资企业及其出资人纳入破产法的适用范围，涉及从事经营活动的个人的破产问题。目前，在我国个人信用体系还不健全，尚无有效手段防止个人借破产之机隐匿财产、逃避债务的情况下，对个人实行破产的条件尚不成熟。有些常委委员和有的地方、专家提出，将这两类个人投资设立的企业及其投资人纳入破产法的适用范围，对经营失败的诚实的个人投资者实行破产免责，有利于促进这两类企业的发展，也可以为探索建立个人破产制度积累经验。还有些常委委员和有的地方、部门、专家提出，如果将合伙企业合伙人、个人独资企业出资人纳入本法适用范围，同样从事经营活动的个体工商户也应纳入本法适用范围，否则，不符合平等对待市场主体的原则。法律委员会经对上述各种意见认真研究认为：草案在总结实践经验的基础上，将破产法的适用范围扩大到承担有限责任的各种所有制的企业法人，已是一大进步。至于不具有法人资格的合伙企业、个人独资企业，由于现行法律规定应由其合伙人、出资人对企业债务承担无限连带责任，这些企业如果破产，必然会连带牵涉到企业合伙人、出资人个人破产问题。而对个人破产如何规范的问题，还缺乏必要的实践经验，各方面的意见也不一致，将其纳入破产法适用范围的条件尚不成熟。因此，合伙企业、个人独资企业破产时本法哪些规定可以适用、如何适用，其合伙人、出资人如何承担无限连带责任、如何免责，还需要进一步研究，在条件成熟时，再通过修改有关法律，予以明确。在有关法律修改前，这两类企业的债务清偿问题，仍可按照民事诉讼法等有关法律的规定执行。据此，法律委员会经同财经委员会、最高人民法院研究，建议将本法的适用范围限定为企业法人（草案二次审议稿第二条）。同时，为了同下一步修改有关法律相衔接，建议在附则中增加一条，规定："合伙企业、个人独资企业的破产对本法规定的适用，由有关法律规定。"（草案二次审议稿第一百四十七条）

二、草案第三条第一款规定："债务人不能清偿到期债务，资产不足以清偿全部债务的，依照本法规定的程序清理债务。"有些常委委员和地方、部门、专家提出，债务人不能清偿到期债务，如果属于暂时资金周转不灵，不应该宣告其破产；如果确属长期亏损，扭亏无望，实际上已丧失清偿全部债务能力，即使其现有资产可能略大于负债，也可以及时启动破产程序清理债务，不一定要等其继续亏损到资不抵债时再宣告破产，这对债权人和债务人都更为有利。有些常委会组成人员提出，企业破产原因，应按不能清偿到期债务、资不抵债、扭亏无望的原则，从严掌握。法律委员会经同财经委员会研究，建议将草案关于企业破产原因的规定修改为："企业法人不能清偿到期债务，并且资产不足以清偿全部债务或者明显缺乏清偿能力的，依照本法规定清理债务。"（草案二次审议稿第二条第一款）

三、草案第十一条第二款中规定，债务人提出破产申请的，应当向人民法院提交财产状况说明书、债务清册、债权清册和有关的财务报告。有些常委委员、地方和部门提出，为使法院在审理破产案件时全面了解企业职工的有关情况，更好地依法维护职工的合法权益，维护社会稳定，建议债务人提出破产申请的，除应当向人民法院提交财产状况说明等材料外，还应当提交企业职工情况和安置预案以及职工工资和社会保险费用支付情况。法律委员会赞成这个意见，建议将上述规定修改为，"债务人提出申请的，应当向人民法院提交财产状况说明、债务清册、债权清册、有关财务报告、企业职工情况和安置预案以及职工工资和社会保险费用支付情况。"（草案二次审议稿第十条第三款）

四、草案十三条第一款规定，人民法院收到破产申请后，应当在十五日内决定是否受理。有的地方、部门、单位提出，人民法院在收到债权人的破产申请后，应当通知债务人，债务人有异议的，有权向人民法院提出。为了保障债务人异议权的行使，人民法院决定是否受理破产申请的期限在这种情况下可以适当延长。据此，法律委员会建议在这一条中增加一款，规定："债权人提出申请的，人民法院应当在收到申请之日起五日内通知债务人。债务人对申请有异议的，应当自收到人民法院的通知之日起七日内向人民法院提出。"（草案二次审议稿第十二条第二款）并将草案第十三条第一款修改为："人民法院应当自收到破产申请之日起十五日内裁定是否受理。有特殊情况需要延长的，经上一级人民法院批准可以延长十五日。"（草案二次审议稿第十二条第一款）

五、有的地方、部门、单位提出，为了防止假破产、真逃债，法院在受理破产申请后，发现不符合受理条件的，可以驳回申请。法律委员会赞成这个意见，建议增加规定："人民法院受理破产申请后，经审查发现债务人不符合本法第二条规定情形的，应当裁定驳回申请。对人民法院驳回破产申请的裁定不服的，申请人可以在裁定送达之日起十日内向上一级人民法院提起上诉。"（草案二次审议稿第十四条第二款）

六、草案第十六条规定，人民法院对财产数额较小、债权债务关系清楚的破产案件，可以由一个审判员单独进行审理。最高人民法院和有些地方、单位提出，企业破产案件涉及的问题比较复杂，影响面大，以不采取独任审理为宜。法律委员会赞成这个意见，建议删去这一规定。

七、草案第二十条第二款规定，人民法院指定的管理人由债权人会议确认或者另行选任。有些常委委员和地方、部门提出，破产程序是法院主导下清理债权债务的司法程序。为了保证管理人对法院负责，依法公正地履行职责，处理有关破产事务，破产管理人应由人民法院指定。同时，为了保证法院对管理人的指定以及管理人报酬的确定能够公平、公正,应由最高人民法院统一制定指定管理人和确定管理人报酬的办法。法律委员会建议采纳这个意见,将草案上述规定修改为:“管理人由人民法院指定。”“债权人会议认为管理人不能依法、公正履行职务或者有其他不能胜任职务情形的,可以请求人民法院予以解任,另行指定。”“指定管理人和确定管理人报酬的办法,由最高人民法院规定。”(草案二次审议稿第十九条)

八、按照草案第二十一条的规定,管理人可以由依法设立或者人民法院指定设立的清算组担任,也可以由依法设立的律师事务所、会计师事务所、破产清算事务所等中介机构担任,还可以由具备相关专业知识并取得专门执业资格的个人担任。有的常委委员和地方、部门提出,管理人在企业的重整、和解、破产清算程序中,要负责处理大量复杂事务,个人难当此任,还是由有关机构担任为宜。特别是国有企业的破产涉及国有资产处置、职工安置等复杂问题,需要由政府有关部门、机构的人员组成的清算组担任管理人。法律委员会基本赞成这个意见;同时,经同财经委员会研究,考虑到有些规模较小、债权债务关系又比较简单的企业,也可以考虑由法院征求有关机构的意见后,指定符合条件的个人担任管理人。据此,法律委员会建议将草案上述规定修改为:“管理人可以由有关部门、机构的人员组成的清算组或者依法设立的律师事务所、会计师事务所、破产清算事务所等社会中介机构担任。”“人民法院根据破产企业的实际情况,可以在征询有关社会中介机构的意见后,指定该机构具备相关专业知识并取得专门执业资格的人员担任管理人。”(草案二次审议稿第二十一条第一款、第二款)

九、草案第三十一条规定,人民法院受理破产案件后,已经开始而尚未终结的有关债务人财产的民事诉讼应当中止。有的部门、专家提出,人民法院受理破产案件后,已经开始而尚未终结的有关债务人财产的仲裁也应当中止。法律委员会赞成这个意见,建议将这一条修改为:“人民法院受理破产案件后,已经开始而尚未终结的有关债务人财产的民事诉讼或者仲裁应当中止;在管理人接管债务人的

财产后，诉讼或者仲裁继续进行。”（草案二次审议稿第三十一条）

十、草案第四十六条第二款规定：“劳动债权由管理人记入债权表并予以公示。”有些常委委员、地方、部门、专家提出，要不要提劳动债权的概念，值得商榷，因为它有可能与其他债权相混同，不利于保护破产企业职工的合法权益。最好不用劳动债权的概念，对破产企业欠职工的工资和欠职工个人的基本养老、医疗保险费用以及法律、行政法规规定应当支付给职工的补偿金在破产清算中如何清偿直接作出规定就可以了。法律委员会赞成这个意见，建议将草案第四十六条第二款修改为：“破产企业所欠职工的工资和基本社会保险费用，以及法律、行政法规规定应当支付给职工的补偿金，不须申报，由管理人列出清单并予以公示。职工对清单记载有异议的，可以要求管理人更正；管理人不予更正的，职工可以向人民法院提起诉讼。”（草案二次审议稿第四十六条第二款）

十一、草案第一百二十一条将对破产企业的特定财产享有抵押权、质权、留置权等担保权利的权利人概括为别除权人，即这些债权人可以对破产企业的这些特定财产优先得到清偿。草案第一百三十七条规定，破产财产在优先清偿破产费用和共益债务后，依照下列顺序清偿：（一）破产人所欠职工工资和欠缴的社会保险费用，以及法律、行政法规规定应当支付给职工的补偿金等其他费用；（二）破产人所欠税款；（三）普通破产债权。对这样规定，有两种不同的意见。一种意见认为，为了保障职工的基本生活需要，对破产企业所欠的职工工资和社会保险费用等应在破产财产中优先受偿，特别是在破产企业多数财产都已用于抵押担保的情况下，将破产企业所欠的职工工资和社会保险费用等放在有担保的债权之后实际上难以得到清偿，应将其提到有担保的债权之前清偿。另一种意见不赞成将破产企业所欠的职工工资和社会保险费用等放在有担保的债权之前清偿，认为这将会使担保权人的担保权落空，动摇担保制度的基础，危害交易安全，也会使困难企业更难得到贷款。法律委员会经认真研究认为，以上两种意见各有一定道理。我国是社会主义国家，必须首先考虑职工的合法权益,保障他们的基本生活,维护社会稳定。同时,又要考虑担保权人的利益,职工在破产企业财产中优先受偿的范围应限于破产企业所欠职工的工资和基本社会保险费用以及补偿金据此,法律委员会建议对草案第一百三十七条作必要的修改,并增加一款,作为第二款,规定:“对破产人所欠职工的工资和基本社会保险费用以及法律、行政法规规定应当支付给职工的补偿金,按照前款规定仍未受到清偿的部分,在本法第一百一十三条规定的特定财产中优先受偿。”(草案二次审议稿第一百二十七条第二款)同时,对草案一百二十一条作相应修改(草案二次审议稿第一百一十三条第二款)。

十二、草案第一百六十二条规定:“在国务院规定的期限和范围内,国有企业实施破产的,按照国务院有关规定办理。”有些常委会组成人员和地方、部门提出,为了解决国有企业一些历史遗留问题,目前按照国务院关于对部分国有企业实施政策性破产的规定,在本法施行后还需要继续实行一段时间。但是,本法实施后继续实施政策性破产的国有企业的范围和期限,应当是国务院在本法施行前已经确定的;国有企业需要按政策性破产办理的,主要是职工安置及其资金保障等特殊事宜,本法的有关规定对实行政策性破产的国有企业也是适用的。法律委员会经研究,建议将这一条修改为:“在本法施行前国务院规定的期限和范围内的国有企业实施破产的特殊事宜,按照国务院有关规定办理。”(草案二次审议稿第一百四十八条)

此外,还对草案作了一些文字修改。

草案二次审议稿已按上述意见作了修改,法律委员会建议本次常委会会议再次审议。

草案二次审议稿和以上汇报是否妥当,请审议。

全国人大法律委员会

2004 年 10 月 19 日

全国人大法律委员会关于《中华人民共和国企业破产法（草案）》审议结果的报告

全国人民代表大会常务委员会：

常委会第十二次会议对企业破产法（草案二次审议稿）进行了审议。会后，全国人大常委会办公厅将草案二次审议稿送国务院办公厅，征求国务院的意见；法律委员会、法制工作委员会就草案几个主要问题同国务院法制办等部门和最高人民法院交换意见，反复研究。法律委员会于8月8日召开会议，根据常委会组成人员的审议意见和各方面的意见，对草案进行了审议。财经委员会和最高人民法院、国务院法制办的负责同志列席了会议。8月17日，法律委员会召开会议，再次进行了审议。法律委员会认为，为了规范企业破产程序，公平清理债权债务，维护社会主义市场经济秩序，制定本法是必要的，草案基本可行；同时，提出以下主要修改意见：

一、草案二次审议稿第五条规定，人民法院依本法作出的裁定，自裁定作出之日起生效；对人民法院依本法规定作出的裁定，不得上诉。有些常委委员和部门提出，关于人民法院裁定的生效日期及对其裁定是否可以上诉的问题，民事诉讼法已有明确规定，应按民事诉讼法的有关规定执行，本法可以不作重复规定。法律委员会经同最高人民法院研究，建议将这一条删去。

二、草案二次审议稿第十三条第二款规定，债权人提出破产申请的，债务人应当自收到人民法院受理申请的裁定之日起十五日内，向人民法院提交财产状况的有关材料。有些常委委员提出，为了使人民法院及时了解破产人支付职工工资等费用的情况，保障在破产程序中依法清偿职工被拖欠的工资等费用，在债务人向人民法院提交的有关材料中，还应包括对职工工资支付和社会保险费用的缴纳情况。法律委员会经同财经委员会研究，建议在这一款中增加规定：债务人应当向人民法院提交有关“职工工资的支付和社会保险费用的缴纳情况”的材料。（三次审议稿第十一条第二款）

三、草案二次审议稿第八十三条规定，企业重整计划由债权人会议分组表决通过。有的常委委员和部门提出，如果重整计划草案涉及对破产企业出资人享有的出资权益作出调整的，有关事项还应经出资人表决。法律委员会经同财经委员会和最高人民法院研究，建议增加规定：“重整计划草案涉及出资人权益调整事项的，应当设出资人组，对该事项进行表决。”（三次审议稿第八十四条第二款）

四、草案二次审议稿第一百二十七条中规定，破产人所欠职工的工资、基本社会保险费用以及依法应当支付给职工的补偿金，以破产人无担保财产优先清偿；不足清偿的部分，以担保财产优先于担保权人清偿。有些常委会组成人员和部门提出，为了保障职工的合法权益，对破产企业所欠的职工工资等费用优先清偿是必要的，同时也要考虑维护担保制度和交易安全。有些常委委员和部门提出，破产企业所欠职工的医疗费、伤残补助费和抚恤金也应纳入优先清偿的范围。近两年来，法律委员会、法制工作委员会就这个问题同国务院法制办反复进行了研究。国务院法制办经征求有关部门的意见，并报国务院领导同志同意，提出的建议修改方案是：破产人所欠职工的工资和医疗、伤残补助、抚恤费用以及依法应当缴纳的基本社会保险费用和依法应当支付给职工的补偿金，以破产人无担保的财产优先清偿。不足以清偿的部分，属于本法公布前所欠的，在破产人有担保的财产中优先于担保权人受偿。提出这一方案的主要考虑是：对破产法公布前企业拖欠的职工工资等费用，作为历史遗留问题，采取一些特殊措施较为彻底地解决，是必要的。由于这部分历史欠账已是一个定量，其优先于有担保的债权受偿可能带来的风险基本上是可预期、可控制的。对破产法公布后新形成拖欠的问题，应当积极研究治本之策，通过进一步完善有关劳动和社会保障制度建设，加大执法力度等来加以解决，不宜在破产法中规定这部分拖欠也在有担保的债权前优先受偿。法律委员会经同财经委员会研究认为，这个方案基本上是可行的，赞成积极研究解决拖欠职工工资的治本之策，进一步完善职工工资支付保障制度，在实际执行中解决好破产企业拖欠职工工资等费用的清偿问题。据此，法律委员会建议将草案上述规定修改为：破产人所欠职工的工资和医疗、伤残补助、抚恤费用，所欠的应当划入职工个人账户的基本养老保险、基本医疗保险费用，以及法律、行政法规规定应当支付给职工的补偿金，以破产人无担保的财产优先清偿（草案三次审议稿第一百一十五条）；同时，在"附则"一章中增加规定：破产人在本法公布前所欠职工的上述费用，以破产人无担保财产优先清偿后仍不足以清偿的部分，以破产人有担保的财产先于担保权人受偿。（三次审议稿第一百三十四条）

五、草案二次审议稿第一百四十九条规定："金融机构实施破产的，由国务院依据本法和其他法律的规定制定实施办法。"最高人民法院和国务院法制办、人民银行、证监会等部门提出，金融机构破产中有一些只能由法律规定而行政法规不能规定的特殊问题，应在本法中作出相应规定，以适应实际需要。一是按照草案的规定，破产申请只能由债务人或者债权人提出。从金融机构的特点看，对那些发生重大经营风险、出现破产原因，应及时依法进行重整或破产清算的金融机构，在该金融机构或其债权人都不主动提出破产申请的情况下，为避免风险进一步扩大，由金融监管机构向法院提出破产申请，是必要的。二是由于金融机构破产涉及的债权人众多，债权债务关系复杂，关系金融安全和社会稳定，需要慎重处理。在实践中，对出现重大经营风险的金融机构，通常是先由金融监管机构依照有关金融法律的规定实施接管、托管等措施，对不能恢复正常运行的，再进入破产程序。为了防止在此期间一些债权人通过向当地法院提起诉讼和要求强制执行，抢先取得金融机构的财产，造成金融监管机构采取的接管、托管等措施无法正常进行，有必要暂时中止涉及该金融机构的民事诉讼和执行程序。法律委员会经同最高人民法院和国务院法制办、人民银行、银监会、证监会、保监会反复研究，建议增加规定：金融机构出现本法规定的破产原因的，国务院金融监督管理机构可以向人民法院提出对该金融机构进行重整或者破产清算的申请。国务院金融监督管理机构依法对出现重大经营风险的金融机构采取接管、托管等措施的，可以向人民法院提出中止以该金融机构为被告或者被执行人的民事诉讼和执行程序。（草案三次审议稿第一百三十六条）

六、国务院法制办和国资委提出，按照草案的规定，对国务院规定范围内的国有企业实施破产的特殊事宜，按照国务院的规定执行。为了有利于国务院在本法施行前对国有企业政策性破产的特殊事宜深入研究，进一步完善有关规定，建议将本法自公布到施行的时间规定为半年以上。最高人民法院提出，本法对企业破产规定了若干新的制度，为了保证各级法院都能够严格、准确地依照本法审理破产案件，法院系统需要做大量的准备工作，建议将本法自公布到施行的时间规定为一年以上。法律委员会研究认为，为了使有关方面做好本法实施的准备工作，在本法施行前留有一定的准备时间是必要的。据此，建议规定：本法自 2007 年 6 月 1 日起施行。（三次审议稿第一百三十八条）

此外，还对草案二次审议稿作了一些文字修改。

草案三次审议稿已按上述意见作了修改，法律委员会建议本次常委会会议审议通过。

草案三次审议稿和以上报告是否妥当，请审议。

全国人大法律委员会

2006 年 8 月 22 日

十届全国人大常委会第十次会议审议企业破产法(草案)的意见

十届全国人大常委会第十次会议对企业破产法(草案)进行了初次审议。许多常委会组成人员认为,破产法是市场经济的重要法律。为了规范企业破产行为,维护社会主义市场经济秩序,制定一部符合我国国情,体现社会主义市场经济要求的企业破产法是必要的。常委会组成人员还提出以下主要意见:

一、关于本法的适用范围

有的委员提出,个人消费信贷在现实中已普遍出现,可能会因此出现自然人破产的情况。建议将本法规定的破产主体范围扩大到自然人。有的同志提出,个人消费性破产排除在本法规定的破产主体范围之外是可以的。但随着市场经济的发展,个体工商户、农村承包经营户已经成为市场主体的重要组成部分,这“两户”也应纳入本法的调整范围。有的委员建议,将资产和经营规模较大的个体工商户纳入本法的调整范围。有的委员还提出,有的市场主体,如农村大的承包经营户、没有进行登记的专业合作经济组织等,是否属于本法的调整范围,草案没有规定,建议明确。

草案第一百六十二条规定:“在国务院规定的期限和范围内,国有企业实施破产的,按照国务院有关规定办理。”有的委员提出,国有企业属于本法的调整范围,但草案第一百六十二条又规定国有企业破产按照国务院有关规定办理,感觉不统一。既然纳入本法调整就不应再按其他“有关规定办理”。有的委员提出，草案第一百六十二条排除了本法对于国有企业的适用，那么多的国有企业不受本法调整，不太合适。有的同志提出，对按照国务院有关规定实行破产的国有企业的具体范围应予以明确。

有的委员提出，我国大集体企业历史遗留问题很多，国务院对此很重视，正在研究如何解决。这部法要给国务院留有处置这个问题的权力。有的委员建议对集体企业的破产参照国有企业制定一些优惠政策。

有的委员提出，赞成草案把企业以外的其他营利性组织也纳入本法的调整范围。但一些营利性组织情况特殊，如营利性的医院、学校，破产后会牵涉到病人、学生的安置问题，对这些问题要考虑授权国务院另行规定。

有的委员提出，草案第一百六十二条排除了国有企业的适用，草案第一百六十三条排除了商业银行、保险公司等金融企业的适用，同时大量的个体工商户也不适用本法，覆盖面太窄，缩小了本法的影响。有的委员提出，银行、保险公司等金融机构破产有其特殊性，如银行破产时的储户利益保护等，应有一些更为具体的特殊规定。

二、关于破产原因

草案第三条第一款规定：“债务人不能清偿到期债务，资产不足以清偿全部债务，依照本法规定的程序清理债务”。

有的委员建议在这一款规定的破产原因中增加“挽救无望”的规定，以防止有挽救希望的企业被宣告破产。

有的同志提出，“资产不足以清偿全部债务”在实际上不好把握，有的企业虽然负债率很高，但信誉好、经营状况好，就不需要破产。有的委员建议将破产原因规定为“不能清偿到期债务”。有的委员建议规定，债务人只要具有“不能清偿到期债务”或者“资产不足以清偿全部债务”两个条件之一，即可进入破产程序。

有的委员提出，已经资不抵债了再允许债务人主动申请破产，显然就有逃避债务之嫌。

三、关于维护职工权益

不少常委会组成人员提出,制定破产法,应立足于中国国情,不能照搬西方国家的法律。我国是社会主义国家,在企业特别是国有企业破产中,应充分维护职工的合法权益,妥善安置职工。

有的委员提出,本法不仅要保护债权人、债务人的利益,也要充分保护职工权益。建议在草案第一条规定的立法目的中增加"保护企业职工合法权益"的内容。有的委员提出,我国正在争取国际上认同我们是完全的市场经济国家,强调市场经济的同一性。如果在本法条文中过多地强调保护职工权益,突出差异性,可能会引起不好的反映。同时,职工是劳动债权人,草案第一条规定的保护债权人利益的规定已经包括了职工在内,因此建议不要在第一条中增加保护职工权益的规定。

有的委员提出,本法对劳动债权人行使权力的规定要明确,以充分保障劳动者的权益。有的委员提出,按照草案第一百三十七条的规定,劳动债权放在破产费用和共益债务之后清偿,这不利于对劳动者的保护。共益债务中破产案件受理后的劳动债权优先于受理前的劳动债权清偿,在逻辑上也讲不通。建议规定劳动债权在破产费用和共益债务之前清偿。有的委员建议,将劳动债权放在享有别除权的债权以及破产费用和共益债务之前清偿。一些委员也提出,劳动债权应该优先清偿,建议对草案规定的债务清偿顺序再作权衡。

有的委员建议增加关于职工代表大会和工会在企业破产过程中的作用的规定,保证企业职工的知情权、参与权、监督权。有的委员建议将草案第五十四条规定的"债务人企业职工和工会可以派代表参加债权人会议"中的"可以"改成"应当";有的委员建议明确参加债权人会议的职工和工会代表的人数;有的委员建议明确这里的"代表"是劳动债权人的代表。一些委员建议明确职工和工会代表在债权人会议中有无表决权。

有的委员建议在草案第六十二条中增加规定,债权人委员会里应该有一名工会代表。

有的委员提出,对劳动者权益的保护,应该从企业建立开始就进行关注,在企业破产的时候,对劳动者权益的保护不应该成为一个主要问题,否则破产法的实施就变得非常复杂。对劳动者权益保护问题,是否需要在破产法中重点描述要慎重。

四、关于破产案件的申请和受理

有的委员提出,按照草案第十条的规定,债务人、债权人和依法负有清算责任的人都可以提起破产申请。但草案第十一条只规定债权人和债务人申请破产时应提交有关证据和申请书,对"依法负有清算责任的人"没有规定,建议增加有关规定。

有的委员建议,在草案第十八条第一款债务人的有关人员的义务中增加"法律、行政法规规定的其他义务"一项,作为兜底条款。

有的委员建议明确各级国有资产管理机构在破产申请中的作用。

五、关于破产案件的管辖和裁定

草案第四条规定,破产案件由债务人住所地人民法院管辖。有的委员提出,为避免地方保护,建议改为由债务人和债权人住所地的上一级人民法院管辖。有的委员建议改为由债权人和债务人共同所在地的人民法院管辖。有的委员建议明确,是由债务人住所地的哪一级人民法院管辖,是基层法院还是中级法院。

有的同志提出,草案第十四条中规定对不予受理破产案件裁定的上诉期限是十五天,这与民事诉讼法关于裁定上诉期是十天的规定冲突,建议修改。

草案第六条中规定,除本法另有规定外,人民法院依本法作出的裁定不得上诉。有的委员提出,对这一规定不理解。当事人不服裁定的,应当允许上诉。一些委员提出,这一规定使得破产程序中的裁定缺乏监督，容易产生问题。

草案第六条中规定，人民法院依本法作出的裁定应当公告，公告应当刊登于最高人民法院指定登载公告的媒体上。有的同志提出，本法一共规定了二十多个裁定，都公告没有必要。

六、关于管理人

草案第十五条规定，人民法院受理破产案件时，应当指定管理人；第二十条规定，债权人会议可以确认或另行选任管理人，并规定管理人对人民法院负责。有的同志提出，当人民法院和债权人会议对管理人人选产生矛盾应该怎么处理，草案没有明确。既然管理人对人民法院负责，人民法院就应该对管理人的人选有最终裁定权。

有的委员提出，草案第二十二条规定了不得担任管理人的情况，其中第一项中“有其他不良记录”难以确定，建议删去。同时建议删去第四项“人民法院认为不宜担任管理人的”规定。

有的委员提出，管理人在破产过程中的作用非常重要。建议明确规定，管理人应该有经营管理的知识以及专业技术。

有的委员建议增加对管理人产生、撤换程序的详细规定，以便于操作。

有的委员建议，增加管理人违规的“五年到十年之间不得再担任管理人职务”的规定。

七、关于破产财产

有的同志提出，破产财产具体包括哪些内容，最高法院的有关司法解释有详细的规定，建议将有关规定上升为法律，以增加可操作性。

草案第三十条规定，法院受理破产案件后，有关债务人财产的保全措施和其他执行程序应当中止。有的委员提出，保全措施和执行程序的性质不同，应当分别表述；并规定中止后被保全的和尚未执行完毕的财产纳入债务人财产。

草案第三十七条规定，破产案件受理后，出资人尚未履行出资义务的，应不受出资期限的限制缴纳出资。有的委员提出，这一规定是基于现行公司法法定资本制的规定作出的，目前公司法正在修改，可能会引入授权资本制，草案的规定应注意与相协调。

有的委员建议明确草案第三十八条中“非正常收入”的具体含义。

八、关于防止“假破产、真逃债”

一些常委会组成人员提出，草案对防止和惩处破产欺诈行为方面的规定不明确，实践中很多企业通过转移资产、虚假破产的方式，滥用破产程序，逃避债务，甚至一些地方政府也帮助企业进行“假破产、真逃债”，严重损害债权人利益和职工的合法权益，扰乱了正常的经济秩序。建议本法对这种欺诈性破产行为予以规范，规定严格的法律责任，加大惩戒力度。

有的同志建议增加上级法院可以对受理破产案件的下级法院进行审判监督的规定，以遏制假破产、真逃债的现象。

九、关于法律责任

有的委员建议在草案第一百四十九中增加规定，破产人不履行有关义务的，“由人民法院予以训诫、拘留”。

草案第一百五十一条规定了破产企业董事、经理等应承担的法律责任。有的委员提出，很多企业破产是因为董事、经理等人员的决策失误等原因造成的。草案对这些人员应负法律责任的规定偏轻，也不够具体。有的委员建议明确这一条中“高消费”的具体含义，并增加有关人员“不得离境”的规定。有的委员提出，该条规定破产企业有关人员“五年内”不得担任董事、经理等管理职务的期限太短，建议延长。有的委员还建议增加上述人员也不得担任国家机关工作人员等公职人员，或从事律师、会计师等与经营相关的专门职业的规定。有的委员建议增加企业所有者在企业破产中的责任的规定。

有的委员提出，管理人在破产中履行的责任很重，权力很大，但草案第一百六十一条关于管理人法律责任的规定相对较轻，权责不对称。

一些委员提出，法律责任一章规定的处罚太轻，很多条款规定只给予五千元以上五万元以下的罚款，数额太低。

有的委员提出，实践中有债权人采用虚报债权等方式骗取债务人财产的情况，建议增加相关法律责任的规定。

十、其他意见

1. 有的委员提出，草案对债权人的合法利益保护不够，建议增加相关规定。

2. 有的委员提出，草案第五十五条关于债权人会议主席由法院指定的规定不妥，应由债权人会议选举产生。

3. 有的委员建议增加关联企业之间的关联交易产生的债权劣后于普通债权清偿的规定。

4. 有的委员建议增加重整计划需征求股东意见的规定。

5. 有的委员提出，草案中多次出现“工资”和“劳动报酬”两个概念，实际上指的是同一事物，建议将两种提法统一起来。

6. 有的委员提出，民事诉讼法第十九章规定了企业法人破产还债程序，草案与该章规定是什么关系，应该怎么衔接，建议研究。

7. 有的委员建议增加对破产企业遗留的环境问题予以治理的规定。

8. 有的委员建议将草案向社会公布，全民讨论，充分征求意见。

十届全国人大常委会第十二次会议审议企业破产法(草案二次审议稿)的意见

十届全国人大常委会第十二次会议对企业破产法(草案二次审议稿)进行了审议。许多常委会组成人员认为,草案二次审议稿吸收了常委会组成人员和各方面的意见,修改得比较好,符合我国国情,更具有可行性,建议进一步修改完善后尽快通过。同时,常委会组成人员还提出以下主要修改意见:

一、关于破产原因

草案二次审议稿第二条第一款规定,"企业法人不能清偿到期债务,并且资产不足以清偿全部债务或者明显缺乏清偿能力的,依照本法规定清理债务"。

有的委员提出,草案二次审议稿对破产原因的规定是从严掌握,以防止恶意破产。但是,进入清理债务程序的企业最后不一定都被宣告破产,还可能进行和解、重整。如果要按照上述规定,只有资不抵债、扭转无望了才可以开始清理债务,将很难保证债权人的利益,也难以保证企业职工的权益。建议按照国际惯例将破产原因适当放宽,规定企业"不能清偿到期债务"就可以依照本法规定的程序清理债务。有的委员提出,草案二次审议稿为了增加破产难度,在破产的标准中规定资不抵债,与国际上按现金流标准衡量、现金流断掉企业就要破产的通行做法是不一样的。有的委员提出,"不能清偿到期债务”的含义很广泛，实际上可能已经包括了“资产不足以清偿全部债务”，将两者并列不合适，建议把该条中的“并且”修改为“或者”。

二、关于破产案件的管辖和裁定

草案二次审议稿第三条规定，破产案件由债务人所在地人民法院管辖。有的委员建议明确由债务人所在地哪一级人民法院管辖，是基层法院、中级法院还是高级法院。有的委员建议明确为“由债务人所在地基层人民法院管辖”。有的委员提出，当前法院受地方政府干涉较多，由债务人所在地法院管辖破产案件容易产生地方保护主义，能否规定由其他地方的法院管辖。有的委员建议增加规定“跨地区破产案件由债权人、债务人所在地共同的上级人民法院管辖。”有的委员建议增加规定，破产案件也可以“由上级法院指定其他法院管辖”。有的委员提出，为了防止地方保护主义，破产案件应适当多使用指定管辖，即由上级法院指定由与债务人、债权人没有利害关系的第三地法院管辖。有的委员建议明确由最高人民法院具体规定管辖权的行使，对债权人跨区域的破产案应提升管辖权。

草案二次审议稿第五条规定，人民法院依照本法作出的裁定不得上诉。有的委员提出，如果当事人对裁定不服，应当允许其上诉。有的同志提出，对于管辖权异议裁定、破产宣告裁定、分配方案裁定应允许当事人上诉。有的委员提出，如果破产裁定有问题应如何纠正，采取什么样的救济措施，建议再作研究。

三、关于破产案件的申请和受理

草案二次审议稿第十条第二款规定，债务人提出破产申请的，应当提交财产状况说明书、有关财务报告等文件。有的委员提出，为了防止债务人转移资产、借破产逃避债务，应要求其提交破产申请前“连续三年的”财产状况说明、财务报告等文件。有的委员建议增加破产申请书应有职工代表大会或企业职工意见的规定。

一些委员建议在草案二次审议稿第十三条第二款债务人应向法

院提交的材料中增加“企业职工情况和安置预案以及职工工资和社会保险费用支付情况。”

有的建议删去草案二次审议稿第十七条第一款第五项关于被受理破产申请企业的有关人员“不得新任其他企业的董事、经理等职务”的规定。

四、关于管理人

草案二次审议稿第十九条第一款规定,管理人由人民法院指定。

有的委员提出,法院在指定管理人时应该和债权人会议协商并取得债权人会议的同意。

有的委员提出,草案二次审议稿将管理人人选的确定由债权人会议选任改为由人民法院指定,这一修改符合我国的实际情况,是可行的。但为了防止人民法院滥用这一职权,防止司法腐败,建议在这一条增加规定,债权人会议认为管理人与本案有利害关系,有可能影响到破产案件的公正处理的,可以请求人民法院予以解任。

有的委员提出,草案二次审议稿关于管理人资格条件的规定过于简单,应该对其资格条件有更高的要求。有的委员提出,不同类型的企业在不同的破产程序中,对管理人的要求是不一样的。对不同类型的破产案件应指定什么样的管理人,建议在法律中作出明确规定。有的委员提出,管理人原则上应由中介机构或清算组担任,尽量少让个人担任管理人。有的委员提出,目前个人还不具备担任破产管理人的条件,不宜规定允许由个人担任管理人。有的委员建议增加担任管理人应提交保证金的规定。

有的委员建议将草案二次审议稿第二十一条中的“社会中介机构”修改为“专业服务机构”。

五、关于债权人会议和债权人委员会

草案二次审议稿第五十九条第一款规定,债权人会议采取多数表决制,即只要债权人人数过半并且债权额过半就可以通过决议,决议对全体债权人都有约束力。有的委员提出，该条第二款又规定债权人认为债权人会议决议损害自己利益的，可以请求人民法院撤销该决议，责令债权人会议重新表决。这就可能使得在表决中占少数的债权人在决议通过后依照该款规定推翻按照正常程序作出的决议，使得债权人会议的决议效力不定。这样的规定是否合适，建议研究。

草案二次审议稿第六十一条规定，债权人对人民法院作出的关于债务人财产管理方案、破产财产变价方案、破产财产分配方案的裁定不服的，可以向“该人民法院申请复议”。有的委员建议修改为向“上一级人民法院申请复议”。

有的委员建议增加关于债权人委员会的决策、执行职务程序的规定。有的委员建议在草案二次审议稿第六十四条第二项关于管理人实施“采矿权、土地使用权、知识产权等财产权的转让”应当报告债权人委员会的规定中，增加“探矿权”。

六、关于破产企业职工权益保护

1. 一些常委会组成人员提出，为了保证破产企业职工的知情权、参与权、监督权，建议将草案第五十四条“债务人企业的职工和工会可以派代表参加债权人会议”规定中的“可以”改成“应当”。有的委员建议对职工和工会代表在债权人会议中的职权予以明确。有的委员建议在该条明确，参加债权人会议的职工和工会代表应该有表决权。有的委员建议明确规定职工代表只有发言权，也可规定破产企业职工代表为列席代表。

有的委员建议增加债权人委员会中应当有企业工会代表的规定。

2. 草案二次审议稿第一百二十七条第二款规定，破产企业所欠职工的工资和基本社会保险费用以及法律、行政法规规定应当支付给职工的补偿金，依照该条第一款规定的清偿顺序未受到清偿的部分，可以在破产企业中有担保或有优先权的特定财产中优先受偿。

一些常委会组成人员提出，这一规定有利于维护破产企业职工的权益，有利于维护社会稳定，体现了我国工人阶级当家作主的国家性质，符合我国国情，修改得比较好。

有的委员提出，目前对破产企业特定财产享有担保权的债权人主要是国有银行，这一规定在保护职工权益的同时，必然会使国有银行的呆坏帐增加，最终会损害国家的利益，从长远看，国家受损失最终也会使职工受损失。应该在职工利益和国家利益之间找到平衡点，比如对享有优先受偿权的职工工资、社保费用等限定一个限额或者限定一个时段，这样在适度保护职工利益的同时也不会使国有银行的损失过大。有的委员提出，这一规定主要是为了保护职工的权益，修改意图是好的，但应该作一下限制，由于社保体制不健全，将基本社会保险费用也提前可能有问题。建议修改为"破产企业所欠职工工资和按照法律、行政法规规定应当支付给职工的补偿金"中未受清偿的部分，可以在破产企业中有担保或有优先权的特定财产中优先受偿。有的委员建议修改为"破产企业所欠职工工资或者应当支付给职工个人的基本保险费用"中未受清偿的部分。有的委员提出，破产人所欠职工的工资和基本的社会保险费用，应该靠劳动法保障，考虑到国情，在破产法中处于优先地位也可以。但是如果对补偿金也规定可以优先受偿，将会使债权人的清偿率降低，也不符合国际惯例，不利于社会诚信体系的建立。职工的利益应该保障，银行存款人的权益也应该保障，建议对有关补偿金可以优先受偿的规定要认真研究。有的同志提出，职工的养老保险等都应该在企业正常运行时按期交付，企业破产时除了支付职工的工资，其余都不应该考虑。

有的委员提出，不能把企业破产中产生的所有问题都在企业破产法中加以解决，定出一些与其他的法律相冲突或者违背诚信体系的条文。职工工资的问题不是单单企业破产法可以解决的问题，应该争取在企业破产前就加以解决。否则企业破产法出台后，反而可能会给一些不良企业提供拖欠职工工资的借口，将职工工资拖欠到破产的时候再解决。有的委员提出，在制定企业破产法时，应注意维护社会主义市场经济法律体系的统一，不要与市场经济的其他法律如民法通则、担保法等冲突。破产所引发的安置职工、维护社会稳定等问题单凭破产法是解决不了的,还应该借助其他社会保障的法律来解决。有的同志提出,对于破产企业中有担保的特定财产一般不应随便侵犯,否则会影响交易安全和社会诚信体系。香港对于破产企业职工工资是通过欠薪保障基金来进行保障的,建议内地也建立这一制度,由国家建立一个基金,对职工工资进行保障,而不是用有担保的特定财产来进行清偿。有的委员提出,抵押和担保是整个社会信用制度的最后底线,如果打破这条规定,存在的问题确实很大。有的委员提出,现在国有企业破产首先要解决职工的问题,但是破产企业最大的债权是国有银行的贷款,如果得不到回收,会造成较大的或者“依法”产生的国有资产流失。有的同志提出,将职工工资等放在银行担保债权之前受偿,银行在发放贷款时就必然要了解企业对职工工资的发放情况如何,感到不好控制的时候就不愿意贷款,可能会使困难企业更难得到贷款。同时,职工工资的保护,主要应由劳动法和劳动合同法来保护,国际通行惯例是通过建立劳动工资保障基金来保障职工工资,而不是由债权人承担破产企业职工工资的保障责任,建议对这一规定再进行研究。

有的委员提出,草案二次审议稿用“破产企业所欠职工工资和基本社会保险费用,以及法律、行政法规规定应当支付给职工的补偿金”取代了原草案中的“劳动债权”概念,但对企业年金、补充保险等应如何处置未做规定。同时,社会保险费不存在基本与非基本的区别,建议删去有关条款中的“基本”二字。有的建议对破产企业所欠职工的集资款的清偿问题作出规定。

七、关于法律责任

草案二次审议稿第一百三十九条规定,企业董事、经理或者其他负责人违反忠于职守、勤勉尽责义务,致使所在企业破产,应当承担相应的民事和刑事责任。

有的委员提出,“忠于职守、勤勉尽责”义务在法律上不好界定,建议修改为“因故意或者重大过失致使所在企业破产”。有的委员提出，违反“忠于职守、勤勉尽责义务”承担民事责任不好操作。有的委员建议在该条增加关于有过错的破产企业董事、经理不得进行“高消费”的规定。有的委员建议增加对国家行政机关任命的经营管理人员给予纪律处分的规定。

有的委员建议增加关于债务人不提交企业职工情况和安置预案而应承担的法律责任的规定。

八、其他意见

1. 有的委员建议对自然人破产问题作出规定。有的委员建议对企业化管理的事业单位以及登记为企业的慈善机构或非营利性机构的破产问题作出规定。有的委员建议对个人独资企业、合伙企业等“非法人企业”纳入本法调整范围的问题再进行研究。

2. 草案二次审议稿第三十三条规定，破产案件受理前一年内，有关债务人财产的无偿转让、低价转让、提供担保、放弃债权等不当行为，管理人可以请求人民法院予以撤销。有的委员提出，为了更好地防止债务人恶意破产，建议将可撤销行为的期间由“一年”延长为“两年”。有的委员建议在该条所列举的不当行为中增加“对外恶意投资造成投资损失”和“存在不适当关联交易转移资产”这两种行为。有的委员建议在该条中增加“损害债权人利益的其他行为”。有的委员建议在该条中增加债权人也有权请求人民法院撤销上述不当行为的规定。有的委员提出，只有债务人主观上存在恶意实施该条所列不当行为的，法院才可以对其行为予以撤销，建议对此加以明确。

3. 草案二次审议稿第七十二条规定，对于重整期间债务人或者管理人为继续营业而进行的借款，应当限定用途，并对其使用实施必要的控制和监督。有的委员建议明确“控制和监督”的主体。

4. 有的委员提出，草案二次审议稿第一百二十七条规定作为破产债权第一清偿顺序的职工工资不包括破产企业的董事、经理和其他负责人的工资，不尽合理。只要这些人对企业破产没有过错，应该与其他职工同等对待。有的委员建议明确该条中的“其他负责人”为厂一级的负责人，不包括企业其他的部门负责人。郑功成委员建议删去“其他负责人”。

5. 有的委员建议增加规定，“农民专业合作经济组织”的破产对本法规定的适用，由有关法律规定。

6. 有的同志提出，对于符合破产条件的债务人，即使无人申请其破产，法院在审理案件中发现的，也可依职权宣告其破产。

7. 有的委员建议增加规定，民事诉讼法第十九章企业法人破产还债程序的规定与本法不一致的，以本法为准。

8. 有的委员建议增加对破产企业遗留的环境问题予以治理的规定。

地方和中央有关部门对企业破产法(草案)的意见

最近,法制工作委员会将企业破产法(草案)印发各省、自治区、直辖市、中央有关部门、部分企业和研究机构征求意见。现将主要意见简报如下:

一、总的看法

一些地方、部门和单位认为,为了规范企业破产程序,公平清理债权债务,维护市场经济秩序,制定企业破产法是必要的,建议修改完善后颁布实施。

有的地方提出,现行企业破产法已经试行了将近二十年,实践中有很多成功做法和经验,建议草案尽量予以吸收,以保持法律的稳定性和连续性。

有的地方提出,破产法是一部技术性很强的法律,程序应规定得越细越好,草案的规定不够细致,可操作性不强。有的地方提出,草案将破产程序中的实体内容与程序性内容规定在一起,导致在程序上显得混乱。同时,草案的部分规定脱离实际,操作性较差。

有的地方提出,在国有企业和金融机构破产方面的实践经验还有待于进一步积累,破产法的出台时机尚不十分成熟。有的地方建议破产法在物权法出台后再颁布。

一些地方提出,草案的名称是“企业破产法”,但适用范围里包括了合伙企业的合伙人以及个人独资企业的出资人,同时还包括其他营利性组织,这些主体都不是“企业”。草案的名称与适用范围不符,建议对草案的适用范围进行修改或将名称修改为“破产法”。

二、关于本法的适用范围

草案第二条规定,本法的适用范围包括企业法人、合伙企业及其合伙人、个人独资企业及其出资人以及其他依法设立的营利性组织。

一些地方和单位提出,草案将破产主体的范围扩大到合伙企业的合伙人和个人独资企业的出资人,是否妥当,建议慎重研究。实施个人破产制度,应当有比较完备的个人财产登记制度和良好的社会信用体系,而目前我国这方面的制度还不完善。在这种情况下,规定个人破产制度可能成为个人逃债的保护伞。同时,自然人破产与法人破产差异较大,程序上有所不同,将它们规定在一部法律中,容易产生混乱。建议本法的破产主体仅限于企业法人,不要扩大到个人破产。有的地方建议将个体工商户纳入草案的调整范围。一些地方、部门和单位建议将所有的自然人都纳入本法的调整范围,以有利于保护金融机构债权,同时促进社会诚信体系和个人财产登记制度的建立。

一些地方建议对“营利性组织”的概念及具体范围进行明确界定。有的单位建议对“其他营利性组织”进一步作概括性列举,明确为“私立学校、医院,各种社会中介机构等非企业营利性组织”。有的部门建议将会计师事务所及与其性质类似的社会中介机构排除在草案的适用范围之外,或考虑此类中介机构的特殊情况在本法中作出特别规定。

有的地方建议明确公用企业和与国计民生有重大关系的企业是否适用本法。有的地方提出,公用企业应只适用本法规定的和解和重整程序,而不应适用破产清算程序。有的地方提出,公用企业如电信、交通以及水、电、煤气供应企业等,对国民经济、人民生活和社会秩序的影响较大,建议将其排除在草案的适用范围之外。有的地方提出,制定一部统一的破产法应该是本次破产立法的目标,除金融机构的破产可由专门法律调整外，其他企业破产的基本原则都应由破产法统一规定。

三、关于破产原因

草案第三条规定："债务人不能清偿到期债务，资产不足以清偿全部债务的，依照本法规定的程序清理债务"。"债务人不能清偿到期债务并呈连续状态，推定为不能清偿"。"债务人不能清偿或者有可能不能清偿到期债务，需要进行重整的，可以依照本法规定的程序进行重整。"

一些地方和部门、单位提出，将"资不抵债"作为破产原因不够妥当，"资不抵债"在实践中不好判断，债务人账面上的"资不抵债"不能全面反映其资产变现价值和清偿能力。建议将破产原因只规定为"不能清偿到期债务"。一些地方和部门建议将"不能清偿到期债务"和"资不抵债"分别独立作为破产原因。有的地方建议对将"资不抵债"作为破产原因的规定再做斟酌。

一些地方、部门、单位建议对破产原因的规定进行细化，明确"不能清偿到期债务"的具体认定标准；明确"资产不足以清偿全部债务"的认定标准；明确债务人停止支付呈连续状态达到多长时间，可以推定为不能清偿。

有的单位提出，该条第三款中的"有可能不能清偿"的概念不清楚，建议删去或者予以明确。

四、关于管理人

1. 管理人的产生方式

草案第二十条规定，人民法院指定的管理人，可以由债权人会议确认或者另行选任。一些地方提出，不应赋予债权人会议对法院指定的管理人予以更换的权利，但是可以赋予债权人会议更换建议权。有的地方提出，这一规定不好操作，如果债权人会议不同意，又产生不了新的管理人，如何处理。有的地方提出，破产程序中的管理人应具有中立的地位,因为管理人从事破产清算事务,首先是向法院负责,而不仅仅是向债权人负责。破产清算是人民法院依法进行的司法特别程序,必须保障人民法院对破产重大事项的决定权。有的地方提出,为保证管理人工作的稳定性和连续性,避免加大破产成本,建议修改为:“人民法院指定的管理人在履行职责时侵犯债权人的利益的,债权人会议可以申请人民法院撤销该管理人,并由人民法院另行指定管理人。”

有的地方、部门、单位建议将这一规定中的“可以”修改为“应当”。一些地方提出,管理人执行职务应当对债权人会议负责,并接受债权人会议、债权人委员会和人民法院的监督。

2. 管理人的资格

草案第二十一条规定,管理人由组织、机构和个人担任。有的地方提出,个人承担民事责任的资信度有限,一旦给债权人或者其他利害关系人造成损害,责任的承担很难落到实处。因此,由个人担任管理人不妥。

草案第二十一条第一款第(一)项规定,依法设立或者由人民法院指定设立的清算组可以担任管理人。一些地方、部门提出,草案没有规定清算组如何组成,建议明确。有的部门建议如果债务人没有结清税款,税务机关有权成为管理人。有的地方提出,由于清算组缺乏中立性,不宜担任管理人;如果基于国有企业破产有需要的话,可以包括在第一百六十二条授权的国务院规定中,建议删去这一项。

有的地方、部门建议删去草案第二十一条中破产清算事务所可以担任管理人的规定。

草案第二十一条第一款第(三)项规定,管理人是具备专业知识并取得专门执业资格的人员。有的地方、部门建议对“专门执业资格”予以明确。

草案第二十一条第一款第四项规定,“人民法院认为宜担任管理人的”。有的地方建议规定具体的判断标准,或者规定由最高人民法院制定具体的判断标准。

草案第二十一条第二款规定,个人担任管理人的,应当参加执业责任保险。有的地方、单位建议规定,机构担任管理人的,也应当参加执业保险。有的地方提出,这一规定不属本法的调整范围,建议删去。

草案第二十二条规定,受过刑事处罚或者有其他不良记录的人不得担任管理人。有的地方、单位提出,如果是因为过失犯罪而受刑事处罚,如交通肇事罪,则应排除在外。有的地方、单位建议明确为因犯有贪污、贿赂、侵占财产、挪用财产等故意犯罪而受刑事处罚的。一些地方提出,“不良记录”的概念过于宽泛,含义不清,难以操作。

3. 管理人的报酬

草案第二十六条规定,管理人的费用和报酬由债权人会议决定。在第一次债权人会议之前,管理人的费用和报酬由人民法院决定。有的地方建议第一次债权人会议之前的管理人的费用和报酬授权有关部门制定统一标准。有的地方提出,管理人的报酬由债权人会议决定不妥,建议赋予法院最终决定权。有的地方建议由各高级人民法院就辖区内管理人的费用和报酬制定统一标准。有的地方建议由人民法院根据破产财产变现总额按一定比例确定。有的单位提出,管理人的报酬应当由债权人和管理人协商决定。

五、关于破产企业职工权益保护

一些地方、部门和单位建议对劳动债权的含义和具体范围在草案中予以明确。有的部门提出,劳动债权的概念在法律上是不清晰而且无法操作的,中国企业特别是国有企业职工的工资福利系统是非常复杂而且非常混乱的,同时中国目前正处于社会保障体系的建设时期,社保并轨也会发生大量的费用。如果将上述所有费用都列入劳动债权,大部分企业的其他债权人根本不可能得到清偿。而且上述的许多费用都属于或然债务,应该通过谈判解决,而不能作为清偿对象。有的单位建议对劳动债权的发生时间和数量进行限制。有的部门建议明确劳动债权无须申报即可生效。有的地方、单位建议增加关于劳动债权的确认程序的规定。

有的部门提出,债务人拖欠工资、法定待遇和社会保险费超过六个月的,职工和社会保险费征收机构可以向法院提出破产申请。

有的部门建议将劳动债权优先于有担保的债权、破产费用和共益债务进行清偿。一些地方、单位建议将劳动债权优先于享有担保权的债权获得清偿。有的地方提出,劳动债权应当优先于共益债务进行清偿。一些地方提出,劳动债权应优先于破产费用和共益债务进行清偿。

有的部门建议增加规定,破产期间,企业应按照国家有关规定,对职工的基本生活予以保障。

有的地方建议在附则中增加一条:"国家应制定相关法律法规对国有企业的职工予以保障。"

六、关于国有企业破产的特别规定

草案第一百六十二条规定:"在国务院规定的期限和范围内,国有企业实施破产的,按照国务院有关规定办理。"

有的部门建议将本条修改为:"本法实施中,国务院对国有企业破产具体处理办法有特殊规定的,在国务院规定的期限和范围内,按特殊规定办理。"有的单位建议将本条修改为:"在国务院规定的期限和范围内,国有企业实施破产的,按照国务院及国务院授权部门的有关规定办理。"有的单位建议直接规定国有企业政策性破产的原则、目的、适用范围等,对政策性破产进行严格限定,增加债权人事先的可预测性,避免操作中引起歧义。

一些地方、部门和单位提出,国有企业实施政策性破产问题不应在本法中规定,政策性破产是一个阶段性任务,将具有过渡性质的政策列入破产法不利于法律的长期性和稳定性,建议将这一条删去。有的地方建议采用由国务院在本法实施后提请全国人大常委会作出立法解释,或由最高人民法院作出司法解释的办法解决国企政策性破产问题。

七、关于金融机构破产的特别规定

草案第一百六十三条规定:“商业银行、保险公司等金融机构实施破产的,由国务院依据本法和其他有关法律的规定制定实施办法。”

有的地方、部门建议在“保险公司”后增加“证券公司”。有的单位建议在本条后增加“法律另有规定的,从其规定”。有的地方、单位建议将本条修改为:“商业银行、保险公司等金融机构实施破产的,适用本法规定的程序。具体实施办法由国务院依据本法和其他有关法律另行制定。”

一些地方、单位建议专章规定银行业金融机构的破产,对银行业金融机构破产的特殊方面作出规定。

有的地方提出,金融机构也应纳入破产法的适用范围,不应由国务院制定具体实施办法。

八、关于破产案件的管辖

草案第四条规定,破产案件由债务人住所地人民法院管辖。

一些地方建议对破产案件的级别管辖问题作出规定。一些部门单位提出,有的破产案件的债权债务数额较大,涉及股东、债务人或职工人数众多,由基层人民法院管辖,可能不太适当,建议增加规定,对一些重大、复杂的破产案件可由债务人住所地的中级人民法院管辖。有的单位建议,破产案件可以由债务人所在地中级法院设立专门的破产法庭进行审理。有的地方、部门建议增加规定,跨地区破产案件由债权人、债务人住所地共同的上级人民法院管辖,或由其进行指定管辖。

九、关于破产案件的申请和受理

草案第十条第二款规定,债务人不能清偿到期债务,债权人可以申请债务人破产。有的部门提出,目前,上市公司中有相当一部分已经符合草案规定的条件，这一款的规定如果适用于上市公司，会对市场造成很大的冲击，建议增加规定："但是申请上市公司破产的债权人的债权应当不少于上市公司注册资本的百分之一。"

草案第十一条规定了提出破产申请应当提交的有关材料。有的地方、部门建议增加企业是否有欠税、欠税数额及纳税说明书；有的地方建议在债务人提出申请时应提交的材料中增加"职工代表大会的审议意见"；有的地方建议增加"国有控股企业应提交国有出资人的意见"；一些地方建议增加审计报告，以确保能够真实反映债务人的财务状况。

有的单位建议增加规定，"债权人申请债务人破产，债务人对债权人的债权提出异议，人民法院认为异议成立的，应当告知债权人先行提起民事诉讼。破产申请不予受理。"

有的地方建议增加规定，法院受理破产申请后，发现不符合受理条件的，可以驳回申请。有的单位建议增加规定，"人民法院经审查发现有下列情况的，应当裁定破产申请不予受理，并说明理由：（一）债务人有隐匿、转移财产等行为，为了逃避债务而申请破产的；（二）债权人借破产申请毁损债务人商业信誉，意图损害公平竞争的。"有的部门建议增加规定，"对债权人或债务人提出的金融机构破产申请，需要经过金融监管机构同意，人民法院方可受理。金融机构认为必要时，可向法院申请金融机构破产。"

草案第十三条第一款规定，人民法院收到破产申请后，应当在十五日内决定是否受理。人民法院决定受理破产申请的，应当作出裁定。一些地方、部门提出，如果是债权人提出破产申请，债务人需在收到人民法院的通知后十五日内提交有关材料，法院无法在收到破产申请后十五日内作出是否受理的决定。建议区分债务人申请破产和债权人申请破产，分别规定法院决定是否受理破产申请的时限。或者将这一款规定的"十五日"延长为"三十日"。

草案第十四条第三款规定，对人民法院不予受理破产案件的裁定不服的，申请人可以在裁定送达之日起十五日内向上一级人民法院提出上诉。一些地方、单位建议将这一款中的“十五日”修改为“十日”，以与民事诉讼法的规定相一致。

草案第十六条规定，人民法院受理破产申请后，应当组成合议庭审理。但是，对于财产数额较小、债权债务关系清楚的案件，可以不组成合议庭审理。一些地方、单位提出，破产案件涉及的债权债务关系复杂，不论标的大小都应当一律组成合议庭，不应采取独任审理，建议删去这一规定。

草案第十八条中规定，自法院受理破产案件之日起，债务人的有关人员不得担任其他企业的董事、经理等职务。有的地方、部门、单位提出，这一规定是指不能新任其他企业的董事、经理等职务，还是指已经担任的停止担任，建议明确。有的地方提出，这一规定对有关人员是不公平的，在许多破产案件中，企业的破产原因是不可归咎于“债务人的有关人员”的。有的部门建议删去这一规定，理由是担任其他企业的董事、经理等职务并非必然对破产企业构成损害，此外，如果在破产案件受理之前已经担任其他企业的董事、经理等职务的，若依照本法规定辞去所任职务，将给该企业造成损害。

十、关于破产费用和共益债务

草案第四十一条规定，“破产费用和共益债务由债务人财产随时清偿。”“债务人财产不足以清偿所有破产费用和共益债务的，先行清偿破产费用。”“债务人财产不足以清偿所有破产费用或者共益债务的，按比例清偿。”一些地方、部门和单位提出，这三款规定之间存在矛盾，实践中缺乏可操作性。有的地方、单位建议将第二款修改为“债务人财产不足以清偿所有破产费用或者共益债务的，在同一清偿顺序内按比例清偿”。有的地方建议将这一条第三款修改为“债务人财产不足以清偿所有破产费用和共益债务的，在债务人清偿全部破产费用后，共益债务按比例清偿。”有的地方建议在第一款之后增加规定“共益债务按比例清偿”，同时，删去第二款。

有的地方提出，债务人财产足以支付破产费用但不足以支付共益债务的，也应当由人民法院终结破产案件。有的单位提出，债务人财产不足以支付破产费用时，管理人提请人民法院终结破产案件应当事先征得债权人会议的同意。

十一、关于债权申报

有的部门建议明确规定债务人欠缴的税款不适用债权申报程序，在受理破产申请和作出破产宣告时，由人民法院通知税务机关参加破产程序。有的部门建议增加规定："企业债券债权人可以由企业债券发行主承销商作为代理人，统一申报债权和参加债权人会议，所发生的代理费用在破产费用中支付。"有的单位建议规定共有债权的申报程序。

草案第四十八条规定了债权申报的延展期和补充申报制度。有的地方建议不设补充申报制度。一些地方建议对债权人补充申报的理由作出明确规定。有的地方建议将补充申报的期限由草案规定的"在破产财产最终分配前"修改为"在第一次债权人会议召开前"。有的地方建议增加规定"为审查和确认补充申报的债权所需的费用，由补充申报人承担"。

草案第五十二条规定，管理人收到债权申报材料后应当对债权申报的真实性、有效性进行审查。有的部门、单位提出，审查债权真实性、有效性的权力在法院而不在管理人，建议删去这一规定。

十二、关于债权人会议和债权人委员会

草案第五十四条规定了债权人会议成员的组成和表决权的行使。有的单位建议，有财产担保的债权人对其担保财产的变价方案应享有表决权。有的地方、单位建议增加规定：债权人同时拥有有财产担保债权和无财产担保债权的，有权就其无财产担保债权行使各项表决权。有的单位建议增加规定：有财产担保的债权人，已行使优先受偿权但未能获得足额清偿的，有权就其未受清偿部分行使各项表决权。有的地方和单位提出，该条规定企业职工和工会可以派代表参加债权人会议，但没有明确其地位和权利，参加人数，以及如何计算票数等。有的地方建议增加代表具体人数由人民法院决定的规定。有的地方提出，按照草案这一条规定，职工可以委托代表参加债权人会议，因此可能出现劳动债权的代表人数超过债权人总数的50%，从而构成对债权人会议决议的实质否决。建议设计更为科学的债权人会议的表决方法，兼顾债权人人数和债权额行使表决权。有的地方建议增加社会保险经办机构的代表应参加债权人会议，并参与企业破产清算全过程的规定。

草案第五十五条规定了债权人会议主席的设立及职责。有的单位建议债权人会议主席由有表决权的债权额最大的债权人担任，如果拥有最多债权份额的债权人超过两个或者持有债权份额半数以上的债权人有异议的，则由法院指定。有的地方、部门、单位建议债权人会议主席由选举产生，产生不了时由人民法院指定。有的单位建议债权人会议主席由第一次债权人会议按照债权份额表决产生。

草案第六十条规定，对于管理人的确认、选任、撤换、报酬和费用，继续或停止债务人的营业、债务人财产的管理和变价方案的通过问题，债权人不能表决通过的，由人民法院裁定。对破产财产的分配方案二次表决仍不能通过，由法院裁定。上述裁定可在债权人会议上宣布，不须另行通知和公告。有的单位提出，在实践中，债权人之间对立情绪比较严重，往往会出现做出与法律相违背的决定或者经多次债权人会议仍无法做出相关决定的情形。因此，建议扩大法院裁定的范围，规定法院可以就任何破产事项做出裁定，并有权撤销债权人会议做出的与法律相违背的决定。有的地方建议人民法院的裁定除在债权人会议上宣布外，还应增加公告方式，以便在召集债权人会议有困难时适用。有的地方建议将“可以宣布裁定”修改为“应当宣布裁定”。

草案第六十一条规定，债权人对人民法院依照本法第六十条作出的裁定不服的，可以在法定期限内向该人民法院申请复议，复议期间裁定仍然执行。一些地方建议修改为对裁定不服的，在法定期限内向上一级法院提出上诉。有的地方建议增加规定:对人民法院作出的关于债权人会议经二次表决仍不能通过的破产财产的分配方案的裁定,债权人可以在裁定送达之日起十五内向上一级人民法院提出上诉。有的地方、单位建议删去这一条。

草案第六十二条规定了债权人委员会的组成。有的地方建议将本条第一款中“债权人代表应当经人民法院书面决定认可”的规定删去。有的地方、部门建议明确债权人委员会的设立条件、决策程序等内容。有的地方建议明确债权人代表人数应当为奇数,并且所代表的债权额要超过总债权额的二分之一。有的地方、单位建议本条第二款规定的债权人委员会成员中“有一名劳动债权代表”前增加“至少”二字。有的地方建议明确劳动债权代表的含义。有的地方建议债权人委员会中应当有一名工会代表。

草案第六十四条规定,管理人实施不动产所有权转让等十二种行为应当报告债权人委员会。有的部门建议增加“探矿权”转让;有的部门建议增加“特许经营权”转让;有的单位建议增加“海域使用权”转让;有的部门、单位建议增加对外投资形成股权的行为。有的部门建议删去第五项设定财产担保和第十项放弃权利的规定。

十三、关于重整

1. 关于重整的适用范围

一些地方和部门建议对“重整”的概念予以定义。有的部门提出,重整工作非常复杂,社会成本很高,建议缩小重整的适用范围,规定:“本章规定仅适用于向社会公开发行股票或者债券、资产规模达到一亿元人民币或者职工人数一千人以上的企业法人。”

2. 关于重整的申请和审查

草案第六十六条规定:“债务人或者债权人依照本法第十条提出申请时,可以直接向人民法院申请重整。”“人民法院受理破产案件后,在宣告债务人破产以前,债务人、债权人或者持有债务人注册资本额三分之一以上的出资人,可以向人民法院申请重整。”一些地方和部门提出,要求申请人所持有的债务人的注册资本比例达到三分之一过高。有的地方建议将这一比例降低到四分之一;有的单位建议降低到10%。有的单位建议在重整申请人中增加控股股东;有的部门建议增加规定:“连续三个月持有向社会公开发行股票的债务人10%以上股份的股东,或者持有向社会公开发行债券的债务人的债券总额达到注册资本10%以上的债券持有人,可以向人民法院申请重整。”有的部门、单位建议这一条明确申请重整的债权人的人数和数额。有的地方建议明确规定只能由债务人申请重整。有的单位建议明确金融监管机构具有申请重整的权利。

草案第六十八条规定,“人民法院经审查认为重整申请符合本法规定的,应当裁定许可债务人重整。”有的地方、部门、单位提出,草案第六十八条赋予了法院自由裁量权,建议明确法院裁定准许或者驳回重整申请的具体标准和条件。有的地方建议将这一条修改为:“人民法院经审查认为重整申请符合本法规定的条件,并且债务人确有挽救希望的,应当裁定许可债务人重整。”有的单位建议增加规定,当债务人的经营状况无好转可能或者重整将导致破产清算的不合理迟延并损害债权人利益时,法院应当驳回重整申请。有的地方建议规定由债权人会议审查决定债务人的重整启动事宜。

3. 关于重整期间的营业

草案第七十条规定,在重整期间,经债务人申请,人民法院批准,债务人可以在管理人的监督下自行管理财产和营业事务。有的地方、单位建议将“债权人同意”作为债务人自行管理的必要条件。有的地方提出债务人自行管理应经管理人同意并在管理人和债权人委员会的监督下自行管理财产和营业事务。有的地方提出,草案规定的重整程序操作性不强,重整由债务人自己执行,管理人对其进行监督,管理人向法院报告工作,受法院监督,这种多环节的监督很难到位,建议再研究。

草案第七十五条对在重整程序开始前成立而尚未履行和已开始履行的双务合同的处理作了规定。有的地方、单位建议增加规定:

"债务人不提供担保的，对方当事人可以不履行或者通知债务人解除合同。"有的地方建议将"债务人"修改为"自行管理财产和营业事务的债务人或者管理人"。

草案第七十七条第一款对几种经利害关系人请求，人民法院审理确认后可裁定终止重整程序的情形作了规定。有的地方建议，向法院请求终止重整程序的主体除利害关系人外，应增加管理人。

4. 关于重整计划的制定和批准

草案第七十八条规定，自人民法院裁定重整之日起，债务人或者管理人应当在六个月内提交重整计划草案。一些地方、单位提出，为更好保护债权人的利益，重整计划的提交期限不宜过长，建议适当缩短；有的地方建议修改为"两个月内"；有的地方建议改为"三个月内"。

有的部门建议增加一款规定："上市公司及其他向社会公开发行股票、债券企业的重整计划涉及到债转股、发行新股、回购股份以及并购、重大资产重组等事项时，应当经国务院证券监督管理机构批准，具体办法由国务院证券监督管理机构制定。"有的单位建议增加规定，金融监管机构应参与重整计划的制定，监督重整计划的执行。

有的地方建议增加规定，制定重整计划应广泛征求职工、投资者、有关部门和专家的意见，以提高重整的效率。

草案第八十四条规定，债务人的出资人代表可以列席讨论重整计划草案的债权人会议。有的单位建议增设股东委员会，股东有表决权；有的单位建议债务人是上市公司及其他向社会公开发行股票或者公司债的公司的，应当召开出资人会议并将重整计划草案付诸表决。

有的单位建议将草案第八十五条第二款中规定的债权人过半数同意重整计划草案，并且其所代表的债权额占该组已确定债权总额的"三分之二"以上的比例改为"过半数"，以体现鼓励企业重整的立法意图。

草案第八十六条第二款第四项规定，重整计划草案规定的债权清偿顺序,不得违反本法第八十一条的规定。有的单位提出,草案第八十一条仅规定了债权分类,未规定债权清偿顺序,建议予以完善;有的单位提出,根据绝对优先原则,破产重整计划中的清偿顺序必须与破产清算中的清偿顺序一致,如果在先顺序的债权人没有得到足额清偿,在后顺序的权利人就不应得到任何利益,即重整计划要尊重在先顺序的债权人的绝对优先权,而上述规定并不能保证在先顺序的债权人的绝对优先权,建议进一步研究。

草案第八十七条规定,债权人会议没有通过重整计划草案的,人民法院应当裁定终止重整程序并宣告债务人破产。一些地方和单位提出,债权人会议没有通过重整计划草案的,人民法院还可以强制批准,建议将这一条修改为:"债权人会议没有通过重整计划草案的,并且该草案也未能依本法第八十六条的规定获得人民法院的批准的,人民法院应当裁定终止重整程序并宣告债务人破产。"

5. 重整计划的执行

草案第八十九条第一款规定:"重整计划由债务人负责执行。"有的地方建议修改为:"重整计划由自行管理财产和营业事务的债务人或者行使本法第二十三条职权的管理人负责执行。"

一些地方建议增加重整计划执行期满但未能达到清偿方案预期效果的法律后果的规定。

十四、关于破产清算

1. 关于破产宣告

有的部门建议在草案破产宣告一章中增加规定:"人民法院宣告商业银行、保险公司等金融机构破产,应当经金融监督管理机构同意。"

草案第一百一十四条规定,人民法院作出宣告债务人破产的裁定后,应当自裁定作出之日起十五日内通知已知债权人,并发布公告。有的地方建议增加"对破产宣告不服的,可以上诉"的规定。有的部门建议在法院宣告债务人破产后,如果已知债权人中没有税务机关,应同时通知主管税务机关。

草案第一百一十五条规定:“破产宣告前,有下列情形之一的,人民法院应当裁定终结破产程序,并予以公告:(一)第三人为债务人提供担保或者帮助债务人清偿债务的;(二)债务人已经对全部到期债务进行清偿的。”有的部门提出,若第三人为债务人提供的担保不足以使债务人清偿全部债务的,破产程序则不应终结,建议将第一项修改为“第三人为债务人提供足额担保或者帮助债务人清偿债务并经债权人同意”。

草案第一百一十六条和第一百一十七条对合伙企业及其合伙人、个人独资企业及其出资人的破产宣告作了规定。有的地方建议草案第一百一十七条与草案第一百一十六条表述一致,修改为“人民法院应当在宣告个人独资企业破产的同时,宣告出资人破产。”有的部门提出,“到期债务”是指合伙企业、个人独资企业的到期债务还是指合伙企业、个人独资企业的到期债务连同合伙人、出资人的个人到期债务,建议明确。

草案第一百一十八条规定:“依照本法第一百一十六条、第一百一十七条被宣告破产的破产人,有权保留本人及其家庭成员必要的生活费用。”一些地方和单位建议对“必要的生活费用”如何界定予以明确。

草案第一百二十一条至第一百二十三条对别除权作了规定。有的地方建议明确建设工程承包权等其他优先权是否为别除权。有的地方建议增加一款:“破产人欠缴的税款发生在破产人以其财产设定抵押、质押或者纳税人的财产被留置之前的,税收应当优先于抵押权、质权、留置权”。有的地方建议增加“当别除权标的物价值高于被担保的债权额时,别除权实施后的剩余价值应纳入破产财产”的内容。

2. 关于破产债权

草案第一百二十四条对破产债权的概念作了规定。有的地方建议明确罚金、主管部门的管理费、承包费等是否属于破产债权,并建议增加规定“法律、法规另有规定的除外”。

草案第一百二十五条、第一百二十六条对连带债务人受破产宣告作了规定。有的地方建议增加避免债权人重复受偿的规定。

草案第一百二十八条对合伙人被破产宣告后的清算作了规定。有的地方和单位建议增加规定“合伙财产优先用于清偿合伙债务,清偿后的剩余财产用于清偿合伙人的个人债务。”“合伙人的个人财产优先用于清偿个人债务,清偿后的剩余财产用于清偿合伙债务。”以平衡不同主体债权人的利益。有的地方建议规定“外商投资企业除外”。

草案第一百二十九条规定,对破产人未履行的双务合同,管理人有权决定解除或者继续履行。管理人解除合同,对方当事人已给付定金的,以定金额为限的返还请求权作为破产债权。一些地方提出,以定金额为限作为破产债权不符合民法和担保法有关定金双倍返还的规定。

草案第一百三十条对委托合同因破产宣告而终止,由此产生的有关债权作为破产债权作了规定。有的单位建议对房屋租赁合同、雇佣合同、部分履行的合同、授权许可经营合同、其他持续性合同等的效力加以规定。有的部门建议在本条后增加一条:“企业与职工签订的劳动合同因破产清算宣告而终止。破产人应当依照国家有关规定向职工支付经济补偿金等费用。”“管理人应当自破产宣告之日起七日内,为职工出具终止劳动合同证明,告知职工按照规定享受失业保险待遇的权利,并将失业人员的名单报社会保险经办机构备案。”

草案第一百三十二条、第一百三十三条对抵销权作了规定。有的地方建议增加一项:“债务人的出资人出资不足,但该出资人对债务人享有债权的,出资人不得主张抵销。”

3. 关于破产债权的清偿顺序

草案第一百三十七条规定,破产财产在优先清偿破产费用和共益债务后,依照下列顺序清偿:(一)破产人所欠职工工资和欠缴的社会保险费用,以及法律、行政法规规定应当支付给职工的补偿金等费用;(二)破产人所欠税款;(三)普通破产债权。并规定上述职工工资不包括“破产企业的董事、经理和其他负责人的工资”。

有的地方提出，地方性法规和规章规定的支付给职工的补偿金也应和法律、行政法规规定的补偿金一样享有优先受偿的权利。有的地方提出，对补偿金也规定可以优先受偿，将会使债权人的清偿率降低，损害普通债权人的利益。建议对这一规定慎重研究。

有的部门建议将欠缴税款的滞纳金也列入所欠税款的范围之内，并建议对税收优先权作出规定。一些地方提出，对于故意侵犯人身权的损害赔偿，也应该优先受偿。有的地方建议对各种优先权在破产债权清偿中的顺序作出规定。

一些地方、部门和单位建议明确该条第三款中“其他负责人”的具体范围。有的单位建议在该款中增加“监事”。有的对方、单位建议明确该款规定的人员的工资应怎么清偿。有的地方和单位提出该款规定不妥，如果该款规定的人员在债务人破产中并没有责任，其工资没有理由不享受优先清偿。一些地方建议删去该款规定。

十五、关于法律责任

草案第一百五十一条规定，企业的董事、经理或者其他负责人违反忠于职守、勤勉尽责义务，致使所在企业破产的，应当承担相应的民事责任；因为故意或者重大过失，致使所在企业破产的，还要对企业债务承担连带赔偿责任。并规定，上述人员自破产案件终结之日起五年内不得担任任何企业的高级管理人员。有的地方提出，该条对民事责任的范围未作界定，实践中不好把握。同时，个人对企业债务承担连带责任，可能过重。有的单位提出，该条所列的企业高级管理人员在企业破产已经不可避免时，没有采取合理措施避免债权人的损失，即使其对企业破产没有过错，也应承担相应的民事责任。有的部门提出，由国家行政机关任命的企业董事、经理等经营管理人员，还应依法给予行政处分。有的部门提出，在如何认定企业管理人员是否存在故意和重大过失，以及如何承担连带赔偿责任等问题上，缺少程序性的规定，不好操作。有的地方和部门提出，公司法规定，对企业破产负有个人责任的董事或者厂长、经理自该企业破产清算完结之日起三年内不得担任企业的高级管理人员。草案的规定与公司法的规定不一致。

一些地方、部门和单位建议增加对于欺诈性破产行为的防范和制裁措施的规定。一些地方、部门和单位建议加大对破产程序中违法行为的处罚力度。

有的部门建议增加破产程序中股东连带责任的规定,债务人的母公司或股东利用其控股地位操纵与子公司或被控股公司之间的交易,未按市场公平交易条件从事不当关联交易的,致使企业破产,损害债权人利益的,该母公司、股东或有关关联公司应承担连带赔偿责任。

一些地方提出,草案法律责任一章关于刑事责任的规定应与刑法衔接,草案规定的违法行为应有对应的刑法规定。

十六、其他意见

1. 草案第一百四十九条规定,破产人在被免责前,不得有“任何高消费行为或者投资行为”。一些地方、部门和单位建议对这一规定予以细化,特别是对什么是“高消费”进行界定,以便于操作。有的地方提出,破产人的这些行为应由谁进行监督,建议明确。有的地方建议增加规定“高消费或者投资行为,由债权人举证,人民法院依照相关法律法规的规定认定”。

2. 有的地方提出,税收债权、赡养债权以及由于欺诈性转让、隐匿财产和由于贪污、盗窃等行为形成的债权也应属于不可豁免的债权。建议在草案增加相应规定。

3. 有的地方提出,破产企业因其违法行为所应缴付的罚款和罚金,在破产程序中应该如何处理,建议予以明确。

4. 有的部门建议对上市公司破产的有关问题作出特别规定。

5. 有的部门建议对供电等公用企业破产作出特殊规定。

6. 有的部门提出,企业破产涉及的外国政府贷款、国际金融组织贷款等政府外债的处理问题,草案应作出特别规定。

中央有关部门和部分企业
对企业破产法(草案)的意见

近日,全国人大法律委员会、财经委员会和全国人大常委会法制工作委员会联合召开座谈会,征求中央有关部门和部分企业对企业破产法(草案)(以下简称草案)的意见。现将主要意见简报如下:

一、关于本法的适用范围

草案第二条规定,本法的适用范围包括企业法人、合伙企业及其合伙人、个人独资企业及其出资人以及其他依法设立的营利性组织。一些部门和企业提出,“其他依法设立的营利性组织”的含义和范围不明确,我国现行法律中没有采用“营利性组织”这一概念,实践中也不好判断。因此,建议删去这一规定。一些部门和企业建议对营利性组织的含义和范围予以明确。

有的部门提出,个体工商户与个人独资企业在工商登记所要求的申请材料和登记事项上都没有区别,因此从法律主体的性质上说二者是相同的,从本质上说都为自然人从事经营活动。我国现有个体工商户 2298 万个,而个人独资企业只有 70 万个,建议将个体工商户也纳入本法的适用范围,否则有违民事主体平等的原则。

有的部门提出,按照草案规定,会计师事务所属于本法适用的合伙企业范围。会计师事务所的经营以提供专业服务为主,其所提供的业务报告的使用者是潜在的,有时数量众多,因其虚假的业务报告引发的民事赔偿数额是不确定的。因此,建议本法将会计师事务所等社会中介机构及其合伙人排除在本法的适用范围之外，由其他单行法律另行规定，或者在本法中作出特别规定。

有的部门提出，未取得法人资格的中外合作企业从性质上说属于合伙企业，合伙人中包括外国人，其破产涉及跨国破产问题，建议对此是否可行加以研究。

有的部门提出，随着目前银行消费信贷业务的大量开展，将来肯定会出现个人因不能支付消费信贷而产生的消费性破产。因此，建议在草案中增加有关自然人消费性破产问题的规定。

二、关于破产原因

草案第三条第一款规定，债务人不能清偿到期债务，资产不足以清偿全部债务的，依照本法规定的程序清理债务。一些部门、企业提出，这一款中规定的“资产不足以清偿全部债务”在实践中不好判断，建议参考国际惯例并参照民事诉讼法、公司法以及最高人民法院有关司法解释的规定，将破产原因的规定简化为“不能清偿到期债务”。有的部门认为，也可以将“债务人不能清偿到期债务”和“资产不足以清偿全部债务”并列为破产原因。

有的部门提出，金融机构的破产原因和一般企业应当有所区别，希望在这一条中增加规定，金融机构的资本水平低于金融监管机构制定的标准时，金融监管机构可以采取接管、重组的方法或者向法院申请金融机构破产。

三、关于管理人

草案第二十一条规定，管理人可以由清算组、律师事务所等社会中介机构以及具备相关专业知识并取得专门执业资格的人员担任。有的企业提出，管理人在破产程序中承担着重要的职责，个人担任管理人在实践中会产生很大的道德风险且难以追究其民事赔偿责任，因此，建议删去个人可以担任管理人的规定。

一些部门、企业提出，鉴于管理人在破产程序中的地位、职责非常重要，国有企业破产的实际情况又非常复杂。因此，国有企业尤其是一些大型国有企业进入破产程序的，不应由个人担任管理人。有的企业建议，国有企业破产应由法院指定政府有关部门担任管理人。一些部门、企业则提出，不宜针对国有企业破产程序规定特殊的管理人制度。

有的部门建议明确取得专门执业资格是指律师、会计师等执业资格还是专门的管理人执业资格。有的部门建议赋予资产评估机构、资产评估师以管理人资格。

四、关于企业所欠职工工资、社会保险费用以及依法应当支付给职工的补偿金的清偿顺序

草案第一百二十一条规定，对破产人的财产享有抵押权、质权和留置权的人享有就该权利标的物优先受偿的权利。草案第一百三十七条规定，破产财产在优先清偿破产费用和共益债务后，破产人所欠职工工资和欠缴的社会保险费用，以及法律、行政法规规定应当支付给职工的补偿金等其他费用在破产人所欠税款和普通破产债权之前受偿。一些部门提出，草案规定破产财产在优先支付破产费用、共益债务和有财产担保的债权后才开始清偿企业所欠职工工资、社会保险费用以及依法应当支付给职工的补偿金，这一规定会削弱企业所欠职工工资、社会保险费用以及补偿金能够真正得到清偿的可能性。企业所欠职工工资、社会保险费用不是普通的债权，与金融机构投资和管理人管理破产财产牟取利益的动机是不同的。因此，企业所欠职工工资和社会保险费用应当与破产费用和共益债务在同一顺序中受偿，并优先于有财产担保的债权。

一些部门、企业提出，破产企业所欠职工工资、社会保险费用以及依法应当支付给职工的补偿金可以放在普通债权之前受偿，但不应优先于有财产担保的债权，因为这不符合国际惯例。目前企业拖欠职工工资、社会保险费用的问题，应当通过加大劳动法的执法力度、完善社会保障体系等措施解决，而不应当通过牺牲担保债权人的

利益来实现对破产企业职工权益的特殊保护。在债务人财产上设定抵押权等担保物权，是银行防范贷款风险的重要手段，也是企业获取贷款，进行生产经营活动的前提条件。一旦这些担保物权得不到有效的保护，担保制度将失去意义，银行的金融风险将进一步加大，并将对我国投资环境产生不利影响。因此，草案的规定是合适的。

有的部门提出，从维护职工利益的角度考虑，对于企业所欠职工工资、社会保险费用，可以考虑放在共益债务之前受偿，但是不宜放在有财产担保的债权之前受偿，以避免与担保法的规定相冲突。

有的部门建议授权国务院制定破产程序中涉及职工权益保护的具体办法。

五、关于国有企业破产的特殊规定

草案第一百六十二条规定，在国务院规定的期限和范围内，国有企业实施破产的，按照国务院有关规定办理。一些部门、企业认为，草案这一条规定考虑了我国国有企业的实际情况，能够适应国有企业破产的实际需要，有利于促进国有企业的改革和发展。

一些部门提出，随着我国国有企业改革的逐步推进，国有企业政策性破产作为一个阶段性问题不可能长期存在下去。破产法应当统一适用于不同所有制类型的企业。因此，建议删去这一条规定。

六、关于防范假破产、真逃债行为

有的部门提出，为防范假破产、真逃债行为，应当明确并适当提高各类破产案件的级别管辖。

一些部门、企业建议增加欺诈性破产的法律责任的规定，债务人提供虚假材料申请破产的，应当承担刑事责任，并对债权人的损失承担民事赔偿责任。

有的部门建议对实施欺诈性破产的企业直接责任人的行政、刑事责任作出相应规定，并对其再次担任企业领导职务的资格进行限制。刘传会建议加大对实施欺诈性破产的直接责任人员的处罚力度,例如按照涉案金额的一定倍数予以处罚。

有的部门建议对参与假破产、真逃债行为的政府部门及其工作人员规定法律责任。

法院系统企业破产法(草案)研讨会的主要意见

7月13日、14日,法律委员会、法制工作委员会会同最高人民法院召开研讨会,听取全国法院系统对企业破产法(草案)的意见。最高人民法院和11个省(区、市)的高级人民法院、部分中级人民法院、基层人民法院负责审理破产案件的审判庭负责人及法官参加了研讨会。

法院同志提出,企业破产法(试行)和民事诉讼法关于企业法人破产还债程序的规定实施以来,全国法院受理了近10万件企业破产案件,积累了比较丰富的审理破产案件的实践经验,最高法院制定了10多件有关企业破产法的司法解释。希望立法机关进一步研究总结这些经验,吸收有关司法解释的合理内容,将企业破产法(草案)修改得更加完善、更符合实际。大家还对草案提出了具体的修改意见和建议。现将主要意见简报如下:

一、关于破产主体范围

草案第二条规定,实施破产的主体范围包括企业法人、合伙企业及其合伙人、个人独资企业及其出资人以及其他依法设立的营利性组织。

有的法院提出,草案将破产主体的范围扩大到合伙企业的合伙人和个人独资企业的出资人,是否恰当,建议慎重研究。实施个人破产制度,应当有比较完备的个人财产登记制度和良好的社会信用体系,而目前我国这方面的制度还不完善。在这种情况下,规定个人破产制度可能成为个人逃债的保护伞。建议本法以仅规定企业法人破产为宜,不要扩大到个人破产。有的法院则赞成将合伙人和个人独资企业的出资人纳入破产范围,认为这有利于及时有效地处理已无偿债能力的合伙企业、独资企业的债务清偿问题,解决实践中存在的执行难。有的法院还建议将个体工商户也纳入破产主体范围。有的法院提出,应将破产主体范围扩大到所有自然人。个人不能清偿其住房贷款、购车贷款等消费性债务的,也应破产。

一些法院提出,草案规定的“其他依法设立的营利性组织”的范围不清楚。如经营性的医院、可以取得投资回报的民办学校是否属于草案规定的“营利性组织”,这类医院、学校能否适用企业破产制度,如果破产可能会涉及哪些特殊问题,对这些问题如果没有明确具体的规定,实践中难以操作。

二、关于破产原因

草案第三条第一款规定:“债务人不能清偿到期债务,资产不足以清偿全部债务,依照本法规定的程序清理债务”。

一些法院提出,将“资产不足以清偿全部债务”即“资不抵债”作为宣告债务人破产的必备原因,似不够妥当。一是债务人资产的账面价值与实际价值可能不符,法院在破产案件的受理阶段难以作出准确评估和判断;二是债务人已明显缺乏清偿能力的情况下,如果一定要等到其资不抵债时才能宣告破产,可能会使债权人受到更大的损失。建议对破产原因的规定再作进一步研究,做到既可以防止因资金临时周转不灵不能清偿债务而被轻率宣告破产,又能够在债务人实际已无力清偿债务时可以及时启动破产程序依法公平清理债务,维护经济秩序。

三、关于管理人

1. 关于管理人产生方式

草案第十五条规定,人民法院决定受理破产案件的,应当同时指定管理人。第二十条规定,人民法院指定的管理人,可以由债权人会议确认或者另行选任。

有的法院提出,规定对法院指定的管理人,债权人可以另行选任加以变更,是否妥当,值得研究。有的法院提出,破产程序中的管理人应具有独立、中立的地位,公平、公正地履行职责,不代表债权人或债务人任何一方。草案第二十条第三款也明确规定,管理人执行职务应对人民法院负责。因此,管理人应由法院指定,而不应由债权人会议选任。一些法院提出,对法院指定的管理人,债权人会议只有在有正当理由(如管理人与破产案件有利害关系、管理人未依法履行职责)时才能加以变更。有的法院提出,破产程序属于司法程序,法院负有保证破产程序依法进行的职责。债权人会议选任的管理人,也应提请法院审核确定。有的法院建议规定,对于违反职责的管理人,法院有权撤换。

有的法院则提出,管理人应由债权人会议选任,不应由法院指定。有的法院建议,将法院指定的管理人改称为"临时管理人",以与经债权人会议确认或选任的管理人相区别。

有的法院提出,今后破产管理人可能成为专门的职业,形成以营利为目的的竞争激烈的行业。因此建议增加关于选任管理人程序的规定,以保证公正选择和从制度上防止腐败。

有的法院提出,草案规定法院应在受理破产案件的同时指定管理人,这难以做到。应规定有一段时间。

2. 关于管理人资格

草案第二十一条规定,管理人可以由本条所规定的机构或者个人担任。有的法院提出,管理人应只能由机构或组织担任,不应允许个人担任管理人。

有的法院提出,草案第二十一条规定的管理人资格条件中"具备相关专业知识并取得专门执业资格"的规定过于笼统,建议明确应具备什么样的专业知识和执业资格。

草案第二十二条中规定,"受过刑事处罚或者有其他不良记录的”,不得担任管理人。有的法院提出,这里规定的“其他不良记录”具体指什么,不清楚,实践中无法操作。

3. 关于管理人与债权人委员会的关系

草案第六十四条规定,管理人实施本条规定的对债务人财产影响较大的行为,应当“报告”债权人委员会。有的法院提出,建议明确“报告”的性质,是报经批准还是备案。有的法院提出,管理人实施本条规定的行为应征得债权人会议的批准。有的法院提出,债权人委员会与管理人意见不一致时,应提请法院裁决。

四、关于重整

草案第三条第四款规定,“债务人不能清偿或者有可能不能清偿到期债务,需要进行重整的”,依法进行重整。一些法院提出,为挽救濒临破产的企业、保护职工就业,设立重整制度是必要的。但也要注意防止已无挽救希望的债务人利用重整程序拖延清偿债务,损害债权人利益。因此对重整条件应有更严格的规定,应明确适用重整程序的企业应是濒临破产但有挽救希望的企业。

有的法院提出,草案第七十条规定重整债务人可以在管理人的监督下自行管理财产和营业事务,但对管理人如何行使监督职权没有规定。建议增加这方面的规定,并对重整期间债务人权利加以必要的限制。

草案第七十三条规定,债务人在重整期间为继续营业而借款的,可以以尚未成为担保权标的物的财产作为担保。有的法院提出,债务人实施该行为,应向法院报告。

草案第七十六条第二款规定,重整企业的董事、经理及其他高级管理人员,不得向第三人转让其个人对债务人持有的股权。有的法院提出,允许上述人员转让股份对企业重整不会有影响,第三人明知企业重整而愿意受让股权,说明其对重整有信心并愿意以股东的身份参加重整。对于管理人不再聘用为经营人员的董事、经理等,又不允许其转让股权,缺乏充分的法律依据。建议修改。

草案第八十七条、第九十三条分别规定，债权人会议没有通过重整计划草案，或者人民法院裁定终止重整计划执行的，人民法院应当宣告债务人破产。有的法院提出，在当事人仅是申请了重整、没有申请破产清算的情况下，规定如果重整不成功法院即可直接宣告债务人破产，违背了当事人的意思自治，是否恰当值得研究。

五、关于劳动债权

草案第四十六条、第五十三条分别规定，劳动债权由管理人记入债权表并予以公示；债权人对债权表记载的债权有异议的，可以提起确认债权的诉讼。有的法院提出，按照劳动法的规定，劳动争议案件应先向劳动争议仲裁机构申请仲裁，对仲裁决定不服的才可以提起诉讼。在破产案件中劳动债权人与债务人对劳动债权发生争议的，是仍然实行仲裁前置，还是可以直接提起诉讼，建议草案予以明确。

有的法院提出，建议对可计入债权表的工资和社会保险费用的计算标准作出具体规定，以避免在登记劳动债权时发生纠纷。

草案第五十四条规定，债务人企业的职工和工会可以派代表参加债权人会议。有的法院提出，职工和工会代表以什么身份参加债权人会议，如作为劳动债权的债权人参加会议，是否应享有表决权，劳动债权的表决票数应如何计算。这些问题都应该明确，否则在实际中难以操作。有的法院提出，参加债权人会议的职工和工会代表不应享有表决权；有的法院建议将“参加”改为“列席”，以准确表述职工和工会代表在债权人会议中的地位。有的法院提出，享有劳动债权的职工可以以破产债权人的身份参加债权人会议，并享有表决权。

有的法院提出，按照草案第九章中的规定，劳动债权应在有担保的债权之后受清偿。如果破产企业已将大量财产设定了抵押担保，劳动债权就难以得到清偿。建议研究可否将劳动债权放在有担保的债权之前清偿。有的法院提出，按照联合国破产立法指南的规定，拖欠的职工工资可以优先于有担保的债权受清偿。建议在破产清算中对有担保债权的清偿作出一定程度的限制，以增加劳动债权受偿的机会。可在草案第三十四条中增加规定，破产受理前六个月内，债务人已知不能清偿到期债务而设置的担保，管理人可以请求法院撤销。

有的法院提出，破产清算期间职工的生活费和医疗费应该怎么解决，建议予以明确。

有的法院提出，对于企业欠缴工会会费而形成的工会债权，是等同于劳动债权优先受偿还是作为普通破产债权受偿，应予以明确。建议规定，工会债权作为普通破产债权受偿。

六、关于国有企业破产的特别规定

草案第一百六十二条规定："在国务院规定的期限和范围内，国有企业实施破产的，按照国务院有关规定办理。"

一些法院提出，国有企业和非国有企业破产应当实行统一的法律制度，不应分别执行不同的规定。对涉及国有企业职工安置的问题，应当按照国家有关规定另行妥善解决，不必在破产法中规定。有的法院提出，这条规定是针对纳入国家计划性破产范围的国有企业的。从实际情况看，法院受理的国有企业计划性破产案件不到全部破产案件的5%；据国务院有关部门介绍，国有企业的计划性破产问题再用4年左右的时间即可处理完毕。对这种所占比例很小的过渡性特殊问题，也可不在法律中专门规定。

七、关于破产案件的审判监督

按照草案有关条款的规定，人民法院审理破产案件的裁定，除不予受理破产申请的裁定外，不得上诉。

一些法院提出，破产案件关系当事人的重大实体权利，涉及的问题复杂。法院的裁定一旦发生错误，影响较大。同时从实际情况看，一些债务人搞"假破产、真逃债"的情况时有发生；一些地方政府出于地方保护的目的，干预法院办案，强行要求法院对不具备破产条件的企业宣告破产，以逃废银行债务。因此，有必要由上级法院对破产案件的审理实施适当监督。建议对草案的上述规定再作研究,既要保证破产案件的审理效率、减少破产成本,又要对法院裁定有必要的监督纠错机制。对破产宣告的裁定、破产财产分配方案的裁定等,应当允许上诉或申诉,上级法院对上诉或申诉应当及时作出处理。对此,最高法院在有关司法解释中已作了规定,实践证明效果是好的。建议对司法解释中的有关规定加以研究,吸收到法律中来。

八、关于破产案件的管辖和裁定

草案第四条规定,破产案件由债务人住所地人民法院管辖。一些法院建议,增加破产案件级别管辖的规定。

草案第六条规定,裁定自作出之日起生效。一些法院提出,裁定应在送达后生效。有的法院建议删去第六条第四款关于裁定公告的刊登和张贴的规定。

有的法院提出,草案第十四条规定,对法院不予受理破产案件裁定的上诉期是十五日。这与民事诉讼法规定的十日不一致。建议一致起来。

九、关于破产案件的申请和受理

一些法院建议,在草案第十一条关于债务人申请破产应提交的材料中,增加对其财产状况的审计报告。以防止债务人借破产恶意逃债。

草案第十二条规定,在人民法院受理破产申请前,申请人可以请求撤回申请。有的法院提出,在法院受理破产申请后至作出破产宣告以前,都应允许申请人撤回破产申请。建议将“受理前”改为“宣告破产前”。有的法院建议增加规定:是否准许撤回申请由人民法院决定。

草案第十三条第一款规定,人民法院应当在收到破产申请后十五日内决定是否受理。有的法院建议增加规定,法院应当在收到债权人要求宣告债务人破产的申请后五日内通知债务人,以防止债权人恶意申请债务人破产；同时也有利于双方和解，减少破产案件发生。

草案第十三条第三款规定，债权人提出破产申请，债务人应当在收到人民法院的通知后十五日内向法院提交有关清册和报告。有的法院建议增加规定，债务人拒不提供的，人民法院有权对债务人的财务资料、帐册采取保全措施。

草案第十六条规定，人民法院受理破产申请后，应当组成合议庭审理。但对于财产数额较小、债权债务关系清楚的案件，可以不组成合议庭审理。一些法院提出，破产案件涉及的债权债务关系复杂，影响面大，都应采用合议庭方式审理。有的法院提出，对此可按民事诉讼法的有关规定执行，建议删去这一条。

草案第十八条中规定，自法院受理破产案件之日起，债务人的有关人员不得担任其他企业的董事、经理等职务。有的法院提出，这一规定过于绝对，也没有明确已经担任的是否都要辞职。建议再作研究。

十、关于债务人财产

草案第二十九条规定，债务人的债务人或者财产持有人在法院受理破产案件后，不向管理人而仍向债务人清偿债务或者交付财产的，不免除其继续清偿或者交付的义务。有的法院提出，这一规定应当只在法院发出受理破产案件的公告或通知后，才能对债务人的债务人或财产持有人适用。

草案第三十二条规定，债务人、债权人或者其他利害关系人对债务人财产或债务发生争议的，可以向受理破产案件的人民法院提起诉讼。有的法院建议修改为有关债务人财产或债务的争议可直接由受理破产案件的法院作出裁定。

有的法院建议，删去草案第三十六条关于管理人对因无效或被撤销的行为取得的债务人财产有权追回的规定。因为民法通则和合同法已规定，民事行为无效或被撤销的法律后果就是返还财产。

草案第三十八条规定，管理人有权追回破产企业的董事、经理和其他负责人利用职权获得的“非正常收入”。有的法院提出，非正常收入在实践中很难认定，建议删去或者修改。

十一、关于债权申报

有的法院建议，在草案第四十八条中对债权延展申报的期限作出规定。

草案第五十三条第一款规定，依法编制的债权表应当提交第一次债权人会议调查。有的法院建议，将“调查”改为“审查”。该条第三款规定，管理人、债权人、债务人对债权表记载有异议的，可以提起确认之诉。有的法院建议，对提出异议和确认之诉讼的时限作出规定。

十二、关于和解

草案第九十七条、第九十九条分别规定，法院驳回和解申请时，或者债权人会议未通过和解协议草案的，法院应当裁定宣告债务人破产。有的法院提出，在当事人没有申请宣告破产的情况下，由法院直接宣告破产是否适当，应进一步研究。

十三、关于破产清算

有的法院提出，草案第一百三十九条规定作为破产债权第二清偿顺序的税收债权是否包括滞纳金，建议予以明确。有的法院提出，这一条规定作为破产债权第一清偿顺序的职工工资不包括破产企业的董事、经理和其他负责人的工资，不尽合理。一些国有企业管理人的工资也是较低的。不支付拖欠他们的工资，也会使他们的生活发生困难。一些法院建议，对这一条中所规定的“其他负责人”的含义予以明确。

一些法院提出，涉及对人身损害的赔偿、工伤赔偿等债权，应在破产清算中优先受偿。

一些法院提出，本法关于破产清算顺序的规定，应当与合同法、海商法、税收征管理法等法律中有关优先权的规定相衔接。

有的法院建议，在草案第一百二十一条关于别除权的规定中，增加别除权如何行使的具体规定。有的法院建议规定，抵销权行使应当经过申报和法院确认。

有的法院建议规定，第三人以其财产为破产人提供担保的，可以其求偿权作为破产债权。

草案第一百四十六条规定，管理人于办理注销登记完毕的次日起终止执行职务，但有诉讼或者仲裁未决的除外。有的法院提出，破产企业都已经注销，不应再有上述规定的除外情形。

草案第一百四十九条规定，破产人在被免责前，不得有任何“高消费”行为。一些法院建议对高消费的标准作出明确规定。有的法院建议对发现有高消费行为如何处理作出规定。

十四、关于法律责任

草案第一百五十一条规定，企业董事、经理或者其他负责人违反职责义务，致使所在企业破产的，应当承担相应的赔偿责任；因故意或者重大过失致使企业破产的，还应承担连带赔偿责任；自破产案件终结之日起五年内不得在任何企业担任董事、经理或者其他管理职务。有的法院提出，这一条规定“相应的民事责任”应如何理解，何为“相应”，建议明确。有的法院提出，如果企业负责人因为一次重大投资失误的严重过失使企业破产的，其个人要对企业全部债务承担连带民事赔偿责任，责任过重，建议再作研究。有的法院还提出，这一条规定的“五年”与公司法规定的“三年”不一致，应当一致起来。

有的法院提出，草案第一百五十一条至第一百五十九条、第一百六十一条均规定了“构成犯罪的，依法追究刑事责任”。但一些并无相应的刑法条款，建议再作研究。

有的法院提出，草案第一百五十九条的处罚没有处罚主体，建议修改。

部分从事企业破产清算事务的中介机构对企业破产法（草案）的意见

法律委、法工委近日邀请北京、天津两地部分从事过破产企业清算事务的律师事务所、会计师事务所和破产清算事务所的负责人和专业人员座谈，听取他们对企业破产法（草案）关于破产管理人规定的意见。现将主要意见简报如下：

一、关于管理人的资格

一些同志提出，草案第二十一条中关于具有相关专业知识并取得专门执业资格的人员可以担任破产管理人的规定不妥。一是企业破产管理涉及复杂的法律和财务方面的事务，需要有相关专业知识和执业资格的律师、注册会计师参与。但律师法、注册会计师法都明确规定，律师、会计师承办业务，应当由律师事务所、会计师事务所统一受理，与委托人签订合同。按照这一规定，律师、注册会计师的执业资格只能依托于所在律师事务所、会计师事务，不能以个人名义对外执业。草案的规定与律师法、注册会计师法的规定不一致。二是从我国实际情况看，个人的信用有限，承担责任的能力也有限。对因执行管理人职务的过失造成的损失个人难以承担责任。注册会计师法明确规定，由会计师事务所对本所注册会计师承办的业务承担民事责任。草案虽然规定，个人担任管理人的，应当参加执业保险，但因该项执业的风险难以估计，保险公司难以承保。因此，建议还是以规定有关的机构作为破产管理人为妥。有的同志则提出，从国外规定和实践看，管理人可以由个人担任。建议保留可以由相关专业人员个人担任破产管理人的规定。

草案第二十一条中还规定，管理人可以由依法设立或者人民法院指定设立的清算组担任。一些同志提出，这里规定的“依法设立的清算组”，是否是指依照公司法规定设立的清算组，不清楚；而公司法又规定，公司破产的，由人民法院“依照有关法律的规定”成立清算组。将来究竟是依哪个法，搞不清楚。公司法还规定，清算组成员包括公司股东，这又与草案第二十二条关于与破产案件有利害关系的不得担任管理人的规定相矛盾。草案第二十一条规定的“人民法院指定设立的清算组”是指什么情况，人民法院依据什么指定，指定谁，也都不清楚。建议对这一规定再作研究。有的同志认为，这里讲的“清算组”，应当是指国有企业破产时由政府有关部门人员组成的清算组。国有企业破产涉及职工安置等复杂问题，没有政府部门人员参与，一些事很难处理。但清算组在破产程序中应承担什么责任，如何承担、由谁承担的问题，还需要研究。有的同志认为，现在的破产企业清算组，还不是草案规定意义上的管理人，职责上有区别，不能等同。

二、关于管理人的选任和报酬

草案第十五条规定，人民法院受理破产申请的，应当同时指定管理人。第二十条规定，对人民法院指定的管理人，可以由债权人会议确认或者另行选任。一些同志提出，按照草案的上述规定，管理人选任的最终决定权在债权人会议。这样规定不妥。管理人在破产程序中依照法律的规定履行职责，应当具有独立的法律地位。草案第二十条也规定，管理人执行职务应当对人民法院负责，并接受债权人会议和债权人委员会的监督。因此，管理人的选任应由法院决定。债权人会议可以对管理人的工作进行监督，如果认为管理人不依法履行职责或者不能胜任的，可以请求法院另行选任；法院认为理由成立的,应当另行选任。债权人会议也可以向法院推荐管理人,由法院批准。

草案第二十六条规定,管理人的费用和报酬由债权人会议决定。一些同志提出,管理人的报酬应由法院确定,不应由债权人会议决定。因为债权人当然希望管理人的报酬越低越好,这可能会造成不正当的低价竞争,使正规的机构难以进入破产管理人市场。

三、关于管理人的职责

有的同志提出,对管理人执行职务的事项,哪些可以由管理人自行决定,哪些需要报经法院同意,建议在法律中作出明确规定。管理人自行决定的事项应当包括:决定是否履行合同;确认别除权、抵销权、取回权;代表债务人参加诉讼和仲裁;组织破产财产的评估、拍卖;决定债务人的内部管理事务和日常开支。管理人应当向法院报告由法院决定的事项应包括:处置破产财产;债权人会议不能形成决议的事项;管理人与债权人会议争议的事项。

草案第六十四条规定,管理人实施本条所列的行为,要及时报告债权人委员会。有的同志提出,这里规定的报告,是备案性质,还是报经同意后才能实施,不清楚。建议予以明确。

四、关于对破产管理人行业的监督管理

参加座谈会的清算事务所、律师事务所、会计师事务所的一些同志提出,将来破产管理人可能会形成一个新的行业,对这个行业应当有必要的监督管理。包括建立破产管理人执业规范并监督实施,建立合格管理人名单资料库供法院或债权人会议选取等。建议明确有一个管理机构来承担破产管理人的行业管理职能。有的同志提出,对此可考虑由司法行政部门实施监督管理。有的同志提出,可以考虑成立破产管理人协会,实行行业自律。

部分专家对企业破产法（草案）的意见

近日，法工委邀请部分破产法、民商法和民事诉讼法方面的专家座谈，听取他们对企业破产法（草案）的意见。现将主要意见简报如下：

一、关于破产主体范围

草案第二条规定，实施破产的主体范围包括企业法人、合伙企业及其合伙人、个人独资企业及其出资人以及其他依法设立的营利性组织。

有的专家提出，草案的名称是企业破产法，但适用范围里又包括了合伙人和出资人，名不副实。合伙人、出资人破产的程序如何启动，法院如何操作，都是难题。同时，规定合伙人、出资人可以破产，并可在破产程序终结后免除剩余债务的清偿责任，将会造成其与普通自然人之间的不平等。有的专家提出，合伙人和出资人是自然人，自然人破产还会涉及遗产破产的问题。合伙人、出资人在清偿债务前死亡且其遗产不足清偿所有债务，或合伙人、出资人在破产程序中死亡等，都可能发生遗产破产的问题。草案对这一问题未作规定，但是在司法实践中肯定会遇到。有的专家建议将所有的自然人都纳入本法的适用范围，同时将自然人破产单列一章，把自然人破产的一些特殊问题如自然人保护问题、自然人破产财产界定、自然人的资格限制、自然人的遗产破产等问题都作出规定。

一些专家提出，营利性组织不是一个法学上的概念，具体内涵是什么不清楚。这些营利性组织是否具备法人资格？如何判断其的营利性？都不清楚。若在法律中不对其作出明确界定，将会造成执行中的困难。有的专家提出，适用范围包括“其他依法设立的营利性组织”是必要的，可以把企业以外的其他市场主体包括进来，这些市场主体在发生不能清偿的情况时，也应依照本法进行破产。

二、关于破产原因

草案第三条第一款规定：“债务人不能清偿到期债务，资产不足以清偿全部债务的，依照本法规定的程序清理债务”。同时，该条第三款规定：“债务人不能清偿到期债务并呈连续状态，推定为不能清偿”。

与会的多数专家均对将“不能清偿到期债务”和“资不抵债”合并作为破产的一般原因持反对意见。有的专家提出，各国破产法一般将不能清偿作为一般破产原因，资不抵债作为特殊破产原因，只适用于某些特殊情况，草案的规定将破产原因苛刻化了。同时，资不抵债作为破产原因在操作中一些问题，债权人申请破产时，要证明债务人资不抵债是很困难的。有的专家提出，不能清偿和资不抵债是判断企业是否破产的两个不同标准，没有任何一个国家将其并列作为破产的一般原因。有的国家将资不抵债作为特殊的破产原因，但只适用于个别情况，如德国破产法将资不抵债作为股份有限公司的破产原因。同时，不能清偿的含义是“无能力”清偿，债务人停止支付到期债务并不一定是不能清偿，如果其还有足够的清偿能力，就不需要破产。只规定不能清偿作为破产原因并不会产生企业轻易破产的情况。一些专家建议取消将“资不抵债”作为破产原因的规定。

有的专家提出，把资不抵债作为破产原因是可以的，但不能普遍适用，只能适用于某些特殊情况，如清算中的法人。有的专家建议将不能清偿和资不抵债分别独立作为破产原因，以便法院在操作过程中可以灵活运用。

一些专家建议，对破产原因的规定应该细化。可增加列举性的规定,如债务人不能履行生效的法律文书的义务,就可以宣告其破产。如债务人停止支付到期债务呈连续状况达到多长时间,就可以推定为不能清偿,债务人不能清偿持续多长时间,法院才可以宣布其破产等,以使草案更具有可操作性。同时也可以防止个别债权人恶意申请债务人破产。

有的专家建议,在债务人丧失清偿能力时,应规定其高级管理人员负有申请破产的义务。如果不申请,导致债务恶性膨胀,一方面他对膨胀债务要承担个人的清偿责任,另一方面应作为欺诈行为,追究其责任。

三、关于管理人

1. 管理人的产生方式

草案第十五条规定,人民法院决定受理破产案件的,应当同时指定管理人。第二十条规定,人民法院指定的管理人,可以由债权人会议确认或者另行选任。

有的专家提出,草案关于管理人选任的规定不清楚,现在国际上的趋势是由法院决定管理人的人选,但在决定的过程中,要征求债权人的意见,建议草案也做这样的规定。有的专家提出,不应授予债权人会议更换法院决定的管理人人选的权利,债权人会议对法院指定的管理人有不同意见可以提出异议,但最后应由法院来决定。有的专家提出,管理人的人选应由法院最后决定,否则草案关于管理人对法院负责的规定就没有依据。有的专家提出,管理人的人选和报酬均应由法院决定,对法院负责。

2. 管理人的资格

草案二十一条规定,管理人由具有一定资格的组织、机构或者个人担任,并规定"依法设立或者由人民法院指定设立的清算组"可以担任管理人。

有的专家提出,清算组是现行破产法规定的破产机构,与现在草案规定的管理人在性质上是不同的。二者如何衔接,建议研究。一些专家提出，过去破产程序中的清算组由政府机构组成，所处理的很多是破产程序以外的事项，如职工安置等。现在草案规定的管理人制度是一项新制度，管理人在破产程序中的性质以及所起的作用与清算组是不一样的，二者不应掺杂在一起，否则必然对新的破产法的执行造成障碍。建议删去清算组可以担任管理人的规定。有的专家提出，目前我国的社会保障体系还不完备，职工安置问题是法院在审理破产案件时不得不考虑的问题，清算组在国有企业破产中特别是在职工安置方面具有其他管理人无法替代的优势，同时规定清算组可以担任管理人能够让法院在选择管理人时有更大的灵活性，建议维持草案现在的规定。

有的专家提出，机构或组织担任管理人不能真正承担起责任，建议明确管理人只能由具有一定资质的自然人担任。有的专家提出，管理人不一定只能由自然人担任，国外如日本的一些大企业、金融机构破产都明确由组织来担任管理人，而且是由带有政府机构色彩的组织担任。

3. 管理人和债权人会议、债权人委员会的关系

草案第六十四条规定，管理人实施转移不动产、借款、设定财产担保等财产处分行为，应当报告债权人委员会。

有的专家提出，管理人和债权人会议、债权人委员会是什么关系，后者如何对管理人的行为进行监督，草案缺少相应的规定。同时，建议规定管理人在实施草案第六十四条规定的行为时，应征得债权人委员会同意。有的专家提出，如果管理人的行为都要经过债权人委员会同意，管理人就没有自由了，会对他的有效管理带来影响，不能保证管理人正常履行职务。有的专家建议规定，如果债权人觉得管理人行为不当，可以撤换管理人。有的专家提出，在管理人向债权人委员会报告以后，如果债权人委员会认为侵害了债权人的利益，可以向人民法院要求撤销其行为，严重时还可以撤换管理人。有的专家提出，如果在管理人的行为实施以后，由法院撤销，可能会对交易安全造成影响，对相对人的利益造成损害。

四、关于劳动债权

有的专家建议草案明确劳动债权的概念，主要包括工资、福利等费用。有的专家提出，劳动债权的概念不科学，直接表述为职工工资等即可，同时应明确劳动债权不需要申报，不参加债权人会议。有的专家提出，劳动债权人不能参加债权人会议，因为债权人会议决议采取双重表决制度，即必须参加人数和代表的债权额都是多数才可通过决议。劳动债权人人数众多，如果都参加债权人会议，将很难形成决议。但劳动债权人可以列席债权人会议。有的专家提出，如果劳动债权在破产程序中不能得到全额清偿，职工就有权参加债权人会议，但是如果劳动债权能够保证全额清偿，就不需要参加债权人会议了，甚至连派代表都没有必要。

有的专家提出，为了更好地保护职工权益，劳动债权应该享有优先权，并在清偿顺序上优先于担保债权。有的专家提出，在破产程序中将劳动债权放在担保债权之前优先清偿，将损害整个担保制度的基础，严重影响交易安全，建议对这个问题还是要慎重考虑。有的专家提出，现在一些地方为了保证社会稳定，想尽各种办法把债权人的财产扣下来安置职工，这是一个不正确的做法。如果破产法规定劳动债权优先于担保物权清偿，将是对我国现行担保制度的重大改变，应当慎重决策，就算决定了也要进行充分的准备才能执行。有的专家提出，担保债权人在破产中对担保标的物不依破产程序优先受偿，这是破产法中的别除权制度。别除权是针对债务人特定的财产上的权利，而劳动债权所享有的优先权是针对债务人的所有财产上的权利。就算规定劳动债权在担保债权之前受偿，在实践中也无法操作，除非债务人的所有财产在进入破产程序后马上全部变现，也就是说，破产法里不规定别除权制度。有的专家提出，劳动债权和担保债权究竟哪个应该优先受偿，完全是立法政策的考虑。在我国目前的社会保障体制不健全的情况下，在破产中不考虑职工安置，不处理好劳动债权问题是不行的。可以对担保债权作适当的限制，控制其清偿比例,留出一些资金优先清偿劳动债权。有的专家提出,劳动债权应先从担保标的物以外的财产受偿,不够的从担保标的物中扣除10%的比例用来清偿,担保标的物的剩余价值用于清偿担保债权。同时,对优先受偿的劳动债权应该有一个年限和最高额的限制。

五、关于重整

1. 重整申请

草案第六十六条规定,债务人或者债权人在提出破产申请时,可以直接向法院申请重整;并规定,法院受理破产案件后,宣告破产前,债务人、债权人或者持有债务人注册资本三分之一以上的出资人,可以向法院申请重整。

有的专家提出,直接申请重整和在破产程序中申请重整,是不一样的,草案放在一起进行规定不妥。有的专家建议,取消当事人可以直接申请重整的规定。

有的专家提出,对于提起重整申请的股东的持股比例,不宜作统一的规定。因为不同的公司,股权的分布情况不一样。有的公司的股权很集中;而有的公司如上市公司,股权很分散,持股百分之一就可能是大股东了。有的专家提出,草案规定的持股比例太高了,持有债务人注册资本额百分之十的出资人,就应当允许其提起重整申请。

2. 重整机构

有的专家提出,按照草案的规定,在破产程序开始以后也可启动重整程序,并引入了美国破产法中的占有中的债务人制度,规定债务人可以自行管理财产和营业事务。那么在前述情况下,管理人处于什么样的地位,是不是应该退出程序,如果不退出的话,应该享有什么样的权利,草案的规定不清楚。

有的专家提出,既然允许债务人自行管理财产和营业事务,在债权人或债务人直接申请重整的情况下,没有必要设立管理人。有的专家提出,在破产程序启动以后,为了防止债务人随意处置财产,损害债权人利益,所以设立管理人,把债务人的财产接管起来。在当事人因为企业可能破产而直接申请重整的情况下，还需不需要管理人？确实是一个值得研究的问题。

有的专家提出，在重整程序中，应该建立新的机构，即一个独立的重整机构。重整是一个非常复杂的工作，不能由管理人来操作重整程序。但是，可以允许管理人转化为重整机构。

3. 重整程序

有的专家提出，重整计划很可能会涉及股权的变动，如转让股权、增股等，为保护股东的权益，建议将重整程序中的债权人会议修改为关系人会议，并在通过重整计划的表决分组中增加股东表决组，对重整计划中与股权有关的决议进行表决。有的专家建议在债权人会议表决重整计划时，对涉及股权的内容要征求股东的同意。

有的专家提出，重整计划的执行也属于重整程序的一部分，草案第八十八条关于批准重整计划就终止重整程序的规定不合适，建议修改。有的专家提出，草案对这个问题规定得不清楚，前面规定重整计划批准，重整程序就终止，但第九十三条又规定重整计划不能执行或不执行的，法院裁定终止重整计划并宣告破产。如果重整程序已经终止了，又怎么启动破产程序、宣告破产呢？有的专家提出，重整计划的执行往往需要很长时间，若这段时间也属于重整程序的一部分，将使重整案件的时间拖长，给法院造成负担。

有的专家建议对重整期限作出规定，一般不应超过两年。有的专家提出，重整是对债权人和担保物权人的权利做出重大的限制，重整计划是各方当事人自愿妥协的结果，法律不应对重整期限作出限制性规定。

六、关于国有企业以及金融机构破产的特别规定

草案第一百六十二条规定："在国务院规定的期限和范围内，国有企业实施破产的，按照国务院有关规定办理。"草案第一百六十三条规定："商业银行、保险公司等金融机构实施破产的，由国务院依据本法和其他有关法律的规定制定实施办法。"

有的专家提出，如果国有企业不适用这个法，这个法一出台，就不是符合市场经济的法律。建议删去第一百六十二条的规定。有的专家提出，破产制度是民事诉讼制度的一部分，按照立法法的规定，只能由法律规范。由国务院制定实施办法，让破产程序适用一个政府制定的办法，恐怕不太合适。

七、其他意见

1. 有的专家建议将草案第六条关于裁定“自作出之日起生效"的规定，修改为，裁定“自送达当事人次日起生效。"有的专家提出，裁定应该在作出之日起生效，但可以在送达当事人时才对其具有约束力。

2. 有的专家提出，草案第八条对跨国破产问题作出规定是恰当的，但还不够，建议扩大为一章，对跨国破产的一些特殊问题作出专门规定。有的专家提出，关于外国的判决和裁定的效力问题，民事诉讼法已经有规定了，建议删去草案第八条第二款关于境外破产程序效力的规定。

3. 有的专家建议在草案第十条关于可以申请破产的主体中增加公司董事等“准债务人”和检察院，同时规定法院可以依职权启动破产程序。

4. 草案第十二条规定，在人民法院受理破产申请前，申请人可以请求撤回申请。有的专家提出，在法院受理破产申请后至作出破产宣告以前，都应允许申请人撤回破产申请。建议将“受理前”改为“宣告破产前”。有的专家提出，破产程序启动以后，对债务人、债权人的权益都将产生巨大影响，如果允许申请人在破产申请后撤回破产申请，可能会对有关当事人造成重大损失。建议维持草案现在的规定，不应允许申请人在破产受理后撤回申请。

5. 草案第二十九条规定，债务人的债务人或者财产持有人在破产案件受理后未向管理人、而是向债务人清偿债务或者交付财产的，不免除继续清偿或交付义务。有的专家建议增加债务人的债务人或者财产持有人“不知债务人破产除外”的规定。有的专家建议修改为

“在债权人受到损失的范围之内不免除继续清偿和交付财产”。

6. 有的专家建议，在草案第三十四条增加债务人在法院受理破产案件前六个月内在无担保的财产上设立担保的行为无效的规定。

7. 草案第四十八条分别规定了债权的延期申报和补充申报。有的专家提出，这样规定重复，建议删去关于债权延期申报的规定。有的专家建议删去关于债权补充申报的规定。

8. 有的专家建议删去草案第五十六条关于债权人会议调查债权要通过决议的规定，因为在债权未确定的情况下，债权人会议无法作出决议。

9. 一些专家提出，草案法律责任一章规定了很多行为“构成犯罪的，依法追究刑事责任”，这些行为，刑法如果没有相应的罪名，就是破产法创设新罪名，那就应该把犯罪的构成要件以及刑罚写清楚。或者提出刑法修正案，修改刑法。

10. 有的专家建议在法律责任中增加对破产欺诈行为的民事责任的规定。

附录三:相关资料

现行法律、行政法规及规章关于向职工支付补偿金的规定

一、企业(用人单位)应向职工支付补偿金的事项

1. 因解除劳动合同应支付补偿金

劳动法规定,用人单位因下列事项与职工解除劳动合同的,应当“依照国家有关规定给予经济补偿”:

(1)劳动合同当事人协商一致解除合同的;(2)劳动者患病或者非因工负伤,医疗期满后,不能从事原工作也不能从事由用人单位另行安排的工作的;(3)劳动者不能胜任工作,经过培训或者调整工作岗位,仍不能胜任工作的;(4)劳动合同订立时所依据的客观情况发生重大变化,致使原劳动合同无法履行,经当事人协商不能就变更劳动合同达成协议的;(5)用人单位濒临破产进行法定整顿期间或者生产经营状况发生严重困难,确需裁减人员的。

2. 克扣、拖欠工资应支付补偿金

原劳动部1994年颁布的《违反和解除劳动合同的经济补偿办法》规定,用人单位违反工资管理规定,克扣或者无故拖欠劳动者工资、拒不支付劳动者延长工作时间工资报酬或者支付劳动者的工资报酬低于当地最低工资标准的,应该向职工支付经济补偿金。

3. 因合同终止应支付补偿金

1991 年国务院发布的《全民所有制企业招用农民合同制工人的规定》要求，农民工因劳动合同期满、劳动合同终止执行的，企业应发放给其一定金额的补偿金。

二、补偿金的支付标准

1. 因解除劳动合同应支付补偿金的标准

原劳动部颁布的《违反和解除劳动合同的经济补偿办法》规定，用人单位解除劳动合同的，应按照职工在本单位的工作年限，每满一年发给职工相当于一个月工资的经济补偿金；但是，对于劳动合同当事人协商一致解除劳动合同，或者劳动者不能胜任工作，经过培训或者调整工作岗位仍不能胜任工作而解除劳动合同的，补偿金最多不得超过职工的十二个月的工资。劳动者患病或者非因工负伤，经劳动鉴定委员会确认不能从事原工作、也不能从事用人单位另行安排的工作而解除劳动合同的，用人单位应按其在本单位的工作年限，每满一年发给相当于一个月工资的经济补偿金，同时还应发给不低于六个月工资的医疗补助费。患重病和绝症的还应增加医疗补助费，患重病的增加部分不低于医疗补助费的百分之五十，患绝症的增加部分不低于医疗补助费的百分之百。该办法还规定，用人单位未按规定给予劳动者经济补偿的，除全额发给经济补偿金外，还须按该经济补偿金数额的百分之五十支付额外经济补偿金。

国务院常务会议 2004 年 10 月 26 日原则通过的《劳动保障监察条例》（尚未公布）规定，用人单位在解除劳动合同时未依法支付经济补偿金，经劳动保障行政部门责令限期支付，在规定期限内仍未支付的，劳动保障行政部门可以责令用人单位按照应付金额 50% 以上 1 倍以下的标准计算，向劳动者加付赔偿金。

2. 克扣、拖欠工资应支付补偿金的标准

原劳动部《违反和解除劳动合同的经济补偿办法》规定，用人单位克扣或者无故拖欠劳动者工资的，以及拒不支付劳动者延长工作时间工资报酬的，除在规定的时间内全额支付劳动者工资报酬外，还需加发相当于工资报酬百分之二十五的经济补偿金；用人单位支付劳动者的工资报酬低于当地最低工资标准的，要在补足低于标准部分的同时，另外支付相当于低于部分百分之二十五的经济补偿金。

国务院常务会议原则通过的《劳动保障监察条例》规定，用人单位未支付劳动者的工资报酬、劳动者工资低于当地最低工资标准，经劳动保障行政部门责令限期改正，逾期仍不改正的，劳动保障行政部门可责令用人单位按照应付金额50%以上1倍以下的标准计算，向劳动者加付赔偿金。

3. 因合同终止应支付补偿金的标准

国务院发布的《全民所有制企业招用农民合同制工人的规定》要求，农民工因劳动合同期满，劳动合同终止执行时，企业应按照其在本企业工作年限，每满一年发给相当于本人一个月标准工资的生活补助费，但最多不超过本人十二个月的标准工资。

一些国际组织和国家、地区关于破产欠薪保障基金的规定

为了避免在雇主破产情况下的雇员被欠薪酬不能清偿的危险，一些国际组织和国家、地区依法设立了欠薪保障基金，即先由基金对拖欠的工资进行清偿，然后由基金代替职工作为债权人向雇主求偿。

一、基金的设立

国际劳工组织1992年通过的雇主破产情况下保护工人债权公约第九条规定，“在雇主因破产而无法偿付时，工人因就业而出现的对其雇主的工资偿付请求应由担保机构予以担保”。同时公约第十一条规定，工资担保机构的组织、管理、运行和资金筹措由各缔约国政府自行确定，可由保险公司担任工资担保机构。

奥地利1977年无支付能力时的报酬保证法规定，以保险的方式建立一个公法基金，以保证雇员在企业破产时的工资等报酬的请求权的支付。

法国劳动法典规定，设立工资保障保险。凡是具有商人、手工业者、农业经营者身份或者法人地位，并且雇佣一名或者数名雇员的雇主，必须为其雇员投保，以保证在司法重整和司法清算程序的情况下，这些雇员执行劳动合同应得的款项免受不能支付的危险。法国为此专门设立了全国雇员债权保险制度管理协会，对基金进行管理。

我国香港地区1985年破产欠薪保障条例设立专门的破产欠薪保障基金委员会管理破产欠薪保障基金，对破产时的职工工资予以

保障。该条例第六条规定,根据《商业登记条例》设立破产欠薪保障基金。该条例第三条规定,设立欠薪保障基金委员会负责基金的管理。该委员会为法人团体,成员由主席及不超过10名由总督委任的委员组成。委员中应有不超过4名的公职人员,其余为总督认为代表雇主的人及总督认为代表雇员的人,双方人数须相等。

我国台湾地区劳动基准法第二十八条规定,设立积欠工资垫偿基金,由雇主按照一定的费率交纳。对于依照劳动契约所积欠的职工工资,由基金垫偿,并由基金向雇主代位求偿。积欠工资垫偿基金,由中央主管机关设管理委员会进行管理。

二、基金的资金构成

我国香港地区欠薪保障条例第六条规定,该基金由下述款项构成:(1)税务局局长根据该条拨付的款项,不论该款项在本条例生效日期之前或之后拨付;(2)基金在支付职工工资后行使代位求偿权而追回的款项;(3)从构成该基金的款项及投资而得到的利息及其他收入;(4)合法拨付该基金的其他款项。

按照奥地利和法国的规定,基金以保险的方式构成,基金中的资金应由雇主交纳的保险费构成。

我国台湾地区劳动基准法规定,雇主应按照其当月雇佣劳工投保薪资总额及规定的费率,交纳一定数额的积欠工资垫偿基金。

三、基金所保障的工资债权范围

国际劳工组织1992年通过的雇主破产情况下保护工人债权公约规定,由工资担保机构担保的工人债权应包括:(1)工人对一段时间内的工资所拥有的债权,这段规定时间不得少于破产前或终止雇佣前的八周;(2)工人根据其在一段规定时间内所从事的工作而在假日报酬方面拥有的债权,这段时间不得少于破产前或终止雇佣前的六个月;(3)工人对一段规定时间内的其他形式的有酬缺勤报酬所拥有的债权,这段规定时间不得少于破产前或者终止雇佣前的八周;

(4)工人因终止雇佣而应该得到的离职金。同时,公约规定,“受规定保护的债权可以限定一个数额,这一数额不得低于社会能接受的水平。”

奥地利无支付能力时的报酬保证法规定的基金保证范围,有因劳动关系所生的请求权、尤其是日常工资报酬和因终止劳动关系产生的请求权、其他针对雇主的请求权以及为主张这些请求权而采取的法律手段的必要的费用。

法国劳动法典规定的工资保障保险补偿下列事项:1. 在开始进行司法重整的判决宣布之日所欠雇员的工资;2. 在观察期、在确定重整方案判决后的一个月内或在清算判决后的 15 日内,以及由清算判决批准的暂行维持企业经营的期限内,因解除劳动合同而产生的债权;3. 在清算判决后的 15 天内,以及由清算判决批准的暂行维持企业经营的期限内,法庭要求指定的雇员代表,在依法行使由职工代表机构行使的职责时,所欠付的工资和暂行维持企业经营时所欠付的工资。

我国香港地区欠薪保障条例保障的工资债权包括已经到期而未获支付的工资、已经到期而未支付的代通知金、应支付而未支付的遣散费。同时,根据条例第十五条的规定,上述工资、代通知金以及遣散费的偿付请求应产生于破产案件受理前的四个月内,且其数额受到一定限制,主要是:所保障的工资数额不得超过 18000 港币、所保障的代通知金数额不得超过申请人一个月的工资或 6000 港币、所保障的遣散费数额不得超过 8000 港币与遣散费中减去 8000 港币后的半数之和。

一些国家和地区破产法关于管理人制度的规定

在破产程序开始以后，为了加强对债务人财产的管理，防止债务人随意处置财产，保护债权人的利益，有必要由专门机构具体实施对债务人财产的管理、处分、整理、变价、分配等工作。为此，许多国家都在破产法中建立了管理人制度。管理人制度最早产生于英国，之后被许多国家所采用。

一、关于管理人的设立

一些国家对于管理人的制度设计，按照所采取的破产程序制度的差异而有所不同。大体分为两类立法例，一是实行破产程序受理主义的立法例；二是实行破产程序宣告主义的立法例。

1. 实行破产受理主义的立法例

实行破产受理主义的主要是英美法系国家，以英国和美国为代表。这类国家在法院受理破产案件以后分阶段设立了财产管理人。即在破产受理以后至破产宣告前，为防止债务人不当处分财产，债务人不能再对其财产进行管理和处分，而设立临时财产管理人，由临时财产管理人对债务人的财产进行全面管理。到正式破产宣告后，则由选任的破产管理人从临时财产管理人处接过管理权，对破产财产实施占有、支配，并予以分配。

2. 实行破产宣告主义的立法例

实行破产宣告主义的主要是以法国、德国为代表的大陆法系国家。这类国家的制度是,法院在宣告破产前,破产程序尚未开始,债务人的民事主体地位没有发生变化,其财产不受约束仍由其支配。至法院宣告破产时,才指定破产管理人,负责破产财产的管理。如日本和我国台湾地区破产法均规定,法院于破产宣告时,应选任管理人。德国破产法规定,破产程序开始时,破产法院应当任命一名破产管理人。

二、关于管理人的选任

关于管理人的选任方式,从一些国家和地区的法律规定来看,主要分为三种立法例。

1. 由法院指定。法院在破产程序中居于主导地位,为便于对破产程序的控制,在破产程序开始时,选任管理人。这种方式为法国、日本等国家所采用。如日本破产法规定,法院在破产宣告的同时,选任破产管理人。破产管理人由法院选任。法国司法重整与清算法规定,法庭在宣布程序开始的判决中,指定一名特派法官和两名司法代理人。两名司法代理人为司法管理人和债权人代表。还有的国家规定,如果债权人会议对法院指定的破产管理人不服的,可以向法院提出异议,决定权在法院。如德国破产法规定,在选任破产管理人之后召开的第一次债权人会议上,债权人可以选举另外一人替代所选任的破产管理人。但如果被选举人不适于担任此职务的,法院可以拒绝。

2. 由债权人会议选任。这是为了贯彻债权人会议自治的精神,保障债权人的利益。选择这种方式的国家,一般规定,在破产宣告后,需要召开债权人会议,由债权人会议选任破产管理人。在召开债权人会议前或者选出破产管理人以前,法院可以任命临时财产管理人,负责破产清算事务。在债权人会议选出破产管理人时,临时财产管理人终止执行职务。如美国破产法规定,在企业清算程序中,受托人由债权人投票选出。

3. 由债权人会议选任和法定权力机关指定破产管理人。管理人既可以由债权人会议选任，也可以由破产法规定的特定机关指定。英国和我国台湾地区破产法采用这种制度。英国破产法规定，任命某人为破产人财产的受托人的权力（无论是第一个受托人或者被任命填补任何空缺职位的受托人）可以由破产人的债权人全体会议、国务大臣以及法院行使。我国台湾地区破产法规定，法院为破产宣告时，应选任破产管理人。对于法院指定的破产管理人，债权人会议得就债权人中另为选任。

三、关于管理人的任职资格

管理人的任职资格分为积极资格与消极资格。

1. 关于管理人的积极资格。一些国家和地区的破产法规定，管理人应当由具有专门知识的人担任。如德国破产法规定，应当选任一名就所面临的案件而言为合适的、特别是内行并且独立于债权人及债务人的自然人为破产管理人。我国台湾地区破产法规定，破产管理人，应在会计师或者其他适于管理该破产财产的人中选任。英国对于破产管理人的规定较为严格。按照英国破产法的规定，在破产程序中任职的人限于该法承认其资格的从业人员。可以从两个途径取得从业资格。一是参加政府承认资格的职业团体；二是持有本法规定的有权机构的授权。而职业团体和个人申请取得资格的条件是，具备必要的教育、实践和经验。英国破产法同时还规定，担任破产执业人为适当履行职能应提供有效的担保或者保证，该担保或者保证应符合规定的条件。

在美国，破产管理人被称为受托人。破产受托人由美国联邦政府司法部下设的破产受托人办公室管理，破产受托人办公室负责破产受托人的资格管理，发给合格人员从业执照，向破产法院推荐破产案件中的破产受托人。取得破产受托人的资格须具备以下条件：一是要有良好的道德操守；二是具备与债务人良好的沟通能力；三是具有大学本科以上的学历（大多数是读过法学院的律师）；四是具备个人融资经验。美国破产法还规定，破产程序中下列人员可以担任案件中的受托人：一是有能力履行受托人的职责，并且在清算、重整等案件的司法管辖区内或者在毗邻的司法管辖区内居住或者拥有办事机构的个人；二是依据公司章程或者法律规定授权担任受托人的公司，并且在清算、个人破产等案件中，在至少一个此类司法管辖区内拥有办事机构。除本法另有规定外，如果在选任后六日内，在开始履行管理职责前，已经向法院提供保证，该保证以联邦为受益人，以忠实履行管理职责为条件，受托人取得资格。受托人应按照规定提交规定数额的保证金。

2. 关于管理人的消极资格。多数国家对于管理人的消极资格规定的较为原则。一般只规定与债务人或债权人有利益冲突的人，不得担任管理人。英国破产法规定，如果某人有以下情况，则无资格担任破产执业人：一是已经被判决破产，或者已经被裁决对他的财产进行扣押，且尚未被解除；二是被取消董事资格或者受取消资格令的限制；三是属于精神健康法规定的含义内的，无处理自己事务能力的病人。

四、关于管理人的职责

从一些国家和地区破产法的规定来看，管理人主要履行以下职责：

1. 接管债务人的财产、账簿、文书、资料等。法院指定管理人以后，管理人的首要任务就是将债务人的财产接管过来，防止债务人随意处置财产。如德国、日本破产法规定，破产管理人就职后，应着手占有及管理属于破产财团的财产。英国破产法规定，破产人应向受托人交付他持有或者控制的任何财产、账簿、文据或其他记录。我国台湾地区破产法规定，破产人应将与其财产有关的一切簿册、文件及其所管理的一切财产，移交破产管理人，但禁止扣押的财产不在此限。

2. 管理、清理、处分债务人财产。接管破产财产以后，管理人应当予以妥善保护和管理，防止破产财产遭受意外或人为的损失。我国台湾地区破产法规定,破产人经破产管理人的请求,应即提出财产状况说明书及其债权人、债务人清册。破产人的权利属于破产财产的,破产管理人应为必要的保全行为。法人破产时,破产管理人应不问其股东出资期限,而令其缴纳所认之出资。

3. 营业管理权。许多国家的破产法都赋予管理人这一职权。如法国破产法规定,司法管理人享有监视经营活动;协助债务人进行一切有关经营的活动或其中一部分活动;单独、完全或部分负责企业管理的职权。日本破产法规定,在第一次债权人会议前,破产管理人经法院许可,可以继续破产人的营业。

管理人在行使营业管理权时,可以决定债务人双务合同的解除或者继续履行。一些国家的法律赋予管理人以是否继续履行双务合同的选择权。如日本破产法规定,关于双务契约,破产人及其相对人在破产宣告当时未完全履行时,破产管理人可依其选择,或解除契约,或履行破产人的债务而请求相对人履行债务。

4. 代表债务人参加诉讼或者仲裁。破产程序开始以后,与破产债务人有关的一切民事诉讼程序均应中止,其目的在于防止债务人恶意放弃权利或者作出不利于债权人的妥协。待破产管理人选出后,原债务人的诉讼地位由破产管理人接替。如英国和日本破产法规定,关于破产财产的诉讼,以破产管理人为原告或被告。德国破产法规定,在破产程序开始时,有关破产财产的诉讼均由破产管理人实施。

5. 对破产财产进行变价和分配。破产程序的最终目的是分配破产财产,使债权人能够公平受偿,而变价是分配的前提。破产财产的变价和分配是破产管理人的重要职责。一些国家的破产法赋予了破产管理人这一职责。如德国破产法规定,破产管理人应当不迟延地变价属于破产财产的财产。破产财产分配由破产管理人实施。

五、关于管理人的报酬

管理人执行职务,有权取得报酬。关于报酬的数额,多数国家的法律规定由法院决定。德国破产法作了较为具体的规定,即管理人有权为自己执行事务请求报酬,并且有权请求归还适当的垫款。破产管理人的报酬和应当向其归还的垫款由破产法院以裁定确定。裁定应当公告,并向管理人及债务人特别送达,在选任有债权人委员会的情形,也应当向委员会的成员特别送达。对于所确定的管理人报酬的金额,一般不予公布。日本破产法规定,破产管理人的费用及报酬由法院确定。

六、关于管理人的辞任与解任

管理人一经法院选定后,没有正当理由不得辞去职务。如果要辞去职务,应向法院报告。如日本破产法规定,破产管理人非有正当事由,不得辞去其职务。管理人欲辞去其职务时,应向法院提出申请。英国破产法规定,管理人可以在规定的情形下经通知法院而辞去职务。如果管理人在执行职务过程中,没有勤勉尽责,以善良管理的注意执行职务或者有其他非正当行为时,法院得以利害关系人申请或者依职权作出撤销管理人的决定。日本破产法规定,法院可以根据债权人会议的决议、监察委员会申请或依职权解任破产管理人。

一些国家和地区破产法关于管理人报酬的规定

管理人执行职务,有权取得报酬。关于报酬的数额,多数国家和地区的法律规定由法院决定。

德国破产法规定,管理人有权为自己执行事务请求报酬,并且有权请求归还适当的垫款。报酬的一般金额依破产财产在破产程序终止时所具有的价值计算。根据管理人执行事务的范围与难度,可以变更一般金额。破产管理人的报酬和应当向其归还的垫款由破产法院以裁定确定。裁定应当公告,并向管理人及债务人特别送达,在选任有债权人委员会的情形,也应当向委员会的成员特别送达。对于所确定的管理人报酬的一般金额,一般不予公布。对于法院关于破产管理人报酬及应当向其归还的垫款的裁定,管理人、债务人和任何破产债权人均有权立即抗告。经授权,联邦司法部可以以行政法规对破产管理人的报酬和应当向其归还垫款的问题作出详细规定。

日本破产法规定,破产管理人可以接受费用预支及报酬,其数额由法院确定。

按照美国破产法的规定,受托人的酬金和其他费用由债务人以在第十三章(劳动工资的破产程序)和第十二章(家庭农场的破产程序)案件中清偿债务数额的一定百分比的方式来收取。一般而言,受托人在第十三章的案件中收取酬金为清偿总额的10%,在第十二章案件中按3%到10%收取。如果法院发现某一特定案件中收取的费用过高,则可以将费用降低到与受托人付出的实际劳动相当的数额。

在某些任命受托人的特定案件里,法院可以根据法律规定一个“不超过分配方案清偿总额5%”的合理收费标准。

按照瑞典1987年破产法规定,管理人的报酬由法院决定,如果任命了多名管理人,应当决定每一名管理人的报酬。由管理人向法院提出关于报酬的申请,在申请中说明所要求的报酬数额及理由。报酬的数额不应当超出依据工作任务而确定的合理范围。法院根据案件的情况、管理人所付出的劳动、敬业程度、执业水平以及破产财产的多少来具体确定报酬的数额。法院在决定管理人的报酬之前应当就报酬事项听取监督机构的意见,并允许债务人以及债权人在2到4个星期的时间内提出意见。如果法院认为有必要,可以就管理人的报酬问题举行听证会。法院应当召集管理人、监督机构、债务人以及那些要求就管理人的报酬事项发表意见的债权人参加听证会。管理人的报酬数额在不同的案件中是不一样的,并没有一个统一的标准。

我国台湾地区破产法规定,破产管理人的报酬由法院规定。

一些国家和地区破产法关于撤销权制度的规定

破产法上的撤销权是指在破产程序开始后,法院依申请对债务人在法律规定的一定期限内实施的有害于破产债权人利益的行为予以撤销,并使因此而转让的财产或利益重新纳入破产财产的权利。有关撤销权的规定在各国破产法中有不同的称谓,美国破产法典称为"撤销权",英国破产法称为"对先前交易的调整",德国支付不能法称为"与支付不能有关行为的撤销",日本破产法称为"否认权",法国司法重整与司法清算法称为"一些无效的行为"。

一、各国的立法例

从各国破产法的立法体例来看,有关撤销权的规定有两种类型:一是仅规定撤销权制度;二是同时规定撤销权制度和破产行为无效制度。后者以法国司法重整与司法清算法为典型,而大多数国家的破产法只规定了撤销权制度。无效行为与可撤销行为的区别在于针对无效行为任何人都可以主张其无效,而可撤销行为必须由享有撤销请求权的人依法申请法院依法定程序作出裁判,消灭行为的效力。从二者的法律效果来看,实际上是一致的。行使撤销权或宣告破产行为无效的目的都在消灭行为的法律效力,使破产财产恢复至行为前的状态。

二、撤销权的行使范围和溯及期限

针对撤销权的行使范围,各国破产法一般采取概括主义和列举主义相结合的方式,即一方面原则上规定对债务人在法律规定的一定期限内实施的有害于破产债权人利益的行为应予以撤销,另一方面又具体列举了应予撤销的行为的类型。如德国支付不能法规定,可撤销的行为应当是使支付不能债权人受到利益损害的法律行为,并具体规定了应予撤销的行为的类型。

关于撤销权的溯及期限,从各国的规定来看,一般包括停止支付前、受理破产申请前或破产宣告前的一段时间。有些国家规定的期限较长,如德国支付不能法规定针对故意侵害债权人利益的行为可追溯到破产申请前十年;有些国家规定的期限较短,如法国司法重整与司法清算法规定仅能对停止支付日前六个月的行为行使撤销权。各国一般针对不同的行为类型规定了不同的溯及期限。

1. 无偿行为。法国司法重整与司法清算法规定,债务人在停止支付后任何无偿转让动产和不动产的行为无效,对停止支付前六个月内的无偿转让行为,法院可以撤销。德国支付不能法规定,法院可以撤销债务人在申请支付不能程序前四年内以及申请后至支付不能程序开始前所为的无偿给付行为。日本破产法规定,法院可以撤销债务人在提出破产申请后或申请前六个月内所实施的无偿行为以及可视同无偿行为的有偿行为。

2. 清偿债务。法国司法重整与司法清算法规定,债务人在停止支付后清偿未到期债务的行为无效;债务人在停止支付后清偿到期债务,如果受偿人知道停止支付事实的,法院可以撤销。德国支付不能法规定,以下几种清偿行为可予以撤销:第一,在申请开始支付不能程序前三个月内实施,且行为时债务人已经陷入支付不能,债权人明知此事实的;第二,在债务人申请开始支付不能程序后实施,且行为时债权人明知支付不能事实或明知债务人提出申请的事实的;第三,在申请开始支付不能程序前最后一个月内或在申请后实施,且该清偿本来不应该在此期间或以此种方式进行的;第四,在申请开始支付不能程序前的第二或第三个月内实施,且债务人在行为时已经陷入支付不能或债权人在行为时明知行为对债务人不利的。该法还规定,明知可以据以推断的情况视同“明知”,在清偿行为实施时与债务人接近的人,推定其“明知”。日本破产法的规定与德国类似,规定以下两类清偿行为可予以撤销:第一,债务人在停止支付或提出破产申请后所实施的,且受偿人在接受清偿时明知停止支付事实或明知债务人提出申请的事实的。受偿人为债务人的亲属或共同居住的人,视为明知;第二,债务人在停止支付或提出破产申请后或此前三十日内所实施的,且该清偿行为本来不应该以此方式或在此期限内进行。我国台湾地区破产法规定,债务人在破产宣告前六个月内对未到期债务提前清偿的,可予以撤销。

美国破产法典规定偏颇性清偿为可以撤销的行为。所谓偏颇性清偿是指债务人在破产前一定期限内为了清偿债务而转让破产财产的行为。破产法典规定,债务人在破产申请前九十日内(如果受偿人是关系人则为破产申请前一年内)通过转让破产财产向债权人清偿债务,如果债务人此时已经处于无力清偿状态,并且该转让行为使得债权人能够获得的清偿多于依清算程序所能获得的破产财产分配额,则破产托管人可申请法院予以撤销。

3. 提供担保。法国司法重整与司法清算法规定,债务人在停止支付后为先前设定的债务提供抵押及质押的行为无效。德国支付不能法以及日本破产法将提供担保与清偿债务一并归为可予以撤销的行为,在撤销权溯及的期限、行使的要件等方面的规定与撤销清偿债务行为的规定相同。我国台湾地区破产法规定,债务人在破产宣告前六个月内对现有债务提供担保的,可予以撤销,但债务人对于该项债务已于破产宣告六个月前承诺提供担保者除外。

提供担保的行为在英国破产法中称为给予优先权。英国破产法规定,债务人在法院判决破产前六个月内或针对公司作出管理令(进入重整程序)前的一段时间内给予任何人优先权的行为,法院应申请予以撤销。

4. 不合理的交易行为。不合理的交易行为主要指债务人以低于正常交易价格的价格转让财产或财产权利,侵害债务人以及全体债权人的利益的行为。法国司法重整与司法清算法规定,债务人在停止支付后所订立的其自身义务明显超过另一方当事人义务的合同无效。

英国破产法规定,在法院判决公司进入清算或重整程序前的两年期间内,或个人提出破产申请前五年内,债务人与任何人进行的低价交易,可予以撤销。低价交易包括赠与、不收取对价、权利与义务严重不对等等。

5. 故意侵害债权人利益的行为。日本破产法规定,债务人明知有害于债权人而实施的行为,除非受利益者在行为当时不知道该行为将会损害债权人的利益,可予以撤销。德国支付不能法将使债权人遭受不利的行为区分为直接使债权人遭受不利的法律行为与故意使债权人遭受不利的法律行为。并规定,债务人在申请开始支付不能程序开始前三个月内或在申请后实施的直接使债权人遭受不利的法律行为,如果在行为实施时债务人已经陷入支付不能且另一方当事人明知这一事实或明知债务人提出申请的事实的,可予以撤销。债务人实施的其他使债务人丧失一项权利或负担义务的法律行为,视同直接使债务人遭受不利的法律行为。债务人在申请开始支付不能程序前十年内或提出申请后故意实施法律行为使债权人遭受不利,且另一方当事人明知此种故意的,其行为可予以撤销。债务人同与其接近的人订立有偿合同因而使债权人遭受不利的,除非合同早于申请前两年订立或另一方当事人在订立合同时不知债务人的故意,合同可予以撤销。

美国破产法典授权破产托管人可以撤销发生在破产申请前一年内对破产财产的欺诈性转让行为或债务人设定的欺诈性义务。判断欺诈性的标准为债务人在实施行为时主观上具有阻碍、迟延公平偿债或欺诈的实际意图。

三、撤销权的行使方式与程序

各地破产法一般规定,破产管理人享有撤销请求权。当管理人认为债务人有法律规定的应予撤销的行为时,由破产管理人向法院提出撤销申请或撤销之诉,法院经审理依法撤销债务人的行为。英国破产法规定,公司重整程序中的管理人或清算程序中的清算人或个人破产程序中的破产托管人可以向法院提出申请,由法院作出它认为合适的命令,恢复破产财产至原有的状况。美国破产法规定,撤销权由破产托管人行使是一般的原则,只有在未指定破产托管人的重整程序中,撤销权由占有中的债务人行使。法国司法重整与司法清算法规定撤销之诉的权利由司法管理人、债权人代表、清算人或监察员行使。德国、日本以及我国台湾地区破产法均规定撤销之诉由破产管理人向法院提起。

一些国家和地区的破产法规定了撤销请求权的消灭时效。德国支付不能法、日本破产法以及我国台湾地区破产法规定,撤销请求权自支付不能程序开始两年后消灭。日本破产法还规定,撤销请求权自可撤销行为日起经过二十年,同样消灭。

四、撤销权行使的法律后果

债务人有害于债权人利益的行为被法院依法撤销后,破产财产应当恢复原状,受让人原有的债权恢复。英国破产法规定,一旦债务人实施了低价交易或给予优先权的行为,法院经申请应作出它认为合适的命令,恢复如果未进行低价交易或未给予优先权本应有的情况。德国支付不能法规定,受让人必须将因可撤销行为取得的财物返还破产财产;受让人返还所取得的财物的,其原来的债权恢复。受让人因可撤销行为所为的对待给付,如果在破产财产中还可以区分或对待给付使破产财团受益的,应当由破产财产返还对待给付。除此之外,对待给付只能作为一般债权申报。日本破产法规定,撤销权的行使使破产财团恢复原状,相对人接受无偿给付的,如属善意,返还现有利益即可;有对待给付的,如果对待给付现存于破产财产,相对人可以请求其返还;因对待给付产生的利益现实存在于破产财团的,相对人可以将其作为共益债务行使权利,产生的利益不存在的,作为破产债权人行使权利。相对人返还其所接受的给付后,其原有的债权恢复。

一些国家和地区破产法关于债权人会议及破产监督人的规定

一、债权人会议的组成、参加人员与行使表决权的条件

许多国家和地区的破产法规定，所有依法申报债权的债权人均为债权人会议成员。包括无财产担保的债权人、有财产担保的债权人和代替债务人清偿债务后的保证人等。债权人既可以亲自出席债权人会议，也可以委托代理人出席债权人会议。债权人委托代理人代为出席的，应向法院或债权人会议主席提交由委托人签名盖章的授权委托书。如我国台湾地区破产法规定，债权人会议，债权人得委托代理人出席。日本破产法规定，破产债权人可以委托代理人行使表决权。在这种情况下，代理人应当提交代理权证书。英国破产法规定，有表决权的债权人可以本人出席债权人会议，也可以委托代理人出席会议；债权人可以直接委托临时财产管理人为代理人出席会议；债权人可以相互委托，互为代理人出席会议；债权人在债权人会议召开时未亲自出席会议，也未委托代理人出席会议，但是在表决债权人会议决议时，可以通过邮寄方式行使表决权。投邮行使表决权，视为出席债权人会议。

从一些国家和地区破产法的规定来看，行使表决权的债权人必须符合两项要求：一是在债权申报的法定期限内，对该债权进行了申报；二是该债权已按破产程序加以证实。依照德国、日本破产法的规定，对于债权尚未确定的债权人，如果破产管理人或者其他债权人就

其债权的存在与否或其数额持有异议,法院则应当首先就此异议作出裁决。附停止条件的债权以及将来行使的请求权也属于破产债权,若破产管理人或者其他债权人对此不持异议,该债权人可以行使表决权。如果有异议提出,则由法院作出其能否行使表决权的裁定。

债权人会议的参加人员一般包括主审法官、破产债权人、破产人、破产管理人、债权人委员会及其他相关人员。如我国台湾地区破产法规定,出席债权人会议的人员包括主席、破产债权人、破产人、破产管理人及监查人。美国破产法规定,债权人会议一般由破产法院书记员主持。在债权人会议上,债权人、其他利害关系人(包括破产受托人)可以要求债务人宣誓后回答问题。

二、债权人会议的召集与会议主席

依照一些国家和地区破产法的规定,由谁召集债权人会议主要有两种情况:一是由法院召集。德国、日本和我国台湾地区破产法规定,不管是第一次还是以后各次债权人会议均由法院召集。二是破产管理人和破产事务官员召集。即破产程序中所有各次债权人会议由破产管理人和破产事务官员召集,法院没有召集权。如美国破产法规定,第一次债权人会议由联邦破产管理人召集,以后各次会议由债权人会议选任产生的破产管理人召集和主持。英国破产法规定,第一次债权人会议由破产事务官自由裁量决定召集,以后各次的债权人会议由破产事务官或者债权人会议选任产生的破产管理人召集。但两国在法院同债权人会议之间的关系上仍有重大区别。依照美国法规定,法院不仅不能召集,而且也不得参加任何一次债权人会议。英国破产法则规定法院对债权人会议自始至终拥有完全的控制权。

关于债权人会议主席,德国、日本破产法没有规定这一职位,而只规定债权人会议由法院指挥或者债权人会议受法院领导。由法院负责对债权人会议行使具体的召集权、组织权、主持权和指挥权。英国、美国的破产法规定了债权人会议主席这一职位。如英国破产法规定，第一次债权人会议由破产事务官担任会议主席，以后各次债权人会议主席由召集会议的破产管理人担任主席，或者在必要时，由破产管理人委托第三人担任会议主席。因此，许多国家实际上对债权人会议主席均未规定为独立的、常设的程序机构，而仅是会议主持者、召集者的一种称谓。

三、债权人会议的表决程序

表决程序是债权人会议的关键环节。依照日本、我国台湾地区破产法的规定，表决程序分为一般表决程序和特殊表决程序。一般表决程序适用于除通过和解协议草案外的其他决议的表决，它要求出席会议的有表决权的债权人的过半数通过，并且其所代表的债权额超过出席会议破产债权人的总债权额半数以上。特殊表决程序适用于和解协议草案的表决通过，它要求由出席会议有表决权的债权人的过半数通过，并且其债权额相当于已申报破产债权人总债权额的四分之三以上或者应占无担保总债权额三分之二以上。英国破产法则规定，债权人会议所通过的任何决议，都仅需出席会议有表决权的债权人的债权总额的多数通过。

四、债权人会议的职权

一些国家和地区破产立法对债权人会议的职权作出明确规定。这样既确保了破产程序的顺利、正当进行，维护债权人的一般利益，也使债权人自治免于因无章可循而发生被滥用的危险。

在英美法系国家，立法赋予债权人会议的职权范围较广，特别是债权人会议不仅有权决定债务人是否应当被宣告破产，而且还有权选任破产管理人。在英国，破产管理人由债权人会议选任，债权人会议也可以授权检查委员会选任，选任的破产管理人应当由英国贸易部任命；债权人会议在破产宣告后四周内仍未选出破产管理人的，则由英国贸易部任命破产管理人，债权人会议还可以另行选任破产管理人以取代贸易部的直接任命。

一些大陆法系国家和地区,则对债权人会议的职权作出一些限制。如日本破产法规定债权人会议的职权包括:(1)解任破产管理人;(2)选任和解任监察委员;(3)就破产财团的管理、变卖对破产管理人进行监督。我国台湾地区破产法规定债权人会议的职权包括:(1)选任监查人,议决破产财团的管理方法,决定破产人营业的继续或者停止;(2)选任破产管理人及申请撤换破产管理人;(3)议决破产财团变价方法;(4)议决破产人提出的协调计划;(5)听取破产管理人的报告;(6)听取破产人对询问事项的答复。

五、破产监督人

基于破产程序的特殊性,多数国家的破产法都确立了便于债权公正清偿的特殊机构,即债权人会议、破产管理人以及破产监督人(如债权人委员会、检查委员会、监察委员、监察人等)。此三种特殊机构既互相独立,又互相配合,共同维系着破产程序的公正进行。其中破产监督人在国外立法例中则多是代表债权人会议,借以表达债权人的共同意志、议决破产程序中的有关重要事项,并对破产程序进行监督的常设机构。

1. 破产监督人的设立

根据一些国家和地区破产法的规定,破产监督人的设立主要有以下三种情形:(1)破产监督人是否设立,法律不作强制性规定,由债权人会议自主决定。德、日、英、美等国采此体例。(2)破产监督人是代表债权人利益的法定必设机构。意大利采此体例。依照意大利破产法的规定,参与破产程序的机构只有商事法庭、主事法官、破产管理人和债权人委员会四种,其中债权人委员会由主事法官任命的三至五个债权人组成,全面监督破产程序的进行。我国台湾地区的破产法虽然主要参照德国、日本破产法制定,但对于破产监督人则规定是必设机构,债权人会议不能以决议免设监督人。(3)不设立由债权人组成的任何机构,而是从律师、会计师、审计师等社会专业性组织中选定所谓的债权人代表,由其代表债权人参与破产程序。法国即采用债权人代表制度。

2. 破产监督人的任职资格、人数及工作机制

破产监督人一般由自然人和组织担任。但一些国家对破产监督人是否必须是债权人规定不一。英国破产法规定,第一次债权人会议或者以后的债权人会议均可通过决议选举产生检查委员会,应选人数三至五人。检查委员会成员应当是具有表决权的债权人或其代理人。德国破产法规定,非债权人也可以任命为债权人委员会的成员。但是,债权人委员会中应当有别除权人、享有最大债权的破产债权人及小额债权的债权人代表。如果企业职工为具有重要债权的债权人时,则债权人委员会中应有一名职工参加。当破产监督人为三人以上时,其工作机制如同债权人会议一样,仍然是多数表决制。如德国破产法规定,债权人委员会以多数成员参加时的多数票表决通过的决定为有效。破产监督人选任后,依照日本破产法的规定,应当经过法院批准。

3. 破产监督人的职权

根据一些国家和地区破产法的规定,破产监督人具有以下职权:(1)代表债权人会议监督破产程序的进行。如我国台湾地区破产法就如此规定。(2)有权随时调查破产财产的状况,并有权随时要求破产财产管理人报告有关破产财产的情况。如我国台湾地区破产法规定,监查人得随时向破产财产管理人要求关于破产财团的报告,并得随时调查破产财团的状况。日本破产法也有类似的规定。(3)有权出席债权人会议,并有权申请召开债权人会议。(4)监督破产管理人的有关破产财产的行为。这是监督人的主要职责。德国破产法规定,债权人委员会应支持并监督破产管理人履行经营管理的职责。一些国家规定破产管理人从事许多有关破产财产的重大行为,必须经过破产监督人的同意。例如,日本破产法规定,破产管理人的下列行为,必须经过监察委员同意:一是关于不动产物权、应登记的日本籍船舶及外国籍船舶的任意变卖;二是矿业权、渔业权、专利权、外观设计权、实用新型权、电路布局利用权、著作权及著作邻接权的任意

变卖；三是营业的转让；四是商业的全部变卖；五是借款；六是法律规定的继承抛弃、遗赠抛弃的承认和特定遗赠的抛弃；七是动产的任意变卖；八是债权及有价证券的转让；九是双务合同的履行请求；十是提起诉讼；十一是和解及仲裁的契约；十二是权利的抛弃；十三是财产债权、取回权及别除权的承认；十四是别除权标的的收回。但是，对于以上行为中财产的价额在十万日元以下的，不须经监察委员同意。我国台湾地区破产法也有类似的规定。

4. 破产监督人的解任

有的国家规定，仅法院有权解任破产监督人。如德国破产法规定，破产法院得因重大事由解除债权人委员会成员的职务。此种解任可依其职权、依债权人委员会成员或者债权人会议的请求而作出。法院作出决定前应听取债权人委员会的陈述意见。对法院的决定，委员会成员有立即上诉的权利。有的国家则将对破产监督人的解任权赋予债权人会议而非法院。如日本破产法规定，债权人会议可以以决议的方式解任监察委员，法院可依利害关系人的申请解任之，但法院无权以职权解任监察委员。

一些国家和地区有关法律关于重整制度的规定

重整(reorganization)是指经利害关系人申请,对可能或已经发生破产原因但又有希望再生的债务人,通过各方利害关系人的协商,并借助法律强制性地调整他们的利益,对债务人进行生产经营上的整顿和债权债务关系上的清理,以期摆脱财务困境,重获经营能力的特殊法律制度。

重整制度首创于英国,源于英国铁路公司法,称为公司整理制度。重整制度产生的直接动因,就是为了克服破产清算和和解制度的诸多缺陷,使得对债务人进行救济,不仅可以恢复其清偿能力,而且还可以恢复其生产经营能力,从而在根本上解决债务人所面临的经济困境,使破产预防的程序目的落到实处。

一、关于重整的适用范围

对于重整的适用范围,各国和我国台湾地区的有关法律规定大致可以分为宽窄两种。适用范围较宽的主要有美国和法国;适用范围较窄的代表主要有英国、日本和我国台湾地区。

1. 适用范围较宽的规定

美国破产法规定,个人、合伙、公司均能援引第 11 章的程序要求重整保护,而且有单独的条款对铁路企业的重整和股票经济人的重整问题作了规定,但是第 11 章的程序仅适用于在美国有住所或居住的人或者在美国有营业所或财产的人。同时,其他有固定收入的自然人和有固定收入的家庭农场主可以分别援引第13章和第12章的程序进行重整。

法国司法重整及清算法规定，重整程序适用于所有商人、手工业者、农业经营者及所有私法人。法国适用司法重整程序的私法人主要是指商事公司，包括无限公司、两合公司、有限责任公司和股份有限公司。当然，非从事商业行为的私法人也可以适用司法重整程序，这种私法人包括学校、医院等公益法人。此外，雇员不超过50人、不含税营业额低于法令确定的限额的自然人或法人，适用该法第二编的简易程序进行重整。

2. 适用范围较窄的规定

英国、日本和我国台湾地区均规定，重整仅适用于股份有限公司。英国的破产法将重整制度规定在公司破产程序中；日本的重整制度由公司整理和公司更生组成，均适用于股份有限公司；我国台湾地区公司法更将重整对象限定为公开发行股票或者公司债的股份有限公司。

二、关于重整原因

重整原因即引起重整程序开始的事由，也是法院得以裁定债务人进行重整的法定原因。对于重整的原因，各国法律规定大致相同，即当债务人不能支付到期债务或有不能支付的可能时，便可对其开始重整程序。

法国司法重整与清算法规定，商人、手工业者、农业经营者以及所有私法法人，凡不能以其可支配的资产偿还到期债务的，开始进行司法重整程序。日本公司更生法规定，公司继续经营无显著障碍，但不能清偿到期债务时，公司可以向法院提出更生程序的申请，公司有产生破产原因事实的可能时，亦同。我国台湾地区公司法规定，公开发行股票或者公司债的公司，因财务困难，暂停营业或有停业的可能，而有重建更生之可能的，得由公司或法律规定的利害关系人之一向法院申请重整。

三、关于重整申请的主体

综合各国及地区的重整制度的规定,有四类法律主体可以作为重整申请权人:一是债务人,二是债权人,三是股东,四是其他主体。

1. 债务人。英国破产法规定公司和董事均有权向法院申请管理令,开始重整程序。美国破产法把重整分为自愿型和非自愿型两种,自愿型由债务人提出,规定公司在得到董事会或股东大会的决议授权后享有重整申请权。我国台湾公司法规定,公司提出重整申请的,应经董事会以董事三分之二以上之出席及出席董事过半数同意之决议才可以,属于董事会的特别决议范畴。日本公司更生法规定,公司可以向法院提出更生程序开始的申请,董事会无重整申请权;日本商法典规定公司的董事、监察人可以申请进行公司整理。法国司法重整与清算法规定,债务人应在停止支付后的 15 天内申请开始重整程序,将申请重整程序规定为债务人的一项义务。

2. 债权人。英国破产法规定,一个或多个债权人,包括或有债权人和预期债权人,可以联合或者分别向法院申请管理令,开始重整程序。美国破产法规定,非自愿型重整由债权人提出申请,但是债权人提出重整申请时,债务人不能是铁路、保险公司、银行机构、农户以及慈善机构。日本公司更生法规定,集有相当于公司资本 1/10 以上债权的债权人才可以申请开始重整程序。我国台湾地区公司法则要求拥有相当于公司已发行股份总数金额 10% 以上债权的债权人才享有重整申请权。

3. 股东。一般而言,股东没有破产申请权,有些国家和地区在一定条件下允许公司股东提起重整申请,但是对股东具备何种条件才能提出申请的规定也不尽一致。日本公司更生法规定,集有相当于已发行股份总数 1/10 以上股份的股东可以提出公司更生的申请,韩国公司整理法作了类似的规定;而根据日本商法典的规定,六个月前连续持有已发行股份总数 1/10 以上股份的股东才有权申请开始公司整理程序,我国台湾地区公司法对股东提出重整申请作了同样的限制。在英美法上,没有类似规定。

4. 其他主体。大多数国家和地区均将重整申请作为重整程序开始的唯一依据,即非有申请权人的申请,法院不得裁定对债务人开始重整程序,但也有例外,如根据法国司法重整与清算法的规定,法庭得依职权或应检察官申请开始重整程序;商人、手工业者、农业生产者在停止支付状态下去世的,法庭可应继承人的申报或者依职权或应检察官申请开始重整程序。根据日本商法典的规定,监督公司业务的官署,认定公司有陷入支付不能或债务超过的可能时,可以向法院通告其事,法院可依职权命令公司开始整理。英国破产法规定,法院管理令的申请可以由司法行政官法庭书记官行使。

四、关于重整机构

重整程序是较破产清算程序及和解程序更为复杂的程序,其涉及的当事人及重整措施也远比以上两种程序复杂,各国对重整机构的设置规定有所不同,重整机构主要包括重整人、重整监督人和关系人会议。

1. 重整人

重整人是指在公司重整期间负责公司财产的管理、处分、业务经营及重整计划的拟定与执行的必备机构。关于重整人的名称,各地法律规定不一,美国称为“占有中的债务人”(debtor in possession)和“重整受托人”(trustee),日本称为“财产管理人”,英国、法国称为“管理人”(administrator),我国台湾地区则直接称为“重整人”。

关于重整人的选任,各地规定有所不同。美国破产法规定,在第11章商事重整程序中,一般情况下,在批准重整计划的任何时候,据利害关系人或联邦受托人(united states trustee)的申请,法院可以将财团和债务人事业的经营权交回债务人占有管理。但是当利害关系人有充分的证据证实占有中的债务人在程序开始前或开始后有诈欺、不诚实、不称职或严重的经营管理不当的事实,可申请任命破产受托人,法院若认为任命破产受托人有利于债权人或股东及其他利害关系人的利益时，亦得依职权任命。我国台湾地区公司法规定，公司重整人由法院就债权人、股东、董事、目的事业中央主管机关或证券管理机构推荐的专家选派；关系人会议依法分组行使表决权，有两组以上主张另行选定重整人时，得提出候选人名单，申请法院从中选派；重整人执行职务有违法或不当情事者，重整监督人得申请法院解除其职务，另行选派。法国司法重整与清算法规定，法院在裁定重整程序开始的同时，任命重整人，重整人向法院负责并接受其监督，债权人及股东对此不得干涉。但是若债权人或股东认为重整人的任命对自己或全体债权人或股东有重大利害关系时，可提出异议，请求法院变更重整人，但选任重整人的权利始终在法院而不在债权人和股东。日本公司更生法、韩国公司整理法均采取类似的做法。

2. 重整监督人

重整监督人是法院裁定重整后设立的监督机关，其职责在于对重整企业和重整人所为的重整事宜进行监督和指导。为了防止重整人徇私舞弊，损害股东、债权人及公司的利益，有必要监督重整人的行为。

境外关于重整监督人的设置，概括起来大致有三种：

一是由法院兼任重整监督机构，不再另行设置监督机关。如法国司法重整与清算法规定，法院在裁定重整程序开始的同时，指定一名特派法官，督促程序的进行，保护各方的利益，同时，特派法官可在债权人中指定1～5名监督员协助其对企业管理的监督工作。日本公司更生法规定，财产管理人受法院监督，财产管理人的某些行为必须取得法院的许可。

二是由债权人委员会兼任。如美国联邦破产法规定，债权人委员会负责调查、监督债务人的财产、行为、负债、金融状况、营业状况和是否有继续营业的前景以及同案件相关的其他事项。同时还规定了一种叫“检查人”（examiner）的机构，这一机构是在法院不委任重整受托人的情况下设立的，且不属必备的机构，目的是调查债务人是否胜任重整主持人的工作。

三是设立独立的重整监督机构,专司重整监督之职。我国台湾地区公司法规定,法院裁定公司重整时,应就对公司业务具有专门学识及经营管理经验者或金融机构,选任为重整监督人。同时,担任为重整监督人的自然人或机构必须与重整公司无利害关系,而且,重整监督人必须由管辖法院选任,并可随时改选。

3. 关系人会议

关系人会议是重整程序中的一个特殊机构,类似于清算程序中的债权人会议,但并非所有国家或地区的重整制度中都设有这一机构。例如美国的破产法典仅规定了债权人委员会和股东委员会。规定关系人会议的国家有日本和我国台湾地区。依我国台湾地区公司法的规定,关系人会议是指由重整债权人(包括优先债权人、有担保债权人、无担保债权人和公司债债权人)和股东(包括特别股股东和普通股股东)组成的,在重整程序中审议重整计划并作出表决的必备意思机关,从性质上看,关系人会议相当于公司重整前的股东会,是公司重整期间的意思机关。

关系人会议的一大特点是“分组”。分组的目的是为了重整计划的制订和表决。关于分组的方法和标准,各地不尽一致,一般按各种请求权或权益的“实质性的相似性”原则或“利益的共同性”原则进行分组。但是在某些情况下,股东没有表决权,如我国台湾地区公司法规定,公司无资本净值时,股东组不得行使表决权。日本公司更生法规定,公司有破产原因时,股东没有表决权。

一些国家和地区破产法关于免责制度的规定

破产法中的免责是指在破产程序终结后，对于符合法定免责条件的诚实的债务人，对于其未能依照破产程序清偿的债务，在法定范围内予以免除继续清偿责任的制度。免责制度的产生目的，主要在于提高债务人主动提出破产申请和配合破产程序进行的积极性，同时最大限度地给予债务人重新经营事业的机会，以便在保护债权人利益的同时更好地维护债务人的利益。破产法中的免责制度是针对自然人破产的，因为法人因破产清算而解散，主体资格灭失，不存在是否免除法人未偿债务的清偿责任的问题。破产免责主义起源于英国法，英国1542年发布有关破产的法令时，没有规定破产免责制度，但到了1705年破产立法，就开始允许破产的商人免责。后来免责制度逐渐为各地接受，成为各地破产法中的一项重要制度。

一、破产免责的立法例

关于免责制度的立法例主要有两种：一为当然免责制度，二为许可免责制度。

1. 当然免责制度是指随着破产程序的终结，破产人自动获得免责，无须提出申请而经法院许可。如英国1976年支付不能法规定，破产人自破产宣告之日起逾五年，自动免除债务清偿责任。美国联邦破产法典规定，在第一次债权人会议后的60天后自动免除债务人的债务清偿责任。但是，在第一次债权人会议后的60天内，债权人、破产受托人均可对免责提出异议，由法院审理后决定是否给予免责。同时，美国联邦破产法典规定，当债务人为自然人，且无法定不能免责的情形，法院应当许可债务人免责；经法院许可，则免除债务人在破产免责令签发前所负担的所有债务，但法定不许免责的债务，不在此限。法国司法重整与司法清算法规定，因资产不足判决终止司法清算，除有法定事由外，不恢复债权人个人对债务人提起诉讼的权利。我国台湾地区破产法规定，破产债权人依调协或破产程序已受清偿者，其债权未能受清偿之部分，请求权视为消灭。

2. 在许可免责制度中，应由债务人提出申请，由法院审查决定。日本破产法规定，破产人于破产程序终止前，可以随时向法院提出免责申请。得以免责的破产人，除依破产程序实行的分配外，对破产债权人的债务全部免除责任。德国 1999 年支付不能法（也称作德国新破产法）规定，破产债务人为自然人的，免除其对破产债权人承担的、在破产程序中没有得到清偿的债务。香港破产条例规定，破产人于破产宣告后，得随时申请法庭下令复权，解除债务责任。

二、破产免责的具体条件

破产法中规定的免责是有一定条件限制的，只有满足法定条件的破产债务人才能获得免责。各地破产法一般都通过列举不许免责的事由，以排除的方式对破产免责的具体条件作出规定。一般包括以下几种情况：

1. 债权人通过破产程序获得的清偿未达到一定比例。如根据英国判例规则，破产人的财产不足以清偿所有债务的 50% 的，法庭可以作出不允许免责的判决。香港破产条例规定，破产人资产所值不足抵偿无担保债权额百分之五十的，可不许其免责，但能提出事实，证明其资产所值不足抵偿，乃出于环境关系，非其本人所能负责的除外。

2. 未能保存经营账簿。如根据英国判例规则，破产开始前三年内，破产人始终未对其经营账目作适当记录和保留的，法庭可以作出不许免责的判决。美国破产法典规定,未能作成或者保存供调查债务人的财产情况和商业交易所用的记录,伪造、隐藏或者销毁这些记录的,不许免责。香港破产条例规定,破产人未设置正当营业账目簿册,并不能显示破产前三年来之事务及财政状况的,不许免责。但破产人能证明此项账簿受意外丧失或毁灭的除外。

3. 破产人犯罪。根据英国判例规则,破产人曾犯有诈欺罪,或者曾有过违反信托的不法行为,或破产人曾有过与破产有关的其他罪行的,不许免责。美国破产法典规定了构成破产犯罪的行为,如:就申请破产的财务报告、资产负债表作虚假的宣誓,对破产财团的财产提出虚假的请求权,在债权人会议上作伪证;明知或诈欺性地就破产程序行贿或者受贿;拒绝与受托人合作,不向其提供债务人的有关财产或者财务性的信息资料等。同时,美国破产法典规定,债务人有这些破产犯罪行为的,不许免责。法国司法重整与司法清算法规定,债务人对债权人犯有欺诈行为、或者债务人犯有破产欺诈行为,不许免责。日本破产法规定,破产人有破产法规定的诈欺破产罪、过失破产罪、羁押及居住限制违反罪、或说明义务违反罪的,不许免责。德国支付不能法规定,债务人因犯罪行为(破产犯罪)而受到有罪判决的,应当在裁定中拒绝免除债务人的剩余债务。香港破产条例规定,破产人曾成立诈欺或侵占罪的,不得免责。我国台湾地区破产法规定,破产债权人依调协或破产程序已受清偿者,其债权未能受清偿之部分,请求权视为消灭。但破产人因犯诈欺破产罪而受刑罚宣告的除外。

4. 不能解释财产损失的原因。如根据英国判例规则,破产人没有对其财产损失或者减少作出圆满解释,有未尽情节的,不许免责。美国破产法典规定,债务人没有能在法院决定其免责前,向破产受托人说明财产是如何消失的,不许免责。香港破产条例规定,破产人对于资产之转折或不敷偿债,不能为满足之说明者,不许免责。

5. 债务人有欺诈行为。如根据英国判例规则,破产人在明知自己无力清偿后仍继续进行经营,或破产人明知毫无清偿希望,仍订立合同创立合同债务的，不许免责。美国破产法典规定，债务人诈欺性地转移、隐匿或者销毁财产的，不得免责；债务人在申请破产之前一年内或者在破产程序开始后就破产财团的财产所为的上述行为也包括在内。日本破产法规定，破产人于破产宣告前一年内，不顾有破产原因事实，使用诈术、依信用交易取得财产时，不得免责。德国支付不能法规定，债务人在开始支付不能程序的申请之前的最后三年内、或者在此项申请之后，为获得信贷、从公共资金获取给付、或避免向公共机关给付而故意或者因重大过失对自己的经济情况作出书面不正确或不完整的陈述的，不得免责。香港破产条例也有与英国相类似的规定。

6. 给部分债权人优惠，损害其他债权人的利益。如根据英国判例规则，在接管令发布后三个月内，破产人明知无力清偿全部债务却对某些债权人不当地特惠支付，或在接管令发布前三个月内，破产人有意对无担保的普通债权支付了 50% 以上，以致造成了无法清偿的责任的，不许免责。

7. 因债务人的过错导致破产。如根据英国判例规则，因破产人草率、投机冒险、生活过度挥霍、赌博或者对业务有应受处罚的疏忽大意以致造成其破产的，或破产人因挑起毫无意义的诉讼或因无理拖延诉讼造成不必要的开支，致使其破产的，债务人不得免责。德国支付不能法规定，债务人在开始支付不能程序的申请之前的最后一年内、或在此项申请之后，因设定不适当的债务、或浪费财产、或者在自己经济状况没有好转前景的情况下迟延开始支付不能程序而故意或因重大过失侵害债权人的债权的，不许免责。香港破产条例规定，破产人因轻率及冒险投机，或浪费赌博，或疏忽业务等行为以至破产的，或破产人因微细事件提起诉讼，而负担不正当费用的支出以至破产的，不许免责。

8. 债务人曾获得过免责。如根据英国判例规则，破产人过去曾经有过被宣告破产的经历，或者曾经历过和解程序或者重整程序，不许免责。美国破产法典规定，此次破产前的六年内曾经被宣告破产并获得过免责的,不许免责,但是在这一次破产申请之前的六年内开始的破产程序中,债务人曾得到免责,但却按照计划清偿了无担保的请求权70%以上的,不在此限。日本破产法规定,破产人于免责申请前十年内曾受免责的,不许免责。香港破产条例规定,破产人事前不论在本港或他处曾受破产宣告或与债权人和解或协调的,不得免责。

9. 在破产程序中违反法律规定。美国破产法典规定,债务人不服从法院的命令的,不许免责。日本破产法规定,在破产程序中,破产人曾提出虚伪的债权人名册,或就其财产状况予以虚伪陈述的,或破产人违反本法所定的破产人义务的,不许免责。同时,按照日本破产法的规定,破产人无正当事由,于免责审理期日不到场,或者到场但拒绝陈述时,法院可以驳回其免责申请;驳回后,破产人将无权再次提出免责申请,即破产人将无机会获得免责。德国支付不能法规定,债务人在支付不能程序期间因故意或重大过失违背本法规定的告知义务或协助义务的,或者债务人在提交关于财产、收入、债权人债权清册时,因故意或重大过失作出不正确或不完整的陈述的,不许免责。

三、破产免责的效力范围

破产债务人在获得了免责以后,对于其未能依照破产程序予以清偿的债务,不再承担清偿责任。但是,破产债务人的某些债务由于具有特殊性,依其性质不应免责,因此各地破产法一般都对破产免责的债务范围予以限定,对不能免责的债务进行明确规定。一般包括以下几类:

1. 国家债务。英国破产法规定,破产人对国家的债务,不在免除之列。美国破产法典规定,税收或关税债务,政府的罚款、罚金以及为政府的利益所罚没的物品,不在免责的范围之内。法国司法重整与司法清算法规定,债务人职业活动以外的事由或因偷税而受到刑事处罚,不在免责的范围之内。日本破产法规定,租税债权以及罚金、罚款、刑事诉讼费用、追征金,不在免责的范围之内。德国支付不能法规定,罚金以及与罚金具有同等地位的债务,不在免责范围之内。

2. 因诈欺而负担的债务。英国破产法规定,破产人因诈欺而负担的债务,不在免责范围之内。美国破产法典规定,破产人以提供虚假的、不完整的信息取得的财产、现金、服务等而生的债务,以及债务人因诈欺、盗用所生的债权,不在免责的范围之内。香港破产条例规定,破产人以诈欺行为或诈欺背信所生债务责任,不在免责的范围之内。

3. 与债权人人身相关的债务。英国破产法规定,法庭裁判确定的父亲对私生子女的债务,不在免责的范围之内。美国破产法典规定,对配偶、离婚前的配偶、子女所承担的生活费、抚养费等债务,不在免责的范围之内。法国司法重整与司法清算法规定,与债权人人身相关的债务,不在免责的范围之内。

4. 因侵权而产生的债务。美国破产法典规定,债务人故意伤害他人的人身或者财产而生的债务以及因债务人醉酒、吸毒及其他物品致醉驾驶而造成他人的人身伤害或死亡所引起的债务,不在免责的范围之内。日本破产法规定,因破产人的恶意侵权行为而产生的损害赔偿,不在免责的范围之内。德国支付不能法规定,债务人故意实施的侵权行为产生的债务,不在免责的范围之内。

5. 故意遗漏的债权。美国破产法典规定,债务人明知债权人的姓名,但没有将其列入债权人名单以致该债权人没有能够申报的金钱债权,不在免责的范围之内。日本破产法规定,破产人知悉而未记载于债权人名册的请求权,不在免责的范围之内,但债权人知悉有破产宣告情形的除外。

6. 其他不应免责的债权。如美国破产法典规定,政府对学生的教育贷款而产生的债务,不在免责的范围之内。日本破产法规定,受雇人的预付金及身份保证金以及受雇人的报酬(以有一般优先权者为限),不在免责的范围之内。

四、破产免责的取消

破产债务人在获得破产免责以后，在出现了法定事由时，法院仍可以作出取消免责的决定，而使债务人重新承担清偿债务的责任。各国破产法一般也都对此作出规定。

1. 根据美国破产法典第七章的规定，当出现下列情况时，法院可以取消对债务人的免责：(1)免责是使用诈欺手段取得的；(2)债务人取得属于破产财团的财产，但曾经予以诈欺的隐匿；(3)不服从法院的命令。

2. 日本破产法规定，就诈欺破产对破产人的有罪判决确定时，法院可以根据破产债权人的申请或依据职权，作出免责撤销的裁定。破产人以不正当方法得以免责，破产债权人于免责后1年内提出免责撤销申请时，亦同。

3. 德国支付不能法规定，免责以后发现债务人故意违背其负担义务中的一项义务、并因此对清偿支付不能债权人的债权构成显著妨害的，经一名支付不能债权人的申请，支付不能法院应当撤回所给予的剩余债务免除。同时规定，只有在免除剩余债务的裁判确定后一年的时间之内提出，且事由可信、同时债权人在裁判确定之前对此不知情时，才准许债权人申请。

法国破产制度及破产法修改的一些情况

一、法国破产制度的发展与变革

1807 年制定的法国商法典具体规范了破产制度,适用于处于停止清偿状态的商人。1967 年对该制度进行了改革,主要是扩大破产程序的适用范围,规定一系列剥夺公民权利和职权的办法以制裁债务人或公司负责人所犯的过失,适当限制了债权人的行为,扩大了法院的作用,强调行政机关的干预和有组织地执行债务人的财产,保护工人取得欠付工资的权利。除法国商法典外,还有另外三部法律规范破产行为:一是 1984 年第 84—148 号法律。该法制定一系列的预防措施以便在企业内部发现企业危机的预兆,并预防情况的恶化。二是 1985 年第 85—98 号法律,即《司法重整和司法清算法》。三是 1985 年 85—99 号法律。该法主要规定了破产管理人的问题。

随着形势的发展变化,法国也正酝酿对破产法再次进行修改。2003 年已经开始这项工作。这次修改的指导思想主要有四点:一是修改后的破产法要符合法国的实际情况;二是破产法要与其他法律相配套,解决现实中的问题;三是突出预防破产的要求;四是破产程序要更具有透明度。修改的主要内容包括:一是破产法适用主体由商人、手工业者和私法法人扩大到律师、医生等自由职业者。二是在破产程序中增加多听取银行债权人的意见的内容。三是对重整程序区分内部重整和外部重整(如企业的出让和兼并)。四是增加预防企业破产的具体措施。

二、法国现行破产法的立法目的和基本程序

法国破产法有三个立法目的:一是注重预防的作用,鼓励企业继续经营,预防破产。二是追究导致企业破产的负责人的法律责任。三是使破产债权人得到公平清偿。

现行破产基本程序分为司法重整与司法清理两大部分。

1. 司法重整。企业不能以其可支配的资产偿还到期债务,符合重整条件的,进入司法重整程序。在观察期内企业可以继续营业,但要对其进行相应的监督。法律规定了有利于执行康复方案的办法。如未经法院许可不得出售资产,迫使在司法康复程序开始前成立的债权的债权人接受不定期的推迟清偿。在司法重整程序中,职工的权益得到保护。如必要的解雇必须在法院的监督之下进行。而债权人的行为则受到限制,如不得对债务人提起新的诉讼,已提起的应当予以中止;针对债务人的动产和不动产的一切强制执行程序都应当停止。法官有权决定观察期的长短,康复方案的执行期间,企业的命运(继续营业、转让还是清理),推迟清偿的期间,以及解雇的人数等。检察官有权监督程序的进行,有权干预商事法院审判权的行使。

2. 司法清理。司法清理与司法重整在法院的权限、保护职工利益等方面有共同点,但在处理企业的命运和债权人的权利方面不同。营救企业不再是基本目标。企业完全丧失存在下去的机会。清偿债权人的债权是这一程序的主要目的,也是清理人的主要任务。

三、破产程序中企业职工的工资清偿和保险制度

依照法国商法典的规定,破产财产的清偿顺序是:(1)工资债权;(2)诉讼费;(3)给予企业主、企业负责人或者其他家庭的补贴;(4)享有质权或者抵押权的担保债权或者一般优先权的债权;(5)其他顺序排列的债权。破产程序开始时到期的职工工资享有一般优先权和特别优先权。司法清算日之前60天的职工工资、津贴和带薪假期的补偿金享有特别优先权,由破产管理人从破产企业财产或者工

资保障保险中优先支付给职工。司法清算日之前6个月以内拖欠的工资以及因解雇所产生的补偿金等则享有一般优先权。

工资债权虽然享有优先权担保,但只是在欠薪企业还有足够资金清偿所欠工资时才有真正的保障。为了保护职工利益,1973年确立了一种保险制度,即由雇主为职工投保雇主欠薪风险。雇主协会成立管理工资债权保险全国委员会。该委员会设16名董事。其中6名来自于全法雇主联合会,8名来自于中小企业雇主联合会,另外2名是农民代表。在债务人进入司法清算程序时,由法院指定的司法代理人向该委员会提出申请,该委员会经审查后将资金划入支付给职工,然后该委员会就付给职工的款项,取得职工权利的代位权。截止2004年8月31日,该委员会账上金额是11.3亿欧元。2004年前9个月共赔付1.285亿欧元,而在清算程序中追回的只有4000万欧元。该委员会正面临入不敷出的窘境,压力很大。

四、关于破产管理人和审案法官

破产管理人在法国有500人左右。由通过考试的法律专业人士担任。破产管理人由法院任命,具体业务由法院指定,没有自身的固定客户。破产管理人在破产程序中主要有两种职能:一是代表债权人的利益清理财产;二是代表或者协助债务人,致力于救活企业。破产管理人要对其承担的业务提供相应的担保。法国的破产管理人包括两种专业人员:一种是司法管理人,其担任管理破产财产或协助、监督债务人的经营管理的工作;另一种是司法代理人,代表债权人的利益,清理债务人的财产。

在法国,破产案件先由商事法院受理,由商人选举产生的非职业法官(即企业主)进行义务审理。对判决结果不服的,再由上诉法院的职业法官进行审理。

日本、德国在企业破产程序中对劳动债权的保护

一、劳动债权的优先地位

在日本，在一定期限内未清偿的劳动债权为优先权，在破产程序中优先受偿。依据日本民法典和有关破产法律的规定，劳动债权的债权人，对债务人的财产拥有一般先取特权。在破产清算程序中，程序开始前三个月所欠职工的工资和离职金，作为与破产费用和共益债务具有同等地位的债务，由债务人财产随时清偿，其余部分的工资和离职金，属于优先破产债权，在破产清偿顺序中优先于一般破产债权。在重整程序中，程序开始前六个月所欠职工的工资和离职金，由债务人财产随时清偿，其余部分属于优先债权，优先于一般重整债权，依据重整计划受偿。在日本，拖欠工资的情况很少，法律设定三个月或者六个月的保护期限，主要是为保证企业所欠职工的离职金得到足额清偿。

在德国，劳动债权不属于优先权。破产程序开始前所欠职工的劳动债权作为普通债权。

二、未付报酬代替支付制度

日本的未付报酬代替支付制度是与优先权制度相平行的一套法律制度。依据日本民法典、报酬确认法等有关法律的规定，企业在正常的生产经营活动过程中须向政府缴纳一定比例的劳灾保险金，由

政府委托劳动者健康福利机构负责管理和代替支付破产企业所欠职工的工资和离职金。企业破产时，没有获得工资等报酬即已经离职的职工，可以向劳动者健康福利机构申请支付所欠的工资和离职金，劳动者健康福利机构代替支付后即取得代位求偿权，可以向破产企业追偿。劳动者健康福利机构代替支付的条件有三项：一是破产程序已经开始，对于中小企业，还必须由劳动基准监督署署长认定企业经营活动停止后，没有重新营业的可能，且不具备支付能力。二是职工因企业破产而离职。三是存在未支付的工资和离职金。代替支付的限额为未付工资和离职金的80%，同时，根据职工离职年龄设有上限，不满三十岁的88万日元，三十岁以上四十五岁以下的176万日元，四十五岁以上的296万日元。

德国1974年设立未付报酬代替支付制度，规定：破产程序开始后，职工可向联邦雇佣厅请求代替支付破产企业所欠的全部工资。联邦雇佣厅代替支付后取得的债权视为优先破产债权。1999年起施行的新破产法废除了由联邦雇佣厅代位取得的债权作为优先债权的规定，将其作为普通破产债权受偿。

德国的未付报酬代替支付制度与日本大致相同，区别在于：在日本，只有离职职工才能向劳动者健康福利机构申请代替支付；而在德国，无论破产申请提出时职工是否离职，都可以向联邦雇佣厅申请代替支付。此外，德国联邦雇佣厅代替支付的金额为破产企业实际拖欠职工的工资和离职金，没有数额上的限制。

一些国家和地区关于银行、证券公司等金融机构破产有关问题的特别规定

银行、证券公司等金融机构是按照公司法和有关金融法律成立的公司制企业,和其他公司制企业一样,也存在着因竞争失败而破产的可能。同时,金融机构的服务对象是数量众多的社会公众,除了追求利润最大化以外,还在一定程度上具有调节国民经济、稳定金融秩序的功能。因此,金融机构的破产,除了要保证债权人获得公平清偿外,还需要特别注意保护公众债权人的利益,维护国家经济秩序的稳定。这就使得金融机构的破产不能完全适用普通企业的破产程序。目前,许多国家的做法是:当金融机构出现经营危机时,优先选择重整进行挽救;当挽救无效时,金融机构的破产清算由金融监管部门主导;金融机构的破产财产优先向公众债权人清偿。这些做法与普通企业的破产程序有很大不同,通常都在有关的金融法律中作特别规定,有的国家甚至排除金融机构对普通破产程序的适用,由金融法律规定其整顿和债务清偿程序。现将有关情况简介如下:

一、进入破产程序的谨慎性

对于普通企业来说,一旦具备法定的破产原因,债权人或者债务人均可向法院提起破产申请。而对于金融机构,各国都持谨慎态度。即使金融机构具备了破产原因,一般也不允许其破产,而是由监管部门通过各种手段对其进行挽救。如德国联邦信用业法规定,银行在

出现危机时,首先应由监管部门接管进行拯救,被接管期间,如问题仍不能解决,方开始破产程序。芬兰银行法规定,在银行发生危机时,首先应停业整顿,如果仍不能扭转经营困境,可以考虑与经银行检查署认可的另一家银行合并。如果各种补救办法均不能成功,根据银行检查署的建议,财政部可以下令关闭该银行,进行破产清算。挪威银行法规定,银行发生危机时由财政部接管,财政部指定的接管委员会应尽力促成被接管的银行与其他银行合并。如果一年之内该银行仍不能恢复正常营业,或被其他银行收购,那么接管委员会就应根据银行破产法的规定,清算其债权债务。

在一些国家,证券公司等非银行金融机构在出现危机时,也是在监管部门的主导下采取各种措施进行挽救,包括资金援助、接管、停业整顿、重组和并购等。只有在挽救无效的情况下,才让这些非银行金融机构进入破产程序。

二、对破产申请人的限制

普通破产案件,债权人和债务人都可以向法院提出破产申请。而在金融机构破产案件中,对申请人有一定的限制。从一些国家的规定看,一般均要求债务人(即金融机构)自行申请破产时必须征得监管部门的同意。有些国家还规定,金融机构的破产申请除可以由债权人和债务人提出外,金融监管部门或其指定的接管组、清算组也可提出。如 1998 年颁布实施的新英格兰银行法规定,金融服务管理局可以向法院申请银行进入行政程序或破产程序。日本 1996 年以前只有金融机构本身、金融机构的股东和债权人可以向法院提出重组、破产申请。1996 年后,根据金融机构重组特别方式法的规定,监管部门也可以向法院提出金融机构重组、破产的申请。有的国家甚至规定某些金融机构的破产只能由监管部门提出,如保加利亚银行破产法第 8 条第 2 款规定:只有中央银行有权力向法院提出针对某一银行的破产申请。此外,奥地利、德国等国家亦有相同规定。

三、监管部门在破产程序中的重要作用

监管部门在金融机构破产程序中发挥着重要作用。几乎没有哪个国家的金融机构的破产完全适用普通破产程序而排除监管部门的干预。在有的国家，监管部门在金融机构破产程序中的作用体现在对破产程序的监督上。如日本普通银行法第46条规定，法院对银行的整顿、和解、破产应当征求监管部门的意见，或委托其检查或调查。在有些国家，金融机构的破产程序由监管部门主导进行。如加拿大、荷兰、意大利、法国等国家规定，金融机构的破产管理人由监管部门直接任命。在有些国家和地区，金融机构的破产完全由监管部门或者法律授权的机构进行并排除法院的干预。如我国台湾地区银行法第六十二条规定，因业务或财务状况显著恶化，不能支付其债务或有可能损及存款人利益的银行，经监管部门派员监管、接管，或者采取其他处理措施仍不能恢复营业时，由监管部门进行清理，在清理期间，其重整、破产、和解、强制执行等程序当然停止；美国联邦存款保险法规定，联邦存款保险公司（FDIC）具有清算人的权利，在破产银行的清算中不受法院的干预。还有些国家的金融机构破产是由国家资产管理公司负责的。如依照马来西亚国家资产管理公司的法令，对金融机构的破产重组，可以不经过法院，直接由其国家资产管理公司进行。

四、存款保险、投资者保护基金等保障制度在破产程序中的作用

为防止因金融机构破产而带来连锁反应，稳定金融市场，维护公众存款人和投资人的权益，许多国家建立了存款保险、投资保护者基金等保障制度。

存款保险制度是指存款类金融机构按照一定比例向专门的存款保险机构交纳保费，在投保机构出现支付危机或破产时，由存款保险机构向其提供流动性资助，或在一定限度内对存款者支付存款的制度。美国于1933年制定了格拉斯—斯蒂格尔法，并于1934年成立联

邦存款保险公司,建立了存款保险制度。存款保险制度在美国的成功运作对其他国家和地区产生了积极的影响。印度、德国、日本、英国、比利时、阿根廷、法国、韩国、我国台湾地区等许多国家和地区纷纷借鉴美国的做法,先后建立了存款保险制度。在银行破产过程中,存款保险机构发挥着重要的作用。在美国,资产额在5亿美元以上的银行濒临破产时,联邦存款保险公司负责安排该银行与其他银行合并,并支持其他机构收购该银行的资产并承担其债务;在挽救措施不能奏效时,联邦存款保险公司主持该银行的破产事宜,负责组织、管理该银行破产财产的清理和债务偿还等事宜;此外,作为最后手段,联邦存款保险公司还将对该破产银行已投保的存款进行理赔。

投资者保护基金制度与此类似,主要适用于证券公司破产。即在证券公司破产时,由投资者保护基金代证券公司向投资者清偿债务,并以债权人的身份参与证券公司的破产程序。如美国破产法第七章(清算)第三节(证券经纪人的清算)规定,当证券投资者保护公司认定其会员公司对客户违约或者存在违约的危险,就可以向有管辖权的法院申请客户保护令。客户保护令的申请具有优先地位,即使以前存在未决的破产、抵押权实现或股权接管程序,或者重组、扣押或者强制执行证券公司财产的程序,收到申请的法院必须立即中止这些程序。这就意味着由证券投资者保护公司主持的对投资者的赔偿程序具有优先于普通破产程序的效力。此外,在与清算程序有关的所有事项中,证券投资者保护公司均作为当事人,有权发表意见,并参与清算程序的所有环节。

五、破产清偿顺序的特殊性

金融机构破产时的债权清偿顺序也与普通企业不尽相同。在普通破产程序中,为了保护劳动者的权益,劳动债权如破产企业所欠职工工资、社会保险费等,通常优先于普通债权清偿。但是,在金融机构破产程序中,更应注重保护公众债权人的利益,维护国家经济秩序和社会稳定。因此,很多国家和地区都规定,存款人的债权优先于其他债权从金融机构的破产财产中清偿。如美国1993年存款清算顺序法规定,在存款性金融机构破产时,存款债权在破产财产支付清算费用后,优先于其他享有优先权的债权和普通债权清偿。

此外,由于金融机构的债权人众多,在金融机构破产程序中,破产债权的申报、债权人会议的召开和表决等也与普通破产程序有所不同。

总之,金融机构的破产问题比较复杂。首先,金融机构的破产与维护国家的经济、金融秩序和社会公众利益密切相关。其次,不同金融机构的破产程序也各有特点,例如保险公司破产时,其持有的人寿保险合同及准备金必须由其他经营有人寿保险业务的保险公司接收。因此,目前不少国家在金融机构破产问题上,一般都规定金融机构的破产除了适用破产法所规定的一般程序外,对于其特殊问题由相关的金融监管法律规定,或者制定专门的金融机构破产法予以规范。